国家文化产业资金支持媒体融合重大项目

高等职业教育财务会计类富媒体智能型·工学结合系列教材

行政事业单位会计实务

（第三版）

刘淑琴 主编

东北财经大学出版社
Dongbei University of Finance & Economics Press
大连

图书在版编目（CIP）数据

行政事业单位会计实务 / 刘淑琴主编. 3版. —大连 ：东北财经大学出版社，2022.8（2024.6重印）
（高等职业教育财务会计类富媒体智能型·工学结合系列教材）
ISBN 978-7-5654-4546-0

Ⅰ. 行… Ⅱ. 刘… Ⅲ. 单位预算会计-会计实务-高等职业教育-教材 Ⅳ. F810.6

中国版本图书馆CIP数据核字（2022）第091350号

东北财经大学出版社出版
（大连市黑石礁尖山街217号　邮政编码　116025）
网　址：http://www.dufep.cn
读者信箱：dufep@dufe.edu.cn
大连永盛印业有限公司印刷　东北财经大学出版社发行

幅面尺寸：185mm×260mm　字数：479千字　印张：22.5
2022年8月第3版　2024年6月第3次印刷

责任编辑：王天华　张爱华　责任校对：包利华
封面设计：冀贵收　版式设计：原　皓

定价：49.50元

教学支持　售后服务　联系电话：（0411）84710309

如有印装质量问题，请联系营销部：（0411）84710711

总序

科学技术日新月异，经济发展突飞猛进。

随着科学发展和技术进步，信息化、智能化已经是大势所趋。经济的全球化和世界经济一体化在一定程度上已经把会计语言上升为国际通行的商务语言，会计的国际趋同已是势不可当。随之而来的是会计职能的不断发展变化，从某种程度上讲，科学技术的快速发展刺激着会计职能的深刻变革，新形势赋予了会计新的使命，提出了新的要求。传统意义上的“确认、计量、记录、报告”的核算型职能已经发展到了“评价、监督、分析、预测、决策”的管理型职能。会计工作要求会计人员不仅要有基本的计算和记录能力，而且要有更为重要的职业判断能力、综合分析能力和经济管理能力。

技术进步是推动社会发展的重要动力。技术进步推动生产力水平提高，生产力水平提高必然推动经济发展。经济越发展，会计越重要。互联网、云计算、大数据在经济生活中的广泛应用，不断催生新的业态和商业模式，新技术、新手段、新业态、新模式如雨后春笋般涌现。与此相对应，会计的对象不断延伸扩展，会计的方法手段不断创新。与此同时，会计工作也正在经受着由传统手工会计、电算化会计向信息化、智能化会计的蜕变。

会计专业是高等职业教育规模最大、社会关注度最高的一个专业。截至2015年年底，全国1 350余所高职院校中有965所学校开设了财务会计类专业，全国高职财务会计类专业的在校生人数已经达到77.33万人，居全国高职之首。与此同时，会计专业教育教学改革如火如荼，“能力本位、校企合作、工学结合、持续发展”的高职教育理念已经在会计职业教育界深入人心，产业元素与教育元素深度融合、职业院校与行业企业密切合作、工作过程与学习过程有机统一、理论知识与实践技能合二为一已是大势所趋。因此，如何准确地确定不同层次会计专业的培养目标，有效地解决各个教育层次“为谁培养人”“培养什么人”的问题是会计教育界亟待解决的一个现实问题。

高职会计教育教学活动必须遵循会计专业的教育教学规律。规律就是事物内在的必然联系，也就是说，所谓规律就是指事物是由什么构成的，各个构成部分之间的联系是什么。这也就意味着，会计专业的教育教学规律就是要搞清楚会计专业建设的构成要素是什么，各个构成部分的关系又是什么。一般意义上说，研究型大学教育教学改革的基本平台是学科建设，研究型大学更多关注的是学科建设，注意力集中在重点学科。中小学校教育教学改革的基本平台是课程建设，中小学校更多关注的是课程建设，注意力集中在课改和课标。高等职业院校教育教学改革的平台是专业建设，高职院校应该更多关注的是专业建设。

从逻辑上讲，会计专业建设的构成元素主要是教育理念、培养目标、课程体系、师资队伍、实践条件和运行机制。各要素之间的关系是：教育理念是先导，培养目标是起点，课程体系是核心，师资队伍是关键，实践条件是基础，运行机制是保障。

教育理念是专业建设的先导，是教育教学改革和专业建设的基本指导思想。高职教育界普遍认同的高职教育理念是“能力本位、工学结合、校企合作、持续发展”，高职院校确定专业培养目标、设计教学方案、组织教育教学活动都要以提高学生的职业能力和职业素养为基本出发点。会计专业是一个既强调动手能力也强调思维能力的特殊专业。会计专业的职业能力包括专业能力、方法能力和社会能力。专业能力主要指从事财会工作所应具有的专业知识和专业技能；方法能力则主要指从事财会工作所应具有的学习迁移能力、逻辑思维能力等；社会能力主要指从事财会工作所应具有的职业感知能力、沟通能力、团队合作能力等。工学结合是高等职业教育组织教学活动的基本原则。工学结合具体到会计专业就是财会工作与学习有机结合，在学习中工作，在工作中学习，教学做一体化。有的学校把3年6个学期分为3个阶段。第1阶段是第1～4学期，主要是在学校完成基础课程和理实一体课程的教学活动，一些实践活动在学习中完成，主要进行的是认知性的单项实训，学习任务是认知职业环境、认知职业岗位、认知职业工具，教育教学活动主要的特点是学中做。第2阶段是第5学期，学生在校内实训基地完成混岗和分岗实训，主要是以制造业和商品流通业两条主线完成两个系统近乎全真的仿真性综合实训，教育教学活动的特点是边学边做，学做一体。第3个阶段是第6学期，学生完成校内学习任务后，要到校外实训基地带着任务顶岗实习，教育教学活动的特点是带着问题做中学。3个阶段的实践教学沿着“职业认知—校内仿真—顶岗实习”轨迹呈现层次递进的规律。校企合作是高职教育实现培养目标的基本路径，它不仅是指学校与企业共同合资办学，或者企业投入设备、学校提供场地进行联合办学，更重要的是学校与企业要按照会计行业的职业规范要求，共同研究人才培养目标、共同开发教学内容、共同建设专兼结合的“双师”教学团队、共同建设校内外实践教学基地等。持续发展是高职教育会计类人才的基本培养目标，主要包括两个方面的含义：一方面是指高职会计专业学生的整体素质具有综合性，即学生既要有熟练的动手能力，又要有深厚的理论涵养和广博的知识积累，还要有敏捷的思维能力和应变能力；另一方面是指高职会计专业学生的职业生涯应具有梯度发展的潜力，高职院校应该培养学生职业成长的潜质，这就是持续发展的理念。“能力本位、工学结合、校企合作、持续发展”的高职教育理念，是从高职教育实践中逐渐摸索、总结而形成的，是对高职教育教学活动规律的高度凝练，能力本位是高职教育的基本出发点，持续发展是高职教育的基本目标，工学结合、校企合作是实现高职教育培养目标的基本路径。

培养目标是教学改革与专业建设的逻辑起点，是教学改革与专业建设的基本问题。培养目标涉及两个方面的问题：一是为谁培养人；二是培养什么人。“为谁培养人”是专业面向问题，主要确定某一专业为哪些领域培养人，重点突出专业的适应性问题。“培养什么人”是教育内部的培养层次问题，即我们通常所讲的培养规格问题，规定某一专业为特定领域特定岗位培养特定规格的人才，主要解决专业的针对性问题。学生主要到什么领域就业，学校为哪些领域培养会计人才，就是解决“为谁培养人”的问题。

高职学生到什么岗位就业，主要从事什么性质的工作，就是解决“培养什么人”的问题，即培养层次问题。这些问题解决好了，培养目标的问题就解决了。会计专业培养目标的确定为会计专业教学改革与专业建设标注了起点，课程体系、师资队伍、实践条件等就可以围绕这个起点有序开展建设。

课程体系是专业建设的核心，决定专业人才培养的知识结构和能力结构。一个专业与其他专业的根本区别主要表现在课程体系的构建上。同样是会计专业，高职会计专业与本科会计专业或中职会计专业的主要区别在于课程体系的不同。按照“能力本位、工学结合、校企合作、持续发展”的高职教育理念，我们在构建高职院校会计专业的课程体系时，需要考虑以下因素：第一，课程体系的构建要能够体现“能力本位”的基本要求，课程体系要充分反映出以培养和提升学生的职业能力和职业素养为基本出发点，也就是说，课程体系的核心部分是培养与提升学生的职业能力和职业素养；第二，课程体系的构建要为学生职业生涯的可持续发展奠定良好的基础，体现“持续发展”高职教育理念的内涵，既要精心设计基础课教学系统，也要充分考虑学生整体素质的综合性要求；第三，课程体系的构建要体现出“工学结合、校企合作”的特点，特别在设计实践教学环节时，要能够体现实践教学的层次性和有序性，以充分展现实践教学体系的科学性和系统性。

师资队伍建设是专业建设的关键。师资队伍建设永远是学校教学改革与专业建设的主旋律。在专业建设元素中师资队伍是最活跃的，师资队伍在教学改革与专业建设中始终居于关键位置，师资队伍是教育的根本所在。这是因为，无论是教育理念的形成、培养目标的确定、课程体系的构建，还是实践教学条件的建设、管理机制的运行都离不开教师的积极组织和参与。现代高职教育提倡教育教学活动“学生主体”或“教师-学生双主体”，事实上，无论是“学生主体”还是“教师-学生双主体”，教师的“主导地位”是不可撼动的。即使教育教学活动实行了“学生主体”教学组织形式，也是由教师设定教学情境，最大限度地发挥学生的主观能动性，调动学生积极主动地参与教学活动。古今中外，无论什么样的教学组织形式，都不能取代教师是教育教学活动的设计者、导演者和参与者的地位，或者说教师在教育教学活动中集编剧、导演、演员于一身，推动着教育教学活动的有序开展。

实践条件是专业建设的基础。如果说，培养目标解决“为谁培养人”和“培养什么人”的问题，课程体系解决教什么和学什么的问题，师资队伍解决谁来教的问题，那么实践条件主要解决的是在什么地方、用什么手段教（主要是实验实训）的问题。会计专业校内实训基地建设，应该考虑会计专业的性质和会计职业特点。考虑企业经济信息的保密性等因素，我们认为会计专业的实践教学应该以仿真实训为主，只要校内仿真实训系统对来自企业的真实的会计资料进行保密化处理，就可以让学生接触到相对而言几乎是真实的会计核算资料。校内仿真实训的好处是成本低、效果好，组织教学方便，教学效率高。对一些涉及面更广的大型实训项目，可以考虑模拟实训的形式，比如ERP沙盘经营对抗训练由于涉及采购、生产、销售、财务、营销等诸多环节，组织教学活动不容易，就可以考虑以模拟的形式进行。会计专业的校外实训基地建设，既要考虑企业保护商业机密的实际情况，还要考虑会计专业实习的零散性特点，也就是说，即使企业愿意接受学生轮岗实习或顶岗实习，同一个财会部门也容纳不下过多的实习学生（一般为2~3人），这就要求我们在建设校外实训基地时必须考虑数量因素。校外实训基地建设的另一个问题是基地的稳定性问题，稳定的校外实训基地既可以使学生在岗位上得到锻炼，还可以为学生的就业准备提供必要的条件。如果学生表现突出，胜任岗位工作，就可以顺利实现就业目标，这也是教育行政部门提倡学生顶岗实习的初衷。校外实训基地建设的基本原则是互惠、互利、共赢、共管。学校和企业都要在建立校外实训基地过程中得到实惠，并共同参与管理。企业可以充分利用学校的校内实训条件和优秀师资培训员工，也可以从顶岗实习的学生中选拔员工，还可以利用学校的品牌宣传企业、传播企业文化等。学校则在与企业建立校外实训基地的合作过程中，有更多的机会选派教师到生产管理一线熟悉业务流程，指导企业生产经营管理活动，与企业界同行交朋友，共同研讨专业培养目标，共同构建课程体系，共同建设“专兼结合、双师结构”教学团队，共同承担横向科研课题等。

运行机制是专业建设的保障。保障机制包括组织保障、制度保障和资金保障。为了保证教学改革和专业建设的有序进行，职业院校可以成立教学改革与专业建设指导委员会，委员会应由行业专家、企业代表和学校的专任教师共同组成，委员会的主要职责是组织力量分析区域内会计专业的人才需求和人才供给情况，分析学生主要的（普遍性）就业面向和主要的就业岗位，按照会计行业的人才标准确定学校的办学定位和培养层次，制订会计专业的人才培养方案、核心课程的课程标准和教学实施方案，制定会计专业师资队伍建设规划，审核并领导建设会计专业校内外实践教学基地等。考虑高职院校实践教学环节在整个教学过程中的突出地位，有条件的学校可以考虑在院（系）级领导班子中配备实训副主任专门负责协调实践教学环节的相关工作，在校内实训基地可以配备适量的实训指导教师，专门负责校内实训基地的设备维护、软件更新和实训资料的准备工作。制度保障主要指为保证教学改革与专业建设顺利进行，学校应该建立同教学改革与专业建设相关的规章制度和作业文件并保证其有效地运行。除常规的教学管理制度之外，学校应该制定《实践教学工作条例》《校内仿真实训教学工作规范》《学生顶岗实习实施管理办法》等，以规范实践教学环节的教学组织。在此基础上，还应设计与有关制度配套的作业文件，作业文件是保证制度落实的基本手段。比如，《学生顶岗实习实施管理办法》要落在实处，就需要“学生顶岗实习协议书”“顶岗实习任务书”“顶岗实习指导任务书”“顶岗实习安排明细表”“顶岗实习周记”“顶岗实习指导工作底稿”“顶岗实习鉴定表”“学生顶岗实习等级证书”等一系列的作业文件做保障。作业文件是落实相关制度的重要手段，没有作业文件保障的制度就是一纸空文。资金保障是会计专业教学改革与专业建设的物质保证。高职院校一方面要广开财源、千方百计筹集建设资金，要想方设法积极承担中央和地方教育行政部门开展的如示范性高职院校建设项目、教学改革试点专业建设项目、精品课程建设项目、优秀教学团队建设项目、“双师型”教学名师建设项目等“质量工程”建设项目，争取中央财政和地方财政的建设资金；另一方面要通过积极承担纵向和横向合作研究项目，争取主管部门、学校举办方、合作企业、社会各界的经济支持。

目前，互联网技术在会计领域普遍应用，会计领域还面临着不同学科的跨界、交叉、渗透、整合，会计职业的内涵也在发生着深刻变化，会计从业者既要精通会计基本理论，也要熟练掌握会计基本技能，还需要随时了解会计的前沿动态。会计工作者既要有良好的会计专业素养，还要具有经济学、金融学、财政学、税收学、管理学等相关领域的知识储备，需要充分掌握现代信息技术，熟悉互联网、物联网、云计算、大数据背景下的现代会计技术手段，还需要有良好的职业操守和职业精神，具有一定的会计文化修养。我们可以预见，未来的会计人员基本的能力结构和素质结构将呈现为3个层次：会计核心能力为内核，经济学、金融学、财政学、税收学、管理学等相关跨界交叉渗透整合能力为中间层，职业素养和职业精神等文化修养为表层，3层结构相互呼应、紧密联系，有机形成一套完整的会计能力结构体系。

东北财经大学出版社为了顺应新一轮会计改革和高职会计专业教育教学改革，组织全国高职院校的会计教育精英编写了一套高等职业教育会计专业富媒体智能型・工学结合系列教材，试图对高职会计专业教材建设有新突破，真诚希望引起行业同仁们的关注。

赵丽生

第三版前言

2014年年底，国务院批转财政部《权责发生制政府综合财务报告制度改革方案》（以下简称《改革方案》）。《改革方案》提出，权责发生制政府综合财务报告制度改革是基于政府会计规则的重大改革，其前提和基础任务就是建立健全政府会计核算标准体系，包括制定政府会计基本准则、具体准则及应用指南，健全完善政府会计制度。

为了适应权责发生制政府综合财务报告制度改革需要，规范行政事业单位会计核算，提高会计信息质量，财政部制定了《政府会计制度——行政事业单位会计科目和报表》，自2019年1月1日起施行。政府会计制度的颁布，构建了“财务会计和预算会计适度分离并相互衔接”的会计核算模式；设置了8大会计要素；在科目设置、科目和报表项目说明方面，区分财务会计和预算会计。

为了顺应我国高等职业教育发展趋势，培养高素质的会计专业人才，围绕国务院颁发的《关于加快发展现代职业教育的决定》中的“推行项目教学、案例教学、工作过程导向教学等教学模式”，我们紧紧围绕立德树人根本任务，以问题为导向，创新方式方法，以党的二十大报告提出的“深化教育领域综合改革，加强教材建设和管理”为根本，以社会主义核心价值观引领行政事业单位会计课程的内容。根据《政府会计准则——基本准则》《政府会计准则第1号——存货》《政府会计准则第2号——投资》《政府会计准则第3号——固定资产》《政府会计准则第4号——无形资产》《政府会计准则第5号——公共基础设施》《政府会计准则第6号——政府储备物资》《政府会计准则第7号——会计调整》等1项基本准则+10项具体准则+2项指南+4个解释以及《政府会计制度——行政事业单位会计科目和报表》《行政单位财务规则》《事业单位财务规则》等，按照“项目导向、任务驱动”的要求特编写了本教材。

本教材共分4大领域10个项目，均与行政事业单位会计职业岗位和专业素质密切相关。在每个项目下均设有学习目标、工作情境与工作任务、思政引领、项目小结，学习目标包括知识目标、技能目标、素养目标等板块，每项任务下设计了做中学、提示、思考等栏目。本教材具有以下几个特点：

（1）理实结合。本教材紧紧围绕高职院校大数据与会计专业的职业能力培养目标，以“实践操作”为主线，采用“工作情境与工作任务”导入的形式，以行政事业单位常见的会计业务为实例，突出职业岗位的要求，将“教、学、做”有机地融为一体，强化了会计实际操作技能的培养。

（2）内容翔实。本教材以政府会计基本准则、政府会计具体准则和政府会计制度等为依据，以“学习目标”为切入点，结合行政事业单位会计业务特点，将学习的主要内容与工作任务紧密衔接，从行政事业单位会计基础知识入手，系统地介绍了财务会计核算、预算会计核算和综合财务报告的编制等，教学内容丰富完整。

（3）体例新颖。本教材采用多元化形式，每个项目以学习目标（含知识目标、技能目标、素养目标）开篇，每个项目包含若干个任务，依据学习任务设计了“提示”“思考”“项目小结”等栏目，使学生在学习相关专业知识之余拓展了知识面，加深了对重点知识的把握，丰富的教学内容与形式增强了学生的学习兴趣。

（4）思政引航。在课程内容的设置上，融入思政，实现思政和专业知识情境契合、内容融合，不同的项目有不同的思政主题，全方面培育学生。

本教材由山西省财政税务专科学校刘淑琴副教授担任主编，刘彩丽副教授担任副主编，山西省财政税务专科学校财务处副处长、高级会计师史爱翠和山西省测绘地理信息院副院长、高级会计师王秀珍参与编写。刘淑琴负责统稿工作。本教材具体编写分工如下：刘淑琴编写项目二、项目三、项目四、项目六、项目八和项目十；刘彩丽编写项目一、项目五和项目七；史爱翠和王秀珍编写项目九。

由于编者的经验和水平有限，在修订过程中可能会存在一些疏漏之处，恳请各相关教学单位和读者在使用过程中给予关注并提出改进意见，以便我们进一步完善。

编　者

2023年6月

目　录

学习领域一

政府会计——行政事业单位会计综述

项目一

行政事业单位会计概述

学习目标

知识目标

1. 了解会计的组成及内容。

2. 理解行政事业单位会计的概念、分级及信息质量要求。

3. 熟悉行政事业单位会计核算特点。

4. 掌握行政事业单位会计要素及核算基础。

5. 掌握财务会计与预算会计平行记账要点。

技能目标

1. 能准确对各会计要素进行确认、计量和记录。

2. 会进行财务会计与预算会计的平行记账。

3. 能进行日常的会计核算，明辨违反财经法规的行为与责任后果。

素养目标

1. 树立服务意识，掌握行政事业单位会计基本理论知识。

2. 树立爱岗敬业意识，具有诚实守信、廉洁奉公、仔细谨慎的职业素养，做好单位日常会计核算和财务管理工作。

3. 树立法律意识，遵守财会法规和职业道德，不做假账，保护国家财产安全完整。

工作情境与工作任务

某单位在收取报名考试费时开具了往来结算票据，收款单位会计人员以此票据作为报名考试费收入核算的原始凭证，并据此填制了记账凭证。缴纳报名考试费的缴款单位以往来结算票据作为支出的原始凭证，据此填制了记账凭证。

你认为收款单位对往来结算票据的使用是否符合规定？缴款单位的做法是否符合要求？假如你是一名会计人员，如何去做？

根据《政府会计准则——基本准则》、政府会计具体准则和《政府会计制度——行政事业单位会计科目和报表》等，行政事业单位会计的核算主体、核算对象以及其职能是什么？会计信息质量要求有哪些？

行政事业单位会计核算的基本前提包括哪些方面？行政事业单位会计要素如何进行分类，具体内容有哪些？行政事业单位会计与企业会计比较有哪些特点？

作为一名会计人员，应具备哪些职业道德素养？如何才能成为一名遵纪守法、严守准则、不做假账、诚实守信、廉洁奉公、仔细谨慎、爱岗敬业的高素质财务人员？

思政引航

本项目以党的二十大报告为指引，将“推进文化自信自强，铸就社会主义文化新辉煌”等思政元素融入教学知识点的教学设计见表1-1。

表1-1　思政元素融入教学知识点的教学设计

知识点	思政元素	教学设计
我国政府会计制度的发展	激发学生爱国情怀	课前引导：通过思政视频，引导学生了解中华人民共和国成立以来行政事业单位会计的发展及改革开放以来的伟大成就，体会会计服务经济发展所创造的奇迹，以及中国特色社会主义道路对中国乃至世界未来发展的意义 课堂讨论：通过对改革开放前后进行对比、中西方会计制度进行对比，认识我国会计制度、政治制度优越性，激发学生爱国情怀
行政事业单位会计核算特点	中国梦，四个自信	课后思考：以党的二十大报告为指引，结合企业与行政事业单位不同的核算、监督目标，对比两类主体的会计核算方式，从专业思考中进一步深入到对价值观、社会观、社会福祉、理想社会等的思考，增强自信，实现中国梦
会计信息质量要求	教导学生要诚实守信，不弄虚作假、夸大其词，做人做事脚踏实地	互动引用：通过案例与中华民族历史上优秀文化思想“人无信不立，业无信不兴，国无信则衰”相辅相成；信息质量要求可靠，做任何事都应讲诚信；我国是讲诚信的大国典范，激发学生爱国情怀和民族自豪感
借贷记账法和平行记账	培养学生细心、严谨、认真的工作态度，具有敬业精神	课前引导：引入当代成功人士如任正非等创业的吃苦耐劳、不骄不躁的故事。通过故事培养学生严谨细致的敬业精神和探索精神，不断地提升学生学习的积极性和内驱力，激发学生刻苦学习、不怕困难、坚持理想、挑战学科前沿的勇气
行政事业单位会计任务	培养学生社会责任感和使命感	实践启发：通过会计日常工作，实现对国有资产保值增值的监督，提升当代大学生保护国有资产、拒绝腐败的社会责任感和使命感
权责发生制	培养学生责任与担当，恪尽职守、敬业奉献	知识点播：权责发生制强调责任与担当，恪尽职守、敬业奉献。帮助学生树立正确的权利观和责任观，树立可持续发展的长远业绩观，理解“功成不必在我，功成必定有我”
行政事业单位财务管理	发扬艰苦奋斗、勤俭节约的优良传统，具有对国家、单位、人民高度负责的精神；培养奉献精神、团队合作精神	教师导语：红军爬雪山、过草地，小米加步枪等，取得了革命的胜利。发扬红军精神，把人民和中华民族的根本利益看得高于一切，坚定革命理想和信念，坚信正义事业必然胜利；学习红军精神，为了救国救民，不怕任何艰难险阻，不惜付出一切牺牲的奉献精神。坚持独立自主、实事求是、一切从实际出发的精神；坚持顾全大局、严守纪律、紧密团结的精神；要有艰苦奋斗、不怕吃苦的精神

任务1 行政事业单位会计基本理论

一、行政事业单位会计概述

（一）会计的组成体系

会计是伴随人类生产实践和经济管理的客观需要而产生并发展的一项管理活动，是随着生产的发展，逐渐从生产职能中分离出来的一种管理职能。其本质是对一定单位的经济业务事项进行确认、计量、记录和报告，并通过所提供的会计资料，做出预测，参与决策，实行监督，以实现最优经济效益的一种管理活动。

1. 会计的组成

政府会计核算模式

政府会计特征

在我国，社会组织按其组织目标以及现有相关法律法规，可分为营利性组织、政府和民间非营利性组织。由此，我国的会计就被分为企业会计、政府会计和民间非营利性组织会计。其核算、监督的对象以及适用范围都不同。

企业会计也称营利性组织会计，是指以资本循环为中心、以营利为目的、以成本核算为重点，用以核算和监督各类企业的生产经营活动中资金运动过程与结果的专业会计。

根据国际会计准则委员会的规定，政府会计是指用于确认、计量、记录、报告政府和事业单位财务收支活动及其受托责任的履行情况的会计体系。因此，政府会计是指用于确认、计量、记录、报告政府和事业单位预算执行情况与财务收支活动及其受托责任的履行情况的会计体系。其基本目标应以反映政府受托责任的履行情况为主。

会计的组成如图1-1所示。

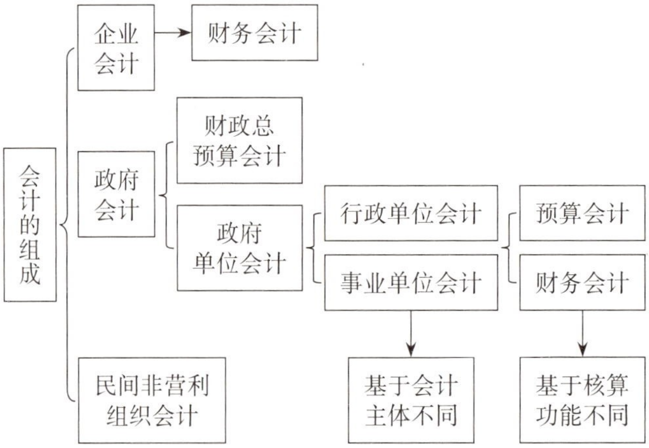

图1-1 会计的组成

民间非营利性组织会计是指不以营利为目的，以财务收支活动为核心，适用于民间非营利性组织的一种专业会计。

基于《政府会计准则——基本准则》，按照核算功能，政府会计由预算会计和财务会计构成。预算会计是指以收付实现制为基础对政府会计主体预算执行过程中发生的全部收入和全部支出进行会计核算，主要反映和监督预算收支执行情况的会计。财务会计是指以权责发生制为基础对政府会计主体发生的各项经济业务或者事项进行会计核算，主要反映和监督政府会计主体财务状况、运行情况和现金流量等的会计。

2.行政事业单位会计的组织系统

行政事业单位的会计组织系统，根据机构编制和经费领拨关系，分为主管会计单位、二级会计单位和基层会计单位三级。

（1）主管会计单位。向同级财政部门领报经费，并发生预算管理关系，下面有所属会计单位的为主管会计单位。

（2）二级会计单位。向主管会计单位或上级会计单位领报经费，并发生预算管理关系，下面有所属会计单位的，为二级会计单位。

（3）基层会计单位。向上级会计单位领报经费，并发生预算管理关系，下面没有所属会计单位的，为基层会计单位。

以上三级会计单位实行独立会计核算，负责组织管理本部门、本单位的全部会计工作。不具备独立核算条件的，实行单据报账制度，作为“报销单位”管理。

【提示】向同级财政部门领报经费，下面没有所属会计单位的，视同基层会计单位。

说明：财政国库支付制度改革后，行政事业单位会计的分级只适用于预决算编制的“两上两下”过程，预算资金的拨付不再按分级进行，而是采用国库集中支付。也就是说，二级会计单位和基层会计单位的财政拨款不再实行由主管会计单位或上级单位层层转拨，而是通过财政直接支付和财政授权支付方式获取。尚未实行国库集中支付的政府单位，主管会计单位的财政拨款由同级财政部门直接拨款，二级会计单位的财政拨款由主管会计单位转拨，基层会计单位的财政拨款由上级会计单位转拨。

行政事业单位会计组织系统及分级如图1–2所示。

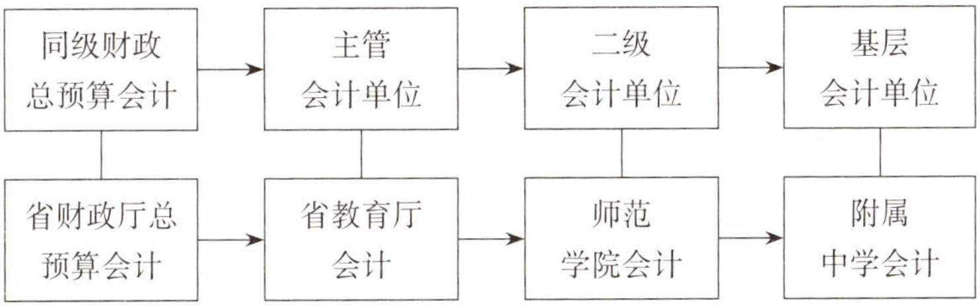

图1–2　行政事业单位会计组织系统及分级

（二）行政事业单位会计的概念

1.行政单位会计

行政单位是指从事国家管理和行使国家权力的机关，包括国家权力机关、国家行政机关、审判机关、检察机关等，如地方各级人民代表大会和人民政府、各级人民法院和检察院等，行使国家权力、管理国家事务。

行政单位会计是国家各级行政单位对本单位财务状况和预算资金执行情况及结果等

进行全面、系统、连续的核算和监督的专业会计。

2.事业单位会计

事业单位是指国家为了社会公益目的，由国家机关或者其他组织利用国有资产举办的从事教育、科技、文化、卫生等活动的社会服务组织。受国家行政机关领导，没有生产收入、所需经费由公共财政支出、不实行经济核算，参与社会事务的管理，履行管理和服务职能，以提供社会服务为宗旨，主要从事教育、科技、文化、卫生等活动，包括：科学、教育、文化、广播电视、信息、卫生、体育等科学文化事业单位；气象、水利、环保、计划生育、社会福利等公益事业单位；公证、法律服务等中介机构等。事业单位涉及社会经济生活的各个方面，如常见的学校、医院、科研所、公共图书馆等，与人民群众的生活息息相关，在经济、政治、文化生活中起重要的作用。

事业单位会计是指各类事业单位对本单位财务状况、现金流量和预算资金执行情况及结果等进行全面、系统、连续的核算和监督的专业会计。

3.行政事业单位会计

行政单位和事业单位一般称行政事业单位，也称政府单位或预算单位（简称单位），是与本级政府财政部门直接或间接发生预算拨款关系的行政单位和事业单位。

行政事业单位会计是指行政事业单位连续、系统、完整地核算和监督本单位财务状况与预算资金执行情况及结果的专业会计。

【提示】本教材中的“单位”是行政事业单位的简称。

二、行政事业单位会计职能

行政事业单位会计具有会计核算和会计监督两项基本职能。

（一）会计核算职能

会计核算是会计对经济业务事项的确认、计量、记录、计算和报告的工作过程。会计确认是一种定性工作，是对单位发生的经济业务事项是否作为会计要素加以记录和列入报表的过程；会计计量是一种定量工作，是用货币或其他量度单位计算各项经济业务事项和结果的过程；会计记录是用专门的会计方法在会计凭证、会计账簿、会计报告中登记经济业务事项的过程；会计计算是在记账的基础上，对一定时期的收入、支出和一定时期的资产、负债、净资产进行计算的过程；会计报告是确认、计量、记录、计算的过程，即在计算的基础上，对一定时期的财务状况、经营成果，以会计报告的形式向有关方面进行报告的过程。

（二）会计监督职能

会计监督是会计对经济业务事项的合法性、真实性、准确性、完整性进行审查的过程。合法性是指会计确认经济业务事项或生成会计资料的程序必须符合会计法律法规和其他相关法律法规的规定；真实性是指会计计量、记录的经济业务事项必须是实际发生或按规定生成的会计资料，避免会计资料因人为因素的失真；准确性是指单位开展业务活动过程中产生的各种会计资料所记录的会计数据之间应当吻合；完整性是指在会计核算过程中形成和提供的各种会计资料应当齐全。

会计的两项基本职能是相辅相成的，会计核算是会计监督的基础，会计监督是会计核算的保证。

三、行政事业单位会计基本假设

会计核算的基本前提也称会计核算的前提条件、会计假设或会计假定，是指会计人员对会计工作所处的变化不定的环境做出的合理判断。行政事业单位会计核算的基本前提包括会计主体、持续运行、会计期间和货币计量四个方面。

（一）会计主体

会计主体是指行政事业单位会计工作特定的空间范围。行政事业单位会计的会计主体是指与本级政府财政部门直接或者间接发生预算拨款关系的国家机关、军队、政党组织、社会团体、事业单位和其他单位。

（二）持续运行

持续运行是指会计核算应当以行政事业单位各项业务活动能够持续不断地运行下去，在可预见的未来将正常进行下去。它要求会计人员以持续运行为前提进行会计核算，如各项债权将在到期时可以收回，发生的债务将在到期时承担还款责任，材料可按领用数分期摊销等。

（三）会计期间

会计期间是指将行政事业单位持续运行的时间划分为一定的期间，分期结算账目，按规定编制决算报告和财务报告。会计期间至少分为年度和月度。会计年度、月度等会计期间的起讫日期采用公历日期。

（四）货币计量

货币计量是指行政事业单位在会计核算中应当以人民币为记账本位币。发生外币业务时，应当将有关外币金额折算为人民币金额计量，同时登记外币金额。

四、行政事业单位会计信息质量要求

会计信息质量要求是指进行会计核算必须遵循的基本规则和要求，是指导会计工作的规范和衡量会计工作成败的标准，对会计核算具有重要的指导意义。根据《政府会计准则——基本准则》，政府会计信息质量要求有以下七方面。

（一）可靠性

可靠性要求，也称真实性要求，是指行政事业单位应当以实际发生的经济业务或事项为依据进行会计核算，如实反映预算单位财务和政府财政的收支状况与结果，保证会计信息真实可靠，切实做到内容真实、数字准确、资料可靠、项目完整、手续完备，并贯穿于会计核算的各个环节。可靠性要求是对会计核算工作和会计信息的基本质量要求。

（二）相关性

相关性要求，也称有用性要求，是指行政事业单位会计提供的信息应当与行政事业单位受托责任履行情况的反映以及会计信息使用者的管理、监督、决策需要相关，有助于会计信息使用者对行政事业单位过去、现在或者未来的情况做出评价或者预测。相关性以可靠性为基础，要求所提供的会计信息符合国家宏观经济管理的要求，满足上级主管部门及有关方面了解财务状况和收支情况的需要，有利于单位内部加强管理的需要。

（三）可比性

可比性要求是指行政事业单位会计核算应当按照规定的会计处理方法进行，同类会计指标应当口径一致、互相可比。可比性要求的目的是要解决同类会计在不同主体之间会计信息的横向比较问题，只有按照准则、制度规定的方法，才能达到相互可比。同一单位不同时期发生的相同或相似的经济业务或事项，应当采用一致的会计政策；不同单位发生的相同或相似的经济业务或事项，应当采用统一的会计政策。

（四）全面性

全面性要求，也称完整性要求，是指行政事业单位应当将发生的各项经济业务或事项统一纳入会计核算，确保会计信息能够全面地反映行政事业单位预算执行情况和财务状况、运行情况、现金流量等。不能随意遗漏或减少应予披露的信息，凡与会计信息使用者决策相关的有用信息都应当充分披露。

（五）及时性

及时性要求是指行政事业单位的各项经济业务，应当按时限要求及时进行会计核算，以便会计信息及时被利用。及时性要求会计人员应及时依据原始凭证编制记账凭证，据以登记账簿，并按规定时日编制报表，不得拖延和积压。

微课：科学的统一的政府会计准则标准体系

（六）明晰性

明晰性要求，也称可理解性要求，是指行政事业单位会计的记录和报告应当清晰明了，便于信息使用者理解和运用。明晰性要求做到：从凭证、账簿到报表，从数字、文字到图式，从注释、签章到审核各个环节步骤，都要清晰明了、言简意赅、通俗易懂。

（七）实质重于形式

实质重于形式要求是指行政事业单位应当按照经济业务或者事项的经济实质进行会计核算，不限于以经济业务或者事项的法律形式为依据。

任务2 行政事业单位会计核算特点

一、行政事业单位会计核算模式

行政事业单位会计核算模式是财务会计与预算会计适度分离并相互衔接。

1.预算会计和财务会计的“适度分离”

（1）“双功能”：政府会计应当实现预算会计和财务会计双重功能。

（2）“双基础”：预算会计实行收付实现制，国务院另有规定的，从其规定；财务会计实行权责发生制。

（3）“双报告”：政府会计主体应当编制决算报告和财务报告。政府决算报告以预算会计核算生成的数据为准；政府财务报告的编制主要以权责发生制为基础，以财务会计核算生成的数据为准。

2.预算会计和财务会计的“相互衔接”

预算会计和财务会计“适度分离”，并不是要求政府会计主体分别建立预算会计和财务会计两套账，对同一笔经济业务或事项进行会计核算，而是要求政府预算会计要素和财务会计要素相互协调，决算报告和财务报告相互补充，共同反映政府会计主体的预算执行信息和财务信息。

政府会计核算模式如图1-3所示。

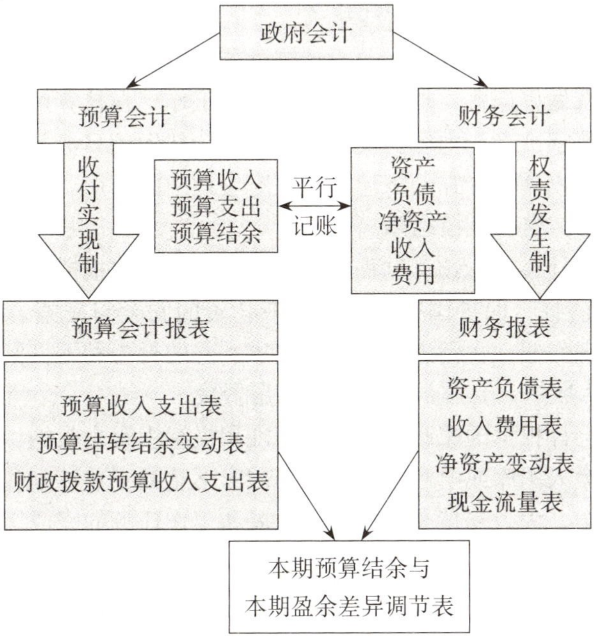

图1-3　政府会计核算模式

二、行政事业单位会计核算特点

行政事业单位会计与企业会计相比，具有以下特点：

（1）具备“双功能”特征。行政事业单位会计由财务会计和预算会计构成，因此会计核算系统具备财务会计和预算会计双重功能。“双功能”实现了财务会计与预算会计适度分离并相互衔接。

（2）会计要素由“双要素”构成。行政事业单位会计要素包括财务会计和预算会计“双要素”。财务会计通过资产、负债、净资产、收入、费用五个要素进行会计核算；预算会计通过预算收入、预算支出、预算结余三个要素进行会计核算。

（3）采用“双基础”会计核算。行政事业单位财务会计核算采用权责发生制；预算会计核算采用收付实现制。

（4）实行“双报告”。行政事业单位会计报告包括财务报告和决算报告。财务报告包括财务报表、附注和其他应在财务报告中披露的相关信息与资料；决算报告包括预算会计报表和其他应在决算报告中反映的相关信息与资料。

微课：权责发生制和收付实现制的含义

（5）实行“平行记账”。对纳入部门预算管理的现金收支进行“平行记账”。对于纳入部门预算管理的现金收支业务，在进行财务会计核算的同时应当进行预算会计核算。对于其他业务，仅需要进行财务会计核算。

【思考】为什么财务会计与预算会计适度分离并相互衔接？

三、行政事业单位会计的任务

1.处理单位会计的日常会计事项和账务

根据《中华人民共和国会计法》及会计制度的有关规定，要及时、认真处理日常会计事项和账务，认真做好记账、算账、报账、用账工作。在核算过程中，必须做到手续完备、账目清楚、数字准确、内容真实、情况可靠，并做到日清月结，及时报送会计报表，提供会计信息，发挥会计在经济建设和政府管理中的作用。

2.实行会计监督，维护财经纪律

行政事业单位会计在执行预算过程中及财务运行中，要根据党的方针政策和财政财务制度，进行会计监督，保护国家资金和财产物资的安全与完整，同一切违反财经纪律、铺张浪费、弄虚作假、贪污盗窃等损害国家利益的行为和不良倾向做斗争。

3.及时组织收入收缴，合理供应资金和使用资金

行政事业单位会计根据国家政策和收费标准积极组织资金收纳，属于应缴财政的资金，要及时足额地缴入国库或财政专户。根据国家下达的事业计划和行政任务，保证及时、合理地供应资金，大力支持与促进事业发展和工作任务的完成。在预算的执行过程中，要坚持量入为出，做到少花钱、多办事、事办好，努力提高资金使用的效益。有经营收入的事业单位，要不断地扩大服务范围，提高服务质量，开展增收节支、增产节约活动，力争减轻国家负担。

4.指导和监督所属单位的财会工作

主管会计单位和二级会计单位的会计人员除做好本级的财会工作外，要定期或不定期地深入基层会计单位进行检查、监督，保证单位会计的核算质量。

5.反映单位预算执行情况和财务状况

行政事业单位会计人员通过记账、算账和报账，如实反映单位预算的执行情况和财务状况，分析考核预算资金的使用情况，参与编制单位预算和计划，并为之提供信息。

任务3 行政事业单位会计要素和会计科目

一、会计要素

会计要素是会计对象的基本分类，是会计核算内容的具体化。行政事业单位会计要素包括预算会计三要素和财务会计五要素。

（一）预算会计要素及等式

1.预算会计要素

预算会计要素包括预算收入、预算支出和预算结余。

（1）预算收入。预算收入是指政府会计主体在预算年度内依法取得的并纳入预算管理的现金流入。

（2）预算支出。预算支出是指政府会计主体在预算年度内依法发生并纳入预算管理的现金流出。

（3）预算结余。预算结余是指政府会计主体在预算年度内预算收入扣除预算支出后的资金余额，以及历年滚存的资金余额。预算结余包括资金结存、结余资金和结转资金。结余资金是指年度预算执行终了，预算收入实际完成数扣除预算支出和结转资金后剩余的资金。结转资金是指预算安排项目的支出年终尚未执行完毕或者因故未执行，且下年需要按原用途继续使用的资金。

2.预算会计等式

（1）预算会计基本等式：

预算收入–预算支出=预算结余

（2）预算收支平时发生的等式：

资金结存（借方余额）=预算收入–预算支出

（3）预算收支年末转账的等式：

预算收入–预算支出=本年预算收支差额

或：　年初各项结转结余+预算收入–预算支出=年末各项结转结余（贷方余额）

资金结存（借方余额）=年末各项结转结余（贷方余额）

【思考】预算会计三要素如何实现平衡?

【提示】预算收入、预算支出和预算结余确认与计量分别参见项目二任务1、项目三任务2、项目四任务1。

（二）财务会计要素及等式

1.财务会计要素

财务会计要素包括资产、负债、净资产、收入和费用。

（1）资产。资产是指政府会计主体过去的经济业务或者事项形成的，由政府会计主体控制的，预期能够产生服务潜力或者带来经济利益流入的经济资源。

（2）负债。负债是指政府会计主体过去的经济业务或者事项形成的，预期会导致经济资源流出政府会计主体的现时义务。

负债按照流动性，分为流动负债和非流动负债。流动负债是指预计在1年内（含1年）偿还的负债，包括短期借款、应付及预收款项、应付职工薪酬、应缴款项等。非流动负债是指流动负债以外的负债，包括长期借款、长期应付款、预计负债等。

（3）净资产。净资产是指政府会计主体资产扣除负债后的净额。

（4）收入。收入是指报告期内引起政府会计主体净资产增加的、含有服务潜力或者经济利益的经济资源的流入。

（5）费用。费用是指报告期内导致政府会计主体净资产减少的、含有服务潜力或者经济利益的经济资源的流出。

2.财务会计等式

资产=负债+净资产　或　资产-负债=净资产

收入-费用=本期盈余

资产-负债=累计盈余+其他净资产

【思考】财务会计五要素如何实现平衡?

【提示】资产、负债、收入、费用和净资产确认与计量分别参见项目五任务1、项目六任务1、项目七任务1、项目八任务1、项目九任务1。

二、会计科目

(一)会计科目的含义及分类

会计科目是对会计要素按其经济内容或用途所做的科学分类。每个会计科目都有规定的名称、编号和核算内容,它是设置账户和核算、归集各项经济业务的依据,也是汇总和检查预算执行情况的统一项目。科学地设置和正确地使用会计科目,是做好会计核算工作的重要条件。

行政事业单位会计科目按其经济内容或用途分类,分为预算会计科目和财务会计科目。预算会计科目包括预算收入、预算支出和预算结余三大类;财务会计科目包括资产、负债、净资产、收入、费用五大类。

行政事业单位会计的会计科目按核算层次分类,分为总账科目和明细科目两大类。

(二)会计科目设置的原则

1.统一性原则

行政事业单位应当执行《政府会计制度——行政事业单位会计科目和报表》统一规定的会计科目编号,以便于填制会计凭证、登记账簿、查阅账目,实行会计信息化管理。

2.适应性原则

行政事业单位应当按照《政府会计制度——行政事业单位会计科目和报表》的规定设置和使用会计科目。在不影响会计处理和编制报表的前提下,行政事业单位可以根据实际情况自行增设或减少某些会计科目。行政事业单位设置明细科目或进行明细核算,除遵循《政府会计制度——行政事业单位会计科目和报表》的规定外,还应当满足权责发生制政府部门财务报告和政府综合财务报告编制的其他需要。

3.简明性原则

会计科目的设置,既要能全面系统地核算和监督预算资金执行情况,又要尽量简化核算事务。特别是一级会计科目宜简不宜繁,会计科目的名称和内容力求统一准确、简明扼要,便于运用。

(三)会计科目及其使用要求

为了保证会计信息的可比性,使会计核算所提供的指标在国民经济各部门口径一致,便于有关部门和单位对会计指标的逐级汇总与分析利用,财政部分别规定了行政事业单位财务会计科目和行政事业单位预算会计科目。

1.行政事业单位会计科目

（1）财务会计科目及其核算内容。行政事业单位财务会计科目共有77个，其中资产类科目35个、负债类科目16个、净资产类科目7个、收入类科目11个、费用类科目8个。行政事业单位财务会计科目及核算内容见表1–2。其中，行政单位特有的会计科目1个（带“◇”的会计科目），事业单位特有的会计科目24个（带“▲”的会计科目），行政单位和事业单位共有的会计科目52个。

表1–2　行政事业单位财务会计科目及核算内容

类别	序号	科目编号	科目名称	核算内容
一、资产类	1	1001	库存现金	核算单位的库存现金
	2	1002	银行存款	核算单位存入银行和其他金融机构的各种存款
	3	1011	零余额账户用款额度	核算实行国库集中支付的单位根据财政部门批复的用款计划收到和支用的零余额账户用款额度
	4	1021	其他货币资金	核算单位的外埠存款、银行本票存款、银行汇票存款、信用卡存款等各种其他货币资金
	5	1101	短期投资▲	核算事业单位按照规定取得的，持有时间不超过1年（含1年）的投资
	6	1201	财政应返还额度	核算实行国库集中支付的单位应收财政返还的资金额度
	7	1211	应收票据▲	核算事业单位因开展经营活动销售产品、提供有偿服务等而收到的商业汇票
	8	1212	应收账款	核算事业单位提供服务、销售产品等应收取的款项，以及单位出租资产、出售物资等应收取的款项
	9	1214	预付账款	核算单位按照购货、劳务合同或协议规定预付给供应单位（或个人）的款项，以及按照合同规定向承包工程的施工企业预付的备料款和工程款
	10	1215	应收股利▲	核算事业单位持有长期股权投资应当收取的现金股利或应当分得的利润
	11	1216	应收利息▲	核算事业单位长期债券投资应当收取的利息
	12	1218	其他应收款	核算单位除财政应返还额度、应收票据、应收账款、预付账款、应收股利、应收利息以外的其他各项应收及暂付款项
	13	1219	坏账准备▲	核算事业单位对收回后不需上缴财政的应收账款和其他应收款提取的坏账准备
	14	1301	在途物品	核算单位采购材料等物资时货款已付或已开出商业汇票但尚未验收入库的在途物品的采购成本

续表

类别	序号	科目编号	科目名称	核算内容
一、资产类	15	1302	库存物品	核算单位在开展业务活动及其他活动中为耗用或出售而储存的各种材料、产品、包装物、低值易耗品，以及达不到固定资产标准的用具、装具、动植物等的成本
	16	1303	加工物品	核算单位自制或委托外单位加工的各种物品的实际成本
	17	1401	待摊费用	核算单位已经支付，但应当由本期和以后各期分别负担的分摊期在1年以内（含1年）的各项费用
	18	1501	长期股权投资▲	核算事业单位按照规定取得的，持有时间超过 1 年（不含 1 年）的股权性质的投资
	19	1502	长期债券投资▲	核算事业单位按照规定取得的，持有时间超过 1 年（不含 1 年）的债券投资
	20	1601	固定资产	核算单位固定资产的原值
	21	1602	固定资产累计折旧	核算单位计提的固定资产累计折旧
	22	1611	工程物资	核算单位为在建工程准备的各种物资的成本
	23	1613	在建工程	核算单位在建的建设项目工程的实际成本
	24	1701	无形资产	核算单位无形资产的原值
	25	1702	无形资产累计摊销	核算单位对使用年限有限的无形资产计提的累计摊销
	26	1703	研发支出	核算单位自行研究开发项目研究阶段和开发阶段发生的各项支出
	27	1801	公共基础设施	核算单位控制的公共基础设施的原值
	28	1802	公共基础设施累计折旧（摊销）	核算单位计提的公共基础设施累计折旧和累计摊销
	29	1811	政府储备物资	核算单位控制的政府储备物资的成本
	30	1821	文物文化资产	核算单位为满足社会公共需求而控制的文物文化资产的成本
	31	1831	保障性住房	核算单位为满足社会公共需求而控制的保障性住房的原值
	32	1832	保障性住房累计折旧	核算单位计提的保障性住房的累计折旧
	33	1891	受托代理资产	核算单位接受委托方委托管理的各项资产
	34	1901	长期待摊费用	核算单位已经支出，但应由本期和以后各期负担的分摊期限在1年以上（不含1年）的各项费用
	35	1902	待处理财产损溢	核算单位在资产清查过程中查明的各种资产盘盈、盘亏和报废、毁损的价值

续表

类别	序号	科目编号	科目名称	核算内容
二、负债类	36	2001	短期借款▲	核算事业单位经批准向银行或其他金融机构等借入的期限在1年内（含1年）的各种借款
	37	2101	应交增值税	核算单位按照税法规定计算应交纳的增值税
	38	2102	其他应交税费	核算单位按照税法等规定计算应交纳的除增值税以外的各种税费
	39	2103	应缴财政款	核算单位取得或应收的按照规定应当上缴财政的款项
	40	2201	应付职工薪酬	核算单位按照有关规定应付给职工（含长期聘用人员）及为职工支付的各种薪酬
	41	2301	应付票据▲	核算事业单位因购买材料、物资等而开出、承兑的商业汇票
	42	2302	应付账款	核算单位因购买物资、接受服务、开展工程建设等而应付的偿还期限在1年以内（含1年）的款项
	43	2303	应付政府补贴款◇	核算负责发放政府补贴的行政单位，按照规定应当支付给政府补贴接受者的各种政府补贴款
	44	2304	应付利息▲	核算事业单位按照合同约定应支付的借款利息
	45	2305	预收账款▲	核算事业单位预先收取但尚未结算的款项
	46	2307	其他应付款	核算单位除应交增值税、其他应交税费、应缴财政款、应付职工薪酬、应付票据、应付账款、应付政府补贴款、应付利息、预收账款以外，其他各项偿还期限在1年内（含1年）的应付及暂收款项
	47	2401	预提费用	核算单位预先提取的已经发生但尚未支付的费用
	48	2501	长期借款▲	核算事业单位经批准向银行或其他金融机构等借入的期限超过1年（不含1年）的各种借款本息
	49	2502	长期应付款	核算单位发生的偿还期限超过1年（不含1年）的应付款项
	50	2601	预计负债	核算单位对因或有事项所产生的现时义务而确认的负债
	51	2901	受托代理负债	核算单位接受委托，取得受托代理资产时形成的负债
三、净资产类	52	3001	累计盈余	核算单位历年实现的盈余扣除盈余分配后滚存的金额，以及因无偿调入调出资产产生的净资产变动额
	53	3101	专用基金▲	核算事业单位按照规定提取或设置的具有专门用途的净资产
	54	3201	权益法调整▲	核算事业单位持有的长期股权投资采用权益法核算时，按照被投资单位除净损益和利润分配以外的所有者权益变动份额调整长期股权投资账面余额而计入净资产的金额
	55	3301	本期盈余	核算单位本期各项收入、费用相抵后的余额
	56	3302	本年盈余分配	核算单位本年度盈余分配的情况和结果
	57	3401	无偿调拨净资产	核算单位无偿调入或调出非现金资产所引起的净资产变动金额
	58	3501	以前年度盈余调整	核算单位本年度发生的调整以前年度盈余的事项

续表

类别	序号	科目编号	科目名称	核算内容
四、收入类	59	4001	财政拨款收入	核算单位从同级政府财政部门取得的各类财政拨款
	60	4101	事业收入▲	核算事业单位开展专业业务活动及其辅助活动实现的收入
	61	4201	上级补助收入▲	核算事业单位从主管部门和上级单位取得的非财政拨款收入
	62	4301	附属单位上缴收入▲	核算事业单位取得的附属独立核算单位按照有关规定上缴的收入
	63	4401	经营收入▲	核算事业单位在专业业务活动及其辅助活动之外开展非独立核算经营活动取得的收入
	64	4601	非同级财政拨款收入	核算单位从非同级政府财政部门取得的经费拨款
	65	4602	投资收益▲	核算事业单位股权投资和债券投资所实现的收益或发生的损失
	66	4603	捐赠收入	核算单位接受其他单位或者个人捐赠取得的收入
	67	4604	利息收入	核算单位取得的银行存款利息收入
	68	4605	租金收入	核算单位经批准利用国有资产出租取得并按照规定纳入本单位预算管理的租金收入
	69	4609	其他收入	核算单位取得的除财政拨款收入、事业收入、上级补助收入、附属单位上缴收入、经营收入、非同级财政拨款收入、投资收益、捐赠收入、利息收入、租金收入以外的各项收入
五、费用类	70	5001	业务活动费用	核算单位为实现其职能目标，依法履职或开展专业业务活动及其辅助活动所发生的各项费用
	71	5101	单位管理费用▲	核算事业单位本级行政及后勤管理部门开展管理活动发生的各项费用
	72	5201	经营费用▲	核算事业单位在专业业务活动及其辅助活动之外开展非独立核算经营活动发生的各项费用
	73	5301	资产处置费用	核算单位经批准处置资产时发生的费用
	74	5401	上缴上级费用▲	核算事业单位按照财政部门和主管部门的规定上缴上级单位款项发生的费用
	75	5501	对附属单位补助费用▲	核算事业单位用财政拨款收入之外的收入对附属单位补助发生的费用
	76	5801	所得税费用▲	核算有企业所得税缴纳义务的事业单位按规定缴纳企业所得税所形成的费用
	77	5901	其他费用	核算单位发生的除业务活动费用、单位管理费用、经营费用、资产处置费用、上缴上级费用、对附属单位补助费用、所得税费用以外的各项费用

（2）预算会计科目及其核算内容。行政事业单位预算会计科目共有26个，其中预算收入类科目9个、预算支出类科目8个、预算结余类科目9个。行政事业单位预算会计科目及核算内容见表1-3。其中，行政单位特有的会计科目1个（带“◇”的会计科目），事业单位特有的会计科目15个（带“▲”的会计科目），行政单位和事业单位共有的会计科目10个。

表1-3　　行政事业单位预算会计科目及核算内容

类别	序号	科目编号	科目名称	核算内容
一、预算收入类	1	6001	财政拨款预算收入	核算单位从同级政府财政部门取得的各类财政拨款
	2	6101	事业预算收入▲	核算事业单位开展专业业务活动及其辅助活动取得的现金流入
	3	6201	上级补助预算收入▲	核算事业单位从主管部门和上级单位取得的非财政补助现金流入
	4	6301	附属单位上缴预算收入▲	核算事业单位取得附属独立核算单位根据有关规定上缴的现金流入
	5	6401	经营预算收入▲	核算事业单位在专业业务活动及其辅助活动之外开展非独立核算经营活动取得的现金流入
	6	6501	债务预算收入▲	核算事业单位按照规定从银行和其他金融机构等借入的、纳入部门预算管理的、不以财政资金作为偿还来源的债务本金
	7	6601	非同级财政拨款预算收入	核算单位从非同级政府财政部门取得的财政拨款
	8	6602	投资预算收益▲	核算事业单位取得的按照规定纳入部门预算管理的属于投资收益性质的现金流入
	9	6609	其他预算收入	核算单位除财政拨款预算收入、事业预算收入、上级补助预算收入、附属单位上缴预算收入、经营预算收入、债务预算收入、非同级财政拨款预算收入、投资预算收益之外的纳入部门预算管理的现金流入
二、预算支出类	10	7101	行政支出◇	核算行政单位履行其职责实际发生的各项现金流出
	11	7201	事业支出▲	核算事业单位开展专业业务活动及其辅助活动实际发生的各项现金流出
	12	7301	经营支出▲	核算事业单位在专业业务活动及其辅助活动之外开展非独立核算经营活动实际发生的各项现金流出
	13	7401	上缴上级支出▲	核算事业单位按照财政部门和主管部门的规定上缴上级单位款项发生的现金流出
	14	7501	对附属单位补助支出▲	核算事业单位用财政拨款预算收入之外的收入对附属单位补助发生的现金流出

续表

类别	序号	科目编号	科目名称	核算内容
二、预算支出类	15	7601	投资支出▲	核算事业单位以货币资金对外投资发生的现金流出
	16	7701	债务还本支出▲	核算事业单位偿还自身承担的纳入预算管理的从金融机构举借的债务本金的现金流出
	17	7901	其他支出	核算单位除行政支出、事业支出、经营支出、上缴上级支出、对附属单位补助支出、投资支出、债务还本支出以外的各项现金流出
三、预算结余类	18	8001	资金结存	核算单位纳入部门预算管理的资金的流入、流出、调整和滚存等情况
	19	8101	财政拨款结转	核算单位取得的同级财政拨款结转资金的调整、结转和滚存情况
	20	8102	财政拨款结余	核算单位取得的同级财政拨款项目支出结余资金的调整、结转和滚存情况
	21	8201	非财政拨款结转	核算单位除财政拨款收支、经营收支以外各非同级财政拨款专项资金的调整、结转和滚存情况
	22	8202	非财政拨款结余	核算单位历年滚存的非限定用途的非同级财政拨款结余资金
	23	8301	专用结余▲	核算事业单位按照规定从非财政拨款结余中提取的具有专门用途的资金的变动和滚存情况
	24	8401	经营结余▲	核算事业单位本年度经营活动收支相抵后余额弥补以前年度经营亏损后的余额
	25	8501	其他结余	核算单位本年度除财政拨款收支、非同级财政专项资金收支和经营收支以外各项收支相抵后的余额
	26	8701	非财政拨款结余分配▲	核算事业单位本年度非财政拨款结余分配的情况和结果

2.行政事业单位会计科目使用要求

（1）为了加强行政事业单位的会计工作，统一核算口径，提高核算质量，应当按照财政部制定的《政府会计制度——行政事业单位会计科目和报表》的规定设置和使用会计科目。

（2）行政事业单位的会计科目，非经财政部同意，不得减并。不需要的科目可以不用。

（3）财政部统一规定了会计科目的编号，各单位不要打乱重编，各行政事业单位在使用会计科目编号时，应与会计科目名称同时使用。可以只用会计科目名称，不用科目编号，但不得只填科目编号，不写科目名称。

（4）行政事业单位设置明细科目或进行明细核算，除应遵循《政府会计制度——行政事业单位会计科目和报表》规定外，应当满足权责发生制政府部门财务报告和政府综合财务报告编制的其他需要。

【提示】实行内部成本核算的事业单位，可根据实际情况自行增设或减少使用某些会计科目。

【思考】行政单位会计科目与事业单位会计科目有什么差异？

任务4　借贷记账法与平行记账

一、借贷记账法

借贷记账法是国际上普遍采用的一种复式记账方法，以“借”和“贷”为记账符号，对每一笔经济业务，相互联系地在两个或两个以上账户中进行登记。一个账户记入“借方”，另一个账户记入“贷方”，借贷两方金额相等，用以反映经济活动中资金变动的情况。这种以相等的金额，记入一个账户的“借方”和另一个账户的“贷方”，来全面反映经济业务的方法，就是借贷记账法。我国行政事业单位会计采用世界通用的借贷记账法。

二、平行记账

平行记账是指对于纳入部门预算管理的现金收支业务，在进行财务会计核算的同时应当进行预算会计核算，即在编制财务会计分录的同时要编制预算会计分录。

【提示】界定平行记账的条件：凡是纳入部门预算管理的现金收支业务均应进行平行记账。除此之外的其他业务，仅需进行财务会计核算，编制财务会计分录，或者仅需进行预算会计核算，编制预算会计分录。

三、借贷记账法和平行记账应用实例

【做中学1-1】运用借贷记账法对某事业单位的下列经济业务进行平行记账：

（1）开出现金支票，从零余额账户提取现金2 000元备用。

此项经济业务涉及“库存现金”和“零余额账户用款额度”两个财务会计科目，同是资产类科目之间发生的对应关系，引起资产内部之间的一增一减；同时，发生纳入预算管理的现金流入流出，涉及“资金结存——货币资金”和“资金结存——零余额账户用款额度”预算结余类明细科目的一增一减。会计分录如下：

财务会计分录：

借：库存现金	2 000	
贷：零余额账户用款额度		2 000

预算会计分录：

借：资金结存——货币资金 2 000

贷：资金结存——零余额账户用款额度 2 000

（2）收到零余额账户代理银行盖章转来的“财政授权支付额度到账通知书”，并与当月分月用款计划核对，本月授权支付用款额度为60 000元。

此项经济业务涉及“财政拨款收入”和“零余额账户用款额度”两个财务会计科目，是收入类科目和资产类科目发生对应关系，引起收入和资产总额的同时增加；同时，发生纳入预算管理的现金流入，涉及“资金结存”和“财政拨款预算收入”两个预算会计科目，预算结余和预算收入的同时增加。会计分录如下：

财务会计分录：

借：零余额账户用款额度 60 000

贷：财政拨款收入 60 000

预算会计分录：

借：资金结存——零余额账户用款额度 60 000

贷：财政拨款预算收入 60 000

（3）通过银行存款支付办公用电话通信费30 000元。

此项经济业务涉及“银行存款”和“单位管理费用”两个财务会计科目，是资产类科目和费用类科目之间发生的对应关系，引起资产的减少、费用的增加；同时，发生纳入预算管理的现金流出，涉及“事业支出”和“资金结存”两个预算会计科目，引起预算支出的增加、预算结余的减少。会计分录如下：

财务会计分录：

借：单位管理费用 30 000

贷：银行存款 30 000

预算会计分录：

借：事业支出 30 000

贷：资金结存——货币资金 30 000

（4）用财政拨款收入之外的收入对附属单位补助支出50 000元。

此项经济业务涉及“对附属单位补助费用”和“银行存款”两个财务会计科目，是费用类科目与资产类科目发生的对应关系，引起费用的增加、资产的减少；同时，发生纳入预算管理的现金流出，涉及“对附属单位补助支出”和“资金结存”两个预算会计科目，引起预算支出增加、预算结余减少。会计分录如下：

财务会计分录：

借：对附属单位补助费用 50 000

贷：银行存款 50 000

预算会计分录：

借：对附属单位补助支出 50 000

贷：资金结存——货币资金 50 000

（5）主管部门决定将之前借入的期限为2年的借款80 000元转作对其补助。

此项经济业务涉及“上级补助收入”和“长期借款”两个财务会计科目，是收入类科目和负债类科目之间发生的对应关系，引起收入的增加、负债的减少；同时，发生纳入预算管理的现金流入，涉及“债务预算收入”和“上级补助预算收入”两个预算会计科目，同是预算收入类科目之间发生的对应关系，引起预算收入内部之间的一增一减。会计分录如下：

财务会计分录：

借：长期借款　　80 000

　贷：上级补助收入　　80 000

预算会计分录：

借：债务预算收入　　80 000

　贷：上级补助预算收入　　80 000

（6）收到应上缴国家的罚没款10 000元，款项已存入银行。

此项经济业务涉及“应缴财政款”和“银行存款”两个财务会计科目，是负债类科目与资产类科目发生的对应关系，引起负债和资产的同时增加。会计分录如下：

财务会计分录：

借：银行存款　　10 000

　贷：应缴财政款　　10 000

【思考】预算会计为何不做分录？

（7）后勤工作人员王萍因出差借差旅费2 000元现金。

此项经济业务涉及“库存现金”和“其他应收款”两个财务会计科目，同是资产类科目之间发生的对应关系，引起资产内部之间的一增一减。会计分录如下：

财务会计分录：

借：其他应收款　　2 000

　贷：库存现金　　2 000

【思考】预算会计为何不做分录？

（8）后勤工作人员王萍出差回来报销差旅费2 000元。

此项经济业务涉及“单位管理费用”和“其他应收款”两个财务会计科目，是费用类科目与资产类科目发生的对应关系，引起费用的增加、资产的减少；同时，发生纳入预算管理的现金流出，涉及“事业支出”和“资金结存”两个预算会计科目，引起预算支出增加、预算结余减少。会计分录如下：

财务会计分录：

借：单位管理费用　　2 000

　贷：其他应收款　　2 000

预算会计分录：

借：事业支出　　2 000

　贷：资金结存——货币资金　　2 000

(9) 应付后勤工作人员李明本月工资5 800元。

此项经济业务涉及“单位管理费用”和“应付职工薪酬”两个财务会计科目，是费用类科目和负债类科目发生的对应关系，引起费用和负债的同时增加。会计分录如下：

财务会计分录：

借：单位管理费用　　5 800

　贷：应付职工薪酬　　5 800

【思考】预算会计为何不做分录？

(10) 为开展专业业务活动，采用财政授权支付方式购买一项不需要安装的固定资产，价值为120万元，预计使用10年，当月计提折旧1万元。

此项购买固定资产的经济业务涉及“固定资产”和“零余额账户用款额度”两个财务会计科目，同是资产类科目之间发生的对应关系，引起资产内部之间的一增一减；计提折旧经济业务涉及“固定资产累计折旧”“业务活动费用”两个财务会计科目，引起费用的增加和资产的减少。购买固定资产时，发生纳入预算管理的现金流出，涉及“事业支出”和“资金结存”两个预算会计科目，引起预算支出增加、预算结余减少。会计分录如下：

①购买固定资产：

财务会计分录：

借：固定资产　　1 200 000

　贷：零余额账户用款额度　　1 200 000

预算会计分录：

借：事业支出　　1 200 000

　贷：资金结存——零余额账户用款额度　　1 200 000

②计提折旧：

借：业务活动费用　　10 000

　贷：固定资产累计折旧　　10 000

【思考】预算会计为何不做分录？

任务5　行政事业单位财务管理

一、行政单位财务管理

行政单位财务管理是指对行政单位的财务活动所进行的预算、控制、分析、考核等的总称。

（一）行政单位财务管理的基本原则

1.量入为出，保障重点，兼顾一般

行政单位的性质决定了行政单位的主要资金来源是财政预算拨款。由于国家财力有限，行政单位对财力的需求和财政供给之间的矛盾将长期存在，而且行政经费的支出属

于消费性支出，应当抑制其支出过快增长，以达到节约资金的目的。为了合理使用行政经费，使得有限的资金最大限度发挥作用，行政单位应按照各项工作的轻重缓急分主次分先后，本着节约、高效的原则，保证行政单位的重点支出，兼顾一般支出，压缩非必要的开支。

2.厉行节约，制止奢侈浪费

艰苦奋斗，勤俭节约，既是我党的优良传统，也是我国社会主义建设的一项基本方针。从经费来源上讲，行政单位的经费来自国家税收，只能用于为纳税人管理和服务所必需的消耗。这就要求行政单位要以对人民高度负责的精神，厉行节约，严禁奢侈浪费，充分发挥资金的使用效益。从行政单位的性质上讲，行政单位在国家政治、经济生活中处于十分重要的地位，其行为对各方面都会产生极强的“示范”效应。

3.降低行政成本

行政成本过高，不仅是对社会财富的巨大浪费，而且直接影响着党和政府在群众中的形象，影响着党群、政群、干群关系。因此，应努力降低行政成本，保障和改善民生，推进各项社会事业的快速发展，稳定经济增长和调整经济结构，严格控制机构和人员编制，减少非正常的公务性支出，进而控制行政经费等一般性支出；应从各个环节入手，寻求降低行政成本、提高资金使用效益的途径。

4.注重资金使用效益

虽然行政单位取得的财政资金是无偿的，支出不求直接回报，但并不意味着可以不讲求资金的使用效益，只是讲求资金使用效益的方法不是企业的成本考核、盈亏计算，而是采用定员定额的预算管理方式。

（二）行政单位财务管理的主要任务

1.科学、合理编制预算，严格预算执行，完整、准确、及时编制决算，真实反映单位财务状况

行政单位预算是行政单位顺利行使其职能、圆满完成各项工作任务的重要保证，也是单位财务管理工作的基本依据。因此，行政单位应当按照量入为出、收支平衡、保证重点、兼顾一般的原则编制单位预算，不得编制赤字预算。单位预算一经批准，要严格执行，并根据单位预算的执行结果编制单位决算，真实反映本单位的财务收支和预算执行情况。

2.建立健全财务管理制度，实施预算绩效管理，加强对行政单位财务活动的控制和监督

财务管理制度既是行政单位开展财务活动的基本依据，也是国家有关法律法规和制度贯彻落实的可靠保障。因此，行政单位必须依照有关财务规定，结合本单位的实际情况，建立健全财务管理制度，实施预算绩效管理，做到有章可循，实现规范化管理的要求。同时，行政单位应通过各种财务管理手段，对单位的业务活动进行全面、系统的控制和监督检查，以保证各项业务活动和财务活动合理、有序进行。

3.加强资产管理，合理配置、有效利用、规范处置资产，防止国有资产流失

长期以来，在行政单位的资产管理中，存在重钱轻物、重购轻管的思想，造成国有资产不同程度的流失。另外，在配置固定资产时随意性较大，浪费现象严重。因此，行

政单位要按照国家的规定，制定并完善资产管理的具体办法，合理配置、有效利用，加强资产管理，防止国有资产的浪费与流失。

4.定期编制财务报告，进行财务活动分析

行政单位财务报告是主管部门和财政部门了解行政单位财务状况的主要信息来源，也是行政单位加强内部管理、进行管理决策的重要依据。因此，行政单位必须认真做好财务管理的各项基础工作，并按规定的时间和要求编制财务报告。同时，要对一定时期单位的财务活动进行分析、比较、研究，提高其财务管理水平。

5.对行政单位所属并归口行政财务管理的单位的财务活动实施指导、监督

对行政单位所属并归口行政财务管理的单位是指在行政关系上隶属于行政单位、财务关系上归口行政财务管理的、实行独立核算的单位。由于这些单位与行政单位财务关系密切，为了加强对这些单位的财务管理，需要通过行政单位财务了解、掌握这些单位的财务收支状况，向这些单位传达、贯彻国家有关方针、政策，对其执行国家法律法规和财务制度方面的情况进行监督、指导，使其财务活动有序进行。

6.加强对非独立核算的机关后勤服务部门的财务管理，实行内部核算办法

机关后勤服务部门是指由行政机关领导的，为机关工作和职工生活提供服务的单位。机关后勤服务部门的服务工作带有很强的供给制、福利制、“小而全”和封闭式等特点，普遍缺乏核算意识，支出规模过大，加重了行政单位的支出负担。因此，必须对其实行内部核算办法，强化机关后勤服务部门的核算意识，提高资金使用效益，减少财政开支。实行内部核算办法是指行政单位对机关后勤服务部门要正确计算和考核费用消耗水平，结合实际情况，实行不同的内部结算方式，合理分担费用。

【提示】行政单位的财务活动在单位负责人领导下，由单位财务部门统一管理。

行政单位应当单独设置财务机构，配备专职财务会计人员，实行独立核算。人员编制少、财务工作量小等不具备独立核算条件的单位，可以实行单据报账制度。

（三）行政单位预算管理

1.行政单位预算概念及内容

行政单位预算是指行政单位根据其职责和工作任务编制的年度财务收支计划。它反映了预算年度内行政单位的资金收支规模和结构、资金来源和去向，是行政单位财务工作的基本依据。行政单位预算由收入预算和支出预算组成。

2.行政单位预算级次划分

行政单位预算按照预算管理权限，划分为三级：一级预算单位、二级预算单位和基层预算单位。

（1）向同级财政部门申报预算的行政单位，为一级预算单位；

（2）向上一级预算单位申报预算并有下级预算单位的行政单位，为二级预算单位；

（3）向上一级预算单位申报预算并没有下级预算单位的行政单位，为基层预算单位。

一级预算单位有下级预算单位的，为主管预算单位。

各级预算单位应当按照预算管理级次申报预算，并按照批准的预算组织实施，定期将预算执行情况向上一级预算单位或者同级财政部门报告。

【提示】主管预算单位与一级预算单位不是等同的。主管预算单位一定是一级预算单位，但是一级预算单位不一定就是主管预算单位。

3.行政单位预算管理办法

财政部门对行政单位实行收支统一管理，定额、定项拨款，超支不补、结转和结余按规定使用的预算管理办法，包括以下三方面内容：

（1）收支统一管理。收支统一管理是指行政单位应当将全部收入和全部支出统一编入预算，统一组织实施。

（2）定额、定项拨款。定额、定项拨款是指财政部门确定行政单位财政预算拨款的具体方法。定额拨款是指财政部门根据行政单位的性质和特点，结合财力状况，按照相应标准确定一个总的拨款数额。定项拨款是指财政部门对行政单位为完成其特定的行政工作任务，在基本支出预算之外专门安排的经费拨款。

（3）超支不补、结转和结余按规定使用。超支不补、结转和结余按规定使用是指行政单位预算经法定程序核定之后，除特殊因素外，超预算发生的支出，主管预算单位或财政部门不再追加预算；如果形成结转或结余资金，应按照同级财政部门的有关规定执行。

4.编制行政单位预算应综合考虑因素

（1）年度工作计划和相应支出需求。

（2）以前年度预算执行情况。

（3）以前年度结转和结余情况。

（4）资产占有和使用情况。

（5）其他因素。如预算期内各类人员的变动情况、预算期内新出台的政策对收支的影响情况等。

5.行政单位预算编报和审批程序

（1）行政单位测算、提出预算建议数，逐级汇总后报送同级财政部门；

（2）财政部门审核行政单位提出的预算建议数，下达预算控制数；

（3）行政单位根据预算控制数正式编制年度预算，逐级汇总后报送同级财政部门；

（4）经法定程序批准后，财政部门批复行政单位预算。

行政单位应当严格执行预算，按照收支平衡的原则，合理安排各项资金，不得超预算安排支出。预算在执行中原则上不予调整。因特殊情况确需调整预算的，行政单位应当按照规定程序报送审批。

6.行政单位决算

行政单位决算是指行政单位根据预算执行结果编制的年度报告。

行政单位应当按照规定编制决算，逐级审核汇总后报同级财政部门审批。行政单位应当加强决算审核和分析，规范决算管理工作，保证决算数据的完整、真实、准确。

二、事业单位财务管理

事业单位财务管理是指事业单位在执行事业计划、开展业务活动过程中，有关经费的筹集、运用、报销、管理和监督等事项。

（一）事业单位财务管理的基本原则

1. 执行国家有关法律、法规和财务规章制度

事业单位制定财务管理规定、出台财务管理措施和开展其他活动，都应严格执行国家有关法律、法规和财务规章制度，这将会对提高事业单位依法办事意识、规范单位财务行为，保证事业健康发展，具有十分重要的意义。

2. 坚持勤俭办一切事业的方针

厉行节约、勤俭办一切事业是事业单位财务管理工作必须长期坚持的方针。事业单位一方面要积极采取措施，厉行节约，反对铺张浪费的现象；另一方面要大力提高资金使用效益，注重革新挖潜，提高事业成果质量和事业规模效益，使有限的资源得到充分合理的使用。

3. 正确处理事业发展需要和资金供给的关系，社会效益和经济效益的关系，国家、单位和个人三者利益的关系

（1）正确处理事业发展需要和资金供应的关系。事业单位既要考虑事业发展的需要，又要考虑财力的可能，既要尽力而为，又要量力而行，一切从实际出发，分清轻重缓急，统筹安排，合理使用各项资金。

（2）正确处理社会效益和经济效益的关系。事业单位以生产精神产品和从事社会公益活动为主，事业单位的一切活动必须把社会效益放在第一位；同时，在社会主义市场经济条件下，精神产品有很大一部分要进入市场，在财务管理中就必须讲求经济效益，以尽可能少的耗费取得尽可能多的经济成果。因此，事业单位在把社会效益放在第一位的前提下，要处理好社会效益和经济效益的关系。

（3）正确处理国家、集体和个人三者利益关系。按照社会主义物质利益原则，在事业单位财务管理中必须兼顾国家、集体和个人三者利益，哪一方面也不能偏废；同时，集体利益和个人利益必须服从国家利益，个人利益必须服从集体利益。

（二）事业单位财务管理的主要任务

1. 合理编制单位预算，严格预算执行，完整、准确编制单位决算报告和财务报告，真实反映单位预算执行情况、财务状况和运行情况

单位预算的编制要以国家的方针政策和法律法规为依据，以本地区国民经济和社会发展计划为基础，以收支平衡、略有结余为准绳，严格预算执行，遵循完整性、真实性、统一性和年度性原则编制单位决算报告和财务报告，真实反映单位预算执行情况、财务状况和运行情况。

2. 依法组织收入，努力节约支出

收入来源要合理合法；支出方面，既要保证开展业务活动的需要，又要遵循相应制度规定，减少经费，压缩不必要的支出，减少财政压力。

3. 建立健全财务制度，加强经济核算，全面实施绩效管理，提高资金使用效益

事业单位应本着勤俭节约的原则，通过编制支出计划或预算的方式，全面实施绩效管理，加强对资金的控制和管理，防止资金浪费，最大限度地提高资金的使用效益。

4. 加强资产管理，合理配置和有效利用资产，防止资产流失

根据国有资产管理的需要，财政部印发了《行政事业单位资产清查核实管理办

法》，对加强行政事业单位国有资产管理、规范行政事业单位资产核实工作提出了新的要求，对行政事业单位合理配置资产、有效利用资产、防止资产流失起到积极作用。

5.加强对单位经济活动的财务控制和监督，防范财务风险

事业单位的财务活动在单位负责人的领导下，由单位财务部门统一管理。事业单位会计应当反映监督事业单位财务收支情况和结果，促进事业单位提高资金使用效益；反映监督事业单位各项财产物资的保管和使用情况，保护财产物资的安全完整；反映监督事业单位执行国家法律法规和制度的情况，保证各项资金使用的合法性。

【思考】行政事业单位会计与企业会计有何区别？

【注意】事业单位的财务活动在单位负责人的领导下，由单位财务部门统一管理。

（三）事业单位预算管理

1.事业单位预算概念及内容

事业单位预算是指事业单位根据事业发展目标和计划编制的年度财务收支计划。事业单位预算由收入预算和支出预算组成。

事业单位预算是事业单位财务工作的基本依据，反映了事业单位一个预算年度财务收支的规模。

2.事业单位预算级次划分

事业单位预算按照预算管理权限，划分为三级：一级预算单位、二级预算单位和基层预算单位。预算级次的划分同行政单位。

3.事业单位预算管理办法

国家对事业单位实行核定收支，定额或者定项补助，超支不补、结转和结余按规定使用的预算管理办法，包括以下三方面内容：

（1）核定收支。由财政部门会同主管部门核定事业单位收入和支出规模，以此来确定补助定额或项目。

（2）定额或者定项补助。定额或者定项补助标准根据国家有关政策和财力可能，结合事业单位改革要求、事业特点、事业发展目标和计划、事业单位收支及资产状况等确定。定额或者定项补助可以为零。

（3）超支不补、结转和结余按规定使用。超支不补、结转和结余按规定使用是指事业单位预算经法定程序核定之后，除特殊因素外，超预算发生的支出，主管预算单位或财政部门不再追加预算；非财政拨款收入大于支出较多的事业单位，可以实行收入上缴办法。具体办法由财政部门会同有关主管部门制定。

4.事业单位预算编制、审批和执行

（1）事业单位预算应当自求收支平衡，不得编制赤字预算。

（2）事业单位根据国家宏观调控总体要求、年度事业发展目标和计划以及预算编制的规定，提出预算建议数，经主管部门审核汇总报财政部门（一级预算单位直接报财政部门，下同）。事业单位根据财政部门下达的预算控制数编制预算草案，由主管部门审核汇总报财政部门，经法定程序审核批复后执行。

（3）事业单位应当严格执行批准的预算。预算执行中，国家对财政补助收入和财政专户管理资金的预算一般不予调剂，确需调剂的，由事业单位报主管部门审核后报财政

部门调剂；其他资金确需调剂的，按照国家有关规定办理。收入预算调整后，相应调增或者调减支出预算。

5.事业单位决算

事业单位决算是指事业单位预算收支和结余的年度执行结果。

事业单位应当按照规定编制年度决算草案，由主管部门审核汇总后报财政部门审批。事业单位应当加强决算审核和分析，保证决算数据的真实、准确，规范决算管理工作。

项目小结

本项目主要介绍了行政事业单位会计的概念和特点、组成体系、基本假设、信息质量要求、会计要素、预算会计与财务会计的平行记账，以及财务管理的内容和主要任务。

重点与难点：行政事业单位核算模式、会计要素、信息质量要求，预算会计与财务会计的平行记账。

本项目主要知识点归纳总结见表1-4。

表1-4 主要知识点归纳总结

主要知识点	内 容	
行政单位会计的概念	行政单位会计是国家各级行政单位对单位预算资金的执行情况和结果以及财务状况等进行全面、系统、连续地核算和监督的专业会计	
事业单位会计的概念	事业单位会计是各类事业单位对其财务状况、现金流量和预算资金执行情况等进行全面、系统、连续地核算和监督的专业会计	
行政事业单位会计的分级	行政事业单位会计组织系统，根据机构编制和经费领拨关系，分为主管会计单位、二级会计单位和基层会计单位三级	
行政事业单位会计要素和科目	会计科目	分为资产、负债、净资产、收入、费用、预算收入、预算支出和预算结余八大类
	记账方法	借贷记账法
预算会计与财务会计平行记账	预算会计和财务会计适度分离并相互衔接	

学习领域二

预算会计核算

项目二

预算收入的核算

学习目标

知识目标

1. 理解预算收入的含义和内容。

2. 熟悉财政拨款预算收入明细科目设置内容。

3. 掌握各类预算收入的核算内容及主要账务处理。

技能目标

1. 能正确处理各项预算收入经济业务。

2. 能够准确对各项预算收入进行确认与计量。

3. 根据相关预算收入经济业务，能准确确认凭证的真实性、合法合规性、完整性，并准确填制相应会计凭证。

素养目标

1. 树立法律意识，依法组织预算收入。

2. 树立诚信意识，划清各项预算收入界限。

3. 树立敬业意识，做好每一笔预算收入的账务处理。

工作情境与工作任务

2021年12月，某单位收到代理银行转来的“财政授权支付额度到账通知书”，通知书中注明的本月授权额度为600 000元，同时确认财政拨款预算收入600 000元。

假如你是一名会计人员，你认为此笔经济业务将如何进行账务处理。

根据《政府会计制度——行政事业单位会计科目和报表》的规定，预算收入要素应设置哪些科目，其核算内容是什么？

行政事业单位收到同级财政拨款资金、非同级财政拨款资金及上级单位拨来的非财政资金时，你知道应通过哪些科目进行核算吗？如何进行账务处理？

如何依法取得预算收入？在账务处理阶段如何做到严谨、认真、负责，不出差错？

思政引航

本项目以党的二十大报告为指引，将“健全现代预算制度，优化税制结构，完善财政转移支付体系”等思政元素融入教学知识点的教学设计见表2-1。

表2-1　思政元素融入教学知识点的教学设计

知识点	思政元素	教学设计
财政拨款预算收入	树立全国一盘棋、调动各方面积极性、集中力量办大事的思想	教师导语：财政是依照国家公权力进行的资源配置，建立责任政府，提高财政透明，建构财政法治。结合我国实际，行政单位和教育、基层医疗等部分事业单位主要依靠财政拨款。我国作为社会主义国家，能够站在战略的高度统筹规划全国各区域的发展及支出需求，因地施政、因地拨款，具有更强的宏观指挥能力；社会主义制度比西方资本主义制度更能发挥宏观调控功能 课前引导：通过视频案例引导学生要依法取得预算收入
非财政拨款预算收入——公费医疗经费	体现社会主义制度的优越性，激发学生爱国情怀	公费医疗经费制度，要坚持以人民为中心的发展思想，不断保障和改善民生，增进人民福祉，走共同富裕的道路
预算收入差错更正的账务处理	培养学生严谨工作作风和责任担当	知识点播：要求学生处理业务必须严谨、认真、负责，少出差错。如果出现差错不要紧，不能隐瞒差错，要勇于承认差错并及时改正，具有责任担当
事业预算收入和经营预算收入	树立正确的人生观和价值观	互动引用：以党的二十大报告为指引，引用案例说明事业单位组织收入不以营利为主要目的，而是以提高社会效益为主要目的。树立正确的价值观，引导学生关注社会公益、福利事业，造福人民 课后思考：如何用自己的劳动去创造人生价值，成为一个有益于社会、有益于人民的高尚之人？

任务1　预算收入概述

一、预算收入概念

预算收入是指政府会计主体在预算年度内依法取得的并纳入预算管理的现金流入。

【提示】预算收入是现金流入，但现金流入不一定全是预算收入，取得但没有纳入预算管理的就不是预算收入，如处置固定资产的残值，是现金流入但不能计入预算收入，而要计入负债，应上缴国库。

二、预算收入的确认与计量

预算收入以收付实现制为结账基础，一般在实际收到时予以确认，以实际收到的金额计量入账。

【提示】预算收入在年终进行结算时，按预算指标结余数进行确认与计量。

【注意】收到现金不确认预算收入的情况：

收到暂收款项（押金、财政预拨经费）；

收到应上缴财政的款项；

收到受托代理资产的库存现金和银行存款；

收到预拨下年预算的财政资金。

三、预算收入的内容

预算收入包括财政拨款预算收入、事业预算收入、上级补助预算收入、附属单位上缴预算收入、经营预算收入、债务预算收入、非同级财政拨款预算收入、投资预算收益、其他预算收入。

（1）财政拨款预算收入，是指行政事业单位从同级政府财政部门取得的各类财政拨款。

（2）事业预算收入，是指事业单位开展专业业务活动及其辅助活动取得的现金流入。

（3）上级补助预算收入，是指事业单位从主管部门和上级单位取得的非财政补助现金流入。

（4）附属单位上缴预算收入，是指事业单位取得附属独立核算单位根据有关规定上缴的现金流入。

（5）经营预算收入，是指事业单位在专业业务活动及其辅助活动之外开展非独立核算经营活动取得的现金流入。

（6）债务预算收入，是指事业单位按照规定从银行和其他金融机构等借入的、纳入部门预算管理的、不以财政资金作为偿还来源的债务本金。

（7）非同级财政拨款预算收入，是指行政事业单位从非同级政府财政部门取得的财政拨款，包括本级横向转拨财政款和非本级财政拨款。

（8）投资预算收益，是指事业单位取得的按照规定纳入部门预算管理的属于投资收益性质的现金流入，包括股权投资收益、出售或收回债券投资所取得的收益和债券投资利息收入。

（9）其他预算收入，是指核算单位除财政拨款预算收入、事业预算收入、上级补助预算收入、附属单位上缴预算收入、经营预算收入、债务预算收入、非同级财政拨款预算收入、投资预算收益之外的纳入部门预算管理的现金流入，包括捐赠预算收入、利息预算收入、租金预算收入、现金盘盈收入等。

【提示】财政拨款预算收入、非同级财政拨款预算收入、其他预算收入属于行政单位和事业单位共有的预算收入；事业预算收入、上级补助预算收入、附属单位上缴预算收入、经营预算收入、债务预算收入、投资预算收益属于事业单位特有的预算收入。

任务2 财政拨款预算收入与非同级财政拨款预算收入的核算

财政拨款原则

一、财政拨款预算收入

财政拨款预算收入是指单位从同级政府财政部门取得的各类财政拨款。

（一）财政拨款预算收入的确认与计量

财政拨款预算收入的确认和计量与财政资金支付方式有关，单位在不同资金支付方式下对财政拨款预算收入的确认与计量具体如下：

1.财政直接支付方式下财政拨款预算收入的确认与计量

财政直接支付方式下，单位应于收到财政国库支付执行机构委托代理银行转来的“财政直接支付入账通知书”及相关原始凭证时确认财政拨款预算收入，按入账通知书中标明的财政资金支付金额计量入账。

年末对尚未使用的预算指标根据本年度财政直接支付预算指标数与财政直接支付实际支出数的差额确认财政拨款预算收入。

【提示】在财政直接支付方式下，单位在确认财政拨款预算收入时，实际上已经使用了财政拨款预算资金。

2.财政授权支付方式下财政拨款预算收入的确认与计量

单位收到单位零余额账户代理银行转来的“财政授权支付额度到账通知书”时，确认财政拨款预算收入，按到账通知书标明的用款额度计量入账。

年末对尚未使用的预算指标根据单位本年度财政授权支付预算指标数和财政授权支付额度下达数的差额确认财政拨款预算收入。

3.其他支付方式下财政拨款预算收入的确认与计量

在其他支付方式下，单位应当在收到财政资金时确认财政拨款预算收入，并按银行进账单中标明的财政拨款到账实际金额计量入账。在其他支付方式中最具有代表性的支付方式为财政实拨资金支付方式。

【提示】目前，我国总体上已实行国库集中收付制度。国库集中收付制度下有两种支付方式即财政直接支付和财政授权支付。对于没有实行国库集中收付制度的单位，采用传统的财政实拨资金支付方式。

国库集中支付方式

【思考】什么是财政直接支付和财政授权支付？

（二）财政拨款预算收入的科目设置

1.总账科目设置

为了核算单位从同级政府财政部门取得的各类财政拨款，在预算收入要素类设置“财政拨款预算收入”总账科目。本科目贷方登记同级财政拨款预算收入的增加数；借方登记同级财政拨款预算收入的减少数或结转数；平时贷方余额反映了同级财政拨款预算收入的累计数，年终结转后无余额。

2.明细科目设置

“财政拨款预算收入”科目下设置“基本支出”和“项目支出”两个明细科目，并按照《政府收支分类科目》中“支出功能分类科目”的“项”级科目进行明细核算；同时，在“基本支出”明细科目下按照“人员经费”和“日常公用经费”进行明细核算，在“项目支出”明细科目下按照具体项目进行明细核算。有一般公共预算财政拨款、政府性基金预算财政拨款等两种或两种以上财政拨款的单位，还应当按照财政拨款的种类进行明细核算。

【思考】对于从同级政府财政部门取得的各类财政拨款，财务会计在收入要素类设置的科目是什么？

（三）财政拨款预算收入的主要账务处理

1.财政直接支付方式下的账务处理

单位根据收到的“财政直接支付入账通知书”及相关原始凭证，按照通知书中的直接支付金额，借记“行政支出”“事业支出”等科目，贷记本科目。年末，根据本年度财政直接支付预算指标数与当年财政直接支付实际支出数的差额，借记“资金结存——财政应返还额度”科目，贷记本科目。

【做中学2-1】2021年12月，某行政单位（实行国库集中收付）收到同级政府财政部门的“财政直接支付入账通知书”，支付本月工资150 000元。根据财政直接支付申请书、“财政直接支付入账通知书”、工资发放明细表等，编制预算会计分录如下：

借：行政支出——基本支出　　150 000

　贷：财政拨款预算收入——基本支出——人员经费　　150 000

【做中学2-2】2021年12月，某行政单位（实行国库集中收付）通过政府采购完成单位内部局域网络工程建设，工程验收合格，支出总计180 000元，款项由同级政府财政部门直接支付。根据政府采购协议、财政直接支付申请书、“财政直接支付入账通知书”、工程完工验收单等，编制预算会计分录如下：

借：行政支出——项目支出——网络工程　　180 000

　贷：财政拨款预算收入——项目支出——网络工程　　180 000

【做中学2-3】某省财政部门2021年年末与A行政单位核对结算，国库集中支付的财政拨款全年预算数与国库实际支付数的差额为700万元，其中甲项目为10万元。该A行政单位会计对尚未使用的本年预算拨款金额进行财政拨款预算收入的账务处理。

次年1月A行政单位通过财政直接支付预付了甲项目设备采购的资金30万元，其中使用上年未使用的资金10万元，使用当年预算资金20万元。

根据单位预算和同级财政预算经费结算单、财政直接支付申请书、“财政直接支付入账通知书”、设备采购协议等，编制预算会计分录如下：

（1）年末与财政部门结算。

借：资金结存——财政应返还额度　　7 000 000

　贷：财政拨款预算收入　　6 900 000

　　　财政拨款预算收入——项目支出——甲项目　　100 000

（2）支付甲项目设备采购预付款30万元。

借：行政支出——项目支出——甲项目　　300 000

　贷：资金结存——财政应返还额度　　100 000

　　　财政拨款预算收入——项目支出——甲项目　　200 000

2.财政授权支付方式下的账务处理

单位根据收到的“财政授权支付额度到账通知书”，按照通知书中的授权支付额度，借记“资金结存——零余额账户用款额度”科目，贷记本科目。年末，单位本年度财政授权支付预算指标数大于零余额账户用款额度下达数的，按照两者差额，借记“资金结存——财政应返还额度”科目，贷记本科目。

【做中学2-4】2021年12月，某单位（实行国库集中收付）收到同级政府财政部门委托银行转来的“财政授权支付额度到账通知书”，该单位获得用于基本支出的日常公用经费财政授权支付额度为300 000元。根据财政授权支付申请书、“财政授权支付额度到账通知书”等，编制预算会计分录如下：

借：资金结存——零余额账户用款额度　　300 000

　贷：财政拨款预算收入——基本支出——日常公用经费　　300 000

年末，该单位本年度财政授权支付预算指标数为1 800 000元，零余额账户用款额度下达数为1 790 000元，根据预算指标数和财政部门下达的零余额账户用款额度凭证等，编制预算会计分录如下：

借：资金结存——财政应返还额度　　10 000

　贷：财政拨款预算收入　　10 000

3.其他支付方式下的账务处理

单位按照本期预算收到财政拨款预算收入时，按照实际收到的金额，借记“资金结存——货币资金”科目，贷记本科目。单位收到下期预算的财政预拨款，应当在下个预算期，按照预收的金额，借记“资金结存——货币资金”科目，贷记本科目。

【做中学2-5】2021年12月，某单位（未实行国库集中收付制），收到同级政府财政部门拨来本月用于人员预算经费67 000元。根据预算拨款凭证、银行进账单等，编制预算会计分录如下：

借：资金结存——货币资金　　67 000

　贷：财政拨款预算收入——基本支出——人员经费　　67 000

4.差错更正、购货退回的账务处理

因差错更正、购货退回等发生财政直接支付款项退回的，属于本年度支付的款项，按照退回金额，借记本科目，贷记“行政支出”“事业支出”等科目。

5.年末的账务处理

年末，将本科目本年发生额转入财政拨款结转，借记本科目，贷记“财政拨款结转——本年收支结转”科目。

【做中学2-6】2021年年终，某单位将财政拨款预算收入贷方余额630 000元（其中基本支出450 000元，项目支出180 000元）进行年终转账，编制预算会计分录如下：

借：财政拨款预算收入——基本支出　　450 000

　　　　　　　　　　——项目支出　　180 000

　贷：财政拨款结转——本年收支结转　　630 000

二、非同级财政拨款预算收入

（一）非同级财政拨款预算收入的概念

非同级财政拨款预算收入是指单位从非同级政府财政部门取得的财政拨款，包括本级横向转拨财政款和非本级财政拨款。

（二）非同级财政拨款预算收入的科目设置

1.总账科目设置

为了核算单位从非同级政府财政部门取得的财政拨款（包括本级横向转拨财政款和非本级财政拨款），在预算收入要素类设置“非同级财政拨款预算收入”总账科目。本科目贷方登记非同级财政拨款的增加数；借方登记非同级财政拨款的减少数或结转数；平时贷方余额反映了非同级财政拨款的累计数，年终结转后无余额。

2.明细科目设置

“非同级财政拨款预算收入”科目下应当按照非同级财政拨款预算收入的类别、来源、《政府收支分类科目》中“支出功能分类科目”的“项”级科目等进行明细核算。非同级财政拨款预算收入中如有专项资金收入，还应按照具体项目进行明细核算。

（三）非同级财政拨款预算收入的主要账务处理

1.取得时的账务处理

单位取得非同级财政拨款预算收入时，按照实际收到的金额，借记“资金结存——货币资金”科目，贷记本科目。

【做中学2-7】某单位2021年12月2日通过实拨资金方式获得中央财政资金70万元存入单位银行账户，用于项目支出预算的房屋日常维修款。根据预算拨款凭证、银行进账单等，编制预算会计分录如下：

收到财政拨款时：

借：资金结存——货币资金　　700 000

　贷：非同级财政拨款预算收入——专项资金收入——房屋维修　　700 000

2.年末的账务处理

年末，将本科目本年发生额中的专项资金收入转入非财政拨款结转，借记本科目下各专项资金收入明细科目，贷记“非财政拨款结转——本年收支结转”科目；将本科目本年发生额中的非专项资金收入转入其他结余，借记本科目下各非专项资金收入明细科目，贷记“其他结余”科目。

【做中学2-8】年末，某单位将“非同级财政拨款预算收入”科目余额1 200 000元（其中专项资金收入700 000元）结转，编制预算会计分录如下：

借：非同级财政拨款预算收入——专项资金收入　　700 000

　贷：非财政拨款结转——本年收支结转　　700 000

借：非同级财政拨款预算收入——非专项资金收入　　500 000

　贷：其他结余　　500 000

公费医疗经费制度

【提示】关于公费医疗经费的会计处理问题。

享受公费医疗待遇的单位从所在地公费医疗管理机构取得的公费医疗经费，应当在实际取得时，

财务会计：借：银行存款，贷：非同级财政拨款收入；

预算会计：借：资金结存，贷：非同级财政拨款预算收入。

在实际支用时财务会计计入相关费用，预算会计计入相关支出。

任务3　事业预算收入与经营预算收入的核算

一、事业预算收入

（一）事业预算收入的含义

事业预算收入是指事业单位开展专业业务活动及其辅助活动取得的现金流入。事业预算收入包含以下三层含义：

一是专业业务活动取得的收入，即事业单位根据单位专业特点所从事或开展的主要业务活动所取得的收入，如教育事业单位的教学活动、科研事业单位的科研活动、医院的医疗活动等。

二是辅助活动取得的收入，即与专业业务活动相关，直接为专业业务活动服务的单位行政管理活动、后勤服务活动等取得的收入。

三是从财政专户核拨给事业单位的资金和经核准不上缴国库或者财政专户的资金列入事业预算收入。

对于事业单位因开展科研及其辅助活动从非同级政府财政部门取得的经费拨款，应列入“事业预算收入——非同级财政拨款”科目。

通过上述活动所取得的收入，均作为事业预算收入处理。

【思考】某设计院完成一项建筑设计项目，委托单位交来设计费15万元，这项收入是否列入该单位的事业预算收入？

（二）事业预算收入的确认与计量

事业预算收入应当在实际收到款项时确认，并按实际收到的金额计量入账。

（三）事业预算收入的科目设置

1.总账科目设置

为了核算事业单位开展专业业务活动及其辅助活动取得的现金流入，在预算收入要素类设置“事业预算收入”总账科目。本科目贷方登记事业单位开展专业业务活动及其辅助活动取得的收入及从财政专户核拨的资金和经核准不上缴国库或者财政专户的资金等；借方登记收入退回数等。期末，将本科目本年发生额转入其他结余或非财政拨款结转，年末结转后，本科目应无余额。

【提示】事业单位因开展科研及其辅助活动从非同级政府财政部门取得的经费拨款，也通过本科目核算。

2.明细科目设置

本科目应当按照事业预算收入类别、项目、来源、《政府收支分类科目》中“支出功能分类科目”的“项”级科目等进行明细核算。对于因开展科研及其辅助活动从非同级政府财政部门取得的经费拨款，应当在本科目下单设“非同级财政拨款”明细科目进行明细核算；事业预算收入中如有专项资金收入，还应按照具体项目进行明细核算。

（四）事业预算收入的主要账务处理

1.收到从财政专户返还的事业预算收入时的账务处理

采用财政专户返还方式管理的事业预算收入，收到从财政专户返还的事业预算收入时，按照实际收到的返还金额，借记“资金结存——货币资金”科目，贷记本科目。

【做中学2-9】2021年12月8日，某事业单位收到同级政府财政部门通过财政专户核拨的资金1 200 000元，用于房屋的大修。根据财政专户拨款单、银行进账单等，编制预算会计分录如下：

借：资金结存——货币资金　　1 200 000

　贷：事业预算收入——专项资金收入——房屋修缮　　1 200 000

2.收到其他事业预算收入时的账务处理

按照实际收到的款项金额，借记“资金结存——货币资金”科目，贷记本科目。

【做中学2-10】2021年12月12日，某事业单位收到办公室交来短期培训收入80 000元，款项已存入银行。根据收款收据、银行进账单等，编制预算会计分录如下：

借：资金结存——货币资金　　80 000

　贷：事业预算收入——培训收入　　80 000

【做中学2-11】2021年12月15日，某事业单位与W公司签订科研开发项目，为W公司研究某一科技项目，并收到W公司预付的科研款项150 000元，款项已存入银行。根据收款收据、银行进账单等，编制预算会计分录如下：

借：资金结存——货币资金　　150 000

　贷：事业预算收入——其他事业预算收入——专项收入　　150 000

3.年末的账务处理

年末，将本科目本年发生额中的专项资金收入转入非财政拨款结转，借记本科目下各专项资金收入明细科目，贷记“非财政拨款结转——本年收支结转”科目；将本科目本年发生额中的非专项资金收入转入其他结余，借记本科目下各非专项资金收入明细科目，贷记“其他结余”科目。

【做中学2-12】年末，某事业单位将“事业预算收入”科目余额3 500 000元（其中专项资金收入1 500 000元）结转，编制预算会计分录如下：

借：事业预算收入——专项资金收入　　1 500 000

　贷：非财政拨款结转——本年收支结转　　1 500 000

借：事业预算收入——非专项资金收入　　2 000 000

　贷：其他结余　　2 000 000

二、经营预算收入

（一）经营预算收入概念

经营预算收入是事业单位在专业业务活动及其辅助活动之外开展非独立核算经营活动取得的现金流入。

（二）经营预算收入的确认与计量

事业单位取得的经营预算收入应当在提供服务或发出存货后，按照实际收到的金额确认为收入并计量入账。

（三）经营预算收入的科目设置

1.总账科目设置

为了核算事业单位在专业业务活动及其辅助活动之外开展非独立核算经营活动取得的现金流入，在预算收入要素类设置“经营预算收入”总账科目。本科目贷方登记实际取得的经营预算收入；借方登记经营预算收入的冲销结转数。年末结转后，本科目应无余额。

2.明细科目设置

本科目应当按照经营活动类别、项目、《政府收支分类科目》中“支出功能分类科目”的“项”级科目等进行明细核算。

（四）经营预算收入的主要账务处理

1.收到经营预算收入时的账务处理

按照实际收到的金额，借记“资金结存——货币资金”科目，贷记本科目。

【做中学2-13】2021年3月8日，某事业单位收到非独立核算书店上交的15 000元书款盈利，款项已存入银行。根据收款收据、银行进账单等，编制预算会计分录如下：

借：资金结存——货币资金　　15 000
　贷：经营预算收入——书店书款　　15 000

2.年末的账务处理

年末，将本科目本年发生额转入经营结余，借记本科目，贷记“经营结余”科目。

【做中学2-14】年末，某事业单位将“经营预算收入”科目余额47 000元结转，编制预算会计分录如下：

借：经营预算收入　　47 000
　贷：经营结余　　47 000

任务4　上级补助预算收入与附属单位上缴预算收入的核算

一、上级补助预算收入

（一）上级补助预算收入的概念

上级补助预算收入是指事业单位从主管部门和上级单位取得的非财政补助现金流入。它是主管部门或上级单位用财政补助收入之外的收入（如自身组织的收入、集中附属单位的收入等非财政资金）拨入的非财政性资金，是主管部门或上级单位用于调剂附属单位资金收支余缺的机动财力。

（二）上级补助预算收入的确认与计量

事业单位根据实际收到的款项即银行进账单中标明的上级补助预算收入到账金额，确认为上级补助预算收入，并按实际收到的金额计量入账。

（三）上级补助预算收入的科目设置

1.总账科目设置

为了核算事业单位从主管部门和上级单位取得的非财政补助现金流入，在预算收入要素类设置“上级补助预算收入”总账科目。本科目贷方登记实际收到的非财政补助收入数；借方登记非财政补助收入的缴回和结转数。年末结转后，本科目应无余额。

2.明细科目设置

本科目应当按照发放补助单位、补助项目、《政府收支分类科目》中“支出功能分类科目”的“项”级科目等进行明细核算。上级补助预算收入中如有专项资金收入，还应按照具体项目进行明细核算。

（四）上级补助预算收入的主要账务处理

1.收到上级补助预算收入时的账务处理

按照实际收到的金额，借记“资金结存——货币资金”科目，贷记本科目。

【做中学2-15】2021年12月8日，某事业单位收到上级单位拨入的非财政补助资金150 000元（其中专项资金收入100 000元），款项已存入银行。根据上级拨款单、银行进账单等，编制预算会计分录如下：

借：资金结存——货币资金	150 000	
贷：上级补助预算收入——非专项资金收入		50 000
——专项资金收入		100 000

2.年末的账务处理

年末，将本科目本年发生额中的专项资金收入转入非财政拨款结转，借记本科目下各专项资金收入明细科目，贷记“非财政拨款结转——本年收支结转”科目；将本科目本年发生额中的非专项资金收入转入其他结余，借记本科目下各非专项资金收入明细科目，贷记“其他结余”科目。

【做中学2-16】年末，某事业单位将“上级补助预算收入”科目的贷方余额350 000元（其中专项资金收入100 000元）结转，编制预算会计分录如下：

借：上级补助预算收入——专项资金收入	100 000	
贷：非财政拨款结转——本年收支结转		100 000
借：上级补助预算收入——非专项资金收入	250 000	
贷：其他结余		250 000

二、附属单位上缴预算收入

（一）附属单位上缴预算收入概念

附属单位上缴预算收入是指事业单位取得附属独立核算单位根据有关规定上缴的现金流入。它包括附属事业单位上缴的收入和附属企业上缴的利润分成、管理费等。

【思考】附属单位上缴预算收入和经营预算收入有何区别？

（二）附属单位上缴预算收入的确认与计量

事业单位根据附属单位实际上缴的款项即银行进账单中标明的附属单位上缴预算收

入到账金额，确认为附属单位上缴预算收入，并按实际收到的金额计量入账。

（三）附属单位上缴预算收入的科目设置

1.总账科目设置

为了核算事业单位取得附属独立核算单位根据有关规定上缴的现金流入，在预算收入要素类设置“附属单位上缴预算收入”总账科目。本科目贷方登记收到附属独立核算单位实际上缴的款项；借方登记退回数和结转数。年末结转后，本科目应无余额。

2.明细科目设置

本科目应当按照附属单位、缴款项目、《政府收支分类科目》中“支出功能分类科目”的“项”级科目等进行明细核算。附属单位上缴预算收入中如有专项资金收入，还应按照具体项目进行明细核算。

（四）附属单位上缴预算收入的主要账务处理

1.收到附属单位缴来款项时的账务处理

按照实际收到的金额，借记“资金结存——货币资金”科目，贷记本科目。

【做中学2-17】2021年12月3日，某事业单位收到所属独立核算的招待所缴来的管理费收入80 000元，款项已存入银行。根据收款收据、银行进账单等，编制预算会计分录如下：

借：资金结存——货币资金	80 000	
贷：附属单位上缴预算收入——招待所管理费		80 000

2.年末的账务处理

年末，将本科目本年发生额中的专项资金收入转入非财政拨款结转，借记本科目下各专项资金收入明细科目，贷记“非财政拨款结转——本年收支结转”科目；将本科目本年发生额中的非专项资金收入转入其他结余，借记本科目下各非专项资金收入明细科目，贷记“其他结余”科目。

【做中学2-18】年末，某事业单位将“附属单位上缴预算收入”科目余额350 000元（其中，专项资金收入250 000元）结转，编制预算会计分录如下：

借：附属单位上缴预算收入——专项资金收入	250 000	
贷：非财政拨款结转——本年收支结转		250 000
借：附属单位上缴预算收入——非专项资金收入	100 000	
贷：其他结余		100 000

任务5 债务预算收入、投资预算收益与其他预算收入的核算

一、债务预算收入

（一）债务预算收入的概念

债务预算收入是指事业单位按照规定从银行和其他金融机构等借入的、纳入部门预

算管理的、不以财政资金作为偿还来源的债务本金。

（二）债务预算收入的确认

事业单位的债务预算收入一般在实际收到时进行确认，并按实际收到的金额计量入账。

（三）债务预算收入的科目设置

1.总账科目设置

为了核算事业单位按照规定从银行和其他金融机构等借入的、纳入部门预算管理的、不以财政资金作为偿还来源的债务本金，在预算收入要素类设置"债务预算收入"总账科目。本科目贷方登记实际借入的资金数；借方登记结转数。年末结转后，本科目应无余额。

2.明细科目设置

本科目应当按照贷款单位、贷款种类、《政府收支分类科目》中"支出功能分类科目"的"项"级科目等进行明细核算。债务预算收入中如有专项资金收入，还应按照具体项目进行明细核算。

（四）债务预算收入的主要账务处理

1.收到各项借款时的账务处理

借入各项短期或长期借款时，按照实际借入的金额，借记"资金结存——货币资金"科目，贷记本科目。

2.年末的账务处理

年末，将本科目本年发生额中的专项资金收入转入非财政拨款结转，借记本科目下各专项资金收入明细科目，贷记"非财政拨款结转——本年收支结转"科目；将本科目本年发生额中的非专项资金收入转入其他结余，借记本科目下各非专项资金收入明细科目，贷记"其他结余"科目。

【做中学2-19】2021年12月1日，某事业单位从银行借入为期3年的贷款1 000万元用于工程建设，贷款年利息率为6%；每年12月1日用银行存款支付贷款年度利息；3年后该单位用银行存款支付偿还的贷款本金和第三年度贷款利息。根据贷款合同、银行进账单、利息结算单等，编制预算会计分录如下：

（1）借入款项1 000万元：

借：资金结存——货币资金	10 000 000	
贷：债务预算收入——专项资金收入		10 000 000

（2）期末计息5万元（1 000×0.06÷12），第一、二次支付贷款利息60万元（5×12）：

借：其他支出	600 000	
贷：资金结存——货币资金		600 000

（3）归还贷款本金1 000万元和第三次利息60万元：

借：债务还本支出	10 000 000	
其他支出	600 000	
贷：资金结存——货币资金		10 600 000

【做中学2-20】年末，将"债务预算收入"科目余额10 000 000元（专项资金收

入）结转，编制预算会计分录如下：

借：债务预算收入——专项资金收入　　10 000 000

　贷：非财政拨款结转——本年收支结转　　10 000 000

二、投资预算收益

（一）投资预算收益的概念

投资预算收益是指事业单位取得的按照规定纳入部门预算管理的属于投资收益性质的现金流入，包括股权投资收益、出售或收回债券投资所取得的收益和债券投资利息收入。

（二）投资预算收益的确认与计量

投资预算收益一般在实际取得收益时进行确认，并按实际收到的金额计量入账。

（三）投资预算收益的科目设置

1.总账科目设置

为了核算事业单位取得的按照规定纳入部门预算管理的属于投资收益性质的现金流入，在预算收入要素类设置“投资预算收益”总账科目。本科目贷方登记实际取得的收益数；借方登记结转数或收益减少数。年末结转后，本科目应无余额。

2.明细科目设置

本科目应当按照《政府收支分类科目》中“支出功能分类科目”的“项”级科目等进行明细核算。

（四）投资预算收益的主要账务处理

1.出售或到期收回本年度和以前年度取得债券的账务处理

出售或到期收回本年度取得的短期、长期债券，按照实际取得的价款或实际收到的本息金额，借记“资金结存——货币资金”科目，按照取得债券时“投资支出”科目的发生额，贷记“投资支出”科目，按照其差额，贷记或借记本科目。

出售或到期收回以前年度取得的短期、长期债券，按照实际取得的价款或实际收到的本息金额，借记“资金结存——货币资金”科目，按照取得债券时“投资支出”科目的发生额，贷记“其他结余”科目，按照其差额，贷记或借记本科目。出售、转让以货币资金取得的长期股权投资的，其账务处理参照出售或到期收回债券投资。

【做中学2-21】2021年12月3日，某事业单位收到本年度到期债券126 500元，其债券取得成本为110 000元，款项已存入银行。根据债券结算单、收款收据、银行进账单等，编制预算会计分录如下：

借：资金结存——货币资金　　126 500

　贷：投资支出　　110 000

　　　投资预算收益　　16 500

2.收到利息时的账务处理

持有的短期投资以及分期付息、一次还本的长期债券投资收到利息时，按照实际收到的金额，借记“资金结存——货币资金”科目，贷记本科目。

【做中学2-22】2021年12月5日，某事业单位收到分期付息、一次还本的长期国库券利息100 000元，款项已存入银行。根据国库券利息结算单、银行进账单等，编制预算会计分录如下：

借：资金结存——货币资金　　100 000

　贷：投资预算收益　　100 000

3.取得现金股利或利润时的账务处理

持有长期股权投资取得被投资单位分派的现金股利或利润时，按照实际收到的金额，借记“资金结存——货币资金”科目，贷记本科目。

4.出售、转让时的账务处理

出售、转让以非货币性资产取得的长期股权投资时，按照实际取得的价款扣减支付的相关费用和应缴财政款后的余额（按照规定纳入单位预算管理的），借记“资金结存——货币资金”科目，贷记本科目。

5.年末的账务处理

年末，将本科目本年发生额转入其他结余，借记或贷记本科目，贷记或借记“其他结余”科目。

【做中学2-23】年末，某事业单位将“投资预算收益”科目贷方余额1 500 000元结转，编制预算会计分录如下：

借：投资预算收益　　1 500 000

　贷：其他结余　　1 500 000

三、其他预算收入

（一）其他预算收入的基本概念

其他预算收入是单位除财政拨款预算收入、事业预算收入、上级补助预算收入、附属单位上缴预算收入、经营预算收入、债务预算收入、非同级财政拨款预算收入、投资预算收益之外的纳入部门预算管理的现金流入，包括捐赠预算收入、利息预算收入、租金预算收入、现金盘盈收入等。

（二）其他预算收入的确认与计量

其他预算收入一般在实际收到时进行确认，因库存现金溢余产生的其他收入，按照有关规定批准时确认。

取得的其他收入为库存现金或银行存款时，按照实际收到的金额计量入账。

货币资金溢余产生的其他收入，按照货币资金实际溢余的金额计量入账。

（三）其他预算收入的科目设置

1.总账科目设置

为了核算单位除财政拨款预算收入、事业预算收入、上级补助预算收入、附属单位上缴预算收入、经营预算收入、债务预算收入、非同级财政拨款预算收入、投资预算收益之外的纳入部门预算管理的现金流入，在预算收入要素类设置“其他预算收入”总账科目。本科目贷方登记实际取得的其他预算收入数；借方登记其他预算收入的结转数。期末，将本科目余额转入其他结余或非财政拨款结转。年末结转后，本科目应无余额。

2. 明细科目设置

本科目应当按照其他收入类别、《政府收支分类科目》中“支出功能分类科目”的“项”级科目等进行明细核算。其他预算收入中如有专项资金收入，还应按照具体项目进行明细核算。单位发生的捐赠预算收入、利息预算收入、租金预算收入金额较大或业务较多的，可单独设置“6603 捐赠预算收入”“6604 利息预算收入”“6605 租金预算收入”等科目。

（四）其他预算收入的主要账务处理

1. 接受捐赠现金资产、收到银行存款利息、收到资产承租人支付的租金时的账务处理

接受捐赠现金资产、收到银行存款利息、收到资产承租人支付的租金时，按照实际收到的金额，借记“资金结存——货币资金”科目，贷记本科目。

【做中学2-24】2021年12月8日，某单位出租闲置的门面房取得租金收入30 000元，款项已存入银行。根据出租合同、收款收据、银行进账单等，编制预算会计分录如下：

借：资金结存——货币资金　　30 000

　贷：其他预算收入——租金收入　　30 000

【做中学2-25】2021年12月25日，某单位收到外单位捐赠款250 000元，用于希望工程图书印刷支出，款项已存入银行。根据捐赠合同、收款收据、银行进账单等，编制预算会计分录如下：

借：资金结存——货币资金　　250 000

　贷：其他预算收入——捐赠收入　　250 000

2. 现金溢余时的账务处理

每日现金账款核对中如发现现金溢余，按照溢余的现金金额，借记“资金结存——货币资金”科目，贷记本科目。经核实，属于应支付给有关个人和单位的部分，按照实际支付的金额，借记本科目，贷记“资金结存——货币资金”科目。

3. 收到除上述几种收入外的其他预算收入时的账务处理

收到除上述几种收入外的其他预算收入时，按照收到的金额，借记“资金结存——货币资金”科目，贷记本科目。

4. 年末的账务处理

年末，将本科目本年发生额中的专项资金收入转入非财政拨款结转，借记本科目下各专项资金收入明细科目，贷记“非财政拨款结转——本年收支结转”科目；将本科目本年发生额中的非专项资金收入转入其他结余，借记本科目下各非专项资金收入明细科目，贷记“其他结余”科目。

【做中学2-26】年末，某单位结转全年的其他收入405 000元（其中，专项资金250 000元），编制预算会计分录如下：

借：其他预算收入——专项资金收入　　250 000

　贷：非财政拨款结转——本年收支结转　　250 000

借：其他预算收入——非专项资金收入　　155 000

　贷：其他结余　　155 000

项目小结

本项目主要介绍行政事业单位预算收入要素的内容、确认与计量、科目设置及主要账务处理。

行政事业单位在预算收入要素类设置了“财政拨款预算收入”“非同级财政拨款预算收入”“其他预算收入”等9个科目对不同来源的预算收入进行核算，并根据核算需要设立明细科目，年末结转后，没有余额。

重点与难点：财政拨款预算收入、非同级财政拨款预算收入、事业预算收入的确认与计量、主要账务处理及财政拨款预算收入明细账的核算。

本项目主要知识点归纳总结见表2-2。

表2-2 主要知识点归纳总结

<table>
<tr><th rowspan="2">主要知识点</th><th rowspan="2">业务内容</th><th colspan="2">账务处理</th></tr>
<tr><th>财务会计</th><th>预算会计</th></tr>
<tr><td rowspan="4">财政拨款预算收入的核算</td><td>财政直接支付方式</td><td>借：库存物品/固定资产/业务活动费用/单位管理费用/应付职工薪酬
贷：财政拨款收入</td><td>借：行政支出/事业支出等
贷：财政拨款预算收入</td></tr>
<tr><td>财政授权支付方式</td><td>借：零余额账户用款额度
贷：财政拨款收入</td><td>借：资金结存——零余额账户用款额度
贷：财政拨款预算收入</td></tr>
<tr><td>其他方式</td><td>借：银行存款等
贷：财政拨款收入</td><td>借：资金结存——货币资金
贷：财政拨款预算收入</td></tr>
<tr><td>期末/年末结转时</td><td>借：财政拨款收入
贷：本期盈余</td><td>借：财政拨款预算收入
贷：财政拨款结转——本年收支结转</td></tr>
<tr><td rowspan="4">非同级财政拨款预算收入的核算</td><td>确认收入时</td><td>借：其他应收款/银行存款等
贷：非同级财政拨款收入</td><td rowspan="2">借：资金结存——货币资金
贷：非同级财政拨款预算收入</td></tr>
<tr><td>实际收到时</td><td>借：银行存款
贷：其他应收款</td></tr>
<tr><td rowspan="2">期末/年末结转时</td><td rowspan="2">借：非同级财政拨款收入
贷：本期盈余</td><td>借：非同级财政拨款预算收入
贷：非财政拨款结转——本年收支结转［专项资金收入］</td></tr>
<tr><td>借：非同级财政拨款预算收入
贷：其他结余［非专项资金收入］</td></tr>
</table>

续表

主要知识点	业务内容	账务处理	
		财务会计	预算会计
事业预算收入的核算	采用财政专户返还方式收到从财政专户返还的款项时	借：银行存款等 　贷：事业收入	借：资金结存——货币资金 　贷：事业预算收入
	采用预收款方式实际收到款项时	借：银行存款等 　贷：预收账款	借：资金结存——货币资金 　贷：事业预算收入
	采用应收款方式实际收到款项时	借：银行存款等 　贷：应收账款	借：资金结存——货币资金 　贷：事业预算收入
	期末/年末结转时	借：事业收入 　贷：本期盈余	借：事业预算收入 　贷：非财政拨款结转——本年收支结转［专项资金收入］
			借：事业预算收入 　贷：其他结余［非专项资金收入］

项目三

预算支出的核算

学习目标

知识目标

1. 理解预算支出的含义和内容。
2. 了解预算支出的管理要求。
3. 掌握各类预算支出核算的内容及主要账务处理。
4. 掌握行政支出、事业支出明细科目设置内容。

技能目标

1. 能正确处理各项预算支出经济业务。
2. 能够准确对各项预算支出进行确认与计量。
3. 根据相关预算支出经济业务，能准确确认凭证的真实性、合法合规性、完整性，并准确填制相应会计凭证。

素养目标

1. 树立诚信意识，划清并准确计算各项预算支出。
2. 树立勤俭节约理念，对资金的使用要精打细算，提高资金使用效益。
3. 树立敬业意识，做好每一笔预算支出的账务处理。

工作情境与工作任务

某事业单位2021年12月发生下列会计事项：收到代理银行转来的委托收款凭证，通过零余额账户支付上月水费8 000元、电费15 000元、电话费6 500元，支付临时出国人员置装费、差旅费、国外生活补助326 200元；经批准，通过财政直接支付购买轿车一辆，支付价款280 000元，增值税税额36 400元，车辆购置费28 000元，款项已通过财政直接支付；以银行存款支付上年借款利息3 000元。

假如你是一名会计人员，根据以上业务事项如何填制会计凭证，如何对上述会计业务进行预算会计账务处理？

根据政府会计准则和《政府会计制度——行政事业单位会计科目和报表》，预算支出如何进行会计确认与计量？为了对预算单位各项支出进行核算在预算支出要素内需要设立哪些科目？

单位在开展业务活动时对支付的资金，在财政直接支付和财政授权支付方式下如何进行预算会计核算？如何设置明细科目？

在进行各项支出时，应遵循哪些要求？如何提高资金使用效益？

思政引航

本项目以党的二十大报告为指引，将“增进民生福祉，提高人民生活品质”等思政元素融入教学知识点的教学设计见表3-1。

表3-1　思政元素融入教学知识点的教学设计

知识点	思政元素	教学设计
预算支出	培养学生以人民为中心的发展思想，不断保障和改善民生、增进人民福祉，走共同富裕道路	课前引导：以党的二十大报告为指引，通过单位经费支出的统计数据，让学生了解国情，直观感受财政拨款的去向及改善民生的基本任务，引导学生关注百姓民生、关心人民生活幸福感，从价值观和人生志向上获得教育，培育人类命运共同体理念 互动引用：通过对现有教育、医疗制度改革等热门话题的讨论，引导学生对我国公共事业持续健康发展的科学思考，培养学生社会责任感 课后思考：收支结构为何最能体现人民基本利益和福利？ 课堂讨论：结合我国实情，对教育类单位九年义务教育支出，高等学校教学、科研的经费支持，我国公办高校学费较低的背后所需要的财务运转情况，医疗类单位传统中医的经费支出、人口老龄健康的支出、疾病防疫支出等进行讨论，引领学生对社会主义核心价值观的认同感，树立理想社会就是要造福底层人民的思想，让学生全方位获得对社会持续健康长远发展的认知
行政支出、事业支出、经营支出核算	培养学生严谨细致、客观公正的职业态度，诚实守信、不做假账的品德	教师导语：行政事业单位主要是花钱办事，支出是日常核算的主要内容，学生通过了解会计凭证与经济业务的对应关系和记录作用，应当树立严谨细致、客观公正的职业态度，在对待每一笔业务时应当合理合规地进行记录。其中，报销业务是会计人员时常面临的难题，在面对不合理的报销程序、不齐全的原始凭证时该如何处理？要强调会计人员遵纪守法的必要性，抵制诱惑，坚守自己的职业底线 实践启发：通过收集开具虚假发票和虚假证明案例，剖析其给国家、单位、个人带来的危害等不良后果，教育学生一定要养成慎独、慎欲、慎省、慎微的好习惯，要培养高尚的道德品质，任何时候都要自觉遵守职业道德
专项资金	培养学生勤俭节约、量入为出的观念	课后思考：通过业务案例，单位专项资金的使用如何做到规范、合理？如何节约使用，花小钱办大事，提高资金使用效益？
财政支付方式——国库集中支付	强化行使公权力教育和加强权力监督教育；培养公共意识，增强公共责任和公共管理能力	教师导语：国库集中支付制度改革是公共财政制度建设的主要内容之一。在2001年的全国人大会议的工作报告中，将实行国库集中支付制度改革确定为中国“十五”期间财政收支改革的重点。我国国库制度的改革与发展，从源头上预防和遏制各种腐败现象的发生，有利于节约财政资金，提高财政资金运行效率，确立具有国际领先水平的现代国库管理制度体系框架
上缴上级支出和对附属单位补助支出	权利与义务	实践启发：通过业务案例，启发学生正确对待权利义务关系，既要依法行使法律赋予的权利，也要履行义务，在享有个人所拥有的权利时，不忘记尊重和承认他人的合法权益，不忘履行对国家、对社会、对他人的义务

任务1　预算支出概述

一、预算支出的概念

预算支出是指政府会计主体在预算年度内依法发生并纳入预算管理的现金流出。

【提示】单位一般不能发生没有预算的现金流出。

二、预算支出的确认与计量

预算支出一般在实际支付时予以确认，以实际支付的金额计量。

【注意】支付现金不确认预算支出的情况：支付押金等款项；支付上缴财政的款项；支付属于受托代理资产的款项；用财政预拨经费支付现金；支付其他应收款中的暂付款。

三、预算支出的内容

预算支出包括行政支出、事业支出、经营支出、上缴上级支出、对附属单位补助支出、投资支出、债务还本支出、其他支出。

行政支出是指行政单位履行其职责实际发生的各项现金流出。

事业支出是指事业单位开展专业业务活动及其辅助活动实际发生的各项现金流出。

经营支出是指事业单位在专业业务活动及其辅助活动之外开展非独立核算经营活动实际发生的各项现金流出。

上缴上级支出是指事业单位按照财政部门和主管部门的规定上缴上级单位款项发生的现金流出。

对附属单位补助支出是指事业单位用财政拨款预算收入之外的收入对附属单位补助发生的现金流出。

投资支出是指事业单位以货币资金对外投资发生的现金流出。

债务还本支出是指事业单位偿还自身承担的纳入预算管理的从金融机构举借的债务本金的现金流出。

其他支出是指单位除行政支出、事业支出、经营支出、上缴上级支出、对附属单位补助支出、投资支出、债务还本支出以外的各项现金流出。

【提示】行政单位预算支出包括行政支出和其他支出；事业单位支出包括事业支出、经营支出、上缴上级支出、对附属单位补助支出、投资支出、债务还本支出、其他支出等。

【注意】事业单位应当将各项支出全部纳入单位预算，实行项目库管理，建立健全支出管理制度。

任务2 行政支出和事业支出的核算

一、行政支出

（一）行政支出概述

1.行政支出的概念

行政支出是指行政单位履行其职责实际发生的各项现金流出，是行政单位会计核算的主要内容。其经济性质属于非生产性支出。行政支出是行政单位对包括财政拨款收入和其他收入等各种收入来源综合安排使用的结果，是行政单位在预算执行过程中各项资金的实际消耗数额，包括基本支出和项目支出。

2.行政支出的管理要求

（1）行政支出应当严格执行国家规定的开支范围及标准，建立健全支出管理制度，对节约潜力大、管理薄弱的支出进行重点管理和控制。

（2）行政支出应当全部纳入单位预算。各项支出由单位财务部门按照批准的预算和有关规定审核办理。

（3）行政单位从同级政府财政部门或者上级预算单位取得的项目资金，应当按照批准的项目和用途使用，专款专用、单独核算，并按照规定向同级政府财政部门或者上级预算单位报告资金使用情况，接受同级政府财政部门和上级预算单位的检查监督。项目完成后，行政单位应当向同级政府财政部门或者上级预算单位报送项目支出决算和使用效果的书面报告。

（4）行政单位应当加强支出的绩效管理，提高资金的使用效益。应当严格执行国库集中支付制度和政府采购制度等规定。

（5）行政单位应当依法加强各类票据管理，确保票据来源合法、内容真实、使用正确，不得使用虚假票据。

3.行政支出的确认与计量

行政支出一般应当在支付款项时予以确认，并按照实际支付金额计量入账，具体情况如下：

（1）发给个人的工资、津贴、补贴和抚恤救济等，应根据实有人数和实发金额列报支出，不能以编制金额或预算数字列报支出。实际工资由财政直接支付的，应以财政部门开具的“财政直接支付入账通知书”和单位职工工资表等列报支出。

（2）购入办公用品与行政用的零星材料和存货，一般按实际购入数直接列为支出。

（3）发生预付账款时，按照实际支付的金额直接列为支出。

（4）购入存货、固定资产、无形资产等以及在建工程支付相关款项时，按照实际支付的金额列为支出。

（二）行政支出的分类

为了全面反映行政单位各项支出的内容，分析和考核各项支出的执行情况以及资金使用效果，有针对性地加强行政支出管理，就应按照一定的标准对其进行科学的分类。

1. 按照支出的基本性质进行分类

按照支出的基本性质，行政支出可分为基本支出和项目支出两类。

（1）基本支出，是指行政单位为保障机构正常运转和完成日常工作任务发生的支出，包括人员支出和公用支出。人员支出主要是行政单位按规定支付给工作人员的基本工资、津贴等用于个人方面的支出；公用支出主要是行政单位为完成日常工作所发生的办公费、劳务费、交通费等方面的支出。基本支出是行政单位的基本资金消耗。如果没有基本支出做保证，行政单位就无法维持正常的运转，也就无法完成日常的行政工作任务。

（2）项目支出，是指行政单位为完成特定的工作任务，在基本支出之外发生的支出，一般包括专项会议支出、房屋建筑物购建支出、基础设施建设支出、专项大型修缮支出、专项任务支出等。行政单位的项目支出一般都有专项资金来源，如果没有专项资金来源，通常作为基本支出。

2. 按照支出的用途进行分类

按照支出的用途进行分类也是按照支出的经济性质所做的分类，行政支出可分为工资福利支出、商品和服务支出、对个人和家庭的补助、对企事业单位的补助、转移性支出、债务利息及费用支出、债务还本支出、基本建设支出、其他资本性支出、预备费及预留、其他支出等。这是根据《政府收支分类科目》经济分类所进行的分类。（具体参看财政部发布的《政府收支分类科目》经济分类）

政府收支分类的支出经济分类

3. 按照支出的功能分类

按照支出的功能分类，行政支出可分为一般公共服务、外交、国防、公共安全、教育、科学技术、文化旅游体育与传媒、社会保障和就业、卫生健康、节能环保、城乡社区、农林水、交通运输、资源勘探工业信息等、商业服务业等、金融、援助其他地区、自然资源海洋气象等、住房保障、粮油物资储备、预备费、债务还本付息支出、其他支出、转移性支出等。

政府收支分类的支出功能分类

【提示】行政支出的分类同样适合事业支出的分类。

（三）行政支出的科目设置

1. 总账科目设置

为了核算行政单位履行其职责实际发生的各项现金流出，在预算支出要素类设置“行政支出”总账科目。本科目借方登记行政支出的实际发生数；贷方登记当年支出收回数及年末结转数；借方余额反映实际支出累计数，年末结转后，本科目应无余额。

2. 明细科目设置

本科目应当分别按照“财政拨款支出”、“非财政专项资金支出”和“其他资金支出”，“基本支出”和“项目支出”等进行明细核算，并按照《政府收支分类科目》中“支出功能分类科目”的“项”级科目进行明细核算；“基本支出”和“项目支出”明细科目下应当按照《政府收支分类科目》中“部门预算支出经济分类科目”的“款”级科目进行明细核算，同时在“项目支出”明细科目下按照具体项目进行明细核算。

有一般公共预算财政拨款、政府性基金预算财政拨款等两种或两种以上财政拨款的行政单位，还应当在“财政拨款支出”明细科目下按照财政拨款的种类进行明细核算。

对于预付款项，可通过在本科目下设置“待处理”明细科目进行明细核算，待确认具体支出项目后再转入本科目下相关明细科目。年末结账前，应将本科目“待处理”明细科目余额全部转入本科目下相关明细科目。

（四）行政支出的主要账务处理

1.支付单位职工薪酬的账务处理

向单位职工个人支付薪酬时，按照实际支付的金额，借记本科目，贷记“财政拨款预算收入”“资金结存”科目。按照规定代扣代缴个人所得税以及代扣代缴或为职工缴纳职工社会保险费、住房公积金等时，按照实际缴纳的金额，借记本科目，贷记“财政拨款预算收入”“资金结存”科目。

【做中学3-1】2021年12月8日，某行政单位通过财政直接支付方式将应付职工薪酬分别转入个人工资账户、公积金账户和国库单一账户，并收到“财政直接支付入账通知书”及代发工资银行盖章转回的工资发放明细表，本月应发工资238 000元，其中在职人员基本工资180 000元、津贴48 000元、其他个人收入10 000元。单位代扣由个人承担的住房公积金21 600元、个人所得税5 000元，单位为职工承担的住房公积金为21 600元。根据财政直接支付申请书、“财政直接支付入账通知书”、工资发放明细表等，编制预算会计分录如下：

（1）实际发放时：

借：行政支出——财政拨款支出——基本支出——人员经费——基本工资

153 400

——津贴 48 000

——其他个人收入

10 000

贷：财政拨款预算收入——基本支出 211 400

（2）实际缴纳住房公积金和个人所得税时：

借：行政支出——财政拨款支出——基本支出——人员经费——住房公积金（单位和个人）

43 200

——应交个人所得税

5 000

贷：财政拨款预算收入——基本支出 48 200

【提示】计算和实际发放本月应付职工薪酬的财务会计账务处理参见项目六任务2【做中学6-14】。

2.支付外部人员劳务费的账务处理

按照实际支付给外部人员个人的金额，借记本科目，贷记“财政拨款预算收入”“资金结存”科目。按照规定代扣代缴个人所得税时，按照实际缴纳的金额，借记本科目，贷记“财政拨款预算收入”“资金结存”科目。

3.购入资产的账务处理

为购买存货、固定资产、无形资产等以及在建工程支付相关款项时，按照实际支付的金额，借记本科目，贷记“财政拨款预算收入”“资金结存”科目。

【做中学3-2】2021年12月，某行政单位用非财政专项经费购置某专用设备一台计19 000元，以银行存款支付。根据购货发票、设备验收单和银行转账支票存根等，编制预算会计分录如下：

借：行政支出——非财政专项资金支出——项目支出——专用设备购置 19 000

　贷：资金结存——货币资金 19 000

【做中学3-3】2021年12月，某行政单位用非财政专项经费支付某专项会议费用共计8 400元，以银行存款支付。根据会议费支出收据、银行转账支票存根等，编制预算会计分录如下：

借：行政支出——非财政专项资金支出——项目支出——专项会议 8 400

　贷：资金结存——货币资金 8 400

4.支付预付账款的账务处理

发生预付账款时，按照实际支付的金额，借记本科目，贷记“财政拨款预算收入”“资金结存”科目。

【提示】对于暂付款项，在支付款项时可不做预算会计处理，待结算或报销时，按照结算或报销的金额，借记本科目，贷记“资金结存”科目。

【做中学3-4】2021年12月，某行政单位使用零余额账户预付明年一年的报刊费16 000元。根据协议和零余额账户支付凭证等，编制预算会计分录如下：

借：行政支出——财政拨款支出——基本支出——日常公用经费 16 000

　贷：资金结存——零余额账户用款额度 16 000

【做中学3-5】2021年12月15日，某行政单位李某出差回来报销交通、住宿等费用1 800元，原预借差旅费2 000元（单位以现金支付），余款退回财务部门。根据差旅费报销单、借款单等，编制预算会计分录如下：

借：行政支出——其他资金支出——基本支出——人员经费——差旅费 1 800

　贷：资金结存——货币资金 1 800

【思考】财务会计如何做账务处理，参见项目五任务2【做中学5-2】。

5.支付其他各项支出的账务处理

发生其他各项支出时，按照实际支付的金额，借记本科目，贷记“财政拨款预算收入”“资金结存”科目。

【做中学3-6】2021年12月，某行政单位接到代理银行通知，以银行存款支付水电费共计6 500元。根据水电费结算单和银行支付单等，编制预算会计分录如下：

借：行政支出——其他资金支出——基本支出——日常公用经费（水电费）6 500

　贷：资金结存——货币资金 6 500

【做中学3-7】2021年12月，某行政单位以银行存款支付业务资料印刷费4 600元。根据资料印刷费支付单据、银行转账支票存根等，编制预算会计分录如下：

借：行政支出——其他资金支出——基本支出——日常公用经费（印刷费）4 600

　贷：资金结存——货币资金　4 600

6.款项退回的账务处理

因购货退回等发生款项退回，或者发生差错更正的，属于当年支出收回的，按照收回或更正金额，借记“财政拨款预算收入”“资金结存”科目，贷记本科目。

【做中学3-8】2021年12月，某行政单位收回用银行存款支付的本年度已列入“行政支出——其他资金支出——基本支出——日常公用经费”科目的950元。根据银行进账单和相关收据等，编制预算会计分录如下：

借：资金结存——货币资金　950

　贷：行政支出——其他资金支出——基本支出——日常公用经费　950

【提示】行政单位收回本年度已列为行政支出的款项，应当冲减当年的行政支出；收回以前年度已经列为行政支出的款项，应当增加上年结转结余，不得冲减当年行政支出。

7.年末的账务处理

年末，将本科目本年发生额中的财政拨款支出转入财政拨款结转，借记“财政拨款结转——本年收支结转”科目，贷记本科目下各财政拨款支出明细科目；

微课：行政支出——基本支出账务处理

将本科目本年发生额中的非财政专项资金支出转入非财政拨款结转，借记“非财政拨款结转——本年收支结转”科目，贷记本科目下各非财政专项资金支出明细科目；

将本科目本年发生额中的其他资金支出（非财政非专项资金支出）转入其他结余，借记“其他结余”科目，贷记本科目下其他资金支出明细科目。

二、事业支出

（一）事业支出概述

1.事业支出的概念

事业支出是指事业单位开展专业业务活动及其辅助活动发生的基本支出和项目支出。基本支出是指事业单位为保障其单位正常运转、完成日常工作任务所发生的支出，包括人员经费和公用经费；项目支出是指事业单位为完成其特定的工作任务和事业发展目标所发生的支出。

【提示】事业支出的分类参照项目三任务2行政支出的分类。

2.事业支出的管理要求

事业支出在进行管理与核算时，一般应遵循以下要求：

（1）事业支出要分基本支出和项目支出分别进行核算与管理。事业单位从财政部门和主管部门取得的有指定项目与用途的专项资金，应当专款专用、单独核算，并按照规定报送专项资金使用情况的报告，接受财政部门或者主管部门的检查、验收。

（2）分清轻重缓急，合理分配各项支出的比例。

（3）应当厉行节约，严格执行国家有关财务规章制度规定的开支范围及开支标准；

国家有关财务规章制度没有统一规定的，由事业单位规定，报主管部门和财政部门备案。事业单位的规定违反法律制度和国家政策的，主管部门和财政部门应当责令改正。

【注意】（3）适合事业单位所有的支出管理要求。

【提示】要不断优化事业支出中人员经费与公用经费的比例，严格编制管理，减少超编人员；严格执行国家有关工资、津贴、补贴和职工福利待遇方面的规定，以控制人员经费支出，相对增加公用经费的支出。

3.事业支出的确认与计量

事业支出一般根据有关规定在发生款项支付时确认，并按实际支付的金额计量入账。

【提示】事业支出的确认与计量参照行政支出的确认与计量。

（二）事业支出的科目设置

1.总账科目设置

为了核算事业单位开展专业业务活动及其辅助活动实际发生的各项现金流出，在预算支出要素类设置“事业支出”总账科目。本科目借方登记事业支出的增加数；贷方登记事业支出的减少数或结转数；平时借方余额反映事业支出的实际支出累计数，年末结转后，本科目应无余额。

2.明细科目设置

本科目应当分别按照“财政拨款支出”、“非财政专项资金支出”和“其他资金支出”，“基本支出”和“项目支出”等进行明细核算，并按照《政府收支分类科目》中“支出功能分类科目”的“项”级科目进行明细核算；“基本支出”和“项目支出”明细科目下应当按照《政府收支分类科目》中“部门预算支出经济分类科目”的“款”级科目进行明细核算，同时在“项目支出”明细科目下按照具体项目进行明细核算。

有一般公共预算财政拨款、政府性基金预算财政拨款等两种或两种以上财政拨款的事业单位，还应当在“财政拨款支出”明细科目下按照财政拨款的种类进行明细核算。

对于预付款项，可通过在本科目下设置“待处理”明细科目进行明细核算，待确认具体支出项目后再转入本科目下相关明细科目。年末结账前，应将本科目“待处理”明细科目余额全部转入本科目下相关明细科目。

【提示】事业单位发生教育、科研、医疗、行政管理、后勤保障等活动的，可在本科目下设置相应的明细科目进行核算，或单设“7201 教育支出”“7202 科研支出”“7203 医疗支出”“7204 行政管理支出”“7205 后勤保障支出”等一级会计科目进行核算。

（三）事业支出的主要账务处理

1.支付单位职工薪酬的账务处理

向单位职工个人（经营部门职工除外）支付薪酬时，按照实际支付的数额，借记本科目，贷记“财政拨款预算收入”“资金结存”科目。按照规定代扣代缴个人所得税以及代扣代缴或为职工缴纳职工社会保险费、住房公积金等时，按照实际缴纳的金额，借记本科目，贷记“财政拨款预算收入”“资金结存”科目。

【做中学3-9】2021 年 12 月 6 日，某事业单位通过财政直接支付方式将应付职工薪酬分别转入个人工资账户、公积金账户和国库单一账户，并收到“财政直接支付入账通知书”及代发工资银行盖章转回的工资发放明细表，本月应发工资864 000元，其中在职人员基本工资600 000元、津贴140 000元、绩效工资124 000元，从发放的工资中代扣个人所得税65 000元、住房公积金115 000元，单位为职工承担的住房公积金为115 000元。根据财政直接支付申请书、“财政直接支付入账通知书”、工资发放明细表等有关凭证，编制预算会计分录如下：

（1）实际发放时：

借：事业支出——财政拨款支出——基本支出——人员经费——基本工资　420 000

——津贴　140 000

——绩效工资　124 000

贷：财政拨款预算收入——基本支出　684 000

（2）实际缴纳住房公积金和个人所得税时：

借：事业支出——财政拨款支出——基本支出——人员经费——住房公积金（单位和个人）　230 000

——应交个人所得税　65 000

贷：财政拨款预算收入——基本支出　295 000

2.支付外部人员劳务费的账务处理

为专业业务活动及其辅助活动支付外部人员劳务费，按照实际支付给外部人员个人的金额，借记本科目，贷记“财政拨款预算收入”“资金结存”科目。按照规定代扣代缴个人所得税时，按照实际缴纳的金额，借记本科目，贷记“财政拨款预算收入”“资金结存”科目。

3.购入资产的账务处理

开展专业业务活动及其辅助活动过程中为购买存货、固定资产、无形资产等以及在建工程支付相关款项时，按照实际支付的金额，借记本科目，贷记“财政拨款预算收入”“资金结存”科目。

【做中学3-10】2021年12月6日，某事业单位经批准，通过政府采购购买大轿车一辆，用于某项目使用，价款280 000元，税费64 400元，款项已通过财政直接支付。根据财政直接支付申请书、“财政直接支付入账通知书”、购买轿车发票、轿车验收单等，编制预算会计分录如下：

借：事业支出——财政拨款支出——项目支出——交通工具购置费　344 400

贷：财政拨款预算收入——项目支出——某项目　344 400

4.支付预付账款的账务处理

开展专业业务活动及其辅助活动过程中发生预付账款时，按照实际支付的金额，借记本科目，贷记“财政拨款预算收入”“资金结存”科目。对于暂付款项，在支付款项时可不做预算会计处理，待结算或报销时，按照结算或报销的金额，借记本科目，贷记“资金结存”科目。

5.缴纳相关税费及其他各项支出的账务处理

开展专业业务活动及其辅助活动过程中缴纳的相关税费以及发生的其他各项支出，按照实际支付的金额，借记本科目，贷记“财政拨款预算收入”“资金结存”科目。

【做中学3-11】2021年12月10日，某事业单位用现金购买价值为800元的办公用品，根据购货发票等，编制预算会计分录如下：

借：事业支出——其他资金支出——基本支出——日常公用经费——办公费　800

　贷：资金结存——货币资金　800

【做中学3-12】2021年12月15日，某事业单位收到银行转来的委托收款凭证，以银行存款支付上月水费8 000元、电费15 000元、电话费6 500元。根据水费、电费、电话费结算单，委托收款单，银行支付单等，编制预算会计分录如下：

借：事业支出——其他资金支出——基本支出——日常公用经费——水费　8 000

——电费　15 000

——电话费　6 500

　贷：资金结存——货币资金　29 500

【做中学3-13】2021年12月16日，某事业单位以银行存款支付临时出国人员差旅费36 200元。根据差旅费报销单、银行支付单等，编制预算会计分录如下：

借：事业支出——其他资金支出——基本支出——人员经费——差旅费　36 200

　贷：资金结存——货币资金　36 200

【做中学3-14】2021年12月18日，某事业单位以银行存款支付车船保养修理费24 000元、机动车船燃料费31 000元、保险费和养路费45 000元。根据支付车船修理费、燃料费、保险费、养路费等结算单及银行支付单等，编制预算会计分录如下：

借：事业支出——其他资金支出——基本支出——日常公用经费——交通费　100 000

　贷：资金结存——货币资金　100 000

【做中学3-15】某事业单位2021年12月2日收到中央财政资金70万元全部用于房屋维修。根据房屋维修支出发票等，编制预算会计分录如下：

支付房屋维修资金时：

借：事业支出——非同级财政拨款支出——项目支出——房屋维修　700 000

　贷：资金结存——货币资金　700 000

6.发生款项退回的账务处理

开展专业业务活动及其辅助活动过程中因购货退回等发生款项退回，或者发生差错更正的，属于当年支出收回的，按照收回或更正金额，借记“财政拨款预算收入”“资金结存”科目，贷记本科目。

【做中学3-16】2021年12月5日，退回本年3月5日通过财政直接支付购买的图书资料，价款1 950元。根据银行进账单和相关凭证等，编制预算会计分录如下：

借：财政拨款预算收入——基本支出——日常公用经费　1 950

贷：事业支出——财政拨款支出——基本支出——日常公用经费 1 950

7.年末的账务处理

年末，将本科目本年发生额中的财政拨款支出转入财政拨款结转，借记“财政拨款结转——本年收支结转”科目，贷记本科目下各财政拨款支出明细科目；将本科目本年发生额中的非财政专项资金支出转入非财政拨款结转，借记“非财政拨款结转——本年收支结转”科目，贷记本科目下各非财政专项资金支出明细科目；将本科目本年发生额中的其他资金支出（非财政非专项资金支出）转入其他结余，借记“其他结余”科目，贷记本科目下其他资金支出明细科目。

【做中学3-17】年末，某事业单位将“事业支出”科目借方余额1 501 100元结转，其中：财政拨款支出——基本支出余额924 000元，财政拨款支出——项目支出余额355 600元；非财政专项资金支出余额55 000元，其他资金支出余额166 500元，编制预算会计分录如下：

（1）结转财政拨款支出：

借：财政拨款结转——本年收支结转 1 279 600

贷：事业支出——财政拨款支出——基本支出 924 000

——项目支出 355 600

（2）结转非财政专项资金支出：

借：非财政拨款结转——本年收支结转 55 000

贷：事业支出——非财政专项资金支出——项目支出 55 000

（3）结转其他资金支出：

借：其他结余 166 500

贷：事业支出——其他资金支出 166 500

任务3 上缴上级支出和对附属单位补助支出的核算

一、上缴上级支出

（一）上缴上级支出概念

上缴上级支出是指事业单位按照财政部门和主管部门的规定上缴上级单位款项发生的现金流出。它主要是附属于上级单位的有经营活动的独立核算的事业单位，按规定的标准或比例上缴上级的支出。

（二）上缴上级支出的确认与计量

上缴上级支出应当在事业单位按照有关规定向上级单位上缴款项时确认，按照实际上缴的金额计量入账。

（三）上缴上级支出的科目设置

1.总账科目设置

为了核算事业单位按照财政部门和主管部门的规定上缴上级单位款项发生的现金流

出，在预算支出要素类设置“上缴上级支出”总账科目。本科目借方登记实际上缴上级单位的资金数；贷方登记上缴资金的退还数和年末结转数。本科目的借方余额反映实际上缴上级支出的累计数。年末结转后，本科目应无余额。

2. 明细科目设置

本科目应当按照收缴款项单位、缴款项目、《政府收支分类科目》中“支出功能分类科目”的“项”级科目和“部门预算支出经济分类科目”的“款”级科目等进行明细核算。

（四）上缴上级支出的主要账务处理

1. 款项上缴上级单位的账务处理

按照规定将款项上缴上级单位的，按照实际上缴的金额，借记本科目，贷记“资金结存”科目。

【做中学3–18】2021年12月3日，某事业单位开出转账支票，按规定向上级单位上缴管理费100 000元。根据上缴管理费的文件、银行转账支票存根等，编制预算会计分录如下：

借：上缴上级支出　　100 000

　贷：资金结存——货币资金　　100 000

2. 年末的账务处理

年末，将本科目本年发生额转入其他结余，借记“其他结余”科目，贷记本科目。

【做中学3–19】年末，某事业单位将“上缴上级支出”科目借方余额100 000元转入“其他结余”科目，编制预算会计分录如下：

借：其他结余　　100 000

　贷：上缴上级支出　　100 000

二、对附属单位补助支出

（一）对附属单位补助支出的概念

对附属单位补助支出是指事业单位用财政拨款预算收入之外的收入对附属单位补助发生的现金流出。

（二）对附属单位补助支出的确认与计量

对附属单位补助支出应当在事业单位按照有关规定对附属单位进行款项补助时确认，按照实际补助款项的金额计量入账。

（三）对附属单位补助支出的科目设置

1. 总账科目设置

为了核算事业单位用财政拨款预算收入之外的收入对附属单位补助发生的现金流出，在预算支出要素类设置“对附属单位补助支出”总账科目。本科目借方登记事业单位对附属单位补助发生的实际支出数；贷方登记对附属单位补助的收回数和年末结转数；平时借方余额反映对附属单位补助支出的累计数，年末结转后，本科目应无余额。

2. 明细科目设置

本科目应当按照接受补助单位、补助项目、《政府收支分类科目》中“支出功能分类科目”的“项”级科目和“部门预算支出经济分类科目”的“款”级科目等进行明细核算。

（四）对附属单位补助支出的主要账务处理

1. 发生对附属单位补助支出的账务处理

发生对附属单位补助支出时，按照实际补助的金额，借记本科目，贷记“资金结存”科目。

【做中学3-20】2021年12月5日，某事业单位用自有资金拨给附属甲单位一次性补助64 000元。根据拨款凭证、银行支付单等，编制预算会计分录如下：

借：对附属单位补助支出——甲单位　　64 000

　贷：资金结存——货币资金　　64 000

2. 年末的账务处理

年末，将本科目本年发生额转入其他结余，借记“其他结余”科目，贷记本科目。

【做中学3-21】年末，某事业单位将“对附属单位补助支出”科目的借方余额64 000元全数转入“其他结余”科目，编制预算会计分类如下：

借：其他结余　　64 000

　贷：对附属单位补助支出　　64 000

任务4　债务还本支出和投资支出的核算

一、债务还本支出

（一）债务还本支出概念

债务还本支出是指事业单位偿还自身承担的纳入预算管理的从金融机构举借的债务本金的现金流出。

（二）债务还本支出的确认与计量

债务还本支出应当在事业单位按照规定实际偿还自身举借的债务本金时进行确认，按照实际偿还的本金金额计量入账。

（三）债务还本支出的科目设置

1. 总账科目设置

为了核算事业单位偿还自身承担的纳入预算管理的从金融机构举借的债务本金的现金流出，在预算支出要素类设置“债务还本支出”总账科目。本科目借方登记事业单位实际偿还的本金数额；贷方登记年末结转数；平时借方余额反映债务还本支出的累计数，年末结转后，本科目应无余额。

2. 明细科目设置

本科目应当按照贷款单位、贷款种类、《政府收支分类科目》中“支出功能分类科目”的“项”级科目和“部门预算支出经济分类科目”的“款”级科目等进行明细核算。

（四）债务还本支出的主要账务处理

1.偿还各项借款的账务处理

偿还各项短期或长期借款时，按照偿还的借款本金，借记本科目，贷记“资金结存”科目。

【做中学3-22】2021年12月21日，某事业单位偿还工商银行借款3 000 000元，并支付本月利息12 500元。根据借款合同、利息结算单、银行转账凭证等，编制预算会计分录如下：

借：债务还本支出	3 000 000	
其他支出——其他资金支出	12 500	
贷：银行存款		3 012 500

2.年末的账务处理

年末，将本科目本年发生额转入其他结余，借记“其他结余”科目，贷记本科目。

【做中学3-23】年末，某事业单位将“债务还本支出”科目借方余额3 000 000元转入“其他结余”科目，编制预算会计分录如下：

借：其他结余	3 000 000	
贷：债务还本支出		3 000 000

二、投资支出

（一）投资支出的概念

投资支出是指事业单位以货币资金对外投资发生的现金流出。

（二）投资支出的确认与计量

投资支出应当在事业单位按照有关规定对外进行实际投资时，按照实际发生数进行确认，按照实际投资支出款项的金额计量入账。

（三）投资支出的科目设置

1.总账科目设置

为了核算事业单位以货币资金对外投资发生的现金流出，在预算支出要素类设置“投资支出”总账科目。本科目借方登记事业单位以货币资金对外投资时发生的实际支出数；贷方登记对外投资的收回数和年末结转数；平时借方余额反映对外投资支出的累计数，年末结转后，本科目应无余额。

2.明细科目设置

本科目应当按照投资类型、投资对象、《政府收支分类科目》中“支出功能分类科目”的“项”级科目和“部门预算支出经济分类科目”的“款”级科目等进行明细核算。

（四）投资支出的主要账务处理

1.以货币资金对外投资的账务处理

以货币资金对外投资时，按照投资金额和所支付的相关税费金额的合计数，借记本科目，贷记“资金结存”科目。

【做中学3-24】2021年12月1日，某事业单位购入发行的1年期国债20 000元，年利率为4.2%，并支付相应的手续费600元。根据国债复印件、银行支付单等，编制预算会计分录如下：

借：投资支出　　20 600

　贷：资金结存——货币资金　　20 600

2. 出售、对外转让或到期收回本年度和以前年度以货币资金取得的对外投资的账务处理

出售、对外转让或到期收回本年度以货币资金取得的对外投资的，如果按规定将投资收益纳入单位预算，按照实际收到的金额，借记“资金结存”科目，按照取得投资时“投资支出”科目的发生额，贷记本科目，按照其差额，贷记或借记“投资预算收益”科目；如果按规定将投资收益上缴财政的，按照取得投资时“投资支出”科目的发生额，借记“资金结存”科目，贷记本科目。

出售、对外转让或到期收回以前年度以货币资金取得的对外投资的，如果按规定将投资收益纳入单位预算，按照实际收到的金额，借记“资金结存”科目，按照取得投资时“投资支出”科目的发生额，贷记“其他结余”科目，按照其差额，贷记或借记“投资预算收益”科目；如果按规定将投资收益上缴财政的，按照取得投资时“投资支出”科目的发生额，借记“资金结存”科目，贷记“其他结余”科目。

【做中学3-25】2021年12月13日，某事业单位半年前购入的国债到期，收到本息21 440元（其中利息840元）。根据国债兑付及利息结算单、银行进账单等，编制预算会计分录如下：

借：资金结存——货币资金　　21 440

　贷：投资支出　　20 600

　　　投资预算收益　　840

【做中学3-26】2021年12月15日，某事业单位用银行存款60万元购买了60万元面值的3年期国债，年利率为5%，到期一次还本付息，另外用银行存款支付了手续费等2 000元。根据国债复印件、银行支付单等，编制预算会计分录如下：

借：投资支出　　602 000

　贷：资金结存——货币资金　　602 000

【思考】3年后国债到期兑付，全部收回本息的账务处理涉及哪些科目，如何编制预算会计分录？

到期收回本息=60+60×5%×3=69（万元）

借：资金结存——货币资金　　690 000

　贷：其他结余　　602 000

　　　投资预算收益　　88 000

3. 年末的账务处理

年末，将本科目本年发生额转入其他结余，借记“其他结余”科目，贷记本科目。

【做中学3-27】年末，某事业单位将“投资支出”科目借方余额602 000元全部转入其他结余，编制预算会计分录如下：

借：其他结余　　602 000

　贷：投资支出　　602 000

事业单位利用国有资产对外投资、出租、出借和担保等应当进行必要的可行性论证，并提出申请，经主管部门审核同意后，报同级政府财政部门审批。

任务5　经营支出和其他支出的核算

一、经营支出

（一）经营支出的概念

经营支出是指事业单位在专业业务活动及其辅助活动之外开展非独立核算经营活动实际发生的各项现金流出。

事业单位开展非独立核算经营活动的，应当正确归集开展经营活动发生的各项支出数；无法直接归集的，应当按照规定的标准或比例合理分摊。

【提示】事业单位的经营支出与经营预算收入应当配比。

（二）经营支出的确认与计量

经营支出一般应在经济业务行为发生时以实际发生数确认为支出，并根据实际支付的款项数计量入账。

（三）经营支出的科目设置

1.总账科目设置

为了核算事业单位在专业业务活动及其辅助活动之外开展非独立核算经营活动实际发生的各项现金流出，在预算支出要素类设置“经营支出”总账科目。本科目借方登记经营支出的实际发生数；贷方登记经营支出收回数及年末结转数；平时借方余额反映经营支出的实际支出累计数，年末结账后，本科目应无余额。

2.明细科目设置

本科目应当按照经营活动类别、项目、《政府收支分类科目》中“支出功能分类科目”的“项”级科目和“部门预算支出经济分类科目”的“款”级科目等进行明细核算。

对于预付款项，可通过在本科目下设置“待处理”明细科目进行明细核算，待确认具体支出项目后再转入本科目下相关明细科目。年末结账前，应将本科目“待处理”明细科目余额全部转入本科目下相关明细科目。

（四）经营支出的主要账务处理

1.支付经营部门职工薪酬的账务处理

向职工个人支付薪酬时，按照实际的金额，借记本科目，贷记“资金结存”科目。按照规定代扣代缴个人所得税以及代扣代缴或为职工缴纳职工社会保险费、住房公积金时，按照实际缴纳的金额，借记本科目，贷记“资金结存”科目。

【做中学3-28】2021年3月5日，某事业单位发放上月开展经营活动的职工工资153 000元，其中，基本工资110 000元，补助工资23 000元，其他工资20 000元。根据工资发放明细表、银行支付单等，编制预算会计分录如下：

借：经营支出——基本工资　110 000
　　　　　　——补助工资　23 000
　　　　　　——其他工资　20 000
　贷：资金结存——货币资金　153 000

2.为经营活动支付外部人员劳务费的账务处理

按照实际支付给外部人员个人的金额，借记本科目，贷记“资金结存”科目。

按照规定代扣代缴个人所得税时，按照实际缴纳的金额，借记本科目，贷记“资金结存”科目。

【做中学3-29】2021年12月20日，某事业单位在开展经营活动中聘请外单位技术人员李某进行技术指导，付给劳务费6 000元，个人所得税由该事业单位代扣代缴，经计算应代扣代缴李某个人所得税960元，劳务费用用银行存款支付；同时用银行存款缴纳上月代扣经营部门在职职工的个人所得税5 300元。根据工资明细表、劳务费支付明细表及银行支付单等，编制预算会计分录如下：

借：经营支出　10 340
　贷：资金结存——货币资金　10 340

3.购买资产的账务处理

开展经营活动过程中为购买存货、固定资产、无形资产等以及在建工程支付相关款项时，按照实际支付的金额，借记本科目，贷记“资金结存”科目。

【做中学3-30】2021年12月22日，某事业单位购入经营用设备一台，发票金额总计120 000元，款已付。根据购货发票、固定资产验收单、银行支付单等，编制预算会计分录如下：

借：经营支出——设备购置费　120 000
　贷：资金结存——货币资金　120 000

4.发生预付账款的账务处理

开展经营活动过程中发生预付账款时，按照实际支付的金额，借记本科目，贷记“资金结存”科目。对于暂付款项，在支付款项时可不做预算会计处理，待结算或报销时，按照结算或报销的金额，借记本科目，贷记“资金结存”科目。

5.缴纳相关税费及其他各项支出的账务处理

因开展经营活动缴纳的相关税费以及发生的其他各项支出，按照实际支付的金额，借记本科目，贷记“资金结存”科目。

【做中学3-31】某事业单位自产自销，2021年12月22日计算并上交本月增值税13 120元，通过银行存款账户支付。根据产品销售合同、增值税专用发票、银行交款凭证等，编制预算会计分录如下：

借：经营支出——其他支出　13 120
　贷：资金结存——货币资金　13 120

【做中学3-32】2021年12月20日，某事业单位以银行存款1 200元购买经营活动用日常用品。根据购货发票、银行支付单等，编制预算会计分录如下：

借：经营支出——日常公用经费　1 200

贷：资金结存——货币资金　　1 200

【做中学3-33】2021年12月21日，某事业单位以银行存款支付开展经营活动发生的水电费1 800元。根据水电费结算单、银行支付单等，编制预算会计分录如下：

借：经营支出——水电费　　1 800

贷：资金结存——货币资金　　1 800

6. 发生款项退回的账务处理

开展经营活动中因购货退回等发生款项退回，或者发生差错更正的，属于当年支出收回的，按照收回或更正金额，借记“资金结存”科目，贷记本科目。

7. 年末的账务处理

年末，将本科目本年发生额转入经营结余，借记“经营结余”科目，贷记本科目。

【做中学3-34】年末，某事业单位将“经营支出”科目借方余额338 400元转入经营结余，编制预算会计分录如下：

借：经营结余　　338 400

贷：经营支出　　338 400

二、其他支出

（一）其他支出概念

其他支出是指单位除行政支出、事业支出、经营支出、上缴上级支出、对附属单位补助支出、投资支出、债务还本支出以外的各项现金流出。它包括利息支出、对外捐赠现金支出、现金盘亏损失、接受捐赠（调入）和对外捐赠（调出）非现金资产发生的税费支出、资产置换过程中发生的相关税费支出、罚没支出等。

（二）其他支出的确认与计量

其他支出一般在实际发生其他支出的款项支付时进行确认，并按实际支付的金额计量入账。

（三）其他支出的科目设置

1. 总账科目设置

为了核算单位除行政支出、事业支出、经营支出、上缴上级支出、对附属单位补助支出、投资支出、债务还本支出以外的各项现金流出，包括利息支出、对外捐赠现金支出、现金盘亏损失、接受捐赠（调入）和对外捐赠（调出）非现金资产发生的税费支出、资产置换过程中发生的相关税费支出、罚没支出等，在预算支出要素类设置“其他支出”总账科目。本科目借方登记其他支出的实际发生数；贷方登记其他支出的收回数和年末结转数；平时借方余额反映其他支出的累计数，年末结转后，本科目应无余额。

2. 明细科目设置

本科目应当按照其他支出的类别，“财政拨款支出”、“非财政专项资金支出”和“其他资金支出”，《政府收支分类科目》中“支出功能分类科目”的“项”级科目和“部门预算支出经济分类科目”的“款”级科目等进行明细核算。其他支出中如有专项资金支出，还应按照具体项目进行明细核算。

有一般公共预算财政拨款、政府性基金预算财政拨款等两种或两种以上财政拨款的事业单位，还应当在“财政拨款支出”明细科目下按照财政拨款的种类进行明细核算。

单位发生利息支出、捐赠支出等其他支出金额较大或业务较多的，可单独设置“7902 利息支出”“7903 捐赠支出”等科目。

（四）其他支出的主要账务处理

1.利息支出的账务处理

支付银行借款利息时，按照实际支付金额，借记本科目，贷记“资金结存”科目。

【做中学3-35】2021年12月5日，某事业单位以银行存款支付短期借款利息9 000元。根据利息结算单、银行支付单等，编制预算会计分录如下：

借：其他支出——利息　9 000

　贷：资金结存——货币资金　9 000

2.对外捐赠现金资产的账务处理

对外捐赠现金资产时，按照捐赠金额，借记本科目，贷记“资金结存——货币资金”科目。

3.现金盘亏损失的账务处理

每日现金账款核对中如发现现金短缺，按照短缺的现金金额，借记本科目，贷记“资金结存——货币资金”科目。经核实，属于应当由有关人员赔偿的，按照收到的赔偿金额，借记“资金结存——货币资金”科目，贷记本科目。

【做中学3-36】2021年12月8日，某单位盘点现金，发现库存现金缺少280元，经单位领导批准报销。根据库存现金盘亏报告单、处置批示文件等，编制预算会计分录如下：

借：其他支出——现金盘亏　280

　贷：资金结存——货币资金　280

4.接受捐赠（无偿调入）和对外捐赠（无偿调出）非现金资产发生的税费支出的账务处理

接受捐赠（无偿调入）非现金资产发生的归属于捐入方（调入方）的相关税费、运输费等，以及对外捐赠（无偿调出）非现金资产发生的归属于捐出方（调出方）的相关税费、运输费等，按照实际支付金额，借记本科目，贷记“资金结存”科目。

5.资产置换过程中发生的相关税费支出的账务处理

资产置换过程中发生的相关税费，按照实际支付金额，借记本科目，贷记“资金结存”科目。

6.其他支出的账务处理

发生罚没等其他支出时，按照实际支出金额，借记本科目，贷记“资金结存”科目。

7.年末的账务处理

年末，将本科目本年发生额中的财政拨款支出转入财政拨款结转，借记“财政拨款结转——本年收支结转”科目，贷记本科目下各财政拨款支出明细科目。

年末，将本科目本年发生额中的非财政专项资金支出转入非财政拨款结转，借记“非财政拨款结转——本年收支结转”科目，贷记本科目下各非财政专项资金支出明细科目。

年末，将本科目本年发生额中的其他资金支出（非财政非专项资金支出）转入其他结余，借记“其他结余”科目，贷记本科目下各其他资金支出明细科目。

【做中学3-37】年末，某单位将“其他支出”科目借方余额159 280元（非财政非专项资金支出）结转入其他结余，编制预算会计分录如下：

借：其他结余　　159 280

　贷：其他支出——非财政非专项资金支出　　159 280

项目小结

本项目主要介绍行政事业单位预算支出要素的内容、确认与计量、科目设置及主要账务处理。

行政事业单位在预算支出要素类设置了“行政支出”“事业支出”“经营支出”“上缴上级支出”“对附属单位补助支出”“投资支出”“债务还本支出”“其他支出”等8个科目对各项预算支出的去向进行核算，并根据核算需要设立明细科目，期末转账后，没有余额。

重点与难点：行政支出、事业支出、经营支出、其他支出的确认与计量，主要账务处理及明细账的核算。

本项目主要知识点归纳总结见表3-2。

表3-2　主要知识点归纳总结

<table>
<tr><th rowspan="2">主要知识点</th><th rowspan="2" colspan="2">业务内容</th><th colspan="2">账务处理</th></tr>
<tr><th>财务会计</th><th>预算会计</th></tr>
<tr><td rowspan="4">行政支出/事业支出的核算</td><td colspan="2">发生时</td><td>借：业务活动费用/单位管理费用
　贷：银行存款/零余额账户用款额度/财政拨款收入/应付职工薪酬</td><td>借：行政支出/事业支出
　贷：资金结存/财政拨款预算收入</td></tr>
<tr><td colspan="2">期末结转时</td><td>借：本期盈余
　贷：业务活动费用/单位管理费用</td><td>借：财政拨款结转/非财政拨款结转/其他结余
　贷：行政支出/事业支出</td></tr>
<tr><td rowspan="2">收回时</td><td>本年度</td><td>借：银行存款/零余额账户用款额度/财政拨款收入等
　贷：业务活动费用/单位管理费用/库存物品等</td><td>借：资金结存/财政拨款预算收入
　贷：行政支出/事业支出</td></tr>
<tr><td>以前年度</td><td>借：银行存款/零余额账户用款额度/财政应返还额度等
　贷：以前年度盈余调整</td><td>借：资金结存——货币资金/零余额账户用款额度/财政应返还额度
　贷：财政拨款结转/财政拨款结余/非财政拨款结转/非财政拨款结余（年初余额调整）</td></tr>
</table>

续表

主要知识点	业务内容	账务处理	
		财务会计	预算会计
经营支出的核算	发生支出时	借：经营费用 贷：银行存款/应付账款/应付票据等	借：经营支出 贷：资金结存
	期末结转时	借：本期盈余 贷：经营费用	借：经营结余 贷：经营支出
其他支出的核算	实际发生支出时	借：其他费用/应付利息 贷：银行存款/库存现金	借：其他支出 贷：资金结存——货币资金
	期末结转时	借：本期盈余 贷：其他费用	借：其他结余［非财政非专项资金支出］ 非财政拨款结转——本年收支结转［非财政专项资金支出］ 财政拨款结转——本年收支结转［财政拨款资金支出］ 贷：其他支出

项目四

预算结余的核算

学习目标

知识目标

1. 理解行政事业单位预算结余的含义和内容。
2. 掌握财政结转结余和非财政结转结余科目的核算内容及账务处理。
3. 掌握资金结存总账科目和明细科目的核算内容及主要账务处理。

技能目标

1. 能正确处理各项预算结余经济业务。
2. 能够准确对各类预算结余进行确认与计量。
3. 会计算各项预算结余，并准确填制相应会计凭证。

素养目标

1. 树立诚信意识，正确计算预算结转结余。
2. 树立法律意识，保证预算结余的合法性和合理性。
3. 树立绩效意识，提高预算结余的使用效益。

工作情境与工作任务

某事业单位2021年12月31日发生下列非财政拨款结转和结余等会计业务。

（1）该单位非财政拨款收入（非专项资金收入）和非财政拨款支出（非专项资金支出）的相关科目的余额见表4-1。

表4-1　非财政拨款收入（非专项资金收入）和支出（非专项资金支出）的相关科目的余额

收入类科目		支出类科目	
科目名称	金额	科目名称	金额
事业预算收入	1 200 000	事业支出	1 320 000
上级补助预算收入	160 000	上缴上级支出	350 000
附属单位上缴预算收入	220 000	对附属单位补助支出	180 000
其他预算收入	800 000	其他支出	455 000
经营预算收入	2 400 000	经营支出	1 815 000

（2）该单位按非财政拨款结余10%计提职工福利费，经营结余按25%计算交纳所得税。

假如你是一名会计人员，对上述业务如何做年终结账的账务处理？

根据《政府会计制度——行政事业单位会计科目和报表》，行政事业单位预算结余应设置哪些科目，其核算内容是什么？

在办理年终结转时应遵循哪些规定？

思政引航

本项目以党的二十大报告为指引，将“广泛践行社会主义核心价值观”等思政元素融入教学知识点的教学设计见表4-2。

表4-2 思政元素融入教学知识点的教学设计

知识点	思政元素	教学设计
财政拨款结转结余	帮助学生树立正确的权利观和责任观	知识点播：对于行政事业单位而言，财政资金是其履职和开展业务活动的主要资金来源，对其收支要进行有效管理，优化资源配置，提高财政资金使用效益 课后思考：怎样的评价体系能引导学生忽视短期利益、经济利益，重视长期利益、社会利益？
财政拨款结转结余明细科目	引导学生具有工匠精神	教师导语：财政拨款结转结余明细科目设置细致复杂，了解它们之间的区别，学习时要具有认真仔细的态度，发扬工匠精神，做细、做准、做实明细账的核算 课前引导：通过案例说明会计做账数字准确的重要性，要求学生必须实事求是地计算，要具有责任心和正义感
非财政拨款结转结余	增强学生对国家和集体的责任、义务，树立可持续性的长远业绩观	知识点播：事业单位应通过自身努力，积极组织收入，节约使用资金，减轻财政负担 课后思考：怎样的制度改革能推动社会公共事业持续健康发展？
经营结余	树立正确的价值观和人生使命	互动引用：以党的二十大报告为指引，通过学生设计并撰写优质案例，通过对非财政拨款结余计提职工福利基金的探讨，引导学生降低对金钱的过于重视，增加对社会责任、社会长远发展、人民幸福感的认识

任务1 预算结余概述

一、预算结余的概念

预算结余是指政府会计主体预算年度内预算收入扣除预算支出后的资金余额，以及历年滚存的资金余额。预算结余包括资金结存、结余资金和结转资金。

结余资金是指当年预算工作目标已完成，或者因故终止，当年剩余的资金，即年度预算执行终了，预算收入实际完成数扣除预算支出和结转资金后剩余的资金。

结转资金是指预算安排项目的支出年终尚未执行完毕或者因故未执行，且下年需要按原用途继续使用的资金。

【注意】经营收支结转和结余应当单独反映。

二、预算结余的管理

财政拨款结转和结余的管理，应当按照国家有关规定执行。

非财政拨款结转按照规定结转下一年度继续使用。非财政拨款结余可以按照国家有关规定提取职工福利基金，剩余部分用于弥补以后年度单位收支差额；国家另有规定的，从其规定。

事业单位应当加强非财政拨款结余的管理，盘活存量，统筹安排、合理使用，支出不得超出非财政拨款结余规模。

三、预算结余的确认

预算结余不能单独确认与计量，必须依附于预算收入和预算支出进行确认与计量。

根据《政府会计制度——行政事业单位会计科目和报表》，预算结余包括资金结存和各项结转结余。资金结存是纳入预算管理的货币资金，余额在借方；各项结转结余是累计预算收支差额，余额在贷方。以上两者金额相等、方向相反，即资金结存（借方余额）=期末各项结转结余（贷方余额）。

【提示】符合预算收入、预算支出和预算结余定义及其确认条件的项目应当列入政府决算报表。

财政拨款结转和结余的管理，应当按照同级政府财政部门的规定执行。

四、预算结余的内容

政府单位的预算结余包括资金结存和各项结转结余。各项结转结余包括财政拨款结转、财政拨款结余、非财政拨款结转、非财政拨款结余、专用结余、经营结余、其他结余。

【提示】资金结存和结转结余。财政拨款结转、财政拨款结余、非财政拨款结转、非财政拨款结余、其他结余属于行政单位和事业单位共有的项目，专用结余和经营结余属于事业单位特有的预算结余项目，且事业单位的非财政拨款结余还要按照规定进行分配。

任务2 资金结存的核算

一、资金结存的含义

资金结存是指单位纳入部门预算管理的资金的流入、流出、调整和滚存等，包括货币资金、零余额账户用款额度、财政应返还额度。

二、资金结存的科目设置

（一）总账科目设置

为了核算单位纳入部门预算管理的资金的流入、流出、调整和滚存等情况，在预算结余要素类设置“资金结存”总账科目。本科目借方登记资金的流入，贷方登记资金的流出，余额在借方。本科目年末借方余额，反映单位预算资金的累计滚存情况。

（二）明细科目设置

1.“零余额账户用款额度”

本明细科目核算实行国库集中支付的单位根据财政部门批复的用款计划收到和支用的零余额账户用款额度。年末结账后，本明细科目应无余额。

2.“货币资金”

本明细科目核算单位以库存现金、银行存款、其他货币资金形态存在的资金。本明细科目年末借方余额，反映单位尚未使用的货币资金。

3.“财政应返还额度”

本明细科目核算实行国库集中支付的单位可以使用的以前年度财政直接支付资金额度和财政应返还的财政授权支付资金额度。本明细科目下可设置“财政直接支付”“财政授权支付”两个明细科目进行明细核算。本明细科目年末借方余额，反映单位应收财政返还的资金额度。

【提示】单位在某些特定情况下按规定从本单位零余额账户向本单位实有资金账户划转资金用于后续相关支出的，可在“资金结存——货币资金”科目下设置“财政拨款资金”三级明细科目，或采用辅助核算等形式，核算反映按规定从本单位零余额账户转入实有资金账户的资金金额，账务处理见表4-3。

表4-3　账务处理

财务会计分录	预算会计分录
借：银行存款——财政拨款资金 　贷：零余额账户用款额度	借：资金结存——货币资金——财政拨款资金 　贷：资金结存——零余额账户用款额度

三、资金结存的主要账务处理

（一）财政授权支付方式下资金结存的主要账务处理

1. 取得预算收入的账务处理

财政授权支付方式下，单位根据代理银行转来的“财政授权支付额度到账通知书”，按照通知书中的授权支付额度，借记本科目（零余额账户用款额度），贷记“财政拨款预算收入”科目。以国库集中支付以外的其他支付方式取得预算收入时，按照实际收到的金额，借记本科目（货币资金），贷记“财政拨款预算收入”“事业预算收入”“经营预算收入”等科目。

【做中学4-1】实行国库集中核算的单位2021年年初收到“财政授权支付额度到账通知书”，本年度用款额度为3 000万元。根据“财政授权支付额度到账通知书”等，编制预算会计分录如下：

借：资金结存——零余额账户用款额度　　30 000 000

　贷：财政拨款预算收入　　30 000 000

2. 发生相关支出的账务处理

财政授权支付方式下，发生相关支出时，按照实际支付的金额，借记“行政支出”“事业支出”等科目，贷记本科目（零余额账户用款额度）。

从零余额账户提取现金时，借记本科目（货币资金），贷记本科目（零余额账户用款额度）。退回现金时，做相反会计分录。

【做中学4-2】单位本月开展业务活动通过零余额账户支付2 500万元。根据零余额账户支付凭证等，编制预算会计分录如下：

借：行政支出/事业支出　　25 000 000

　贷：资金结存——零余额账户用款额度　　25 000 000

3. 年末的账务处理

年末，单位依据代理银行提供的对账单做注销额度的相关账务处理，借记本科目（财政应返还额度），贷记本科目（零余额账户用款额度）；本年度财政授权支付预算指标数大于零余额账户用款额度下达数的，根据未下达的用款额度，借记本科目（财政应返还额度），贷记“财政拨款预算收入”科目。

下年年初，单位依据代理银行提供的额度恢复到账通知书做恢复额度的相关账务处理，借记本科目（零余额账户用款额度），贷记本科目（财政应返还额度）。单位收到财政部门批复的上年年末未下达零余额账户用款额度的，借记本科目（零余额账户用款额度），贷记本科目（财政应返还额度）。

【做中学4-3】2021年年末，单位注销零余额账户中未用完的额度500万元，转为应收财政返还额度。根据银行零余额账户余额对账单，编制预算会计分录如下：

借：资金结存——财政应返还额度　　5 000 000

　贷：资金结存——零余额账户用款额度　　5 000 000

【做中学4-4】2021年年末，单位本年度财政授权支付预算指标数为3 200万元，大于零余额账户用款额度下达数3 000万元，根据未下达的用款额度200万元，编制预算会计分录如下：

借：资金结存——财政应返还额度　　2 000 000

　贷：财政拨款预算收入　　2 000 000

【做中学4-5】2022年年初，单位收到财政部门批复的2021年未下达零余额账户用款额度200万元。根据财政部门批复文件、“财政授权支付额度到账通知书”等，编制预算会计分录如下：

借：资金结存——零余额账户用款额度　　2 000 000

　贷：资金结存——财政应返还额度　　2 000 000

（二）财政直接支付方式下资金结存的主要账务处理

1. 发生支出时的账务处理

使用以前年度财政直接支付额度发生支出时，按照实际支付金额，借记“行政支出”“事业支出”等科目，贷记本科目（财政应返还额度）。

2.年末的账务处理

年末，根据本年度财政直接支付预算指标数与当年财政直接支付实际支出数的差额，借记本科目（财政应返还额度），贷记“财政拨款预算收入”科目。

【做中学4-6】2021年年末，某行政单位与同级政府财政部门核对结算，国库集中支付的财政拨款全年预算数与国库实际支付数的差额为700万元。

2022年1月，该行政单位通过财政直接支付预付了设备采购项目的资金30万元，其中使用上年未使用的资金10万元，使用当年预算资金20万元。根据预算结算单、设备购买合同等，编制预算会计分录如下：

借：资金结存——财政应返还额度　　7 000 000

　贷：财政拨款预算收入　　7 000 000

借：行政支出——项目支出　　300 000

　贷：资金结存——财政应返还额度　　100 000

　　　财政拨款预算收入　　200 000

微课：资金结存的主要账务处理

（三）国库集中支付以外的其他支付方式下资金结存的主要账务处理

发生相关支出时，按照实际支付的金额，借记“事业支出”“经营支出”等科目，贷记本科目（货币资金）。

任务3　财政拨款结转结余的核算

财政拨款结转结余是指预算单位取得的同级财政拨款收入与其相关支出相抵后剩余滚存的、须按规定管理和使用的结转和结余资金，包括财政拨款结转和财政拨款结余。

一、财政拨款结转

（一）财政拨款结转的概念

财政拨款结转是指单位取得的同级财政拨款结转资金的调整、结转和滚存，包括基本支出结转和项目支出结转。

（二）财政拨款结转的科目设置

1.总账科目设置

为了核算单位取得的同级财政拨款结转资金的调整、结转和滚存情况，在预算结余要素类设置“财政拨款结转”总账科目。本科目贷方登记财政拨款收入的转入数；借方登记财政拨款支出的转入数。本科目年末贷方余额，反映预算单位滚存的财政拨款结转资金数额。

2.明细科目设置

（1）与会计差错更正、以前年度支出收回相关的明细科目。

“年初余额调整”：本明细科目核算因发生会计差错更正、以前年度支出收回等原因，需要调整财政拨款结转的金额。年末结账后，本明细科目应无余额。

（2）与财政拨款调拨业务相关的明细科目。

①“归集调入”：本明细科目核算按照规定从其他单位调入财政拨款结转资金时，实际调增的额度数额或调入的资金数额。年末结账后，本明细科目应无余额。

②“归集调出”：本明细科目核算按照规定向其他单位调出财政拨款结转资金时，实际调减的额度数额或调出的资金数额。年末结账后，本明细科目应无余额。

③“归集上缴”：本明细科目核算按照规定上缴财政拨款结转资金时，实际核销的额度数额或上缴的资金数额。年末结账后，本明细科目应无余额。

④“单位内部调剂”：本明细科目核算经财政部门批准对财政拨款结余资金改变用途，调整用于本单位其他未完成项目等的调整金额。年末结账后，本明细科目应无余额。

（3）与年末财政拨款结转业务相关的明细科目。

①“本年收支结转”：本明细科目核算单位本年度财政拨款收支相抵后的余额。年末结账后，本明细科目应无余额。

②“累计结转”：本明细科目核算单位滚存的财政拨款结转资金。本明细科目年末贷方余额，反映单位财政拨款滚存的结转资金数额。

（4）其他明细科目。

本科目还应当设置“基本支出结转”“项目支出结转”两个明细科目，并在“基本支出结转”明细科目下按照“人员经费”“日常公用经费”进行明细核算，在“项目支出结转”明细科目下按照具体项目进行明细核算；同时，本科目应按照《政府收支分类科目》中“支出功能分类科目”的相关科目进行明细核算。

有一般公共预算财政拨款、政府性基金预算财政拨款等两种或两种以上财政拨款的，还应当在本科目下按照财政拨款的种类进行明细核算。

（三）财政拨款结转的主要账务处理

1.与会计差错更正、以前年度支出收回相关的账务处理

（1）因发生会计差错更正退回以前年度财政直接支付、授权支付款项或财政性货币资金，或者因发生会计差错更正增加以前年度财政直接支付、授权支付支出或财政性货币资金支出，属于以前年度财政拨款结转资金的，借记或贷记“资金结存——财政应返还额度/零余额账户用款额度/货币资金”科目，贷记或借记本科目（年初余额调整）。

（2）因购货退回、预付款项收回等发生以前年度支出又收回财政直接支付、授权支付款项或收回财政性货币资金，属于以前年度财政拨款结转资金的，借记“资金结存——财政应返还额度/零余额账户用款额度/货币资金”科目，贷记本科目（年初余额调整）。

2.与财政拨款结转结余资金调整业务相关的账务处理

（1）按照规定从其他单位调入财政拨款结转资金的，按照实际调增的额度数额或调入的资金数额，借记“资金结存——财政应返还额度/零余额账户用款额度/货币资金”科目，贷记本科目（归集调入）。

（2）按照规定向其他单位调出财政拨款结转资金的，按照实际调减的额度数额或调出的资金数额，借记本科目（归集调出），贷记“资金结存——财政应返还额度/零余额

账户用款额度/货币资金”科目。

（3）按照规定上缴财政拨款结转资金或注销财政拨款结转资金额度的，按照实际上缴资金数额或注销的资金额度数额，借记本科目（归集上缴），贷记“资金结存——财政应返还额度/零余额账户用款额度/货币资金”科目。

（4）经财政部门批准对财政拨款结余资金改变用途，调整用于本单位基本支出或其他未完成项目支出的，按照批准调剂的金额，借记“财政拨款结余——单位内部调剂”科目，贷记本科目（单位内部调剂）。

3.与年末财政拨款结转和结余业务相关的账务处理

（1）年末，将财政拨款预算收入本年发生额转入本科目，借记“财政拨款预算收入”科目，贷记本科目（本年收支结转）；将各项支出中财政拨款支出本年发生额转入本科目，借记本科目（本年收支结转），贷记各项支出（财政拨款支出）科目。

（2）年末冲销有关明细科目余额。将本科目（本年收支结转、年初余额调整、归集调入、归集调出、归集上缴、单位内部调剂）余额转入本科目（累计结转）。结转后，本科目除“累计结转”明细科目外，其他明细科目应无余额。

（3）年末完成上述结转后，应当对财政拨款结转各明细项目执行情况进行分析，按照有关规定将符合财政拨款结余性质的项目余额转入财政拨款结余，借记本科目（累计结转），贷记“财政拨款结余——结转转入”科目。

二、财政拨款结余

（一）财政拨款结余的概念

财政拨款结余是指单位取得的同级财政拨款项目支出结余资金的调整、结转和滚存。

（二）财政拨款结余的科目设置

1.总账科目设置

为了核算单位取得的同级财政拨款项目支出结余资金的调整、结转和滚存情况，在预算结余要素类设置“财政拨款结余”总账科目。本科目贷方登记财政拨款结余性质的项目余额转入数；借方登记上缴财政拨款结余资金或注销财政拨款结余额度数等。本科目年末贷方余额，反映单位滚存的财政拨款结余资金数额。

2.明细科目设置

（1）与会计差错更正、以前年度支出收回相关的明细科目。

“年初余额调整”：本明细科目核算因发生会计差错更正、以前年度支出收回等原因，需要调整财政拨款结余的金额。年末结账后，本明细科目应无余额。

（2）与财政拨款结余资金调整业务相关的明细科目。

①“归集上缴”：本明细科目核算按照规定上缴财政拨款结余资金时，实际核销的额度数额或上缴的资金数额。年末结账后，本明细科目应无余额。

②“单位内部调剂”：本明细科目核算经财政部门批准对财政拨款结余资金改变用途，调整用于本单位其他未完成项目等的调整金额。年末结账后，本明细科目应无余额。

（3）与年末财政拨款结余业务相关的明细科目。

①“结转转入”：本明细科目核算单位按照规定转入财政拨款结余的财政拨款结转资金。年末结账后，本明细科目应无余额。

②“累计结余”：本明细科目核算单位滚存的财政拨款结余资金。本明细科目年末贷方余额，反映单位财政拨款滚存的结余资金数额。

（4）其他明细科目。

本科目还应当按照具体项目、《政府收支分类科目》中“支出功能分类科目”的相关科目等进行明细核算。

有一般公共预算财政拨款、政府性基金预算财政拨款等两种或两种以上财政拨款的，还应当在本科目下按照财政拨款的种类进行明细核算。

（三）财政拨款结余的主要账务处理

1. 与会计差错更正、以前年度支出收回相关的账务处理

（1）因发生会计差错更正退回以前年度财政直接支付、授权支付款项或财政性货币资金，或者因发生会计差错更正增加以前年度财政直接支付、授权支付支出或财政性货币资金支出，属于以前年度财政拨款结余资金的，借记或贷记“资金结存——财政应返还额度/零余额账户用款额度/货币资金”科目，贷记或借记本科目（年初余额调整）。

（2）因购货退回、预付款项收回等发生以前年度支出又收回财政直接支付、授权支付款项或收回财政性货币资金，属于以前年度财政拨款结余资金的，借记“资金结存——财政应返还额度/零余额账户用款额度/货币资金”科目，贷记本科目（年初余额调整）。

2. 与财政拨款结余资金调整业务相关的账务处理

（1）经财政部门批准对财政拨款结余资金改变用途，调整用于本单位基本支出或其他未完成项目支出的，按照批准调剂的金额，借记本科目（单位内部调剂），贷记“财政拨款结转——单位内部调剂”科目。

（2）按照规定上缴财政拨款结余资金或注销财政拨款结余资金额度的，按照实际上缴资金数额或注销的资金额度数额，借记本科目（归集上缴），贷记“资金结存——财政应返还额度/零余额账户用款额度/货币资金”科目。

【做中学4-7】某单位2022年1月接到财政部门通知，财政部门收回该单位上年未用完的财政拨款结余资金——财政应返还额度（财政直接支付）50万元，同意该单位将已经完成A项目的财政拨款结余资金10万元用于尚未完成的B项目。根据财政拨款结余调整文件等，编制预算会计分录如下：

①财政部门收回财政拨款结余资金50万元。

借：财政拨款结余——归集上缴　　500 000

　贷：资金结存——财政应返还额度——财政直接支付　　500 000

②将A项目结余资金10万元转入B项目。

借：财政拨款结余——单位内部调剂——A项目　　100 000

　贷：财政拨款结转——单位内部调剂——项目支出结转——B项目　　100 000

3. 与年末财政拨款结转和结余业务相关的账务处理

（1）年末，对财政拨款结转各明细项目执行情况进行分析，按照有关规定将符合财

政拨款结余性质的项目余额转入财政拨款结余，借记“财政拨款结转——累计结转”科目，贷记本科目（结转转入）。

（2）年末冲销有关明细科目余额。将本科目（年初余额调整、归集上缴、单位内部调剂、结转转入）余额转入本科目（累计结余）。结转后，本科目除“累计结余”明细科目外，其他明细科目应无余额。

【做中学4-8】某单位2021年12月发生下列财政拨款结转和结余等会计事项：

①12月31日，本期财政拨款收入累计发生额为8 500 000元（其中A项目350 000元，B项目700 000元），本期财政拨款支出8 405 000元（其中A项目345 000元，B项目620 000元），A项目已完工，结余资金留归本单位使用。B项目未完工。根据收支余额表等，编制年末预算会计分录如下：

12月末：

借：财政拨款预算收入——基本支出　　7 450 000
　　　　——项目支出——A项目　　350 000
　　　　——项目支出——B项目　　700 000
　贷：财政拨款结转——本年收支结转——基本支出结转　　7 450 000
　　　　——项目支出结转——A项目　　350 000
　　　　——项目支出结转——B项目　　700 000

借：财政拨款结转——本年收支结转——基本支出结转　　7 440 000
　　　　——项目支出结转——A项目　　345 000
　　　　——项目支出结转——B项目　　620 000
　贷：行政支出/事业支出——财政拨款支出——基本支出　　7 440 000
　　　　——项目支出——A项目　　345 000
　　　　——项目支出——B项目　　620 000

冲销“财政拨款结转——本年收支结转”明细科目余额：

借：财政拨款结转——本年收支结转——基本支出结转　　10 000
　　　　——项目支出结转——A项目　　5 000
　　　　——项目支出结转——B项目　　80 000
　贷：财政拨款结转——累计结转——基本支出结转　　10 000
　　　　——项目支出结转——A项目　　5 000
　　　　——项目支出结转——B项目　　80 000

按照有关规定将符合财政拨款结余性质的A项目余额转入财政拨款结余：

借：财政拨款结转——累计结转——项目支出结转——A项目　　5 000
　贷：财政拨款结余——结转转入——项目支出结转——A项目　　5 000

按规定年末冲销“财政拨款结余——结转转入”明细科目余额：

借：财政拨款结余——结转转入——项目支出结转——A项目　　5 000
　贷：财政拨款结余——累计结余　　5 000

②按规定，年终将其他项目结余10 000元资金上缴财政。

借：财政拨款结余——归集上缴　　10 000

贷：资金结存——零余额账户用款额度 10 000

任务4 非财政拨款结转和结余的核算

非财政拨款结转和结余是指单位除同级财政拨款收支以外的各项收入与各项支出相抵后的余额。

一、非财政拨款结转

（一）非财政拨款结转的概念

非财政拨款结转是指单位除财政拨款收支、经营收支以外各非同级财政拨款专项资金的调整、结转和滚存。

（二）非财政拨款结转的科目设置

1.总账科目设置

为了核算单位除财政拨款收支、经营收支以外各非同级财政拨款专项资金的调整、结转和滚存情况，在预算结余要素类设置“非财政拨款结转”总账科目。本科目贷方登记事业预算收入、上级补助预算收入、附属单位上缴预算收入、债务预算收入、其他预算收入本年发生额中的非财政专项资金收入及非同级财政拨款预算收入本年发生额中的专项资金收入结转数；借方登记行政支出、事业支出、其他支出本年发生额中的非财政专项资金支出结转数。本科目年末贷方余额，反映单位滚存的非同级财政拨款专项结转资金数额。

2.明细科目设置

（1）“年初余额调整”：本明细科目核算因发生会计差错更正、以前年度支出收回等原因，需要调整非财政拨款结转的资金。年末结账后，本明细科目应无余额。

（2）“缴回资金”：本明细科目核算按照规定缴回非财政拨款结转资金时，实际缴回的资金数额。年末结账后，本明细科目应无余额。

（3）“项目间接费用或管理费”：本明细科目核算单位取得的科研项目预算收入中，按照规定计提项目间接费用或管理费的数额。年末结账后，本明细科目应无余额。

（4）“本年收支结转”：本明细科目核算单位本年度非同级财政拨款专项收支相抵后的余额。年末结账后，本明细科目应无余额。

（5）“累计结转”：本明细科目核算单位滚存的非同级财政拨款专项结转资金。本明细科目年末贷方余额，反映单位非同级财政拨款滚存的专项结转资金数额。

本科目还应当按照具体项目、《政府收支分类科目》中“支出功能分类科目”的相关科目等进行明细核算。

（三）非财政拨款结转的主要账务处理

1.提取项目间接费用或管理费的账务处理

按照规定从科研项目预算收入中提取项目间接费用或管理费时，按照提取金额，借记本科目（项目间接费用或管理费），贷记“非财政拨款结余——项目间接费用或管理费”科目。

【做中学4-9】某高等学校发生有关项目资金的业务：按照学校规定标准对横向A科研项目提取管理费50 000元；使用提取的项目管理费用于科研管理开支150 000元。根据提取管理费用的有关规定文件、管理费用使用规定文件、支付凭证等，编制预算会计分录如下：

（1）提取科研项目管理费（50 000元）

借：非财政拨款结转——项目间接费用或管理费　　50 000

　　贷：非财政拨款结余——项目间接费用或管理费　　50 000

（2）使用科研项目管理费（150 000元）

借：事业支出　　150 000

　　贷：资金结存——货币资金　　150 000

2.会计差错更正及收回以前年度支出等的账务处理

因会计差错更正收到或支出非同级财政拨款货币资金，属于非财政拨款结转资金的，按照收到或支出的金额，借记或贷记“资金结存——货币资金”科目，贷记或借记本科目（年初余额调整）。

因收回以前年度支出等收到非同级财政拨款货币资金，属于非财政拨款结转资金的，按照收到的金额，借记“资金结存——货币资金”科目，贷记本科目（年初余额调整）。

3.缴回非财政拨款结转资金的账务处理

按照规定缴回非财政拨款结转资金的，按照实际缴回资金数额，借记本科目（缴回资金），贷记“资金结存——货币资金”科目。

【做中学4-10】某单位按照规定缴回非财政拨款结转资金50 000元，编制预算会计分录如下：

借：非财政拨款结转——缴回资金　　50 000

　　贷：资金结存——货币资金　　50 000

4.年末结转的账务处理

年末，将事业预算收入、上级补助预算收入、附属单位上缴预算收入、债务预算收入、其他预算收入本年发生额中的非财政专项资金收入及非同级财政拨款预算收入本年发生额中的专项资金收入转入本科目，借记“事业预算收入”“上级补助预算收入”“附属单位上缴预算收入”“债务预算收入”“其他预算收入”科目下各非财政专项资金收入明细科目及“非同级财政拨款预算收入”科目下专项资金收入明细科目，贷记本科目（本年收支结转）；将行政支出、事业支出、其他支出本年发生额中的非财政专项资金支出转入本科目，借记本科目（本年收支结转），贷记“行政支出”“事业支出”“其他支出”科目下各非财政专项资金支出明细科目。

5.年末冲销有关明细科目余额的账务处理

将本科目（年初余额调整、项目间接费用或管理费、缴回资金、本年收支结转）余额转入本科目（累计结转）。结转后，本科目除“累计结转”明细科目外，其他明细科目应无余额。

6.年末完成结转后的账务处理

年末完成结转后，应当对非财政拨款专项结转资金各项目情况进行分析，将留归本单位使用的非财政拨款专项（项目已完成）剩余资金转入非财政拨款结余，借记本科目（累计结转），贷记“非财政拨款结余——结转转入”科目。

二、非财政拨款结余

（一）非财政拨款结余的概念

非财政拨款结余是指单位历年滚存的非限定用途的非同级财政拨款结余资金，主要为非财政拨款结余扣除结余分配后滚存的金额。

（二）非财政拨款结余的科目设置

1.总账科目设置

为了核算单位历年滚存的非限定用途的非同级财政拨款结余资金，主要为非财政拨款结余扣除结余分配后滚存的金额，在预算结余要素类设置“非财政拨款结余”总账科目。本科目贷方登记从相关科目的转入数；借方登记转出数。本科目年末贷方余额，反映单位非同级财政拨款结余资金的累计滚存数额。

2.明细科目设置

（1）“年初余额调整”：本明细科目核算因发生会计差错更正、以前年度支出收回等原因，需要调整非财政拨款结余的资金。年末结账后，本明细科目应无余额。

（2）“项目间接费用或管理费”：本明细科目核算单位取得的科研项目预算收入中，按照规定计提的项目间接费用或管理费数额。年末结账后，本明细科目应无余额。

（3）“结转转入”：本明细科目核算按照规定留归单位使用，由单位统筹调配，纳入单位非财政拨款结余的非同级财政拨款专项剩余资金。年末结账后，本明细科目应无余额。

（4）“累计结余”：本明细科目核算单位历年滚存的非同级财政拨款、非专项结余资金。本明细科目年末贷方余额，反映单位非同级财政拨款滚存的非专项结余资金数额。

本科目还应当按照《政府收支分类科目》中“支出功能分类科目”的相关科目进行明细核算。

（三）非财政拨款结余的主要账务处理

1.提取项目间接费用或管理费的账务处理

按照规定从科研项目预算收入中提取项目间接费用或管理费时，借记“非财政拨款结转——项目间接费用或管理费”科目，贷记本科目（项目间接费用或管理费）。

【提示】做中学案例参见【做中学4–9】。

2.缴纳企业所得税的账务处理

有企业所得税缴纳义务的事业单位实际缴纳企业所得税时，按照缴纳金额，借记本科目（累计结余），贷记“资金结存——货币资金”科目。

【做中学4–11】某事业单位本年实际缴纳企业所得税为100 000元，编制预算会计分录如下：

借：非财政拨款结余——累计结余	100 000	
贷：资金结存——货币资金		100 000

3.会计差错更正及收回以前年度支出等的账务处理

因会计差错更正收到或支出非同级财政拨款货币资金，属于非财政拨款结余资金的，按照收到或支出的金额，借记或贷记“资金结存——货币资金”科目，贷记或借记本科目（年初余额调整）。因收回以前年度支出等收到非同级财政拨款货币资金，属于非财政拨款结余资金的，按照收到的金额，借记“资金结存——货币资金”科目，贷记本科目（年初余额调整）。

4.年末结转的账务处理

年末，将留归本单位使用的非财政拨款专项（项目已完成）剩余资金转入本科目，借记“非财政拨款结转——累计结转”科目，贷记本科目（结转转入）。

5.年末冲销有关明细科目余额的账务处理

将本科目（年初余额调整、项目间接费用或管理费、结转转入）余额结转入本科目（累计结余）。结转后，本科目除“累计结余”明细科目外，其他明细科目应无余额。

6.年末结转后的账务处理

年末，事业单位将“非财政拨款结余分配”科目余额转入“非财政拨款结余”。“非财政拨款结余分配”科目为借方余额的，借记本科目（累计结余），贷记“非财政拨款结余分配”科目；“非财政拨款结余分配”科目为贷方余额的，借记“非财政拨款结余分配”科目，贷记本科目（累计结余）。

年末，行政单位将“其他结余”科目余额转入非财政拨款结余。“其他结余”科目为借方余额的，借记本科目（累计结余），贷记“其他结余”科目；“其他结余”科目为贷方余额的，借记“其他结余”科目，贷记本科目（累计结余）。

【提示】做中学案例参见【做中学4-13】。

三、专用结余

（一）专用结余的概念

专用结余是指事业单位按照规定从非财政拨款结余中提取的具有专门用途的资金的变动和滚存。

（二）专用结余的科目设置

为了核算事业单位按照规定从非财政拨款结余中提取的具有专门用途的资金的变动和滚存情况，在预算结余要素类设置“专用结余”总账科目。本科目贷方登记按规定提取转入数；借方登记专用基金使用数。本科目年末贷方余额，反映事业单位从非同级财政拨款结余中提取的专用基金的累计滚存数额。

本科目应当按照专用结余的类别进行明细核算。

（三）专用结余的主要账务处理

1.提取基金的账务处理

根据有关规定从本年度非财政拨款结余或经营结余中提取基金的，按照提取金额，借记“非财政拨款结余分配”科目，贷记本科目。

2.使用基金的账务处理

根据规定使用从非财政拨款结余或经营结余中提取的专用基金时，按照使用金额，借记本科目，贷记“资金结存——货币资金”科目。

【提示】做中学案例参见【做中学4-12】。

四、经营结余

（一）经营结余的概念

经营结余是指事业单位本年度经营活动收支相抵后余额弥补以前年度经营亏损后的余额。

（二）经营结余的科目设置

为了核算事业单位本年度经营活动收支相抵后余额弥补以前年度经营亏损后的余额，在预算结余要素类设置“经营结余”总账科目。本科目贷方登记从“经营预算收入”科目转入数；借方登记从“经营支出”科目转入数。年末结账后，本科目一般无余额，如为借方余额，反映事业单位累计发生的经营亏损。

本科目可以按照经营活动类别进行明细核算。

（三）经营结余的主要账务处理

1. 年末结转的账务处理

年末，将经营预算收入本年发生额转入本科目，借记“经营预算收入”科目，贷记本科目；将经营支出本年发生额转入本科目，借记本科目，贷记“经营支出”科目。

2. 年末结转后的账务处理

年末，完成上述1结转后，如本科目为贷方余额，将本科目贷方余额转入“非财政拨款结余分配”科目，借记本科目，贷记“非财政拨款结余分配”科目；如本科目为借方余额，为经营亏损，不予结转。

【提示】做中学案例参见【做中学4-13】。

五、其他结余

（一）其他结余的概念

其他结余是指单位本年度除财政拨款收支、非同级财政专项资金收支和经营收支以外各项收支相抵后的余额。

（二）其他结余的科目设置

为了核算单位本年度除财政拨款收支、非同级财政专项资金收支和经营收支以外各项收支相抵后的余额，在预算结余要素类设置“其他结余”总账科目。本科目贷方登记事业预算收入、上级补助预算收入、附属单位上缴预算收入、债务预算收入、其他预算收入本年发生额中的非财政非专项资金收入和非同级财政拨款预算收入本年发生额中的非专项资金收入结转数以及投资预算收益本年发生额转入数；借方登记行政支出、事业支出、其他支出本年发生额中的非同级财政、非专项资金支出，以及上缴上级支出、对附属单位补助支出、投资支出、债务还本支出本年发生额转入数。年末结账后，本科目应无余额。

（三）其他结余的主要账务处理

1. 年末结转的账务处理

年末，将事业预算收入、上级补助预算收入、附属单位上缴预算收入、债务预算收入、其他预算收入本年发生额中的非财政非专项资金收入和非同级财政拨款预算收入本年发生额中的非专项资金收入以及投资预算收益本年发生额转入本科目，借记“事业预算收入”“上级补助预算收入”“附属单位上缴预算收入”“债务预算收入”“其他预算收入”科目下各非财政非专项资金收入明细科目及“非同级财政拨款预算收入”科目下非专项资金收入明细科目和“投资预算收益”科目，贷记本科目（“投资预算收益”科目本年发生额为借方净额时，借记本科目，贷记“投资预算收益”科目）；将行政支出、事业支出、其他支出本年发生额中的非同级财政、非专项资金支出，以及上缴上级支出、对附属单位补助支出、投资支出、债务还本支出本年发生额转入本科目，借记本科目，贷记“行政支出”“事业支出”“其他支出”科目下各非同级财政、非专项资金支出明细科目和“上缴上级支出”“对附属单位补助支出”“投资支出”“债务还本支出”科目。

2.年末结转后的账务处理

年末，完成上述1结转后，行政单位将本科目余额转入“非财政拨款结余——累计结余”科目；事业单位将本科目余额转入“非财政拨款结余分配”科目。当本科目为贷方余额时，借记本科目，贷记“非财政拨款结余——累计结余”或“非财政拨款结余分配”科目；当本科目为借方余额时，借记“非财政拨款结余——累计结余”或“非财政拨款结余分配”科目，贷记本科目。

【提示】做中学案例参见【做中学4-13】。

六、非财政拨款结余分配

（一）非财政拨款结余分配的概念

非财政拨款结余分配是指事业单位本年度非财政拨款结余分配的情况和结果。

（二）非财政拨款结余分配的科目设置

为了核算事业单位本年度非财政拨款结余分配的情况和结果，在预算结余要素类设置“非财政拨款结余分配”科目。本科目贷方登记其他结余和经营结余等的转入数；借方登记专用结余的提取数和转入“非财政拨款结余——累计结余”科目数。年末结账后，本科目应无余额。

（三）非财政拨款结余分配的主要账务处理

1.年末结转的账务处理

年末，事业单位将“其他结余”科目余额转入本科目，当“其他结余”科目为贷方余额时，借记“其他结余”科目，贷记本科目；当“其他结余”科目为借方余额时，借记本科目，贷记“其他结余”科目。

年末，将“经营结余”科目贷方余额转入本科目，借记“经营结余”科目，贷记本科目。

【提示】做中学案例参见【做中学4-13】。

2.提取专用基金的账务处理

根据有关规定提取专用基金的，按照提取的金额，借记本科目，贷记“专用结余”科目。

【做中学4-12】某事业单位2021年12月发生有关专用基金的如下业务：

（1）收到捐赠人要求单独设置的留本基金——单位科研发展基金2亿元，款项已经进入单位银行账户；

（2）按照规定标准，提取列入当期费用的科技成果转换基金42万元；

（3）按照规定比例，从非财政拨款结余中提取职工福利基金100万元；

（4）使用职工福利基金用于职工福利开支55万元；

（5）使用科技成果转换基金购买了10台专用设备支出100万元。

根据捐赠人捐赠文件、银行进账单、基金提取规定、基金使用的凭据、购货发票等，编制预算会计分录。

（1）收到捐赠人要求设置的留本基金（2亿元）：该资金不纳入单位预算管理，预算会计账户不记账。

（2）提取列入当期费用的科技成果转换基金（42万元）：资金尚未支出，预算会计账户不记账。

（3）从非财政拨款结余中提取职工福利基金（100万元）：

借：非财政拨款结余分配 1 000 000

　贷：专用结余 1 000 000

（4）使用职工福利基金用于职工福利开支（55万元）：

借：专用结余 550 000

　贷：资金结存——货币资金 550 000

（5）使用科技成果转换基金购买专用设备（100万元）：

借：事业支出 1 000 000

　贷：资金结存——货币资金 1 000 000

3. 年末结转后的账务处理

年末，按照规定完成上述1至2处理后，将本科目余额转入非财政拨款结余。当本科目为借方余额时，借记“非财政拨款结余——累计结余”科目，贷记本科目；当本科目为贷方余额时，借记本科目，贷记“非财政拨款结余——累计结余”科目。

【做中学4-13】某事业单位2021年12月发生下列非财政拨款结转和结余等会计业务。

（1）12月31日，该单位非财政拨款收入（非专项资金收入）和非财政拨款支出（非专项资金支出）的相关科目余额见表4-1。该单位经营结余按25%计算交纳企业所得税，按结余10%计提职工福利费。根据收支余额表、税费计算单、基金提取规定等，年终编制预算会计分录如下：

①除经营预算收入外的有关预算收入类科目余额转入“其他结余”科目的贷方：

借：上级补助预算收入 160 000

　　附属单位上缴预算收入 220 000

　　事业预算收入 1 200 000

　　其他预算收入 800 000

　贷：其他结余 2 380 000

②除经营支出外的有关支出类科目余额转入“其他结余”科目的借方：

借：其他结余 2 305 000

　贷：事业支出 1 320 000

　　　上缴上级支出 350 000

　　　其他支出 455 000

　　　对附属单位补助支出 180 000

③“经营预算收入”科目的余额转入“经营结余”科目的贷方：

借：经营预算收入　　2 400 000

　贷：经营结余　　2 400 000

④“经营支出”科目余额转入“经营结余”科目的借方：

借：经营结余　　1 815 000

　贷：经营支出　　1 815 000

⑤转“其他结余”和“经营结余”科目的余额：

借：其他结余　　75 000

　　经营结余　　585 000

　贷：非财政拨款结余分配　　660 000

⑥提取职工福利基金：

660 000×10%=66 000（元）

借：非财政拨款结余分配——提取专用基金　　66 000

　贷：专用结余——职工福利基金　　66 000

⑦结转未分配结余594 000元（660 000−66 000）：

借：非财政拨款结余分配　　594 000

　贷：非财政拨款结余——累计结余　　594 000

⑧计算应缴企业所得税：

585 000×25%=146 250（元）

借：非财政拨款结余——累计结余　　146 250

　贷：资金结存——货币资金——其他应交税费　　146 250

（2）12月31日，该单位非财政拨款收入（专项资金收入）和非财政拨款支出（专项资金支出）的相关科目余额见表4-4。

表4-4　非财政拨款收入（专项资金收入）和非财政拨款支出（专项资金支出）的相关科目余额　单位：元

收入类科目		支出类科目	
科目名称	金额	科目名称	金额
事业预算收入	1 200 000	事业支出	1 025 000
其中：甲项目（已完工）	800 000	其中：甲项目	755 000
乙项目（未完工）	400 000	乙项目	270 000

根据收支余额表等，编制12月末及年末预算会计分录如下：

①12月末结转非财政拨款专项收入、支出：

借：事业预算收入——项目支出——甲项目　　800 000

　　　　　　　　——项目支出——乙项目　　400 000

　贷：非财政拨款结转——本年收支结转——甲项目　　800 000

　　　　　　　　　　——本年收支结转——乙项目　　400 000

借：非财政拨款结转——本年收支结转——甲项目 755 000
——乙项目 270 000
贷：事业支出——非财政专项资金支出——项目支出——甲项目 755 000
——乙项目 270 000

②冲销本科目有关明细科目：
借：非财政拨款结转——本年收支结转——甲项目 5 000
——乙项目 130 000
贷：非财政拨款结转——累计结转——甲项目 5 000
——乙项目 130 000

③年末，按规定将甲项目结余资金转入非财政拨款结余：
借：非财政拨款结转——累计结转——甲项目 5 000
贷：非财政拨款结余——结转转入 5 000

项目小结

本项目主要介绍行政事业单位预算结余要素的内容、预算结余的确认与计量、预算结余科目设置及主要账务处理。行政事业单位在预算结余要素类设置9个总账科目反映预算结余的增减变动情况。

重点与难点：资金结存总账和明细账的设置及主要账务处理，财政拨款结转结余、非财政拨款结转结余年终转账的总账和明细账的设置及主要账务处理，专用结余科目核算内容及主要账务处理。

本项目主要知识点归纳总结见表4-5。

表4-5 主要知识点归纳总结

主要知识点	业务内容	账务处理	
		财务会计	预算会计
取得预算收入时资金结存的核算	财政授权支付方式	借：零余额账户用款额度 贷：财政拨款收入	借：资金结存——零余额账户用款额度 贷：财政拨款预算收入
	其他方式	借：银行存款等 贷：财政拨款收入/事业收入/经营收入等	借：资金结存——货币资金 贷：财政拨款预算收入/事业预算收入/经营预算收入等
发生预算支出时资金结存的核算	财政授权支付方式	借：业务活动费用/单位管理费用/库存物品/固定资产等 贷：零余额账户用款额度	借：行政支出/事业支出等 贷：资金结存——零余额账户用款额度

续表

主要知识点	业务内容	账务处理	
		财务会计	预算会计
发生预算支出时资金结存的核算	使用以前年度财政直接支付额度	借：业务活动费用/单位管理费用/库存物品/固定资产等 贷：财政应返还额度	借：行政支出/事业支出等 贷：资金结存——财政应返还额度
因购货退回、发生差错更正等退回财政直接支付、授权支付款项，或者收回货币资金时资金结存的核算	属于本年度的	借：财政拨款收入/零余额账户用款额度/银行存款等 贷：业务活动费用/库存物品等	借：财政拨款预算收入/资金结存——零余额账户用款额度、货币资金 贷：行政支出/事业支出等
	属于以前年度的	借：财政应返还额度/零余额账户用款额度/银行存款等 贷：以前年度盈余调整	借：资金结存——财政应返还额度/零余额账户用款额度/货币资金 贷：财政拨款结转/财政拨款结余/非财政拨款结转/非财政拨款结余（年初余额调整）
年末结转	结转财政拨款预算收入	—	借：财政拨款预算收入 贷：财政拨款结转——本年收支结转
	结转财政拨款预算支出	—	借：财政拨款结转——本年收支结转 贷：行政支出/事业支出等
转入财政拨款结余	按照有关规定将符合财政拨款结余性质的项目余额转入财政拨款结余	—	借：财政拨款结转——累计结转 贷：财政拨款结余——结转转入

学习领域三

财务会计核算

项目五

行政事业单位资产的核算

学习目标

知识目标

1. 明确单位资产的定义及内容。

2. 了解单位各类资产的确认及计量方法。

3. 掌握各类资产的核算内容及账务处理。

4. 熟悉固定资产折旧、公共基础设施折旧（摊销）、保障性住房折旧和无形资产摊销的计提方法与账务处理。

技能目标

1. 能正确处理各类资产经济业务。

2. 能够准确对各类资产进行确认与计量。

3. 根据相关资产经济业务，能准确确认单据的真实性、合法合规性、完整性，并准确填制相应会计凭证。

4. 会办理出纳岗位的现金及票据结算业务。

素养目标

1. 树立法律、诚信和敬业意识，严格遵循法律法规相关规定，在进行账务处理时要恪尽职守、客观公正、敬业爱岗，切实保护国家、社会公众及投资人等的利益。

2. 树立危机意识，加强资产处置管理，严防债权债务纠纷。

3. 树立爱国意识，在运用会计专业知识和专业技能进行资产管理决策时，能综合考虑商业伦理、社会责任，具有爱国主义精神以及改革创新精神。

工作情境与工作任务

某单位已经实行国库集中收付制度。2021年12月发生如下业务：（1）收到代理银行转来的“财政授权支付额度到账通知书”，注明的授权支付额度为50 000元；（2）通过授权支付购买的办公用品已验收入库，价款20 000元；（3）采购1台设备，按照合同规定，购买价格500 000元，由财政直接支付。单位收到代理银行转来的“财政直接支付入账通知书”及有关凭证，设备验收合格交付使用。

假如你是一名会计人员，根据以上业务如何进行账务处理？执行国库集中收付制度的单位经申请可设立哪些账户？其主要功能是什么？

根据《政府会计制度——行政事业单位会计科目和报表》，行政事业单位资产有哪些？如何进行会计确认与计量？为了对单位资产进行核算需要设立哪些科目？固定资产是否计提折旧，如何计提？

行政事业单位在开展业务活动时需要购置存货和固定资产，在用财政资金购买存货和固定资产时，会通过哪些会计科目进行核算？在财政直接支付和财政授权支付方式下如何进行会计核算？

行政事业单位在出租资产和出售物资时，有时可能无法及时收到款项，有时可能会收到对方开具的商业汇票，待商业汇票到期后付款。你知道行政事业单位在发生此项业务没有收到款项或收到商业汇票时应通过哪些科目进行核算吗？

行政事业单位在接受商品或劳务供应时，也可能采用预付款的方式，即先付款，再由供应方提供商品或劳务，你知道此时应通过哪些科目进行核算吗？

行政事业单位取得无形资产以及对无形资产进行处置时，应通过哪些科目核算？

行政事业单位储存管理的应急或救灾物资在取得和发出时应如何核算？

行政事业单位取得或处置占有、负责管理的公共基础设施时，应通过哪些科目核算？

事业单位在进行对外投资时，如果进行的股权投资要进行转让，如何进行账务处理？

如何加强资产管理，保护国有资产保值增值，切实保护国家、社会公众及投资人等的利益？

思政引航

本项目以党的二十大报告为指引，将“加快实施创新驱动发展战略”等思政元素融入教学知识点的教学设计见表5-1。

表5-1　思政元素融入教学知识点的教学设计

知识点	思政元素	教学设计
货币资金	树立认真严谨的工作态度，做人要诚实守信，要有责任意识，保护单位资金安全完整	课前引导：《易》曰：“君子慎始，差若毫厘，谬以千里。”通过康美药业等货币资金造假案例，帮助学生树立正确的做人做事风格；要遵纪守法、实事求是、脚踏实地，谎言终究要付出代价；教导学生“勿以恶小而为之”
存货管理、清查	要求具备吃苦耐劳、严谨负责的工作态度，要有知难而上的精神	互动引用：引入当代成功人士如马云、马化腾等创业的吃苦耐劳、不骄不躁的故事。通过故事培养学生严谨细致的敬业精神和探索精神，不断地提升学生学习的积极性和内驱力，激发学生刻苦学习、不怕困难、坚持理想、挑战学科前沿的勇气
应收账款、坏账准备	引导学生树立风险意识和正确的人生观、价值观	课前引导：通过中环股份逆势投资，受到无锡尚德破产重整的影响而计提大额应收账款坏账准备，造成企业资产流失的案例，提醒学生要有风险意识
固定资产累计折旧	培养学生经世济民、爱国情怀，树立创新意识	互动引用：通过固定资产折旧案例，引入国家加速折旧政策，让学生理解国家政策的制定含义，体会加速折旧税收效应，结合国家新发展理念，培养学生经世济民、爱国情怀，树立创新意识

续表

知识点	思政元素	教学设计
固定资产处置	提升当代大学生保护国有资产、拒绝腐败的社会责任感和使命感	知识点播：资产配置标准应当按照勤俭节约、讲求绩效和绿色环保的要求，根据国家有关政策、经济社会发展水平、市场价格变化、科学技术进步等适时调整。资产使用人、管理人应当履行岗位责任，按照规程合理使用、管理资产，充分发挥资产效能 教师导语：事业单位利用国有资产对外投资应当有利于事业发展和实现国有资产保值增值，符合国家有关规定，经可行性研究和集体决策，按照规定权限和程序进行 课后思考：由于资产使用人、管理人的原因造成资产毁损、灭失的，如何依法追究相关责任？
短期投资、长期投资	帮助学生树立正确的投资观，培养学生谨慎、务实的品格，强调做事未雨绸缪，提高人生抗风险能力	教师导语："理财有风险，投资需谨慎""股市有风险，入市需谨慎"，高收益的背后伴随着高风险，要有风险意识、大局意识 互动引用：引入近期投资热案例，启示学生不要跟风，要头脑清晰，要有理性思维，不盲目投资，树立正确的投资观，要有风险意识
无形资产	发展科学技术，增强国家自信、民族自信、个人自信	教师导语：知识产权、发明专利等无形资产使企业在发展中具有一定影响力，优秀的企业文化、科研创新能力使得企业拥有独特的竞争力，要有知识产权保护意识。每个人都有自己的独到之处，善于发现自己的优势，树立个人自信 互动引用：以党的二十大报告为指引，引入案例故事——华为拥有技术专利超十万件，走在5G最前端以，及中美贸易摩擦，增强学生的国家、民族认同感和自豪感，增加学生的中国特色社会主义道路自信、理论自信、制度自信、文化自信，感受中华民族的奋斗精神，树立家国情怀
公共基础设施	培养学生履行社会责任的使命感和人生志向	课后作业：让学生搜集公共基础设施建设和逐步完善的资料，了解公共基础设施的确认主体，加深学生对我国城市设施建设的关注和认同；感受人民生活水平的提高，民众幸福指数的增加，国民经济稳定可持续发展
保障性住房	只有社会主义国家才能真正维护人民的幸福和安全，保障最广泛人民的最终利益	教师导语：我国社会保障体系较为完善，为社会低收入无房群体分配了广泛多样的公租房、廉租房，实现居民有房住，提升人民幸福感。由于我国政府财政资金较西方国家更为雄厚，保障性住房的建设更能获得稳定的资金支持和政策倾斜，低收入居民的住房保障也就更能拥有普遍性和持久性

续表

知识点	思政元素	教学设计
政府储备物资	我国政府储备物资管理的高效率与我国社会主义制度密不可分，只有社会主义的国家管理才能实现储备物资在全国范围内的高速调配，凸显社会主义制度的优越性	课前引导：以新闻视频片段，引入汶川大地震、抗洪抢险、新冠肺炎疫情抗疫中政府储备物资的作用、重要性，以及对政府储备物资进行会计核算的必要性；政府储备物资的高效率使用，离不开政府会计对此类资产的准确确认与计量 互动引用：通过案例，了解及时收储与使用政府储备物资在汶川大地震、抗洪抢险、新冠肺炎疫情抗疫等中起到的至关重要作用，使学生充分意识到国家和党的力量强大，增强学生“四个意识”，坚定“四个自信”，强化学生的爱国主义情怀。同时，引导学生提高政治觉悟，强化责任担当 课后思考：怎样的会计核算能提高突发事件的应急响应速度，能提高政府储备物资的存储安全性和保值能力，以及能减少国有物资的不合理使用？

任务1　资产概述

一、资产的概念

资产是指政府会计主体过去的经济业务或者事项形成的，由政府会计主体控制的，预期能够产生服务潜力或者带来经济利益流入的经济资源。从以下三方面理解资产概念：

第一，资产是过去的经济业务或者事项形成的；

第二，资产是政府会计主体控制的经济资源；

第三，资产预期能够产生服务潜力或者带来经济利益流入。服务潜力是指政府会计主体利用资产提供公共产品和服务以履行政府职能的潜在能力。经济利益流入表现为现金及现金等价物的流入，或者现金及现金等价物流出的减少。

由行政事业单位直接支配，供社会公众使用的政府储备物资、公共基础设施等，也属于行政事业单位资产的核算内容。资产是行政事业单位开展业务活动和完成工作任务的物质基础，是实现其自身目标不可缺少的物质保障，是行政事业单位财务会计要素之一。

【提示】政府储备物资、公共基础设施等，也属于行政事业单位核算的资产。

二、资产的分类

（一）按资产的属性进行分类

按资产的属性进行分类，行政事业单位的资产可分为流动资产、固定资产、在建工程、无形资产和长期投资等。

（二）按资产的流动性进行分类

按资产的流动性进行分类，行政事业单位的资产可分为流动资产和非流动资产。

1. 流动资产

流动资产是指预计在1年内（含1年）耗用或者可以变现的资产，包括货币资金、短期投资、应收及预付款项、存货等。

货币资金包括库存现金、银行存款、零余额账户用款额度等。

短期投资是指事业单位依法取得的，持有时间不超过1年（含1年）的投资。

应收及预付款项是指行政事业单位在开展业务活动中形成的各项债权，包括财政应返还额度、应收票据、应收账款、预付账款、应收股利、应收利息、其他应收款等。

存货是指行政事业单位在开展业务活动及其他活动中为耗用或出售而储存的资产，包括材料、燃料、包装物和低值易耗品等。

【提示】短期投资，应收及预付款项中的应收票据、应收股利、应收利息属于事业单位特有的流动资产项目，其他属于行政单位和事业单位共有的流动资产项目。

2. 非流动资产

非流动资产是指流动资产以外的资产，包括固定资产、在建工程、无形资产、长期投资、公共基础设施、政府储备物资、文物文化资产、保障性住房和自然资源资产等。

固定资产是指行政事业单位为满足自身开展业务活动或其他活动需要而控制的，使用期限超过1年（不含1年），单位价值在规定标准以上，并在使用过程中基本保持原有物质形态的资产。

在建工程是指行政事业单位已经发生必要支出，但尚未完工交付使用的建设工程。

无形资产是指行政事业单位控制的没有实物形态的可辨认非货币性资产。

长期投资是指事业单位依法取得的，持有时间超过1年（不含1年）的各种股权和债权性质的投资。

政府储备物资是指行政事业单位为满足实施国家安全与发展战略、进行抗灾救灾、应对公共突发事件等特定公共需求而控制的有形资产。

公共基础设施是指由行政事业单位为满足社会公共需求而控制的具有特点的有形资产。

三、资产的确认与计量

（一）资产的确认

符合资产定义的经济资源，在同时满足以下条件时，确认为资产：

（1）与该经济资源相关的服务潜力很可能实现或者经济利益很可能流入政府会计主体；

（2）该经济资源的成本或者价值能够可靠地计量。

【提示】符合资产定义和资产确认条件的项目，应当列入资产负债表。

（二）资产的计量

资产的计量属性主要包括历史成本、重置成本、现值、公允价值和名义金额。

在历史成本计量下，资产按照取得时支付的现金金额或者支付对价的公允价值计量。

在重置成本计量下，资产按照现在购买相同或者相似资产所需支付的现金金额计量。

在现值计量下，资产按照预计从其持续使用和最终处置中所产生的未来净现金流入量的折现金额计量。

在公允价值计量下，资产按照市场参与者在计量日发生的有序交易中，出售资产所能收到的价格计量。

无法采用上述计量属性的，采用名义金额（即人民币1元）计量。

行政事业单位在对资产进行计量时，一般应当采用历史成本；采用重置成本、现值、公允价值计量的，应当保证所确定的资产金额能够持续、可靠计量。

四、资产的管理

根据《事业单位财务规则》（财政部令第108号），事业单位资产管理要求如下：

（1）事业单位应当建立健全单位资产管理制度，明确资产使用人和管理人的岗位责任，按照国家规定设置国有资产台账，加强和规范资产配置、使用和处置管理，维护资产安全完整，提高资产使用效益。涉及资产评估的，按照国家有关规定执行。

事业单位应当汇总编制本单位行政事业性国有资产管理情况报告。

事业单位应当定期或者不定期对资产进行盘点、对账。出现资产盘盈盘亏的，应当按照财务、会计和资产管理制度有关规定处理，做到账实相符和账账相符。

事业单位对需要办理权属登记的资产应当依法及时办理。

（2）事业单位应当根据依法履行职能和事业发展的需要，结合资产存量、资产配置标准、绩效目标和财政承受能力配置资产。优先通过调剂方式配置资产。不能调剂的，可以采用购置、建设、租用等方式。

（3）事业单位货币性资产损失核销，应当经主管部门审核同意后报本级财政部门审批。

（4）事业单位应当严格控制对外投资。利用国有资产对外投资应当有利于事业发展和实现国有资产保值增值，符合国家有关规定，经可行性研究和集体决策，按照规定的权限和程序进行。事业单位不得使用财政拨款及其结余进行对外投资，不得从事股票、期货、基金、企业债券等投资，国家另有规定的除外。

事业单位应当明确对外投资形成的股权及其相关权益管理责任，按照国家有关规定将对外投资形成的股权纳入经营性国有资产集中统一监管体系。

（5）事业单位资产处置应当遵循公开、公平、公正和竞争、择优的原则，严格履行相关审批程序。

事业单位出租、出借资产应当严格履行相关审批程序。

任务2　流动资产的核算

一、货币资金

货币资金是指单位在开展业务活动过程中处于货币形态的那部分资金，可以立即投入流通，是用以购买商品或劳务或偿还债务的交换媒介物。按其形态和用途不同，货币资金分为库存现金、银行存款、零余额账户用款额度和其他货币资金。

（一）库存现金的核算

1.库存现金概述

库存现金是指存放在单位财会部门并由出纳员保管的用于满足单位日常开支的货币资金。库存现金是单位流动性最强的一种货币性资产，既可以立即投入到流通领域，购买物品、支付费用、偿还债务，也可以随时存入银行。因此，应严格遵守国家有关库存现金管理的要求收支现金，加强库存现金的日常管理，保证库存现金使用的合法性，保护库存现金的安全和完整。

（1）库存现金的确认与计量。

库存现金应当在收到时进行确认，按照实际收到的金额计量入账。

（2）库存现金日记账的登记和库存现金日报表的编制。

为了连续、系统、全面地反映库存现金收入、支出、结存情况，加强库存现金的管理，应由出纳员根据经审核无误的会计凭证逐笔序时地登记“库存现金日记账”（见表5-2）。

有外币现金的行政事业单位，应分别人民币、各种外币设置“库存现金日记账”进行明细核算。

每日业务终了，应计算出当日库存现金收入合计数、支出合计数和结余数，并将结余数与实际库存数核对相符后，编制“库存现金日报表”（见表5-3），连同原始凭证一并交会计人员核收记账。

现金收付业务较多，单独设有收款部门的单位，收款部门的收款员应将每天所收现金连同收款凭据等一并送财务部门核收记账；或者将每天所收现金直接送存开户银行后，将收款凭据及向银行送存现金的凭证等一并交财务部门核收记账。

2.库存现金的科目设置

为了核算行政事业单位库存现金的收付和结存情况，在资产要素类设置“库存现金”总账科目。本科目借方登记库存现金的增加数；贷方登记库存现金的减少数。本科目期末借方余额，反映行政事业单位实际持有的库存现金。

本科目应当设置“受托代理资产”明细科目，核算单位受托代理、代管的现金。

3.库存现金的主要账务处理

（1）提取和存入现金。

从银行等金融机构提取现金时，按照实际提取金额，借记本科目，贷记“银行存款”科目；将现金存入银行等金融机构，按照实际存入金额，借记“银行存款”科目，贷记本科目。根据规定从零余额账户中提取现金时，按照实际提取的金额，借记本科目，贷记“零余额账户用款额度”科目。将现金退回单位零余额账户，按照实际退回的金额，借记“零余额账户用款额度”科目，贷记本科目。

【做中学5-1】2021年12月5日，某单位开出现金支票从零余额账户用款额度代理银行提取现金3 000元作为备用金。根据现金支票存根和零余额账户支付凭证等，编制财务会计分录如下：

借：库存现金　　3 000

　贷：零余额账户用款额度　　3 000

（2）借出现金。

因内部职工出差等原因借出的现金，按照实际借出的现金金额，借记“其他应收款”科目，贷记本科目。

出差人员报销差旅费时，按照实际报销的金额，借记“业务活动费用”“单位管理费用”等科目，按照实际借出的现金金额，贷记“其他应收款”科目，按照其差额，借记或贷记本科目。

【做中学5-2】2021年12月5日，某行政单位李某因公出差预借差旅费2 000元。根据借款单等，编制财务会计分录如下：

借：其他应收款　　2 000

　贷：库存现金　　2 000

假设李某15日出差回来报销交通、住宿等费用1 800元，余款退回财务部门。根据差旅费报销单、借款单等，编制财务会计分录如下：

借：业务活动费用　　1 800

　　库存现金　　200

　贷：其他应收款　　2 000

【思考】预算会计如何做账务处理，参见项目三任务2【做中学3-5】。

（3）收支现金。

因提供服务、物品或者其他事项收到现金，按照实际收到的金额，借记本科目，贷记“事业收入”“应收账款”等相关科目。涉及增值税业务的，相关账务处理参见“应交增值税”科目。

因购买服务、物品或者其他事项支付现金，按照实际支付的金额，借记“业务活动费用”“单位管理费用”“库存物品”等相关科目，贷记本科目。涉及增值税业务的，相关账务处理参见“应交增值税”科目。

以库存现金对外捐赠，按照实际捐出的金额，借记“其他费用”科目，贷记本科目。

【做中学5-3】2021年12月5日，某行政单位用现金300元购买办公用品。根据购货发票，编制财务会计分录如下：

借：业务活动费用　　300

　贷：库存现金　　300

（4）现金清查。

为了加强对库存现金出纳保管工作的监督，防止盗窃和营私舞弊，保护库存现金安全完整，必须建立并认真执行库存现金清查制度。库存现金的清查包括出纳人员每日的清查核对和清查小组定期或不定期的清查。库存现金清查的主要手段是实地盘点。清查小组盘点库存现金时，出纳人员必须在场，盘点后将实存数与账存数核对，并编制库存现金盘点报告表，列明实存、账存和溢缺金额。如有溢缺，应查明原因，并及时请领导审批。

发生库存现金溢缺，在未查明原因之前，应根据库存现金盘点报告表调整账务。

发现现金短缺时，先借记“待处理财产损溢”科目，贷记本科目。在查明原因并报经领导审批后，如因工作失误造成的现金短缺，由责任人赔偿或向有关人员追回时，借记“其他应收款”科目，贷记“待处理财产损溢”科目；如果是属于无法查明原因的，报经批准核销时，借记“资产处置费用”科目，贷记“待处理财产损溢”科目。

发现现金溢余时，先借记本科目，贷记“待处理财产损溢”科目。对于溢余的现金，如属错收的，应退回时，借记“待处理财产损溢”科目，贷记“其他应付款”科目；如属无主款，无法查明原因的，报经批准核销时，借记“待处理财产损溢”科目，贷记“其他收入”科目。

【做中学5-4】2021年12月5日，某单位盘点库存现金，发现短款1 000元，经查，上述短款应由出纳承担责任，并由其赔偿。根据库存现金盘亏报告单、收款收据、处置批示文件等，编制财务会计分录如下：

①发现现金短缺时：

借：待处理财产损溢　　1 000

　贷：库存现金　　1 000

②由于责任人工作失误，予以赔偿时：

借：其他应收款——出纳　　1 000

　贷：待处理财产损溢　　1 000

③收到责任人赔款时：

借：库存现金　　1 000

　贷：其他应收款——出纳　　1 000

若发现现金溢余1 000元时如何做账务处理？

①借：库存现金　　1 000

　贷：待处理财产损溢　　1 000

②经查，属于某职工的报销尾款。

借：待处理财产损溢　　1 000

　贷：其他应付款——某职工　　1 000

付给职工时：

借：其他应付款——某职工　　1 000

　贷：库存现金　　1 000

③如果无法查明原因，报经批准后：

借：待处理财产损溢　　1 000

　贷：其他收入　　1 000

（5）受托代理、代管的现金。

收到受托代理、代管的现金时，按照实际收到的金额，借记本科目（受托代理资产），贷记“受托代理负债”科目；支付受托代理、代管的现金时，按照实际支付的金额，借记“受托代理负债”科目，贷记本科目（受托代理资产）。

【做中学5-5】2021年12月5日，某单位收到A公司委托代理接受货币捐赠50 000元，准备用于某康复中心医疗专款。根据现金收款单和委托协议等，编制财务会计分录如下：

借：库存现金——受托代理资产　　50 000

　贷：受托代理负债　　50 000

【做中学5-6】2021年12月5日，某单位经过会计人员审核后，由出纳人员根据以上现金收付业务的会计凭证（【做中学5-1】至【做中学5-3】）登记“库存现金日记账”（见表5-2），并编制12月5日的“库存现金日报表”（见表5-3）。

表5-2　库存现金日记账　单位：元

2021年		凭证号	摘　要	收入	付出	结存
月	日					
12	4		承上页	20 645	20 535	110
12	5	×-1	提现	3 000		3 110
12	5	×-2	李某借差旅费		2 000	1 110
12	5	×-3	购买办公用品		300	810
			本日合计	3 000	2 300	

表5-3　库存现金日报表

附原始单据　2021年12月5日　单位：元

项　目	金　额	备　注
昨日库存	110	
本日共收	3 000	
本日共付	2 300	
本日库存	810	

（二）银行存款的核算

1.银行存款概述

银行存款是指单位存入银行或者其他金融机构的各种存款，包括人民币存款和外币存款。

（1）银行存款的确认与计量。

银行存款户的开立和管理

银行存款应当在收到时进行确认。因存款产生的利息，应当在收到有关凭据证明存款增加时予以确认。银行存款应当按照实际收到的金额计量入账。

（2）“银行存款日记账”的登记。

为了加强对银行存款的管理，及时掌握银行存款的收支和结存情况，单位应按开户银行、存款种类等，分别设置“银行存款日记账”进行银行存款的序时核算。“银行存款日记账”的格式基本上与“库存现金日记账”相同，采用三栏式账页，由出纳人员根据收付款凭证，按照发生业务的顺序逐笔登记，每日终了计算出余额。

“银行存款日记账”应定期与“银行对账单”核对，至少每月核对一次。月度终了，单位“银行存款日记账”账面余额与“银行对账单”余额之间如有差额，应当逐笔查明原因并进行处理，按月编制“银行存款余额调节表”，调节相符。

2. 银行存款的科目设置

未达账项的调节及做中学案例

为了核算单位存入银行或者其他金融机构的各种存款，在资产要素类设置“银行存款”总账科目。本科目借方登记款项的存入及转入等；贷方登记款项的支出、提取、转出及汇出等。本科目期末借方余额反映单位实际存放在银行或者其他金融机构的款项。

另外，有外币业务的行政事业单位，应分别人民币和各种外币设置“银行存款日记账”，进行明细核算。本科目应当设置“受托代理资产”明细科目，核算单位受托代理、代管的银行存款。单位在某些特定情况下按规定从本单位零余额账户向本单位实有资金账户划转资金用于后续相关支出的，可在“银行存款”下设置“财政拨款资金”二级明细科目。

【提示】国库集中收付制度下，财政资金全部存放在国库单一账户，单位自行在银行开设的银行存款账户不存放财政资金。因此，“银行存款”科目，核算内容为单位的自筹资金收入、以前年度结余和各项往来款项等。

3. 银行存款的主要账务处理

（1）款项存入银行。将款项存入银行或其他金融机构，按照实际存入的金额，借记本科目，贷记“库存现金”“应收账款”“事业收入”“经营收入”“其他收入”等相关科目。涉及增值税业务的，相关账务处理参见“应交增值税”科目。

【做中学5-7】2021年2月8日，某事业单位出租闲置的门面房取得租金收入30 000元，款项已存入银行。根据出租合同、收款收据、银行进账单等，编制财务会计分录如下：

借：银行存款	30 000	
贷：租金收入——房屋出租		30 000

（2）提取和支出银行存款。从银行等金融机构提取现金时，按照实际提取的金额，借记“库存现金”，贷记本科目。以银行存款支付相关费用，按照实际支付的金额，借记“业务活动费用”“单位管理费用”“其他费用”等相关科目，贷记本科目。涉及增值税业务的，相关账务处理参见“应交增值税”科目。

【提示】以银行存款对外捐赠，按照实际捐出的金额，借记“其他费用”科目，贷记本科目。

【做中学5-8】2021年12月5日，某单位开出现金支票一张，从银行存款中提现3 000元作为备用金。根据现金支票存根，编制财务会计分录如下：

借：库存现金　3 000

　贷：银行存款　3 000

【做中学5-9】2021年12月5日，某行政单位接到代理银行通知，以银行存款支付水电费共计6 500元。根据水电费结算单和银行支付单等，编制财务会计分录如下：

借：业务活动费用　6 500

　贷：银行存款　6 500

【做中学5-10】2021年12月5日，某行政单位开出转账支票购买单位日常活动所需办公用品4 500元。根据购货发票、银行转账支票存根等，编制财务会计分录如下：

借：业务活动费用　4 500

　贷：银行存款　4 500

（3）收到银行存款利息。收到银行存款利息，按照实际收到的金额，借记本科目，贷记“利息收入”科目。

【做中学5-11】某单位期末收到基本户银行存款的利息计12 000元，根据银行存款利息结算单、银行进账单等，编制财务会计分录如下：

借：银行存款　12 000

　贷：利息收入　12 000

（4）受托代理的银行存款。收到受托代理、代管的银行存款时，按照实际收到的金额，借记本科目（受托代理资产），贷记“受托代理负债”科目；支付受托代理、代管的存款时，按照实际支付的金额，借记“受托代理负债”科目，贷记本科目（受托代理资产）。

（5）外币业务。行政事业单位发生外币业务的，应当按照业务发生当日的即期汇率，将外币金额折算为人民币金额记账，并登记外币金额和汇率。

期末，各种外币账户的期末余额，应当按照期末的即期汇率折算为人民币，作为外币账户期末人民币余额。调整后的各种外币账户人民币余额与原账面余额的差额，作为汇兑损益计入当期费用。

①以外币购买物资、设备等，按照购入当日的即期汇率将支付的外币或应支付的外币折算为人民币金额，借记“库存物品”等科目，贷记本科目、“应付账款”等科目的外币账户。涉及增值税业务的，相关账务处理参见“应交增值税”科目。

【做中学5-12】2021年12月9日，某单位从国外采购技术设备一台，价值共计2 000美元，用于依法履职或开展专业活动。假设当日美元对人民币的汇率为1美元=6.3431元人民币。根据购货合同、银行支付结算凭证等，编制财务会计分录如下：

借：固定资产　12 686.2

　贷：银行存款——人民币　12 686.2

②销售物品、提供服务以外币收取相关款项等，按照收入确认当日的即期汇率将收

取的外币或应收取的外币折算为人民币金额，借记本科目、“应收账款”等科目的外币账户，贷记“事业收入”等相关科目。

【做中学5-13】2021年12月15日，某事业单位向非洲国家提供价值10 000美元抗疫防护口罩。假设当日美元对人民币的汇率为1美元=6.5500元人民币。根据发货单、收款单据等，编制财务会计分录如下：

借：应收账款——人民币　　65 500

　贷：事业收入　　65 500

③期末，根据各外币银行存款账户按照期末汇率调整后的人民币余额与原账面人民币余额的差额，作为汇兑损益，借记或贷记本科目，贷记或借记“业务活动费用”“单位管理费用”等科目。

【做中学5-14】12月末，某事业单位的“银行存款——美元”科目账面余额为20 000美元（开展专业业务活动），折合人民币131 400元。假设月末美元对人民币的汇率为1美元=6.37元人民币。根据外币银行存款账户余额和期末汇率，编制财务会计分录如下：

汇兑损益=20 000×6.37−131 400=−4 000（元）

借：业务活动费用　　4 000

　贷：银行存款——人民币　　4 000

④“应收账款”“应付账款”等科目有关外币账户期末汇率调整业务的账务处理参照本科目。

【提示】上述外币存款例题中，会计主体是事业单位，开展的是专业活动业务产生的汇兑损益记入“业务活动费用”科目，如果是开展行政及后勤管理活动产生的汇兑损益则记入“单位管理费用”科目，开展经营活动业务产生的汇兑损益则记入“经营费用”科目。

（三）零余额账户用款额度的核算

1. 零余额账户用款额度概述

国库单一账户体系的构成及各账户的功能

（1）零余额账户用款额度的概念。零余额账户用款额度是指实行国库集中支付的单位根据财政部门批复的用款计划收到和支用的零余额账户用款额度。

零余额账户是指财政部门为本部门和预算单位在商业银行开设的账户，分为财政零余额账户和预算单位零余额账户。

单位零余额账户用于财政授权支出；财政零余额账户用于财政直接支付。

（2）零余额账户用款额度的管理。单位零余额账户每日发生的支付，于当日营业终了前由代理银行在财政部批准的用款额度内与国库单一账户清算。单位零余额账户可办理转账、提取现金等支付结算业务，可以向本单位按账户管理规定保留的相应账户划拨工会经费、住房公积金及提租补贴，以及经财政部批准的特殊款项，不得违反规定向本单位其他账户和上级主管单位、所属下级单位账户划拨资金。

年度终了，代理银行和单位对截至12月31日财政授权支付额度的下达、支用、余额等情况进行对账签证。代理银行将单位零余额账户财政授权支付额度余额全部注销，银行对账单作为单位年终零余额账户用款额度余额注销的记账凭证。下年度初，单位根据代理银行提供的额度恢复到账通知书做恢复额度的相关账务处理。

2. 零余额账户用款额度的确认与计量

零余额账户用款额度应当在收到财政部门下达的财政授权支付额度（财政授权支付额度到账通知书）时确认，按照“财政授权支付额度到账通知书”所列数额入账。

3. 零余额账户用款额度的科目设置

为了核算单位财政授权支付方式下收到的用款额度的增减及结存情况，在资产要素类设置“零余额账户用款额度”总账科目。本科目借方登记额度的增加数；贷方登记额度的减少数。本科目期末借方余额，反映单位尚未支用的零余额账户用款额度。年末注销单位零余额账户用款额度后，本科目应无余额。

4. 零余额账户用款额度的主要账务处理

（1）收到额度。单位收到“财政授权支付额度到账通知书”时，根据通知书所列数额，借记本科目，贷记“财政拨款收入”科目。

【做中学5-15】2021年12月10日，某单位收到代理银行盖章的“财政授权支付额度到账通知书”，列明本月零余额账户用款额度500 000元。根据“财政授权支付额度到账通知书”等，编制财务会计分录如下：

借：零余额账户用款额度　　500 000

　贷：财政拨款收入　　500 000

（2）支用额度。单位从零余额账户中提取现金时，按照实际提取的金额，借记“库存现金”科目，贷记本科目；支付日常活动费用时，按照实际支付的金额，借记“业务活动费用”“单位管理费用”等科目，贷记本科目；购买库存物品或购建固定资产时，按照实际发生的成本，借记“库存物品”“固定资产”“在建工程”等科目，按照实际支付或应付的金额，贷记本科目、“应付账款”等科目。涉及增值税业务的，相关账务处理参见“应交增值税”科目。

【做中学5-16】2021年12月12日，某单位开出现金支票从零余额账户提取现金2 000元备用。根据现金支票存根等，编制财务会计分录如下：

借：库存现金　　2 000

　贷：零余额账户用款额度　　2 000

【做中学5-17】2021年12月13日，某事业单位通过财政授权支付，从零余额账户支用资金购买日常消耗办公用品16 000元，其中用于开展专业业务活动的6 000元，用于开展行政及后勤活动的10 000元。根据零余额账户支付凭证、购货发票等，编制财务会计分录如下：

借：业务活动费用　　6 000

　　单位管理费用　　10 000

　贷：零余额账户用款额度　　16 000

（3）购货退回。因购货退回等发生财政授权支付额度退回的，按照退回的金额，借记本科目，贷记“业务活动费用”“单位管理费用”“库存物品”“固定资产”等科目。

【做中学5-18】某单位依法履职或开展专业活动购买的材料因质量不合格发生当年退货，退货金额为30 000元，购买时款项通过单位零余额账户支付，退货金额退回单位零余额账户。根据退货申请、银行收款单等，编制财务会计分录如下：

借：零余额账户用款额度　　30 000

　贷：库存物品　　30 000

（4）年终结余。年末，根据代理银行提供的对账单做银行注销额度的相关账务处理，借记“财政应返还额度——财政授权支付”科目，贷记本科目。如单位本年度财政授权支付预算指标数大于零余额账户用款额度下达数的，根据未下达的用款额度，借记“财政应返还额度——财政授权支付”科目，贷记“财政拨款收入”科目。

下年度年初，单位根据代理银行提供的上年度注销额度恢复到账通知书做恢复额度的相关账务处理，借记本科目，贷记“财政应返还额度——财政授权支付”科目。收到财政部门批复的上年末下达零余额账户用款额度时，借记本科目，贷记“财政应返还额度——财政授权支付”科目。

【做中学5-19】2021年年末，单位注销零余额账户中未用完的额度500万元，转为应收财政返还额度。根据银行零余额账户余额对账单，编制财务会计分录如下：

借：财政应返还额度——财政授权支付　　5 000 000

　贷：零余额账户用款额度　　5 000 000

【做中学5-20】2021年年末，单位本年度财政授权支付预算指标数为3 200万元，大于零余额账户用款额度下达数3 000万元，根据未下达的用款额度200万元，编制财务会计分录如下：

借：财政应返还额度——财政授权支付　　2 000 000

　贷：财政拨款收入　　2 000 000

【做中学5-21】2022年年初，单位收到财政部门批复的2021年未下达零余额账户用款额度200万元。根据财政部门批复文件、“财政授权支付额度到账通知书”等，编制财务会计分录如下：

借：零余额账户用款额度　　2 000 000

　贷：财政应返还额度——财政授权支付　　2 000 000

（四）其他货币资金的核算

1.其他货币资金的概念

其他货币资金是指除了库存现金、银行存款和零余额账户用款额度以外的其他货币资金，主要包括外埠存款、银行本票存款、银行汇票存款、信用卡存款等。

2.其他货币资金的确认与计量

其他货币资金应当在将款项委托本地银行汇往异地开立账户或将款项交存银行取得银行本票、银行汇票和信用卡等时确认，并应按照实际交存的金额计量入账。

3.其他货币资金的科目设置

为了核算单位的外埠存款、银行本票存款、银行汇票存款、信用卡存款等各种其他货币资金，在资产要素类设置“其他货币资金”总账科目。本科目借方登记款项的交存数等；贷方登记款项的支出、转出及汇出数等。本科目期末借方余额，反映单位实际持有的其他货币资金。

本科目应当设置“外埠存款”“银行本票存款”“银行汇票存款”“信用卡存款”等明细科目，进行明细核算。

另外，有外币业务的单位，应分别人民币和各种外币设置“银行存款日记账”。

4.其他货币资金的主要账务处理

（1）外埠存款。单位按照有关规定需要在异地开立银行账户，将款项委托本地银行汇往异地开立账户时，借记本科目，贷记“银行存款”科目。收到采购员交来供应单位发票账单等报销凭证时，借记“库存物品”等科目，贷记本科目。将多余的外埠存款转回本地银行时，根据银行的收账通知，借记“银行存款”科目，贷记本科目。

（2）银行本票、银行汇票存款。单位将款项交存银行取得银行本票、银行汇票，按照取得的银行本票、银行汇票金额，借记本科目，贷记“银行存款”科目。使用银行本票、银行汇票购买库存物品等资产时，按照实际支付金额，借记“库存物品”等科目，贷记本科目。如有余款或因本票、汇票超过付款期等原因而退回款项，按照退款金额，借记“银行存款”科目，贷记本科目。

（3）信用卡存款。将款项交存银行取得信用卡，按照交存金额，借记本科目，贷记“银行存款”科目。用信用卡购物或支付有关费用，按照实际支付金额，借记“单位管理费用”“库存物品”等科目，贷记本科目。单位信用卡在使用过程中，需向其账户续存资金的，按照续存金额，借记本科目，贷记“银行存款”科目。

二、短期投资

（一）短期投资的概念

短期投资是指事业单位按照规定取得的，持有时间不超过1年（含1年）的投资，主要是国债投资。其特点是持有时间短且很容易变现，属于流动资产。

投资分类及管理要求

（二）短期投资的确认与计量

短期投资应当在事业单位款项实际支付时确认，按照实际发生的金额计量入账。

（三）短期投资的科目设置

为了核算事业单位按照规定取得的，持有时间不超过1年（含1年）的投资，在资产要素类设置“短期投资”总账科目。本科目借方登记取得的短期投资数；贷方登记短期投资的收回、核销等减少数。本科目期末借方余额，反映事业单位持有短期投资的成本。

本科目应当按照投资的种类等进行明细核算。

（四）短期投资的主要账务处理

1.取得短期投资时的账务处理

短期投资在取得时，应当按照其实际成本（包括购买价款以及税金、手续费等相关税费）作为投资成本，借记本科目，贷记“银行存款”等科目。

收到取得投资时实际支付价款中包含的已到付息期但尚未领取的利息，按照实际收到的金额，借记“银行存款”科目，贷记本科目。

【做中学5-22】2021年1月1日，某事业单位购入发行的1年期国债20 000元，年利率为4.2%，并支付相应的手续费600元。根据国债复印件、银行支付单等，编制财务会计分录如下：

借：短期投资——国债投资 20 600

贷：银行存款 20 600

2. 持有期间收到短期投资利息时的账务处理

短期投资持有期间收到利息时，按实际收到的金额，借记“银行存款”科目，贷记“投资收益”科目。

3. 出售短期投资或到期收回短期投资本息时的账务处理

按照实际收到的金额，借记“银行存款”科目，按照出售或收回短期投资的账面余额，贷记本科目，按照其差额，贷记或借记“投资收益”科目。

【做中学5-23】承【做中学5-22】，2021年12月31日，某事业单位购入的1年期国债到期，收到本息21 440元，根据国债兑付及利息结算单、银行进账单等，编制财务会计分录如下：

借：银行存款 21 440

贷：短期投资——国债投资 20 600

投资收益 840

三、应收及预付款项

应收及预付款项是指单位在开展业务活动中形成的各项债权，包括财政应返还额度、应收票据、应收账款、预付账款、应收股利、应收利息、其他应收款等。

（一）财政应返还额度的核算

1. 财政应返还额度的概念

财政应返还额度是指实行国库集中支付的单位应收财政返还的资金额度，包括可以使用的以前年度财政直接支付资金额度和财政应返还的财政授权支付资金额度。

在实行国库集中支付制度下，年度终了，零余额账户中的预算数与实际支用数之间的差额，构成单位当年尚未使用的预算指标数，也称之为单位的年终结余资金。经财政部门批准，这部分结余资金在次年单位仍可继续使用，但在当年年终，构成单位的财政应返还额度。对于单位尚未使用的用款额度，财政部门先进行注销，次年年初，财政部门再对这部分用款额度予以恢复，单位即可继续使用。

2. 财政应返还额度的确认与计量

财政应返还额度应当按照单位年末国库集中支付尚未使用的资金额度确认与计量。

单位年末国库集中支付尚未使用的资金额度，如实行财政直接支付方式，应当根据本年度财政直接支付预算指标数与实际支出数的差额确认；如实行财政授权支付方式，应当根据年末注销额度金额（未支用的用款额度），以及单位本年度财政授权支付预算指标数和额度下达数的差额确认（未下达的用款额度）。

3. 财政应返还额度的科目设置

为了核算实行国库集中支付的单位应收财政返还的资金额度，在资产要素类设置“财政应返还额度”科目。本科目借方登记年终尚未使用的财政直接支付用款额度或财政授权支付用款额度；次年，财政部门恢复财政直接支付用款额度时，单位不进行账务处理；实际使用恢复的额度时，或者在财政部门恢复财政授权支付用款额度时，登记在本科目贷方。本科目期末借方余额，反映单位应收财政返还的资金额度。

本科目应当设置“财政直接支付”“财政授权支付”两个明细科目，进行明细核算。

4.财政应返还额度的主要账务处理

（1）财政直接支付。年末，单位根据本年度财政直接支付预算指标数与财政直接支付实际支出数的差额，借记本科目（财政直接支付），贷记“财政拨款收入”科目。

下年度恢复财政直接支付额度后，单位以财政直接支付方式发生实际支出时，借记“业务活动费用”“单位管理费用”等科目，贷记本科目（财政直接支付）。

【做中学5-24】2021年年末，某单位本年度财政直接支付预算指标数为360 000元，当年财政直接支付发生实际支出数为340 000元，确认当年结余用款额度为20 000元。2022年年初，单位收到代理银行转来的“财政直接支付入账通知书”，使用上年结余数购买日常专业事务所消耗办公用品。根据财政部门提供的核对财政直接支付预算数对账单、经费结余计算表、“财政直接支付入账通知书”、购货发票、银行支付单等，编制财务会计分录如下：

①2021年年末：

借：财政应返还额度——财政直接支付　20 000

　贷：财政拨款收入　20 000

②2022年实际使用时：

借：业务活动费用　20 000

　贷：财政应返还额度——财政直接支付　20 000

【提示】下年度财政部门恢复财政直接支付额度时，单位不做会计处理。

（2）财政授权支付。年末，单位依据代理银行提供的对账单做注销额度的相关账务处理，借记本科目（财政授权支付），贷记“零余额账户用款额度”科目。单位本年度财政授权支付预算指标数大于零余额账户用款额度下达数的，借记本科目（财政授权支付），贷记“财政拨款收入”科目。

下年度年初，单位依据代理银行提供的上年度注销额度恢复到账通知书做相关恢复额度的账务处理，借记“零余额账户用款额度”科目，贷记本科目（财政授权支付）。单位收到财政部门批复的上年年末未下达零余额账户用款额度的，借记“零余额账户用款额度”科目，贷记本科目（财政授权支付）。

【做中学5-25】2021年年末，某单位本年度财政授权支付预算指标数为250 000元，零余额账户用款额度下达数为230 000元，当年零余额账户用款额度实际支出数为220 000元，年末银行自动注销当年尚未使用零余额账户用款额度为10 000元；2022年年初，财政部门恢复财政授权支付额度。根据财政部门提供的核对财政授权支付预算数对账单、经费结余计算表、“财政授权支付额度到账通知书”等，编制财务会计分录如下：

①2021年年末，确认未下达的额度及注销未使用的零余额额度：

借：财政应返还额度——财政授权支付　　30 000

　贷：零余额账户用款额度　　10 000

　　财政拨款收入　　20 000

②2022年年初，收到代理银行转来的10 000元财政授权支付额度恢复到账通知书和财政部门批复的上年度未下达零余额账户用款额度20 000元：

借：零余额账户用款额度　　30 000

　贷：财政应返还额度——财政授权支付　　30 000

（二）应收票据的核算

1.应收票据概述

（1）应收票据的概念。

应收票据指事业单位因开展经营活动销售产品、提供有偿服务等而收到的商业汇票。所谓商业汇票，是指由收款人（或付款人）签发，由承兑人（付款人或付款人的委托银行）承兑，并于到期日向收款人（或背书人）支付款项的票据。

（2）商业汇票的分类。

① 按承兑人不同，分为商业承兑汇票和银行承兑汇票两种。商业承兑汇票由银行以外的付款人承兑（付款人为承兑人），银行承兑汇票由银行承兑。

② 按是否带息，分为不带息商业汇票（又称不带息票据）和带息商业汇票（又称带息票据）两种。不带息票据是指到期时根据票据面值收取款项的商业汇票。带息票据是指到期时根据票据面值和利息率收取本息的商业汇票。对于带息票据，应计算票据利息，其计算公式是：

应收票据利息=应收票据票面金额×日（月）利率×票据到期天（月）数

（3）票据贴现。

票据贴现是持票人在需要资金时，将其收到的未到期承兑汇票，经过背书转让给银行，先向银行贴付利息，银行以票面余额扣除贴现利息后的票款付给收款人，汇票到期时，银行凭票向承兑人收取现款。就客户而言，贴现即贴息取现。一般地讲，用于贴现的商业汇票主要包括商业承兑汇票和银行承兑汇票两种。

应收票据在到期限前可以向银行申请贴现。应收票据的贴现要计算贴现息和贴现净额（或称贴现实收金额）。其计算公式是：

票据到期值=票据面值+票据利息

贴现息=票据到期值×贴现率×贴现期

贴现净额=票据到期值-贴现息

【做中学5-26】假设某事业单位持有一张票面金额为46 800元的不带息商业汇票，出票日为2021年3月1日，到期日为2021年6月1日，该单位于2021年4月1日向银行贴现，年贴现率为8%。

贴现期限=30+31+1-1=61（天）

其中：4月30天、5月31天、6月1天。

贴现息=46 800×（8%÷360）×61=634.4（元）

贴现净额=46 800−634.4=46 165.6（元）

2.应收票据的确认与计量

按现行制度规定，应收票据应当在产品已经售出或服务已经提供，且收到商业汇票时确认，事业单位收到商业汇票，无论是否带息，均按商业汇票的票面金额计量。

3.应收票据的科目设置

为了核算事业单位因开展经营活动销售产品、提供有偿服务等而收到的商业汇票，在资产要素类设置“应收票据”总账科目。本科目借方反映事业单位收到商业票据的票面金额；贷方反映应收票据到期收回的票面金额。本科目期末借方余额，反映事业单位持有的商业汇票票面金额。

本科目应当按照开出、承兑商业汇票的单位等进行明细核算。

【提示】事业单位应当设置“应收票据备查簿”，逐笔登记每一应收票据的种类、号数、出票日期、到期日、票面金额、交易合同号、付款人、承兑人、背书人姓名或单位名称、背书转让日、贴现日期、贴现率和贴现净额、收款日期、收回金额和退票情况等。应收票据到期结清票款或退票后，应当在备查簿内逐笔注销。

4.应收票据的主要账务处理

（1）收到商业汇票。因销售物品、提供服务等收到商业汇票，按照商业汇票的票面金额，借记本科目，按照确认的收入金额，贷记“经营收入”等科目。涉及增值税业务的，相关账务处理参见“应交增值税”科目。

【做中学5-27】某事业单位2021年12月1日因从事经营活动，向A企业销售产品一批，货款为40 000元，增值税税额为5 200元，收到3个月的不带息商业承兑汇票一张，面值为45 200元。根据增值税专用发票、商业承兑汇票复印件等，编制财务会计分录如下：

借：应收票据——A企业	45 200	
贷：经营收入		40 000
应交增值税——应交税金——销项税额		5 200

（2）汇票贴现。持有未到期的商业汇票向银行贴现，按照实际收到的金额（即扣除贴现息后的净额），借记“银行存款”等科目，按照贴现息金额，借记“经营费用”等科目，按照商业汇票的票面金额，贷记本科目（若银行无追索权）或“短期借款”科目（若银行有追索权）。附追索权的商业汇票到期未发生追索事项的，按照商业汇票的票面金额，借记“短期借款”科目，贷记本科目。

【做中学5-28】承【做中学5-26】，该商业承兑汇票银行无追索权。根据贴现凭证和商业承兑汇票复印件等，编制财务会计分录如下：

借：银行存款	46 165.60	
经营费用	634.40	
贷：应收票据		46 800

【做中学5-29】承【做中学5-26】，该商业承兑汇票银行有追索权。根据贴现凭证和商业承兑汇票复印件等，编制财务会计分录如下：

借：银行存款 46 165.60
　　经营费用 634.40
　贷：短期借款 46 800

【提示】应收票据的贴现的会计处理要区分银行有无追索权。

（3）背书转让。将持有的商业汇票背书转让以取得所需物资时，按照取得物资的成本，借记“库存物品”等科目，按照商业汇票的票面金额，贷记本科目，如有差额，借记或贷记“银行存款”等科目。涉及增值税业务的，相关账务处理参见“应交增值税”科目。

（4）汇票到期。商业汇票到期时，应当分别以下情况进行账务处理：

①收回票款时，按照实际收到的商业汇票票面金额，借记“银行存款”科目，贷记本科目。

【做中学5-30】假设【做中学5-26】中的该事业单位商业承兑汇票于2021年6月2日到期，单位办理商业承兑汇票托收手续，通过银行存款基本户收到票据款项46 800元，根据委托收款凭证收账通知联，编制财务会计分录如下：

借：银行存款 46 800
　贷：应收票据 46 800

②因付款人无力支付票款，或到期不能收回应收票据，收到银行退回的商业承兑汇票、委托收款凭证、未付票款通知书或拒付款证明等，按照商业汇票的票面金额，借记“应收账款”科目，贷记本科目。

【做中学5-31】假设【做中学5-26】该事业单位的一张票面金额为46 800元的商业承兑汇票到期，对方企业无力偿还票款，该单位应将到期的商业承兑汇票的票面金额转入“应收账款”科目。根据委托收款凭证回单联等，编制财务会计分录如下：

借：应收账款 46 800
　贷：应收票据 46 800

（三）应收账款的核算

1. 应收账款的概念

应收账款是指事业单位提供服务、销售产品等应收取的款项，以及单位因出租资产、出售物资等应收取的款项。会计上的应收账款有其特定的范围。

（1）应收账款只反映销售产品或提供服务等形成的债权，主要包括事业单位因销售产品或提供服务等应向债务人收取的款项及代购货单位垫付的运杂费等。

（2）应收账款是流动资产性质的债权，其回收期通常不应超过1年或超过1年的1个营业周期。

【提示】通常情况下，行政单位不会发生对外提供有偿服务、销售产品，也不会发生上级补助收入和附属单位上缴收入等款项，其应收账款主要是因出租资产、出售物资等应收取的款项。

2. 应收账款的确认与计量

应收账款应当在产品已经销售或服务已经提供而货款尚未收取时确认，并按照应收未收的金额计量。

【提示】单位的应收账款如果属于财政资金必须上缴财政。

3. 应收账款的科目设置

为了核算事业单位提供服务、销售产品等应收取的款项，以及单位因出租资产、出售物资等应收取的款项，在资产要素类设置“应收账款”总账科目。本科目借方登记应收账款发生的增加数；贷方登记应收账款发生的减少数，即已收回的应收账款和已转作商业汇票结算方式的款项等。本科目期末借方余额，反映单位尚未收回的应收账款。

本科目应当按照债务单位（或个人）进行明细核算。

4. 应收账款的主要账务处理

（1）应收账款收回后不需上缴财政。

单位发生应收账款时，按照应收未收金额，借记本科目，贷记“事业收入”“经营收入”“租金收入”“其他收入”等科目。涉及增值税业务的，相关账务处理参见“应交增值税”科目。

收回应收账款时，按照实际收到的金额，借记“银行存款”等科目，贷记本科目。

【做中学5-32】2021年12月1日，某事业单位（为小规模纳税人）向甲单位提供劳务，应收取劳务费用50 000元（不含税价），增值税税额为1 500元，款项尚未收到，根据发票等，编制财务会计分录如下：

借：应收账款——甲单位　51 500
　贷：经营收入　50 000
　　　应交增值税——应交税金　1 500

如款项在以后期间收到时，编制财务会计分录如下：

借：银行存款　51 500
　贷：应收账款——甲单位　51 500

（2）应收账款收回后需上缴财政。

①单位出租资产发生应收未收租金款项时，按照应收未收金额，借记本科目，贷记“应缴财政款”科目。

收回应收账款时，按照实际收到的金额，借记“银行存款”等科目，贷记本科目。

②单位出售物资发生应收未收款项时，按照应收未收金额，借记本科目，贷记“应缴财政款”科目。

收回应收账款时，按照实际收到的金额，借记“银行存款”等科目，贷记本科目。

涉及增值税业务的，相关账务处理参见“应交增值税”科目。

【做中学5-33】2021年12月8日，某事业单位将某项闲置设备出租给A公司，租赁期为1年，月租金10 000元，每月收取租金一次。设备已租出，但仍未收到租金。该租金需要上缴财政。根据租赁协议等，编制财务会计分录如下：

①设备出租未收到租金时：

借：应收账款——A公司　10 000
　贷：应缴财政款　10 000

②收到租金时：

借：银行存款　10 000
　贷：应收账款——A公司　10 000

（3）应收账款的年末检查。

①事业单位应当于每年年末，对收回后不需上缴财政的应收账款进行全面检查，如发生不能收回的迹象，应当计提坏账准备。

对于账龄超过规定年限、确认无法收回的应收账款，按照规定报经批准后予以核销。按照核销金额，借记“坏账准备”科目，贷记本科目。核销的应收账款应在备查簿中保留登记。

已核销的应收账款在以后期间又收回的，按照实际收回金额，借记本科目，贷记“坏账准备”科目；同时，借记“银行存款”等科目，贷记本科目。

【做中学5-34】某事业单位应收C公司的货款160 000元，由于该公司破产倒闭无法收回，报批后予以核销处理。根据应收账款核销处置单等，编制财务会计分录如下：

借：坏账准备　　160 000

　贷：应收账款　　160 000

②单位应当于每年年末，对收回后应当上缴财政的应收账款进行全面检查。

对于账龄超过规定年限、确认无法收回的应收账款，按照规定报经批准后予以核销。按照核销金额，借记“应缴财政款”科目，贷记本科目。核销的应收账款应当在备查簿中保留登记。

已核销的应收账款在以后期间又收回的，按照实际收回金额，借记“银行存款”等科目，贷记“应缴财政款”科目。

【做中学5-35】2021年12月30日，某事业单位调查证实3年前××单位所欠租金100 000元款项（该租金收回后应上缴财政），确实不能收回，按照规定报经批准予以核销。根据应收账款核销处置单等，编制财务会计分录如下：

借：应缴财政款　　100 000

　贷：应收账款——××单位　　100 000

如核销后又收回时，编制财务会计分录如下：

借：银行存款　　100 000

　贷：应缴财政款　　100 000

（四）预付账款的核算

1.预付账款的概念

预付账款是行政事业单位按照购货、服务合同或协议规定预付给供应单位（或个人）的款项，以及按照合同规定向承包工程的施工企业预付的备料款和工程款。

2.预付账款的确认与计量

预付账款应当在已经支付款项且尚未收到物资或服务时确认，并按照实际支付的金额计量入账。

3.预付账款的科目设置

为了核算单位按照购货、服务合同或协议规定预付的款项，在资产要素类设置“预付账款”总账科目。本科目借方登记单位预付的款项；贷方登记收到所购物资或服务的结算等。本科目期末借方余额，反映行政事业单位实际预付但尚未结算的款项。

本科目应当按照供应单位（或个人）及具体项目进行明细核算；对于基本建设项目

发生的预付账款，还应当在本科目所属基建项目明细科目下设置“预付备料款”“预付工程款”“其他预付款”等明细科目，进行明细核算。

【提示】单位依据合同规定支付的定金，也通过本科目核算。单位支付可以收回的订金，不通过本科目核算，应当通过“其他应收款”科目核算。

4.预付账款的主要账务处理

（1）根据购货、服务合同或协议规定预付款项时，按照预付金额，借记本科目，贷记“财政拨款收入”“零余额账户用款额度”“银行存款”等科目。

【做中学5-36】2021年12月3日，某单位为购买办公设备，开出转账支票预付设备价款6 000元。根据设备购买合同、银行转账支票存根等，编制财务会计分录如下：

借：预付账款　6 000

　贷：银行存款　6 000

（2）收到所购资产或服务时，按照购入资产或服务的成本，借记“库存物品”“固定资产”“无形资产”“业务活动费用”等相关科目，按照相关预付账款的账面余额，贷记本科目，按照实际补付的金额，贷记“财政拨款收入”“零余额账户用款额度”“银行存款”等科目。涉及增值税业务的，相关账务处理参见“应交增值税”科目。

【做中学5-37】2021年12月20日，某单位购买的上述设备到货，总价值16 500元，支付余下款项。根据购货发票、到货单、设备验收单、银行支付单等，编制财务会计分录如下：

借：固定资产　16 500

　贷：预付账款　6 000

　　银行存款　10 500

（3）根据工程进度结算工程价款及备料款时，按照结算金额，借记“在建工程”科目，按照相关预付账款的账面余额，贷记本科目，按照实际补付的金额，贷记“财政拨款收入”“零余额账户用款额度”“银行存款”等科目。

（4）发生预付账款退回的，按照实际退回金额，借记“财政拨款收入”［本年直接支付］、“财政应返还额度”［以前年度直接支付］、“零余额账户用款额度”“银行存款”等科目，贷记本科目。

（5）核销无法收回的预付账款。

如果有确凿证据表明预付账款不再符合预付款项性质，或者因供应单位破产、撤销等原因可能无法收到所购货物、服务的，应当先将其转入其他应收款，再按照规定进行处理。将预付账款账面余额转入其他应收款时，借记“其他应收款”科目，贷记本科目。

【做中学5-38】某单位3年前预付甲单位购置材料款8 000元，至今未收到所购材料，有确凿证据表明确实无法收到所购材料，且无法收回已支付的预付账款，按规定报经批准予以核销。根据预付账款核销处置单等，编制财务会计分录如下：

借：其他应收款　8 000

　贷：预付账款　8 000

（五）应收股利的核算

1.应收股利的概念

应收股利是指事业单位持有长期股权投资应当收取的现金股利或应当分得的利润。

2.应收股利的确认与计量

应收股利应当在计算收取的现金股利或应分得的利润时确认，按照收取的或应分得的金额计量。

3.应收股利的科目设置

为了核算事业单位持有长期股权投资应当收取的现金股利或应当分得的利润，在资产要素类设置“应收股利”总账科目。本科目借方登记应当收取但尚未收到的现金股利或利润；贷方登记实际收到的现金股利或利润。本科目期末借方余额，反映事业单位应当收取但尚未收到的现金股利或利润。

本科目应当按照被投资单位等进行明细核算。

4.应收股利的主要账务处理

（1）取得长期股权投资，按照支付的价款中所包含的已宣告但尚未发放的现金股利，借记本科目，按照确定的长期股权投资成本，借记“长期股权投资”科目，按照实际支付的金额，贷记“银行存款”等科目。

收到取得投资时实际支付价款中所包含的已宣告但尚未发放的现金股利时，按照收到的金额，借记“银行存款”科目，贷记本科目。

（2）长期股权投资持有期间，被投资单位宣告发放现金股利或利润的，按照应享有的份额，借记本科目，贷记“投资收益”（成本法下）或“长期股权投资”（权益法下）科目。

（3）实际收到现金股利或利润时，按照收到的金额，借记“银行存款”等科目，贷记本科目。

【提示】做中学具体案例参见本项目“长期股权投资”的核算。

（六）应收利息的核算

1.应收利息的概念

应收利息是指事业单位长期债券投资应当收取的利息。

2.应收利息的确认与计量

应收利息应当在计算应收取的利息时确认，按照应收取的金额计量入账。

3.应收利息的科目设置

为了核算事业单位长期债券投资应当收取的利息，在资产要素类设置“应收利息”总账科目。本科目借方登记应当收取但尚未收到的利息；贷方登记实际收到的利息。本科目期末借方余额，反映事业单位应收未收的长期债券投资利息。

本科目应当按照被投资单位等进行明细核算。

【提示】事业单位购入的到期一次还本付息的长期债券投资持有期间的利息，应当通过“长期债券投资——应计利息”科目核算，不通过本科目核算。

4.应收利息的主要账务处理

（1）取得长期债券投资，按照确定的投资成本，借记“长期债券投资”科目，按照支付的价款中包含的已到付息期但尚未领取的利息，借记本科目，按照实际支付的金额，贷记“银行存款”等科目。收到取得投资时实际支付价款中所包含的已到付息期但尚未领取的利息时，按照收到的金额，借记“银行存款”等科目，贷记本科目。

（2）按期计算确认长期债券投资利息收入时，对于分期付息、一次还本的长期债券投资，按照以票面金额和票面利率计算确定的应收未收利息金额，借记本科目，贷记“投资收益”科目。

（3）实际收到应收利息时，按照收到的金额，借记“银行存款”等科目，贷记本科目。

【提示】做中学具体案例参见本项目“长期债券投资”的核算。

（七）其他应收款的核算

1.其他应收款的概念

其他应收款是指单位除财政应返还额度、应收票据、应收账款、预付账款、应收股利、应收利息以外的其他各项应收及暂付款项，如职工预借的差旅费、已经偿还银行尚未报销的本单位公务卡欠款、拨付给内部有关部门的备用金、应向职工收取的各种垫付款项、支付的可以收回的订金或押金、应收的上级补助和附属单位上缴款项等。

2.其他应收款的确认与计量

其他应收款应当在发生时确认，按照实际发生的金额计量入账。

3.其他应收款的科目设置

为了核算单位除财政应返还额度、应收票据、应收账款、预付账款、应收股利、应收利息以外的其他各项应收及暂付款项，在资产要素类设置“其他应收款”总账科目。本科目借方登记发生的各种应收及暂付款项的增加数；贷方登记收回的各种应收及暂付款项及结转情况。本科目期末借方余额，反映单位尚未收回的其他应收款。

本科目应当按照其他应收款的类别以及债务单位（或个人）进行明细核算。

4.其他应收款的主要账务处理

（1）发生其他应收及暂付款项时，按照实际发生金额，借记本科目，贷记“零余额账户用款额度”“银行存款”“库存现金”“上级补助收入”“附属单位上缴收入”等科目。涉及增值税业务的，相关账务处理参见“应交增值税”科目。

【做中学5-39】2021年12月8日，某单位职工李某（专业人员）出差预借差旅费2 300元，以现金支付。根据借款单，编制财务会计分录如下：

借：其他应收款——李某　　2 300

　贷：库存现金　　2 300

【做中学5-40】2021年12月8日，某单位将30 000元自筹资金划到政府采购资金专户，用于购买某项专用设备。根据政府采购预算、政府采购合同、银行支付单等，编制财务会计分录如下：

借：其他应收款——政府采购　　30 000

　贷：银行存款　　30 000

（2）收回或转销上述款项时，借记“银行存款”“库存现金”等科目，贷记本科目。

【做中学5-41】承【做中学5-39】，2021年12月15日，该单位职工李某出差回来，报销差旅费2 000元，余款退回。根据差旅费报销单、借款单等，编制财务会计分录如下：

借：业务活动费用　　2 000
　　库存现金　　300
　贷：其他应收款——李某　　2 300

【做中学5-42】承【做中学5-40】，2021年12月18日，该单位上述业务中所购设备到货，总价款80 000元，财政预算资金承担50 000元。设备经验收投入使用。根据“财政直接支付入账通知书”、购货发票、设备验收单等，编制财务会计分录如下：

借：固定资产　　80 000
　贷：其他应收款——政府采购　　30 000
　　财政拨款收入——基本支出　　50 000

（3）财务部门核定并发放备用金时，按照实际发放金额，借记本科目，贷记“库存现金”等科目。

根据报销金额用现金补足备用金定额时，借记“业务活动费用”“单位管理费用”等科目，贷记“库存现金”等科目，报销数和拨补数都不再通过本科目核算。

【做中学5-43】2021年12月9日，某单位下属报账单位领用备用金1 000元，以银行存款支付。根据审核后的备用金借款单、银行支付单等，编制财务会计分录如下：

借：其他应收款　　1 000
　贷：银行存款　　1 000

12月15日，财务部门根据报销数用现金补足备用金定额1 000元（用于开展专业业务活动）。

借：业务活动费用　　1 000
　贷：库存现金　　1 000

（4）偿还尚未报销的本单位公务卡欠款时，按照偿还的款项，借记本科目，贷记“零余额账户用款额度”“银行存款”等科目；持卡人报销时，按照报销金额，借记“业务活动费用”“单位管理费用”等科目，贷记本科目。

【做中学5-44】某行政单位通过单位零余额账户偿还尚未报销的本单位公务卡欠款50 000元。根据银行结算通知及零余额账户支付凭证，编制财务会计分录如下：

借：其他应收款——公务卡欠款　　50 000
　贷：零余额账户用款额度　　50 000

【做中学5-45】某行政单位职工持公务卡报销差旅费30 000元。根据报销单等，编制财务会计分录如下：

借：业务活动费用　　30 000
　贷：其他应收款——公务卡欠款　　30 000

【提示】上例中，如果会计主体是事业单位，应分别专业活动部门、行政及后勤部门的职工，根据差旅费报销金额，分别借记“业务活动费用”和“单位管理费用”科目。

（5）将预付账款账面余额转入其他应收款时，借记本科目，贷记“预付账款”科目。具体说明参见“预付账款”科目。

（6）年末清查。

①事业单位应当于每年年末，对其他应收款进行全面检查，如发生不能收回的迹象，应当计提坏账准备。

对于账龄超过规定年限、确认无法收回的其他应收款，按照规定报经批准后予以核销。按照核销金额，借记“坏账准备”科目，贷记本科目。核销的其他应收款应当在备查簿中保留登记。

已核销的其他应收款在以后期间又收回的，按照实际收回金额，借记本科目，贷记“坏账准备”科目；同时，借记“银行存款”等科目，贷记本科目。

②行政单位应当于每年年末，对其他应收款进行全面检查。对于超过规定年限、确认无法收回的其他应收款，应当按照有关规定报经批准后予以核销。核销的其他应收款应在备查簿中保留登记。

经批准核销其他应收款时，按照核销金额，借记“资产处置费用”科目，贷记本科目。

已核销的其他应收款在以后期间又收回的，按照收回金额，借记“银行存款”等科目，贷记“其他收入”科目。

（7）归垫资金。

单位按规定报经财政部门审核批准，在财政授权支付用款额度或财政直接支付用款计划下达之前，用本单位实有资金账户资金垫付相关支出，再通过财政授权支付方式或财政直接支付方式将资金归还原垫付资金账户的，应当按照以下规定进行账务处理：

① 用本单位实有资金账户资金垫付相关支出时，按照垫付的资金金额，财务会计记：借记“其他应收款”科目，贷记“银行存款”科目；预算会计不做处理。

② 通过财政直接支付方式或授权支付方式将资金归还原垫付资金账户时，按照归垫的资金金额，财务会计记：借记“银行存款”科目，贷记“财政拨款收入”科目，并按照相同的金额，借记“业务活动费用”等科目，贷记“其他应收款”科目；同时，在预算会计中，按照相同的金额，借记“行政支出”“事业支出”等科目，贷记“财政拨款预算收入”科目。

（八）坏账准备的核算

1.坏账准备概述

（1）坏账准备的概念。坏账准备是指事业单位对收回后不需上缴财政的应收账款和其他应收款提取的坏账准备。

（2）坏账准备的计提方法。事业单位可以采用应收款项余额百分比法、账龄分析法、个别认定法等方法计提坏账准备。坏账准备计提方法一经确定，不得随意变更。如需变更，应当按照规定报经批准，并在财务报表附注中予以说明。

2.坏账准备的确认与计量

事业单位应当于每年年末，对收回后不需上缴财政的应收账款和其他应收款进行全面检查，分析其可收回性，对预计可能产生的坏账损失计提坏账准备、确认坏账损失。

当期应补提或冲减的坏账准备金额的计算公式如下：

$$\text{当期应补提或冲减的坏账准备}=\text{按照期末应收账款和其他应收款计算应计提的坏账准备金额}-\text{本科目期末贷方余额}\ (\text{或}+\text{本科目期末借方余额})$$

3.坏账准备的科目设置

为了核算事业单位对收回后不需上缴财政的应收账款和其他应收款提取的坏账准备，在资产要素类设置“坏账准备”总账科目。本科目借方登记冲减或核销的坏账准备；贷方登记计提的坏账准备。本科目期末贷方余额，反映事业单位提取的坏账准备金额。

本科目应当分别应收账款和其他应收款进行明细核算。

4.坏账准备的主要账务处理

（1）提取坏账准备时，借记“其他费用”科目，贷记本科目；冲减坏账准备时，借记本科目，贷记“其他费用”科目。

（2）对于账龄超过规定年限并确认无法收回的应收账款、其他应收款，应当按照有关规定报经批准后，按照无法收回的金额，借记本科目，贷记“应收账款”“其他应收款”科目。

已核销的应收账款、其他应收款在以后期间又收回的，按照实际收回金额，借记“应收账款”“其他应收款”科目，贷记本科目；同时，借记“银行存款”等科目，贷记“应收账款”“其他应收款”科目。

【做中学5-46】某事业单位采用应收款项余额1%比例计提坏账准备。2021年年末收回后不需上缴财政的应收账款和其他应收款余额共计450 000元，本年发生坏账损失3 000元（其中应收账款2 000元，其他应收款1 000元），收回上年核销的应收账款坏账6 000元。根据坏账损失提取规定及报批文件等，编制财务会计分录如下：

①2021年发生坏账损失时：

借：坏账准备	3 000	
贷：应收账款		2 000
其他应收款		1 000

②收回已冲销的应收账款时：

借：应收账款	6 000	
贷：坏账准备		6 000
借：银行存款	6 000	
贷：应收账款		6 000

③2021年年末坏账准备的贷方余额为450 000×1%=4 500（元），则2021年应冲减坏账准备=4 500−6 000=−1 500（元）。

借：坏账准备	1 500	
贷：其他费用		1 500

【思考】如果收回上年核销的应收账款坏账为3 500元，如何做账务处理？

2021年年末坏账准备的贷方余额为450 000×1%=4 500（元），则2021年应补提坏账准备=4 500−3 500=1 000元。

借：其他费用　　1 000

　贷：坏账准备　　1 000

四、存货

（一）存货的概念

存货是指政府会计主体在开展业务活动及其他活动中为耗用或出售而储存的资产，如材料、产品、包装物和低值易耗品等，以及未达到固定资产标准的用具、装具、动植物等。其内容包括在途物品、库存物品和加工物品。

（二）存货的确认与计量

1.存货的确认

单位确认存货应当同时满足以下条件：

（1）与该存货相关的服务潜力很可能实现或者经济利益很可能流入政府会计主体。

（2）该存货的成本或者价值能够可靠地计量。

2.存货的计量

（1）取得存货时，应当按照其实际成本进行初始计量入账。

① 购入的存货，其成本包括购买价款、相关税费、运输费、装卸费、保险费以及其他使得存货到达目前场所和达到目前状态所发生的归属于存货成本的其他支出。

② 自行加工的存货，其成本包括耗用的直接材料费用、发生的直接人工费用和按照一定方法分配的与存货加工有关的间接费用。

③ 置换取得的存货，其成本按照换出资产的评估价值，加上支付的补价或减去收到的补价，加上为换入存货发生的其他相关支出确定。

④ 接受捐赠的存货，其成本按照有关凭据注明的金额加上相关税费、运输费等确定；没有相关凭据可供取得，但按规定经过资产评估的，其成本按照评估价值加上相关税费、运输费等确定；没有相关凭据可供取得也未经资产评估的，其成本比照同类或类似资产的市场价格加上相关税费、运输费等确定；没有相关凭据且未经资产评估、同类或类似资产的市场价格也无法可靠取得的，按照名义金额入账，相关税费、运输费等计入当期费用。

⑤ 无偿调入的存货，其成本按照调出方账面价值加上相关税费、运输费等确定。

⑥ 委托加工的存货，其成本包括委托加工前存货成本、委托加工的成本（如委托加工费以及按规定应计入委托加工存货成本的相关税费等）以及使存货到达目前场所和达到目前状态所发生的归属于存货成本的其他支出。

（2）发出存货。发出存货主要包括行政事业单位开展业务活动领用的库存物品以及低值易耗品和包装物摊销等。

发出存货按照实际成本核算。根据实际情况采用先进先出法、加权平均法和个别计价法确定其实际成本进行计量入账。计价方法一经确定，不得随意变更。对于性质和用途相似的存货，应当采用相同的成本计价方法确定发出存货的成本；对于不能替代使用的存货、为特定项目专门购入或加工的存货，通常采用个别计价法确定发出存货的成本。

①先进先出法是以先购进的材料先消耗为假定前提，出库材料的价值按材料入库的顺序确定价格，先入库的先出库，以此类推。

②加权平均法是以本期某种材料的累计总金额除以本期某种材料累计总数量，计算出本期某种材料的加权平均单价，并以此为标准确定本期发出某种材料成本和本期某种材料库存成本的方法。其计算公式为

$$\text{加权平均单价}=\left(\text{期初结存材料实际成本}+\text{本期购入材料实际成本}\right)\div\left(\text{期初结存材料数量}+\text{本期购入材料数量}\right)$$

$$\text{期末结存材料实际成本}=\text{期末结存材料数量}\times\text{加权平均单价}$$

$$\text{发出材料实际成本}=\text{发出材料数量}\times\text{加权平均单价}$$

③个别计价法是对发出的存货分别认定其单位成本和发出存货成本的方法。采用这种方法，要求具体存货项目具有明显的标志，而且数量不多、价值较大，如大件、贵重的物品。

$$\text{发出存货的实际成本}=\sum\text{各批(次)存货发出数量}\times\text{该批次存货实际进货单价}$$

【提示】对于不能替代使用的存货、为特定项目专门购入或加工的存货，通常采用个别计价法确定发出存货的成本。

【做中学5-47】某单位采用先进先出法发出甲材料，2021年12月甲材料明细账见表5-4。

表5-4 材料明细账

品名：甲材料　　计量单位：千克　　金额单位：元

2021年		摘要	收入			发出			结存		
月	日		数量	单价	金额	数量	单价	金额	数量	单价	金额
12	1	期初结存							400	0.8	320
	5	发出				200			200		
	10	购入	500	0.82					700		
	15	发出				400			300		
	20	购入	700	0.9					1 000		
	25	发出				800			200		
	31	月计	1 200			1 400			200		

Ⅰ.根据表5-4，按先进先出法计算本月发出甲材料的实际成本。

第一次发出甲材料的实际成本=200×0.8=160（元）

第二次发出甲材料的实际成本=200×0.8+200×0.82=324（元）

第三次发出甲材料的实际成本=300×0.82+500×0.9=696（元）

本月发出甲材料的实际成本=160+324+696=1 180（元）

Ⅱ.根据上述资料，若采用加权平均法计算本月发出甲材料的实际成本和库存材料的成本。

甲材料的加权平均单价=（320+500×0.82+700×0.9）÷（400+500+700）=0.85（元）

本月发出甲材料的实际成本=（200+400+800）×0.85=1 190（元）

期末库存甲材料的实际成本=200×0.85=170（元）

对于已发出的存货，应当将其成本结转为当期费用或者计入相关资产成本。单位应当采用一次转销法或者五五摊销法对低值易耗品、包装物进行摊销，将其成本计入当期费用或者相关资产成本。

（3）存货处置。存货处置主要包括对外出售、对外捐赠、无偿调出和置换换出等。

① 对外出售。按规定报经批准对外出售的存货（不含可自主出售的存货），应当将其账面余额予以转销计入当期费用。按照收到的价款和处置过程中发生的相关费用的差额按规定做应缴财政款项处理（差额为净收益时）或计入当期费用（差额为净损失时）。

② 对外捐赠。按规定报经批准对外捐赠的存货，应当将其账面余额予以转销。对外捐赠中发生的归属于捐出方的相关费用应当计入当期费用。

③ 无偿调出存货。按规定报经批准无偿调出的存货，应当将其账面余额予以转销。无偿调出中发生的归属于调出方的相关费用应当计入当期费用。

④ 置换换出存货。经批准置换换出的存货，参照置换取得存货的价值计量。

（4）存货清查。

单位应当定期对存货进行清查盘点，每年至少盘点一次。对于发生的存货盘盈、盘亏或者报废、毁损，应当先记入“待处理财产损溢”科目，按照规定报经批准后及时进行后续账务处理。

① 盘盈存货时，其成本按照有关凭据注明的金额确定；没有相关凭据，但按照规定经过资产评估的，其成本按照评估价值确定；没有相关凭据也未经过评估的，其成本按照重置成本确定。如无法采用上述方法确定盘盈的库存物品成本的，按照名义金额入账。

② 盘亏存货时，对其造成的损失，按规定报经批准后应当计入当期费用。

对于发生的存货毁损报废，应当将存货账面余额转销计入当期费用，并将毁损报废存货处置收入扣除相关处置税费后的差额按规定做应缴款项处理（差额为净收益时）或计入当期费用（差额为净损失时）。

（三）存货的科目设置

为了核算存货的实际成本，单位在资产要素类设置“在途物品”“库存物品”“加工物品”等科目。

1. 在途物品

为了核算单位采购材料等物资时货款已付或已开出商业汇票但尚未验收入库的在途物品的采购成本，在资产要素类设置“在途物品”总账科目。本科目借方登记在途物品的增加数；贷方登记在途物品的减少数。本科目期末借方余额，反映在途物品的采购成本。

本科目可按照供应单位和物品种类进行明细核算。

【提示】行政单位出租、出借的存货，应当设置备查簿进行登记。

2.库存物品

为了核算单位在开展业务活动及其他活动中为耗用或出售而储存的各种材料、产品、包装物、低值易耗品，以及达不到固定资产标准的用具、装具、动植物等的成本，在资产要素类设置“库存物品”总账科目。本科目借方登记库存物品的增加数；贷方登记库存物品的减少数。本科目期末借方余额，反映单位库存物品的实际成本。

本科目应当按照库存物品的种类、规格、保管地点等进行明细核算。

单位储存的低值易耗品、包装物较多的，可以在本科目（低值易耗品、包装物）下按照“在库”“在用”和“摊销”等进行明细核算。

3.加工物品

为了核算单位自制或委托外单位加工的各种物品的实际成本，在资产要素类设置“加工物品”总账科目。本科目借方登记加工物品的增加数；贷方登记加工物品的减少数。本科目期末借方余额，反映单位自制或委托外单位加工但尚未完工的各种物品的实际成本。

本科目应当设置“自制物品”“委托加工物品”两个一级明细科目，并按照物品类别、品种、项目等设置明细账，进行明细核算。

本科目“自制物品”一级明细科目下应当设置“直接材料”“直接人工”“其他直接费用”等二级明细科目归集自制物品发生的直接材料、直接人工（专门从事物品制造人员的人工费）等直接费用；对于自制物品发生的间接费用，应当在本科目“自制物品”一级明细科目下单独设置“间接费用”二级明细科目予以归集，期末，再按照一定的分配标准和方法，分配计入有关物品的成本。

（四）存货的主要账务处理

1.取得存货的账务处理

（1）外购的存货。

①采购材料。单位购入材料等物品时货款已付或已开出商业汇票但尚未验收入库的物品，按照确定的物品采购成本的金额，借记“在途物品”科目，按照实际支付的金额，贷记“财政拨款收入”“零余额账户用款额度”“银行存款”等科目。涉及增值税业务的，相关账务处理参见“应交增值税”科目。

【做中学5-48】2021年12月10日，某单位通过零余额账户购入一批甲项目自用实验器皿，含税价5 000元。材料未到。根据采购计划报批单、零余额账户支付凭证等，编制财务会计分录如下：

借：在途物品	5 000	
贷：零余额账户用款额度		5 000

所购材料等物品到达验收入库，按照确定的库存物品成本金额，借记“库存物品”科目，按照物品采购成本金额，贷记“在途物品”科目，按照使得入库物品到达目前场所和达到目前状态所发生的其他支出，贷记“银行存款”等科目。

【做中学5-49】上述器皿于2021年12月20日收到并验收入库，根据材料入库单等，编制财务会计分录如下：

借：库存物品　5 000

　贷：在途物品　5 000

②外购库存物品。外购的库存物品验收入库，按照确定的成本，借记“库存物品”科目，贷记“财政拨款收入”“零余额账户用款额度”“银行存款”“应付账款”“在途物品”等科目。涉及增值税业务的，相关账务处理参见“应交增值税”科目。

【做中学5-50】2021年12月13日，某行政单位购入办公用材料一批，取得发票上注明的材料价款90 000元，增值税税额11 700元，购入过程发生运杂费300元。以银行存款支付，材料已验收入库。根据发票、材料入库单、银行支付单等，编制财务会计分录如下：

借：库存物品　102 000

　贷：银行存款　102 000

【提示】本例中，如果会计主体是事业单位且为增值税一般纳税人，所购甲材料用于开展专业活动和行政及后勤活动，或者为小规模纳税人，所购甲材料用于各种业务活动，其账务处理相同。

【做中学5-51】某事业单位为增值税一般纳税人，采购甲材料用于开展经营活动，取得增值税专用发票上注明的材料价款100 000元，增值税税额13 000元。根据增值税专用发票、材料入库单、银行支付单等，编制财务会计分录如下：

① 假定材料货款已以银行存款付讫但材料尚未运到时：

借：在途物品——甲材料　100 000

　　应交增值税——应交税金——进项税额　13 000

　贷：银行存款　113 000

② 上述甲材料收到入库时：

借：库存物品——甲材料　113 000

　贷：在途物品——甲材　113 000

【思考】假定收到材料已验收入库，款项以银行存款付讫时如何做账务处理？

借：库存物品——甲材料　100 000

　　应交增值税——应交税金——进项税额　13 000

　贷：银行存款　113 000

（2）自制存货。

①为自制物品领用材料等，按照材料成本，借记“加工物品”科目（自制物品——直接材料），贷记“库存物品”科目。

②专门从事物品制造的人员发生的直接人工费用，按照实际发生的金额，借记“加工物品”科目（自制物品——直接人工），贷记“应付职工薪酬”科目。

③为自制物品发生的其他直接费用，按照实际发生的金额，借记“加工物品”科目（自制物品——其他直接费用），贷记“零余额账户用款额度”“银行存款”等科目。

④为自制物品发生的间接费用，按照实际发生的金额，借记“加工物品”科目（自制物品——间接费用），贷记“零余额账户用款额度”“银行存款”“应付职工薪酬”“固

定资产累计折旧”“无形资产累计摊销”等科目。

间接费用一般按照生产人员工资、生产人员工时、机器工时、耗用材料的数量或成本、直接费用（直接材料和直接人工）或产品产量等进行分配。单位可根据具体情况自行选择间接费用的分配方法。分配方法一经确定，不得随意变更。

⑤已经制造完成并验收入库的物品，按照所发生的实际成本（包括耗用的直接材料费用、直接人工费用、其他直接费用和分配的间接费用），借记“库存物品”科目，贷记“加工物品”科目（自制物品）。

（3）委托加工存货。

①发给外单位加工的材料等，按照其实际成本，借记“加工物品”科目（委托加工物品），贷记“库存物品”科目。

②支付加工费、运输费等费用，按照实际支付的金额，借记“加工物品”科目（委托加工物品），贷记“零余额账户用款额度”“银行存款”等科目。涉及增值税业务的，相关账务处理参见“应交增值税”科目。

【做中学5-52】2021年12月1日，某事业单位委托甲公司为其加工科研用专用材料C。于是领用库存的A材料并交付甲公司。经计算A材料的实际成本为10 000元，并通过单位零余额账户支付加工费和运费4 000元。根据材料领用单、零余额账户支付凭证等，编制财务会计分录如下：

借：加工物品——委托加工物品　　14 000

　贷：库存物品——A材料　　10 000

　　零余额账户用款额度　　4 000

③委托加工完成的材料等验收入库，按照加工前发出材料的成本和加工、运输成本等，借记“库存物品”等科目，贷记“加工物品”科目（委托加工物品）。

【做中学5-53】承【做中学5-52】，2021年12月28日，甲公司完成C材料加工，并已验收入库。根据C材料入库单等，编制财务会计分录如下：

借：库存物品——C材料　　14 000

　贷：加工物品——委托加工物品　　14 000

（4）置换换入的存货。置换换入的库存物品验收入库，按照确定的成本，借记“库存物品”科目，按照换出资产的账面余额，贷记相关资产科目（换出资产为固定资产、无形资产的，还应当借记“固定资产累计折旧”“无形资产累计摊销”科目），按照置换过程中发生的其他相关支出，贷记“银行存款”等科目，按照借贷方差额，借记“资产处置费用”科目或贷记“其他收入”科目。

【做中学5-54】A单位用一批油料与B单位换入办公用品。经商定，油料及办公用品的运费由换出单位承担，B单位向A单位支付1万元的交换差价（补价）；该批油料的账面成本及市场现价均为10万元，运费为2 000元，办公用品的账面成本为7万元，市场估价为9万元，运费为1 000元；A、B单位的交换完成，都已将收到的物品入库，A、B单位已经用银行转账支票支付了全部运费，B单位已经通过单位零余额账户向A单位银行存款账户支付了全部补价。根据换入、换出存货的评估报告，运输费的支付单据，银行进账单，银行支付单等，编制A、B单位财务会计分录如下：

①A单位换入办公用品入账成本为92 000元（100 000+2 000−10 000）：

借：库存物品——办公用品　　92 000
　　银行存款　　10 000
　　资产处置费用　　8 000
　贷：库存物品——油料　　100 000
　　　银行存款　　2 000
　　　应缴财政款　　8 000

②B单位换入油料入账成本为101 000元（90 000+1 000+10 000）：

借：库存物品——油料　　101 000
　贷：库存物品——办公用品　　70 000
　　　银行存款　　1 000
　　　零余额账户用款额度　　10 000
　　　其他收入　　20 000

（5）接受捐赠的存货。接受捐赠的库存物品验收入库，按照确定的成本，借记“库存物品”科目，按照发生的相关税费、运输费等，贷记“银行存款”等科目，按照其差额，贷记“捐赠收入”科目。

接受捐赠的库存物品按照名义金额入账的，按照名义金额，借记“库存物品”科目，贷记“捐赠收入”科目；同时，按照发生的相关税费、运输费等，借记“其他费用”科目，贷记“银行存款”等科目。

【做中学5-55】某单位接受甲公司捐赠的N材料一批，获取的凭据上注明材料金额50 000元，发生运输费1 000元通过零余额账户支付。根据材料捐赠文件、零余额账户支付凭证等，编制财务会计分录如下：

借：库存物品——N材料　　51 000
　贷：零余额账户用款额度　　1 000
　　　捐赠收入　　50 000

【思考】如果上述接受捐赠的N材料按照名义金额入账，如何做账务处理？

借：库存物品——N材料　　1
　贷：捐赠收入　　1
借：其他费用　　1 000
　贷：零余额账户用款额度　　1 000

（6）无偿调入的存货。无偿调入的库存物品验收入库，按照确定的成本，借记“库存物品”科目，按照发生的相关税费、运输费等，贷记“银行存款”等科目，按照其差额，贷记“无偿调拨净资产”科目。

【做中学5-56】某单位从其他单位无偿调入M材料，调出单位的该材料账面价值60 000元，发生相关税费和运杂费3 000元，以银行存款付讫。根据材料调拨单、银行支付单等，编制财务会计分录如下：

借：库存物品——M材料　　63 000

贷：银行存款　　3 000

无偿调拨净资产　　60 000

【注意】核算单位接受委托人指定受赠人的转赠物资，应当通过“受托代理资产”科目核算，不通过“库存物品”科目核算。

核算单位随买随用的零星办公用品等，可以在购进时直接列作费用，不通过“库存物品”科目核算。

2. 发出存货的账务处理

（1）单位开展业务活动等领用、按照规定自主出售发出或加工发出库存物品，按照领用、出售等发出物品的实际成本，借记“业务活动费用”“单位管理费用”“经营费用”“加工物品”等科目，贷记“库存物品”科目。

【做中学5-57】2021年12月15日，某行政单位办公室领用办公用材料一批，经计算价值为700元。根据材料出库单等，编制财务会计分录如下：

借：业务活动费用　　700

贷：库存物品　　700

（2）采用一次转销法摊销低值易耗品、包装物的，在首次领用时将其账面余额一次性摊销计入有关成本费用，借记有关科目，贷记“库存物品”科目。

（3）采用五五摊销法摊销低值易耗品、包装物的，首次领用时，将其账面余额的50%摊销计入有关成本费用，借记有关科目，贷记“库存物品”科目；使用完时，将剩余的账面余额转销计入有关成本费用，借记有关科目，贷记“库存物品”科目。

3. 处置存货的账务处理

（1）对外捐赠的存货。经批准对外捐赠的库存物品发出时，按照库存物品的账面余额和对外捐赠过程中发生的归属于捐出方的相关费用合计数，借记“资产处置费用”科目，按照库存物品账面余额，贷记“库存物品”科目，按照对外捐赠过程中发生的归属于捐出方的相关费用，贷记“银行存款”等科目。

（2）无偿调出的存货。经批准无偿调出的库存物品发出时，按照库存物品的账面余额，借记“无偿调拨净资产”科目，贷记“库存物品”科目；同时，按照无偿调出过程中发生的归属于调出方的相关费用，借记“资产处置费用”科目，贷记“银行存款”等科目。

【做中学5-58】2021年12月15日，某单位经批准无偿调出专用材料一批，价值为35 000元。调出材料时，从零余额账户中支付运输费1 200元，根据材料调拨审批文件、材料出库单、零余额账户支付凭证等，编制财务会计分录如下：

借：无偿调拨净资产　　35 000

贷：库存物品　　35 000

借：资产处置费用　　1 200

贷：零余额账户用款额度　　1 200

（3）对外出售的存货。经批准对外出售的库存物品（不含可自主出售的库存物品）发出时，按照库存物品的账面余额，借记“资产处置费用”科目，贷记“库存物品”科目；同时，按照收到的价款，借记“银行存款”等科目，按照处置过程中发生的相关费用，贷记“银行存款”等科目，按照其差额，贷记“应缴财政款”科目。

【做中学5-59】2021年12月15日，某单位在完成上级交付的专项任务之后，将不需用的专用材料变价出售给外单位，取得材料变价收入3 500元，该批材料原价3 200元。根据材料处置审批文件、材料出售合同、材料出库单、银行进账单等，编制财务会计分录如下：

借：资产处置费用　3 200
　贷：库存物品　3 200
借：银行存款　3 500
　贷：应缴财政款　3 500

（4）置换换出的存货。经批准置换换出的库存物品，参照“库存物品”科目有关置换换入库存物品的规定进行账务处理。

（5）报废、毁损的存货。报废、毁损库存物品时，应当转入待处理财产损溢，按照待处理库存物品的账面余额，借记“待处理财产损溢”科目，贷记“库存物品”科目。

【做中学5-60】2021年12月15日，某单位报废材料一批，其账面价款2 100元。根据材料报废处置审批单、材料出库单等，编制财务会计分录如下：

借：待处理财产损溢　2 100
　贷：库存物品　2 100

4. 存货盘盈盘亏的账务处理。

（1）盘盈的库存物品，按照确定的入账成本，借记“库存物品”科目，贷记“待处理财产损溢”科目。

（2）盘亏的库存物品，转入待处理财产损溢时，按照其账面余额，借记“待处理财产损溢”科目，贷记“库存物品”科目。属于增值税一般纳税人的单位，若因非正常原因导致的库存物品盘亏或毁损，还应当将与该库存物品相关的增值税进项税额转出，按照其增值税进项税额，借记“待处理财产损溢”科目，贷记“应交增值税——应交税金（进项税额转出）”科目。

【做中学5-61】2021年12月15日，某单位盘盈甲材料30千克，单价25元，盘亏乙材料20千克，单价15元。根据材料盘盈盘亏报告单、处置批示文件等，编制财务会计分录如下：

盘盈甲材料：
借：库存物品　750
　贷：待处理财产损溢　750
盘亏乙材料：
借：待处理财产损溢　300
　贷：库存物品　300

【注意】预算会计不做账务处理。

任务3 非流动资产的核算

一、固定资产

（一）固定资产概述

1.固定资产的含义

固定资产是指政府会计主体为满足自身开展业务活动或其他活动需要而控制的，使用年限超过1年（不含1年）、单位价值在规定标准以上，并在使用过程中基本保持原有物质形态的资产。

按《事业单位财务规则》的规定，固定资产是指使用期限超过1年，单位价值在1 000元以上，并在使用过程中基本保持原有物质形态的资产。单位价值虽未达到规定标准，但是耐用时间在1年以上的大批同类物资，作为固定资产管理。如图书、家具、用具、装具等，应当确认为固定资产。

2.固定资产的分类

固定资产种类较多，为加强管理和便于核算，按其性质对固定资产分为以下6类：

（1）房屋及构筑物。房屋及构筑物是指单位拥有占有权和使用权的房屋、构筑物。其中，房屋包括办公用房、业务用房、库房、职工宿舍用房、职工食堂、锅炉房等；构筑物包括塔、烟囱、池沟、洞、廊，库、仓、场、斗，构筑物附属设施等。

（2）专用设备。专用设备是专门针对某一种或一类对象，实现一项或几项功能的设备，即单位根据业务工作的实际需要购置的各种具有专门性能和专门用途的设备，如质监部门的检测设备、公安部门的技侦设备、学校的教学仪器、科研单位的科研仪器、医院的医疗器械等。

（3）通用设备。通用设备是指非专业的各专业都可通用的、常用的设备，即单位用于业务工作的通用性设备，如电梯、制冷空调设备、交通工具等。

（4）文物和陈列品。文物和陈列品是指单位贮藏的各种文物或陈列品，如古物、字画、纪念品、标本、模型等。

（5）图书、档案。图书、档案是指贮藏的统一管理使用的图书资料、期刊、档案等。

（6）家具、用具、装具及动植物。家具、用具、装具是单位办公用的家具、用具、装具等；动植物是指单位用于实验用的优良品种及观赏动植物等。

（二）固定资产的确认与计量

1.固定资产的确认

单位取得的固定资产，应当按照以下条件确认：

（1）购入、换入、无偿调入、接受捐赠等不需安装的固定资产，在固定资产验收合格时确认。

（2）购入、换入、无偿调入、接受捐赠等需要安装的固定资产，在固定资产安装完成交付使用时确认。

（3）自行建造、改建、扩建的固定资产，在建造完成交付使用时确认。

确认固定资产时，应当考虑以下情况：

（1）固定资产各组成部分具有不同使用年限或者以不同方式为政府会计主体实现服务潜力或提供经济利益，适用不同折旧率或折旧方法且可以分别确定各自原价的，应当分别将各组成部分确认为单项固定资产。

（2）如果应用软件构成相关硬件不可缺少的组成部分，应当将该软件的价值包括在所属的硬件价值中，一并确认为固定资产；如果不构成相关硬件不可缺少的组成部分，应当将该软件确认为无形资产。

（3）购建房屋及构筑物时，不能分清购建成本中的房屋及构筑物部分与土地使用权部分的，应当全部确认为固定资产；能够分清购建成本中的房屋及构筑物部分与土地使用权部分的，应当将其中的房屋及构筑物部分确认为固定资产，将其中的土地使用权部分确认为无形资产。

（4）固定资产在使用过程中发生的后续支出，符合固定资产确认条件的，应当计入固定资产成本；不符合确认条件的，应当在发生时计入当期费用或者相关资产成本。将发生的固定资产后续支出计入固定资产成本的，应同时从固定资产账面价值中扣除被替换部分的账面价值。

【思考】应用软件是固定资产还是无形资产？

2.固定资产的计量

（1）购入的固定资产，其成本包括实际支付的购买价款、相关税费、使固定资产交付使用前所发生的可归属于该项资产的运输费、装卸费、安装费和专业人员服务费等。

以一笔款项购入多项没有单独标价的固定资产，应当按照各项固定资产同类或类似资产市场价格的比例对总成本进行分配，分别确定各项固定资产的成本。

（2）自行建造的固定资产，其成本包括建造该项资产至交付使用前所发生的全部必要支出。

（3）在原有固定资产基础上进行改建、扩建、修缮的固定资产，其成本按照原固定资产的账面价值（“固定资产”科目账面余额减去“固定资产累计折旧”科目账面余额后的净值）加上改建、扩建、修缮发生的支出，再扣除固定资产拆除部分账面价值后的金额确定。

（4）置换取得的固定资产，其成本按照换出资产的评估价值加上支付的补价或减去收到的补价，加上为换入固定资产支付的其他费用（运输费等）确定。

（5）接受捐赠的固定资产，其成本按照有关凭据注明的金额加上相关税费、运输费等确定；没有相关凭据可供取得，但依法经过资产评估的，其成本应当按照评估价值加上相关税费、运输费等确定；没有相关凭据可供取得也未经评估的，其成本比照同类或类似固定资产的市场价格加上相关税费、运输费等确定；没有相关凭据也未经评估，其同类或类似固定资产的市场价格无法可靠取得，所取得的固定资产应当按照名义金额入账，相关税费、运输费等计入当期费用。如受赠的系旧的固定资产，在确定其初始入账成本时应当考虑该项资产的新旧程度。

（6）无偿调入的固定资产，其成本按照调出方账面价值加上相关税费、运输费等确定。

（7）以融资租赁租入的固定资产，其成本按照租赁协议或者合同确定的租赁价款、相关税费以及固定资产交付使用前所发生的可归属于该项资产的运输费、途中保险费、安装调试费等确定入账。

（8）按规定报经批准出售、转让固定资产或固定资产报废、毁损的，应当将固定资产账面价值转销计入当期费用，并将处置收入扣除相关处置税费后的差额按规定做应缴款项处理（差额为净收益时）或计入当期费用（差额为净损失时）。

按规定报经批准对外捐赠、无偿调出固定资产的，应当将固定资产的账面价值予以转销，对外捐赠、无偿调出中发生的归属于捐出方、调出方的相关费用应当计入当期费用。

按规定报经批准以固定资产对外投资的，应当将该固定资产的账面价值予以转销，并将固定资产在对外投资时的评估价值与其账面价值的差额计入当期收入或费用。

（9）盘盈的固定资产，其成本按照有关凭据注明的金额确定；没有相关凭据，但按规定经过资产评估的，其成本按照评估价值确定；没有相关凭据也未经资产评估的，其成本按照重置成本确定。如无法采用上述方法确定盘盈固定资产成本的，按照名义金额（人民币1元）入账。固定资产盘亏造成的损失，按规定报经批准后应当计入当期费用。

【注意】购置固定资产过程中发生的差旅费，不计入固定资产价值。

（三）固定资产的科目设置

微课：固定资产价值的确认与计量

为了核算单位固定资产的增减变化情况，在资产要素类设置“固定资产”总账科目。本科目借方登记固定资产的增加数；贷方登记固定资产的减少数。本科目借方余额，反映固定资产的原值。

单位应当设置“固定资产登记簿”和“固定资产卡片”，按照固定资产类别、项目和使用部门等进行明细核算。

【提示】购入需要安装的固定资产，应当先通过“在建工程”科目核算，安装完毕交付使用时再转入“固定资产”科目核算。

以借入、经营租赁租入方式取得的固定资产，不通过本科目核算，应当设置备查簿进行登记。

采用融资租入方式取得的固定资产，通过本科目核算，并在本科目下设置“融资租入固定资产”明细科目。

经批准在境外购买具有所有权的土地，作为固定资产，通过本科目核算；单位应当在本科目下设置“境外土地”明细科目，进行相应明细核算。

（四）固定资产的主要账务处理

1.固定资产取得的账务处理

单位固定资产取得的方式，主要有外购、自行建造、融资租赁、无偿调入、接受捐赠以及置换取得等。

（1）外购的固定资产。

① 购入不需安装的固定资产验收合格时，按照确定的固定资产成本，借记本科目，贷记“财政拨款收入”“零余额账户用款额度”“应付账款”“银行存款”等科目。

② 购入需要安装的固定资产，在安装完毕交付使用前通过“在建工程”科目核算，安装完毕交付使用时再转入本科目。

③ 购入固定资产扣留质量保证金的，应当在取得固定资产时，按照确定的固定资产成本，借记本科目［不需安装］或“在建工程”科目［需要安装］，按照实际支付或应付的金额，贷记“财政拨款收入”“零余额账户用款额度”“应付账款”［不含质量保证金］、“银行存款”等科目，按照扣留的质量保证金数额，贷记“其他应付款”［扣留期在1年以内（含1年）］或“长期应付款”［扣留期超过1年］科目。

质保期满支付质量保证金时，借记“其他应付款”“长期应付款”科目，贷记“财政拨款收入”“零余额账户用款额度”“银行存款”等科目。

【做中学5-62】2021年12月16日，某单位通过财政授权支付方式，购入文件柜5个，价款3 200元，验收合格，交付使用。根据零余额账户支付凭证、购货发票、文件柜验收单等，编制财务会计分录如下：

借：固定资产　　3 200
　贷：零余额账户用款额度　　3 200

【做中学5-63】2021年12月16日，某单位购入需安装的锅炉一台，价税款合计360 000元，安装费40 000元，扣保证金60 000元，通过财政直接支付。锅炉已验收。根据购货发票、锅炉验收单、“财政直接支付入账通知书”及保证金协议等，编制财务会计分录如下：

借：在建工程——设备投资——锅炉　　360 000
　　——建筑安装工程投资——安装工程——锅炉　　40 000
　贷：财政拨款收入　　340 000
　　其他应付款——锅炉保证金　　60 000

【做中学5-64】承【做中学5-63】，2021年12月18日，该单位购入的锅炉安装完毕，交付使用，并支付保证金60 000元。根据设备验收合格交付使用单、“财政直接支付入账通知书”及保证金协议等，编制财务会计分录如下：

①锅炉安装完毕：

借：固定资产——通用设备　　400 000
　贷：在建工程——设备投资——锅炉　　360 000
　　——建筑安装工程投资——安装工程——锅炉　　40 000

②支付保证金：

借：其他应付款——锅炉保证金　　60 000
　贷：财政拨款收入　　60 000

（2）自行建造的固定资产。

① 单位自行建造的固定资产交付使用时，按照在建工程成本，借记本科目，贷记“在建工程”科目。

② 已交付使用但尚未办理竣工决算手续的固定资产，按照估计价值入账，待办理竣工决算后再按照实际成本调整原来的暂估价值。

微课：固定资产购入的账务处理

【做中学5-65】2021年12月16日，某单位用同级财政拨入的专项经费以出包方式自行建造办公楼一幢并交付使用，总造价5 000 000元。根据办公楼造价表、工程审计报告、办公楼验收交付使用单等，编制财务会计分录如下：

借：固定资产　5 000 000

　贷：在建工程　5 000 000

（3）融资租入固定资产。

① 融资租赁取得的固定资产，按照确定的成本，借记本科目［不需安装］或“在建工程”科目［需安装］，按照租赁协议或者合同确定的租赁付款额，贷记“长期应付款”科目，按照支付的运输费、途中保险费、安装调试费等金额，贷记“财政拨款收入”“零余额账户用款额度”“银行存款”等科目。

② 定期支付租金时，按照实际支付金额，借记“长期应付款”科目，贷记“财政拨款收入”“零余额账户用款额度”“银行存款”等科目。

【做中学5-66】2021年12月20日，某事业单位以融资租赁方式向某租赁公司租入不需安装的专用设备一台，该设备价税款合计100 000元，每年支付租金20 000元，分5年付清，当付清最后一笔租金后，该单位支付转让费5 000元购买该专用设备。设备已运抵单位，并交付使用，用银行存款支付发生的运输费、途中保险费4 500元。根据融资租赁协议、固定资产验收单、银行支付单等，编制财务会计分录如下：

①租入固定资产时：

借：固定资产——专用设备　104 500

　贷：长期应付款——某公司　100 000

　　银行存款　4 500

②每年支付租金时：

借：长期应付款——某公司　20 000

　贷：银行存款　20 000

③支付最后一笔转让费，购买该专用设备时：

借：固定资产——专用设备　5 000

　贷：银行存款　5 000

（4）改扩建的固定资产。

① 将固定资产转入改建、扩建、修缮时，按照固定资产的账面价值，借记“在建工程”科目，按照固定资产已计提折旧，借记“固定资产累计折旧”科目，按照固定资产的账面余额，贷记本科目。

② 工程完工交付使用时，按照确定的固定资产成本，借记本科目，贷记“在建工程”科目。

（5）置换取得的固定资产，参照“库存物品”科目中置换取得库存物品的相关规定进行账务处理。

（6）接受捐赠的固定资产。

①接受捐赠的固定资产，按照确定的固定资产成本，借记本科目［不需安装］或“在建工程”科目［需安装］，按照发生的相关税费、运输费等，贷记“零余额账户用款额度”“银行存款”等科目，按照其差额，贷记“捐赠收入”科目。

【做中学5-67】 2021年12月20日，某预算单位收到外单位捐赠的轿车一辆，价值为160 000元，同时，支付运杂费6 000元，以银行存款支付。根据捐赠协议、移交单据、轿车验收单、银行转账支票存根等，编制财务会计分录如下：

借：固定资产　　166 000

　贷：银行存款　　6 000

　　　捐赠收入　　160 000

②接受捐赠的固定资产按照名义金额入账的，按照名义金额，借记本科目，贷记“捐赠收入”科目；按照发生的相关税费、运输费等，借记“其他费用”科目，贷记“零余额账户用款额度”“银行存款”等科目。

（7）无偿调入的固定资产。无偿调入的固定资产，按照确定的固定资产成本，借记本科目［不需安装］或“在建工程”科目［需安装］，按照发生的相关税费、运输费等，贷记“零余额账户用款额度”“银行存款”等科目，按照其差额，贷记“无偿调拨净资产”科目。

固定资产取得时涉及增值税业务的，相关账务处理参见“应交增值税”科目。

2.固定资产处置的账务处理

单位固定资产处置的方式，主要有出售、转让、对外捐赠、无偿调出、置换换出以及毁损、报废等。

（1）出售、转让的固定资产。报经批准出售、转让固定资产，按照被出售、转让固定资产的账面价值，借记“资产处置费用”科目，按照固定资产已计提的折旧，借记“固定资产累计折旧”科目，按照固定资产账面余额，贷记本科目；同时，按照收到的价款，借记“银行存款”等科目，按照处置过程中发生的相关费用，贷记“银行存款”等科目，按照其差额，贷记“应缴财政款”科目。

【做中学5-68】 2021年12月20日，某单位将一台不需用的设备出售，该设备原价22 000元，已提折旧19 000元。双方议定售价20 000元，已通过银行收回价款。根据设备处置审批文件、出售合同、银行进账单等，编制财务会计分录如下：

①设备出售时：

借：资产处置费用　　3 000

　　固定资产累计折旧　　19 000

　贷：固定资产　　22 000

②出售取得价款时：

借：银行存款　　20 000

　贷：应缴财政款　　20 000

（2）对外捐赠的固定资产。报经批准对外捐赠固定资产，按照固定资产已计提的折旧，借记“固定资产累计折旧”科目，按照被处置固定资产账面余额，贷记本科目，按照捐赠过程中发生的归属于捐出方的相关费用，贷记“银行存款”等科目，按照其差额，借记“资产处置费用”科目。

【做中学5-69】 2021年12月9日，某单位A向贫困地区B单位捐赠一批电脑，该批电脑的固定资产原价为50万元，已提折旧20万元，A单位还通过银行转账支付了电脑的运费5 000元，B单位收到了该批电脑。根据捐赠协议、运费单、银行转账支付凭单等，编制该A预算单位和B预算单位的财务会计分录如下：

①A预算单位：

借：资产处置费用　　305 000

　　固定资产累计折旧　　200 000

　贷：固定资产　　500 000

　　　银行存款　　5 000

②B预算单位：

借：固定资产　　300 000

　贷：捐赠收入　　300 000

（3）无偿调出的固定资产。报经批准无偿调出固定资产，按照固定资产已计提的折旧，借记“固定资产累计折旧”科目，按照被处置固定资产账面余额，贷记本科目，按照其差额，借记“无偿调拨净资产”科目；同时，按照无偿调出过程中发生的归属于调出方的相关费用，借记“资产处置费用”科目，贷记“银行存款”等科目。

【做中学5-70】2021年12月21日，某单位经主管部门批准，将一辆卡车无偿调出，卡车账面余额为80 000元，已提折旧20 000元。根据固定资产处置审批文件、固定资产调拨单等，编制财务会计分录如下：

借：无偿调拨净资产　　60 000

　　固定资产累计折旧　　20 000

　贷：固定资产——通用设备　　80 000

（4）置换换出的固定资产。报经批准置换换出固定资产，参照“库存物品”科目有关置换换入库存物品的规定进行账务处理。

（5）报废、毁损的固定资产。报废、毁损的固定资产按照待处理固定资产的账面价值，借记“待处理财产损溢”科目，按照已计提折旧，借记“固定资产累计折旧”科目，按照固定资产的账面余额，贷记本科目。

【做中学5-71】2021年12月21日，某单位经批准报废一台复印机，原价30 000元，已提折旧8 000元，变价收入5 000元，款已存入银行，并以现金支付清理费280元，现已清理完毕。根据复印机处置审批文件、银行进账单、现金支付单据等，编制财务会计分录如下：

①报废转入待处理财产损溢时：

借：待处理财产损溢——待处理财产价值　　22 000

　　固定资产累计折旧　　8 000

　贷：固定资产　　30 000

②经批准处理时：

借：资产处置费用　　22 000

　贷：待处理财产损溢——待处理财产价值　　22 000

③处理过程中发生相关费用时：

借：待处理财产损溢——处理净收入　　280

贷：库存现金　280

④处理取得价款时：

借：银行存款　5 000

贷：待处理财产损溢——处理净收入　5 000

⑤处理取得价款扣除相关费用后的净收入时：

借：待处理财产损溢——处理净收入　4 720

贷：应缴财政款　4 720

3.固定资产后续支出的账务处理

（1）符合固定资产确认条件的后续支出。

通常情况下，将固定资产转入改建、扩建时，按照固定资产的账面价值，借记“在建工程”科目，按照固定资产已计提折旧，借记“固定资产累计折旧”科目，按照固定资产的账面余额，贷记本科目。

为增加固定资产使用效能或延长其使用年限而发生的改建、扩建等后续支出，借记“在建工程”科目，贷记“财政拨款收入”“零余额账户用款额度”“银行存款”等科目。

固定资产改建、扩建等完成交付使用时，按照在建工程成本，借记本科目，贷记“在建工程”科目。

【做中学5-72】2020年10月21日，某单位为改善办公条件，决定对一栋旧办公楼进行改建。旧办公楼账面余额为1 000 000元，已计提折旧400 000元；2021年12月20日，工程改造完成，验收合格并交付使用，并通过零余额账户支付施工企业工程价款800 000元。根据办公楼改建批准文件、施工企业工程结算单、零余额账户支付凭证、验收审计报告等，编制财务会计分录如下：

①将旧办公楼转入改建工程时：

借：在建工程——建筑安装工程投资——建筑工程——办公楼　600 000

固定资产累计折旧　400 000

贷：固定资产　1 000 000

②实际支付工程价款时：

借：在建工程——建筑安装工程投资——建筑工程——办公楼　800 000

贷：零余额账户用款额度　800 000

③工程改造完成，验收合格交付使用时：

借：固定资产——办公楼　1 400 000

贷：在建工程——建筑安装工程投资——建筑工程——办公楼　1 400 000

（2）不符合固定资产确认条件的后续支出。

为保证固定资产正常使用发生的日常维修等支出，借记“业务活动费用”“单位管理费用”等科目，贷记“财政拨款收入”“零余额账户用款额度”“银行存款”等科目。

【做中学5-73】2021年12月21日，某事业单位对接送行政职工的车辆进行维修，用银行存款支付修理费总计3 600元。根据修理费报销单据、银行支付单等，编制财务会计分录如下：

借：单位管理费用　3 600

　　贷：银行存款　　3 600

4.固定资产盘盈盘亏的账务处理

单位应当定期对固定资产进行清查盘点，每年至少盘点一次。对于发生的固定资产盘盈、盘亏，应根据账面数和实存数编制“固定资产盘盈盘亏表”，并及时查明盘盈、盘亏的原因，按照规定报经批准后及时进行后续账务处理。

（1）盘盈的固定资产，按照确定的入账成本，借记本科目，贷记“待处理财产损溢”科目。

（2）盘亏的固定资产，按照待处理固定资产的账面价值，借记“待处理财产损溢”科目，按照已计提折旧，借记“固定资产累计折旧”科目，按照固定资产的账面余额，贷记本科目。

【做中学5-74】2021年年终，某单位进行财产清查，发现盘亏设备1台，其账面原值为6 300元，已提折旧5 500元；发现盘盈打字机（属于以前年度取得）2台，其重置完全价值为2 780元，按规定程序批准后，分别予以销账和补账。根据固定资产盘盈盘亏表、处置批示文件等，编制财务会计分录如下：

①盘亏：

转入待处理财产损溢时：

借：待处理财产损溢——待处理财产价值　　800

　　固定资产累计折旧　　5 500

　　贷：固定资产　　6 300

经批准予以核销时：

借：资产处置费用　　800

　　贷：待处理财产损溢——待处理财产价值　　800

②盘盈：

转入待处理财产损溢时：

借：固定资产　　2 780

　　贷：待处理财产损溢——待处理财产价值　　2 780

经批准予以处理时：

借：待处理财产损溢——待处理财产价值　　2 780

　　贷：以前年度盈余调整　　2 780

（五）固定资产累计折旧

1.累计折旧的概念及范围

（1）概念。累计折旧是指单位固定资产、公共基础设施和保障性住房计提的累计折旧。固定资产、公共基础设施和保障性住房计提折旧是指在固定资产、公共基础设施和保障性住房预计使用寿命内，按照确定的方法对应计折旧金额进行系统分摊，包括固定资产累计折旧、公共基础设施累计折旧和保障性住房累计折旧。

（2）固定资产折旧范围。单位对其使用的固定资产计提折旧，但对文物和陈列品、图书、档案、动植物、以名义金额入账的固定资产等不计提折旧。

2. 固定资产折旧方法

单位一般应当采用年限平均法或者工作量法计提固定资产折旧。在确定固定资产的折旧方法时，应当考虑与固定资产相关的服务潜力或经济利益的预期实现方式。固定资产折旧方法一经确定，不得随意变更。

（1）年限平均法。年限平均法又称直线法，是指将固定资产的应折旧金额均衡地分摊到其预计使用年限内的方法。采用这种方法计算的每期折旧额相等。其计算公式如下：

年折旧额=固定资产原值÷预计使用年限

月折旧额=固定资产年折旧额÷12

（2）工作量法。工作量法是根据实际工作量计算每期应计提折旧额的一种方法。其计算公式为：

单位工作量折旧额=固定资产原值÷预计总工作量

某项固定资产月折旧额=该项固定资产当月工作量×单位工作量折旧额

3. 固定资产折旧年限

单位应当根据《〈政府会计准则第3号——固定资产〉应用指南》等相关规定以及固定资产的性质和使用情况，合理确定固定资产的使用年限。

固定资产的使用年限一经确定，不得随意变更。

确定固定资产使用年限，应当考虑下列3个因素：一是预计实现服务潜力或提供经济利益的期限；二是预计有形损耗和无形损耗；三是法律或者类似规定对资产使用的限制。

投资分类及管理要求固定资产因改建、扩建或修缮等原因而延长其使用年限的，应当按照重新确定的固定资产的成本以及重新确定的折旧年限计算折旧额。单位盘盈、无偿调入、接受捐赠以及置换的固定资产，应当考虑该项资产的新旧程度，按照其尚可使用的年限计提折旧。

固定资产折旧年限参考表

4. 固定资产折旧计提时点

固定资产应当按月计提折旧，并根据用途计入当期费用或者相关资产成本。当月增加的固定资产，当月开始计提折旧；当月减少的固定资产，当月不再计提折旧。固定资产提足折旧后，无论能否继续使用，均不再计提折旧；提前报废的固定资产，也不再补提折旧。已提足折旧的固定资产，可以继续使用的，应当继续使用，规范实物管理。

单位计提融资租入固定资产折旧时，应当采用与自有固定资产相一致的折旧政策。能够合理确定租赁期届满时将会取得租入固定资产所有权的，应当在租入固定资产尚可使用年限内计提折旧；无法合理确定租赁期届满时能够取得租入固定资产所有权的，应当在租赁期与租入固定资产尚可使用年限两者中较短的期间内计提折旧。

【注意】单位固定资产应计提的折旧金额为其成本，计提折旧时不考虑预计净残值。

5. 累计折旧的科目设置

为了核算单位固定资产、公共基础设施和保障性住房计提的累计折旧，在资产要素类分别设置“固定资产累计折旧”、“公共基础设施累计折旧（摊销）”和“保障性住房累计折旧”总账科目，属于备抵调整账户。本科目贷方登记应计提折旧数；借方登记已计提折旧额或冲销转出数。本科目期末贷方余额，反映单位计提的固定资产折旧累计数、公共基础设施折旧（摊销）累计数和保障性住房折旧累计数。

"固定资产累计折旧"和"公共基础设施累计折旧（摊销）"科目应当按照所对应固定资产、公共基础设施的明细分类进行明细核算。"保障性住房累计折旧"科目应当按照所对应保障性住房的类别进行明细核算。

6.固定资产累计折旧的账务处理

（1）按月计提固定资产折旧时，按照应计提折旧金额，借记"业务活动费用""单位管理费用""经营费用""加工物品""在建工程"等科目，贷记本科目。

【做中学5-75】2021年12月16日，某单位通过政府集中采购方式购入专用设备一台，价款250 000元，运杂费600元，安装调试费800元，款项由财政直接支付。设备已验收交付使用，预计使用年限为10年，采用年限平均法计提固定资产折旧。根据"财政直接支付入账通知书"、购货发票、费用支付单、设备验收交付使用单、固定资产计提折旧计算单等，编制财务会计分录如下：

①设备交付使用时：

借：固定资产　　251 400

　贷：财政拨款收入　　251 400

②按月计提折旧额计算：

年折旧额=251 400÷10=25 140（元）

月折旧额=25 140÷12=2 095（元）

借：业务活动费用　　2 095

　贷：固定资产累计折旧　　2 095

【做中学5-76】2021年12月22日，某事业单位采用年限平均法计提本月固定资产折旧，各部门本月计提折旧额见表5-5。根据表5-5中的资料，编制财务会计分录如下：

表5-5　某事业单位各部门固定资产本月计提折旧额

部门类别	月折旧额
从事专业活动部门	678 000
行政管理部门	12 000
后勤部门	15 000
从事经营活动部门	8 000

借：业务活动费用——固定资产折旧费　　678 000

　　单位管理费用——固定资产折旧费　　27 000

　　经营费用——固定资产折旧费　　8 000

　贷：固定资产累计折旧　　713 000

（2）经批准处置或处理固定资产时，按照所处置或处理固定资产的账面价值，借记"资产处置费用""无偿调拨净资产""待处理财产损溢"等科目，按照已计提折旧，借记本科目，按照固定资产的账面余额，贷记"固定资产"科目。

二、工程物资的核算

（一）工程物资的概念

工程物资是指单位为在建工程准备的各种物资的成本，包括工程用材料、设备等。

（二）工程物资的科目设置

为了核算单位为在建工程准备的各种物资的成本，在资产要素类设置“工程物资”总账科目。本科目借方登记工程物资的增加数；贷方登记工程物资的减少数。本科目期末借方余额，反映单位为在建工程准备的各种物资的成本。

本科目可按照“库存材料”“库存设备”等工程物资类别进行明细核算。

（三）工程物资的主要账务处理

（1）购入为工程准备的物资，按照确定的物资成本，借记本科目，贷记“财政拨款收入”“零余额账户用款额度”“银行存款”“应付账款”等科目。

（2）领用工程物资，按照物资成本，借记“在建工程”科目，贷记本科目。工程完工后将领出的剩余物资退库时做相反的会计分录。

（3）工程完工后将剩余的工程物资转作本单位存货等的，按照物资成本，借记“库存物品”等科目，贷记本科目。

涉及增值税业务的，相关账务处理参见“应交增值税”科目。

【提示】相关学中做案例参见建筑安装工程投资的账务处理。

三、在建工程

（一）在建工程的概念

行政事业单位的在建工程是指单位在建的建设项目工程。单位在建的信息系统项目工程、公共基础设施项目工程、保障性住房项目工程也属于在建工程范围。

在建工程达到交付使用状态时，应当按照规定办理工程竣工财务决算和资产交付使用。

（二）在建工程的确认与计量

在建工程应当在属于在建工程的成本发生时确认。在建工程的成本应当区分以下情况确定：

（1）新建在建工程的成本，按照工程发生的全部必要支出确定。

（2）固定资产安装工程的成本，按照固定资产购买价格加上到达安装地点的其他费用以及安装成本确认。

（3）改扩建工程的成本，按照改扩建固定资产的账面价值加上改扩建净成本再减去拆除部分固定资产账面价值后的金额确定。

（4）从基建账中并入的在建工程的成本，按照基建账对应“在建工程”科目相关账户的金额确定。

（三）在建工程的科目设置

1. 总账科目设置

为了核算单位在建的建设项目工程的实际成本，在资产要素类设置“在建工程”总账科目。本科目借方登记资产建造过程中发生的料、工、费等；贷方登记工程完成结转数。本科目期末借方余额，反映单位尚未完工的建设项目工程发生的实际成本。

2.明细科目设置

本科目应当设置“建筑安装工程投资”“设备投资”“待摊投资”“其他投资”“待核销基建支出”“基建转出投资”等明细科目，并按照具体项目进行明细核算。

（1）“建筑安装工程投资”明细科目，核算单位发生的构成建设项目实际支出的建筑工程和安装工程的实际成本，不包括被安装设备本身的价值以及按照合同规定支付给施工单位的预付备料款和预付工程款。本明细科目应当设置“建筑工程”和“安装工程”两个明细科目进行明细核算。

（2）“设备投资”明细科目，核算单位发生的构成建设项目实际支出的各种设备的实际成本。

（3）“待摊投资”明细科目，核算单位发生的构成建设项目实际支出的、按照规定应当分摊计入有关工程成本和设备成本的各项间接费用与税费支出。本明细科目的具体核算内容包括以下方面：

①勘察费、设计费、研究试验费、可行性研究费及项目其他前期费用。

②土地征用及迁移补偿费、土地复垦及补偿费、森林植被恢复费及其他为取得土地使用权、租用权而发生的费用。

③土地使用税、耕地占用税、契税、车船税、印花税及按照规定缴纳的其他税费。

④项目建设管理费、代建管理费、临时设施费、监理费、招投标费、社会中介审计（审查）费及其他管理性质的费用。

项目建设管理费是指项目建设单位从项目筹建之日起至办理竣工财务决算之日止发生的管理性质的支出，包括不在原单位发工资的工作人员工资及相关费用、办公费、办公场地租用费、差旅交通费、劳动保护费、工具用具使用费、固定资产使用费、招募生产工人费、技术图书资料费（含软件）、业务招待费、施工现场津贴、竣工验收费等。

⑤项目建设期间发生的各类专门借款利息支出或融资费用。

⑥工程检测费、设备检验费、负荷联合试车费及其他检验检测类费用。

⑦固定资产损失、器材处理亏损、设备盘亏及毁损、单项工程或单位工程报废、毁损净损失及其他损失。

⑧系统集成等信息工程的费用支出。

⑨其他待摊性质支出。

本明细科目应当按照上述费用项目进行明细核算，其中有些费用（如项目建设管理费等），还应当按照更为具体的费用项目进行明细核算。

（4）“其他投资”明细科目，核算单位发生的构成建设项目实际支出的房屋购置支出，基本畜禽、林木等购置、饲养、培育支出，办公生活用家具、器具购置支出，软件研发和不能计入设备投资的软件购置等支出。单位为进行可行性研究而购置的固定资产，以及取得土地使用权支付的土地出让金，也通过本明细科目核算。本明细科目应当设置“房屋购置”“基本畜禽支出”“林木支出”“办公生活用家具、器具购置”“可行性研究固定资产购置”“无形资产”等明细科目。

（5）“待核销基建支出”明细科目，核算建设项目发生的江河清障、航道清淤、飞播造林、补助群众造林、水土保持、城市绿化、取消项目的可行性研究费以及项目整体报废等不能形成资产部分的基建投资支出。本明细科目应按照待核销基建支出的类别进行明细核算。

（6）“基建转出投资”明细科目，核算为建设项目配套而建成的、产权不归属本单位的专用设施的实际成本。本明细科目应按照转出投资的类别进行明细核算。

（四）在建工程的主要账务处理

1.建筑安装工程投资的账务处理

（1）将固定资产等资产转入改建、扩建等时，按照固定资产等资产的账面价值，借记本科目（建筑安装工程投资），按照已计提的折旧或摊销，借记“固定资产累计折旧”等科目，按照固定资产等资产的原值，贷记“固定资产”等科目。

固定资产等资产改建、扩建过程中涉及替换（或拆除）原资产的某些组成部分的，按照被替换（或拆除）部分的账面价值，借记“待处理财产损溢”科目，贷记本科目（建筑安装工程投资）。

【做中学5-77】2021年10月2日，某单位为改善办公条件，决定对一栋旧办公楼进行改建。其账面余额为3 600 000元，已计提折旧2 100 000元。根据办公楼改建审批文件、固定资产计提折旧计算单等，编制财务会计分录如下：

借：在建工程——建筑安装工程投资——建筑工程——办公楼　1 500 000
　　固定资产累计折旧　2 100 000
　贷：固定资产　3 600 000

（2）单位对于发包建筑安装工程，根据建筑安装工程价款结算账单与施工企业结算工程价款时，按照应承付的工程价款，借记本科目（建筑安装工程投资），按照预付工程款余额，贷记“预付账款”科目，按照其差额，贷记“财政拨款收入”“零余额账户用款额度”“银行存款”“应付账款”等科目。

【做中学5-78】2021年10月22日，某单位根据旧办公楼改建工程合同的约定，按工程进度支付工程款1 200 000元，通过单位零余额账户支付。根据工程款结算单、零余额账户支付凭证等，编制财务会计分录如下：

借：在建工程——建筑安装工程投资——建筑工程——办公楼　1 200 000
　贷：零余额账户用款额度　1 200 000

（3）单位自行施工的小型建筑安装工程，按照发生的各项支出金额，借记本科目（建筑安装工程投资），贷记“工程物资”“零余额账户用款额度”“银行存款”“应付职工薪酬”等科目。

【做中学5-79】2021年10月22日，某单位为房屋改造通过零余额账户购进各种材料并验收入库共计112 000元。根据购货单据、零余额账户支付凭证、材料入库单等，编制财务会计分录如下：

借：工程物资　112 000
　贷：零余额账户用款额度　112 000

【做中学5-80】2021年10月22日，某单位为房屋改造支付人工费用16 500元。根据支付单据、零余额账户支付凭证等，编制财务会计分录如下：

借：在建工程——建筑安装工程投资——建筑工程——办公楼　16 500
　贷：零余额账户用款额度　16 500

【做中学5-81】2021年12月26日，某单位为房屋改造领用材料，其成本112 000元。根据材料出库单等，编制财务会计分录如下：

借：在建工程——建筑安装工程投资——建筑工程——办公楼　112 000
　贷：工程物资　112 000

（4）工程竣工，办妥竣工验收交接手续交付使用时，按照建筑安装工程成本（含应分摊的待摊投资），借记“固定资产”等科目，贷记本科目（建筑安装工程投资）。

【做中学5-82】承【做中学5-77】至【做中学5-81】，2022年12月25日，该单位旧办公楼工程改造完成，验收合格并交付使用。根据办公楼验收合格交付使用单等，编制财务会计分录如下：

借：固定资产　2 828 500
　贷：在建工程——建筑安装工程投资——建筑工程——办公楼　2 828 500

2.设备投资的账务处理

（1）购入设备时，按照购入成本，借记本科目（设备投资），贷记“财政拨款收入”“零余额账户用款额度”“银行存款”等科目；采用预付款方式购入设备的，有关预付款的账务处理参照本科目有关“建筑安装工程投资”明细科目的规定。

【做中学5-83】2021年12月23日，某单位以财政授权支付方式购入需要安装的专用设备一套，购入成本为250 000元。根据零余额账户支付凭证、购货发票、设备验收单等，编制财务会计分录如下：

借：在建工程——设备投资　250 000
　贷：零余额账户用款额度　250 000

【做中学5-84】承【做中学5-83】，2021年12月25日，该单位以财政授权支付方式支付发生的安装费30 000元。根据零余额账户支付凭证、安装费结算单据等，编制财务会计分录如下：

借：在建工程——建筑安装工程投资——安装工程　30 000
　贷：零余额账户用款额度　30 000

（2）设备安装完毕，办妥竣工验收交接手续交付使用时，按照设备投资成本（含设备安装工程成本和分摊的待摊投资），借记“固定资产”等科目，贷记本科目（设备投资、建筑安装工程投资——安装工程）。

将不需要安装的设备和达不到固定资产标准的工具、器具交付使用时，按照相关设备、工具、器具的实际成本，借记“固定资产”“库存物品”科目，贷记本科目（设备投资）。

【做中学5-85】承【做中学5-84】，2021年12月25日，该单位购入的专用设备安装完工交付使用。根据设备验收合格交付使用单等，编制财务会计分录如下：

借：固定资产　280 000

贷：在建工程——设备投资 250 000

在建工程——建筑安装工程投资——安装工程 30 000

3.待摊投资的账务处理

建设工程发生的构成建设项目实际支出的、按照规定应当分摊计入有关工程成本与设备成本的各项间接费用和税费支出，先在本明细科目中归集；建设工程办妥竣工验收手续交付使用时，按照合理的分配方法，摊入相关工程成本、在安装设备成本等。

（1）单位发生的构成待摊投资的各类费用，按照实际发生金额，借记本科目（待摊投资），贷记“财政拨款收入”“零余额账户用款额度”“银行存款”“应付利息”“长期借款”“其他应交税费”“固定资产累计折旧”“无形资产累计摊销”等科目。

（2）对于建设过程中试生产、设备调试等产生的收入，按照取得的收入金额，借记“银行存款”等科目，按照依据有关规定应当冲减建设工程成本的部分，贷记本科目（待摊投资），按照其差额贷记“应缴财政款”或“其他收入”科目。

（3）由于自然灾害、管理不善等原因造成的单项工程或单位工程报废或毁损，扣除残料价值和过失人或保险公司等赔款后的净损失，报经批准后计入继续施工的工程成本的，按照工程成本扣除残料价值和过失人或保险公司等赔款后的净损失，借记本科目（待摊投资），按照残料变价收入、过失人或保险公司赔款等，借记“银行存款”“其他应收款”等科目，按照报废或毁损的工程成本，贷记本科目（建筑安装工程投资）。

（4）工程交付使用时，按照合理的分配方法分配待摊投资，借记本科目（建筑安装工程投资、设备投资），贷记本科目（待摊投资）。

【提示】待摊投资的分配方法，可按照下列公式计算：

①按照实际分配率分配。它适用于建设工期较短、整个项目的所有单项工程一次竣工的建设项目。

$$实际分配率=\frac{待摊投资明细}{科目余额}\div\left(\frac{建筑工程明细}{科目余额}+\frac{安装工程明细}{科目余额}+\frac{设备投资明细}{科目余额}\right)\times100\%$$

②按照概算分配率分配。它适用于建设工期长、单项工程分期分批建成投入使用的建设项目。

$$概算分配率=\left(\frac{概算中各待摊投资}{项目的合计数}-\frac{其中可直接}{分配部分}\right)\div\left(\frac{概算中建筑工程、安装}{工程和设备投资合计}\right)\times100\%$$

$$③\ \frac{某项固定资产应}{分配的待摊投资}=\frac{该项固定资产的建筑工程成本或该项固定}{资产（设备）的采购成本和安装成本合计}\times分配率$$

4.其他投资的账务处理

（1）单位为建设工程发生的房屋购置支出，基本畜禽、林木等的购置、饲养、培育支出，办公生活用家具、器具购置支出，软件研发和不能计入设备投资的软件购置等支出，按照实际发生金额，借记本科目（其他投资），贷记“财政拨款收入”“零余额账户用款额度”“银行存款”等科目。

（2）工程完成将形成的房屋、基本畜禽、林木等各种财产以及无形资产交付使用时，按照其实际成本，借记“固定资产”“无形资产”等科目，贷记本科目（其他投资）。

5.待核销基建支出的账务处理

（1）建设项目发生的江河清障、航道清淤、飞播造林、补助群众造林、水土保持、城市绿化等不能形成资产的各类待核销基建支出，按照实际发生金额，借记本科目（待核销基建支出），贷记“财政拨款收入”“零余额账户用款额度”“银行存款”等科目。

（2）取消的建设项目发生的可行性研究费，按照实际发生金额，借记本科目（待核销基建支出），贷记本科目（待摊投资）。

（3）由于自然灾害等原因发生的建设项目整体报废所形成的净损失，报经批准后转入待核销基建支出，按照项目整体报废所形成的净损失，借记本科目（待核销基建支出），按照报废工程回收的残料变价收入、保险公司赔款等，借记“银行存款”“其他应收款”等科目，按照报废的工程成本，贷记本科目（建筑安装工程投资等）。

（4）建设项目竣工验收交付使用时，对发生的待核销基建支出进行冲销，借记“资产处置费用”科目，贷记本科目（待核销基建支出）。

代建制项目的会计处理

6.基建转出投资的账务处理

为建设项目配套而建成的、产权不归属本单位的专用设施，在项目竣工验收交付使用时，按照转出的专用设施的成本，借记本科目（基建转出投资），贷记本科目（建筑安装工程投资）；同时，借记“无偿调拨净资产”科目，贷记本科目（基建转出投资）。

四、研发支出的核算

（一）研发支出概述

1.研发支出的概念

研发支出是指单位自行研究开发项目研究阶段和开发阶段发生的各项支出。

研发支出的应区分研究阶段支出与开发阶段支出。

（1）研究是指为获取并理解新的科学或技术知识而进行的独创性的有计划调查。

（2）开发是指在进行生产或使用前，将研究成果或其他知识应用于某项计划或设计，以生产出新的或具有实质性改进的材料、装置、产品等。

2.研发支出的确认与计量

（1）研究阶段的支出，应于发生时计入当期费用。

（2）开发阶段的支出，应先按合理方法进行归集，如果最终形成无形资产的，应当确认为无形资产；如果最终未形成无形资产的，应当计入当期费用。

（3）如果自行研究开发项目尚未进入开发阶段，或确实无法区分研究阶段支出和开发阶段支出，但按法律程序已申请取得无形资产的，应当将依法取得时发生的注册费、聘请律师费等费用确认为无形资产；依法取得前所发生的研究开发支出，应当计入当期费用。

【注意】建设项目中的软件研发支出，应当通过“在建工程”科目核算，不通过本科目核算。

（二）研发支出的科目设置

为了核算单位自行研究开发项目研究阶段和开发阶段发生的各项支出，在资产要素类设置“研发支出”总账科目。本科目借方登记研发支出的增加数；贷方登记研发支出的减少数。本科目期末借方余额，反映单位预计能达到预定用途的自行研究开发项目在开发阶段发生的累计支出数。

本科目应当按照自行研究开发项目，分别“研究支出”“开发支出”进行明细核算。

（三）研发支出的主要账务处理

自行研究开发项目的支出应区分研究阶段支出与开发阶段支出分别进行核算。

1. 研究阶段

自行研究开发项目研究阶段的支出，应当先在本科目归集。按照从事研究及其辅助活动人员计提的薪酬，研究活动领用的库存物品，发生的与研究活动相关的管理费、间接费和其他各项费用，借记本科目（研究支出），贷记“应付职工薪酬”“库存物品”“财政拨款收入”“零余额账户用款额度”“固定资产累计折旧”“银行存款”等科目。

期（月）末，应当将本科目归集的研究阶段的支出金额转入当期费用，借记“业务活动费用”等科目，贷记本科目（研究支出）。

2. 开发阶段

自行研究开发项目开发阶段的支出，先通过本科目进行归集。按照从事开发及其辅助活动人员计提的薪酬，开发活动领用的库存物品，发生的与开发活动相关的管理费、间接费和其他各项费用，借记本科目（开发支出），贷记“应付职工薪酬”“库存物品”“财政拨款收入”“零余额账户用款额度”“固定资产累计折旧”“银行存款”等科目。自行研究开发项目完成，达到预定用途形成无形资产的，按照本科目归集的开发阶段的支出金额，借记“无形资产”科目，贷记本科目（开发支出）。

单位应于每年年度终了评估自行研究开发项目是否能达到预定用途，如预计不能达到预定用途（如无法最终完成开发项目并形成无形资产的），应当将已发生的开发支出金额全部转入当期费用，借记“业务活动费用”等科目，贷记本科目（开发支出）。

自行研究开发项目时涉及增值税业务的，相关账务处理参见“应交增值税”科目。

【做中学5-86】2020年2月15日，某事业单位自行研发新冠疫苗专利，项目在研究阶段领用乙材料2 000千克，并采用个别计价法计算乙材料发出实际成本为280 000元，研究过程中支付12名研究人员劳务费共60 000元，并代扣个人所得税9 600元，并用银行存款发放劳务费50 400元；2020年10月15日，新冠疫苗进入开发阶段，该阶段通过零余额账户支付项目人员工资100 000元，领用B材料1 000千克并采用个别计价法计算B材料发出实际成本为300 000元；2021年2月5日，该专利技术开发完成，已经达到预定用途，并取得专利权。根据材料领用出库单、银行支付单、专利证书等，编制财务会计分录如下：

①研究阶段：

借：研发支出——研究支出	280 000	
贷：库存物品——乙材料		280 000
借：研发支出——研究支出	60 000	
贷：银行存款		50 400
其他应交税费——应交个人所得税		9 600

② 开发阶段：

借：研发支出——开发支出	300 000	
贷：库存物品——B材料		300 000
借：研发支出——开发支出	100 000	
贷：应付职工薪酬		100 000
借：应付职工薪酬	100 000	
贷：零余额账户用款额度		100 000

③2021年2月5日，专利技术开发完成，已经达到预定用途：

借：业务活动费用	340 000	
无形资产	400 000	
贷：研发支出——研究支出		340 000
研发支出——开发支出		400 000

五、无形资产

（一）无形资产的概念

无形资产是指单位控制的没有实物形态的可辨认非货币性资产，如专利权、商标权、著作权、土地使用权、非专利技术等。

（二）无形资产的确认与计量

1. 无形资产的确认

无形资产同时满足下列条件的，应当予以确认：

（1）与该无形资产相关的服务潜力很可能实现或者经济利益很可能流入政府会计主体。

（2）该无形资产的成本或者价值能够可靠地计量。政府会计主体在判断无形资产的服务潜力或经济利益是否很可能实现或流入时，应当对无形资产在预计使用年限内可能存在的各种社会、经济、科技因素做出合理估计，并且应当有确凿的证据支持。

无形资产应当在证明单位取得无形资产相关权利时确认。申请获得专利保护的无形资产，应当在获得专利权时确认；购买的无形资产，应当在购买完成、取得无形资产相关权利时确认；自行开发的无形资产（如非专利技术等），应当在开发的技术达到预定可使用状态时确认。

2. 无形资产的计量

无形资产按取得时的实际成本入账。取得无形资产的方式不同，入账价值的具体标准也不同。

（1）外购的无形资产，其成本包括购买价款、相关税费以及可归属于该项资产达到预定用途前所发生的其他支出。

（2）委托软件公司开发的软件，视同外购无形资产确定其成本。

（3）自行开发的无形资产，其成本包括自该项目进入开发阶段后至达到预定用途前所发生的支出总额。

（4）接受捐赠的无形资产，按照有关凭据注明的金额加上相关税费计价；没有相关凭据可供取得，但依法经过资产评估的，其成本应当按照评估价值加上相关税费确定；没有相关凭据可供取得，也未经评估的，其成本比照同类或类似资产的市场价格加上相关税费确定；没有相关凭据也未经评估，其同类或类似无形资产的市场价格无法可靠取得，所取得的无形资产应当按照名义金额入账，相关税费计入当期费用。

（5）无偿调入的无形资产，其成本按照调出方账面价值加上相关税费确定。

（6）置换取得的无形资产，按照换出资产的评估价值加上支付的补价或减去收到的补价，加上为换入无形资产支付的其他费用（登记费等）确定其成本入账。

（三）无形资产的科目设置

为了核算行政事业单位无形资产的原值，在资产要素类设置“无形资产”总账科目。本科目借方反映无形资产价值的增加数；贷方反映无形资产价值的减少数。本科目期末余额在借方，反映单位无形资产的成本。

【提示】非大批量购入、单价小于1 000元的无形资产，可以于购买的当期将其成本直接计入当期费用。

本科目应按无形资产类别、项目设立明细科目。

（四）无形资产的主要账务处理

1.无形资产取得的账务处理

（1）外购的无形资产，按照确定的成本，借记本科目，贷记“财政拨款收入”“零余额账户用款额度”“应付账款”“银行存款”等科目。

【做中学5-87】2021年12月22日，某单位购入一项土地使用权，价值650 000元，款项用银行存款支付。根据土地使用证复印件、银行支付单、购货发票等，编制财务会计分录如下：

借：无形资产——土地使用权　　650 000

　贷：银行存款　　650 000

（2）委托软件公司开发软件，视同外购无形资产进行处理。

合同中约定预付开发费用的，按照预付金额，借记“预付账款”科目，贷记“财政拨款收入”“零余额账户用款额度”“银行存款”等科目。

软件开发完成交付使用并支付剩余或全部软件开发费用时，按照软件开发费用总额，借记本科目，按照相关预付账款金额，贷记“预付账款”科目，按照支付的剩余金额，贷记“财政拨款收入”“零余额账户用款额度”“银行存款”等科目。

（3）自行研究开发形成的无形资产，按照自行研究开发项目进入开发阶段后至达到预定用途前所发生的支出总额，借记本科目，贷记“研发支出——开发支出”科目。

自行研究开发项目尚未进入开发阶段，或者确实无法区分研究阶段支出和开发阶段支出，但按照法律程序已申请取得无形资产的，按照依法取得时发生的注册费、聘请律师费等费用，借记本科目，贷记“财政拨款收入”“零余额账户用款额度”“银行存款”等科目；按照依法取得前所发生的研究开发支出，借记“业务活动费用”等科目，贷记“研发支出”科目。

【提示】相关做中学案例参见研发支出的账务处理。

（4）置换取得的无形资产，参照“库存物品”科目中置换取得库存物品的相关规定进行账务处理。

（5）接受捐赠的无形资产，按照确定的无形资产成本，借记本科目，按照发生的相关税费等，贷记“零余额账户用款额度”“银行存款”等科目，按照其差额，贷记“捐赠收入”科目。

接受捐赠的无形资产按照名义金额入账的，按照名义金额，借记本科目，贷记“捐赠收入”科目；同时，按照发生的相关税费等，借记“其他费用”科目，贷记“零余额账户用款额度”“银行存款”等科目。

【做中学5-88】2021年12月22日，某单位接受上级单位捐赠的著作权，评估价值为80 000元。根据捐赠协议和资产评估报告等，编制财务会计分录如下：

借：无形资产——著作权　　80 000

　贷：捐赠收入　　80 000

（6）无偿调入的无形资产，按照确定的无形资产成本，借记本科目，按照发生的相关税费等，贷记“零余额账户用款额度”“银行存款”等科目，按照其差额，贷记“无偿调拨净资产”科目。

无形资产取得时涉及增值税业务的，相关账务处理参见“应交增值税”科目。

2.无形资产处置的账务处理

（1）报经批准出售、转让无形资产，按照被出售、转让无形资产的账面价值，借记“资产处置费用”科目，按照无形资产已计提的摊销，借记“无形资产累计摊销”科目，按照无形资产账面余额，贷记本科目；同时，按照收到的价款，借记“银行存款”等科目，按照处置过程中发生的相关费用，贷记“银行存款”等科目，按照其差额，贷记“应缴财政款”［按照规定应上缴无形资产转让净收入的］或“其他收入”［按照规定将无形资产转让收入纳入本单位预算管理的］科目。

【做中学5-89】2021年12月22日，某单位经批准将一项专利权出售，该项专利权账面余额150 000元，已提摊销50 000元。出售价格为50 000元，款项已存入银行，出售时用现金支付发生的相关费用300元。根据专利权处置审批文件、资产出售合同协议、银行进账单等，编制财务会计分录如下：

①专利权出售时：

借：资产处置费用　　100 000

　　无形资产累计摊销　　50 000

　贷：无形资产　　150 000

②收到款项，支付相关费用时：

借：银行存款　　50 000

　贷：库存现金　　300

　　　应缴财政款　　49 700

（2）报经批准对外捐赠无形资产，按照无形资产已计提的摊销，借记“无形资产累计摊销”科目，按照被处置无形资产账面余额，贷记本科目，按照捐赠过程中发生的归属于捐出方的相关费用，贷记“银行存款”等科目，按照其差额，借记“资产处置费用”科目。

【做中学5-90】2021年12月22日，某单位经批准将“财务管理软件”捐赠给某贫困县，该项软件账面余额120 000元，已提摊销20 000元，发生调试费10 000元，通过零余额账户支付。根据捐赠协议、支付单据、零余额账户支付凭证等，编制财务会计分录如下：

借：资产处置费用　110 000

　　无形资产累计摊销　20 000

　贷：无形资产　120 000

　　　零余额账户用款额度　10 000

（3）报经批准无偿调出无形资产，按照无形资产已计提的摊销，借记“无形资产累计摊销”科目，按照被处置无形资产账面余额，贷记本科目，按照其差额，借记“无偿调拨净资产”科目；同时，按照无偿调出过程中发生的归属于调出方的相关费用，借记“资产处置费用”科目，贷记“银行存款”等科目。

（4）报经批准置换换出无形资产，参照“库存物品”科目中置换换入库存物品的规定进行账务处理。

3.与无形资产有关的后续支出的账务处理

（1）符合无形资产确认条件的后续支出。

为增加无形资产的使用效能对其进行升级改造或扩展其功能时，如需暂停对无形资产进行摊销的，按照无形资产的账面价值，借记“在建工程”科目，按照无形资产已摊销金额，借记“无形资产累计摊销”科目，按照无形资产的账面余额，贷记本科目。

无形资产后续支出符合无形资产确认条件的，按照支出的金额，借记本科目［无需暂停摊销的］或“在建工程”科目［需暂停摊销的］，贷记“财政拨款收入”“零余额账户用款额度”“银行存款”等科目。

暂停摊销的无形资产升级改造或扩展功能等完成交付使用时，按照在建工程成本，借记本科目，贷记“在建工程”科目。

（2）不符合无形资产确认条件的后续支出。

为保证无形资产正常使用发生的日常维护等支出，借记“业务活动费用”“单位管理费用”等科目，贷记“财政拨款收入”“零余额账户用款额度”“银行存款”等科目。

4.无形资产摊销的账务处理

按月计提无形资产摊销时，按照应计提的金额，借记“业务活动费用”或“单位管理费用”等科目，贷记“无形资产累计摊销”科目。

【提示】相关学中做案例参见本任务“五、无形资产”“（五）无形资产累计摊销”的账务处理。

5.无形资产核销的账务处理

无形资产预期不能为单位带来服务潜力或经济利益，按照规定报经批准核销时，按照待核销无形资产的账面价值，借记“资产处置费用”科目，按照已计提摊销，借记“无形资产累计摊销”科目，按照无形资产的账面余额，贷记本科目。

（五）无形资产累计摊销

1.无形资产累计摊销的概念及范围

（1）概念。无形资产累计摊销是单位对使用年限有限的无形资产计提的累计摊销。

摊销是指在无形资产使用寿命内，按照确定的方法对应摊销金额进行系统分摊。

（2）范围。单位应当对使用年限有限的无形资产进行摊销，但已摊销完毕仍继续使用的无形资产和以名义金额计量的无形资产除外。

【注意】使用年限不确定的无形资产不应摊销。

2. 无形资产摊销年限的确定

单位应当于取得或形成无形资产时合理确定其使用年限。无形资产的使用年限为有限的，应当估计该使用年限；无法预见无形资产为单位提供服务潜力或者带来经济利益期限的，应当视为使用年限不确定的无形资产。对于使用年限有限的无形资产，应按下列规定确定无形资产的摊销年限：

（1）法律规定了有效年限的，按照法律规定的有效年限作为摊销年限。

（2）法律没有规定有效年限的，按照相关合同或单位申请书中的受益年限作为摊销年限。

（3）法律没有规定有效年限、相关合同或单位申请书也没有规定受益年限的，按照不少于10年的期限摊销。

（4）非大批量购入、单价小于1 000元的无形资产，可以于购买的当期，一次将成本全部摊销。

3. 无形资产摊销方法

单位应当按月对使用年限有限的无形资产进行摊销，并根据用途计入当期费用或相关资产成本。

采用年限平均法或工作量法计提无形资产摊销。应摊销金额为其成本，不考虑预计残值。

（1）年限平均法。年限平均法又称直线法，是指将无形资产的应摊销金额均衡地分摊到无形资产有限使用年限内的方法。采用这种方法计算的每期摊销额相等。其计算公式如下：

$$年摊销额=无形资产原值\div预计使用年限$$

$$月摊销额=无形资产年摊销额\div12$$

（2）工作量法。工作量法是根据实际工作量计算每期应计提摊销额的一种方法。其计算公式为：

$$单位工作量摊销额=无形资产原值\div预计总工作量$$

$$某项无形资产月摊销额=该项无形资产当月工作量\times单位工作量摊销额$$

4. 无形资产摊销时点

（1）单位应当自无形资产取得当月起，按月计提摊销；无形资产减少的当月，不再计提摊销。

（2）无形资产提足摊销后，无论能否继续带来服务潜力或经济利益，均不再计提摊销；核销的无形资产，如果未提足摊销，也不再补提摊销。

（3）因发生后续支出而增加无形资产成本的，应当按照重新确定的无形资产成本，重新计算摊销额。

5.无形资产累计摊销的科目设置

为了核算单位对使用年限有限的无形资产计提的累计摊销，在资产要素类设“无形资产累计摊销”总账科目。本科目贷方登记应计提的累计摊销金额；借方登记无形资产处置时已计提的无形资产摊销数。本科目期末贷方余额，反映单位计提的无形资产摊销累计数。

本科目应当按照所对应无形资产的明细分类进行明细核算。

6.无形资产累计摊销的主要账务处理

（1）按月对无形资产进行摊销时的账务处理。

按照应摊销金额，借记“业务活动费用”“单位管理费用”“加工物品”“在建工程”等科目，贷记本科目。

【做中学5-91】2021年12月，某行政单位按规定计算出应计提无形资产摊销额2 800元。根据无形资产计提摊销计算单，编制财务会计分录如下：

借：业务活动费用	2 800	
贷：无形资产累计摊销		2 800

（2）批准处置无形资产时的账务处理。

按照所处置无形资产的账面价值，借记“资产处置费用”“无偿调拨净资产”“待处理财产损溢”等科目，按照已计提摊销，借记本科目，按照无形资产的账面余额，贷记“无形资产”科目。

六、长期投资

（一）长期投资概述

1.长期投资的概念

长期投资是指事业单位依法取得的，持有时间超过1年（不含1年）的股权和债权性质的投资。长期投资分为长期债券投资和长期股权投资。

2.长期投资的分类

（1）长期投资按投资的对象分类有债券投资和股权投资。债券投资也叫债权投资，是指以购买国库券、企业债券、金融债券等方式而进行的对外投资。事业单位的债券投资主要指国债投资。

股权投资是指通过投资取得被投资单位的股份，即企业（或者个人）购买的其他企业（准备上市、未上市公司）的股票或以货币资金、无形资产和其他实物资产直接投资其他单位，最终目的是获得较大的经济利益。这种经济利益可以通过分得利润或股利获取，也可以通过其他方式取得。事业单位的股权投资主要指长期股权投资。

长期股权投资是指事业单位按照规定取得的，持有时间超过1年（不含1年）的股权性质的投资。其特点是长期持有、收益高与风险大并存、不能随时出售。

（2）长期投资按投资的形式分类有货币性投资、实物性投资和无形资产投资。

3.长期投资的有关规定

事业单位应当严格控制对外投资。利用国有资产对外投资应当有利于事业发展和实现国有资产保值增值，符合国家有关规定，经可行性研究和集体决策，按照规定的权限和程序进行。

事业单位应当明确对外投资形成的股权及其相关权益管理责任，按照国家有关规定将对外投资形成的股权纳入经营性国有资产集中统一监管体系。

【提示】事业单位不得使用财政拨款及其结余进行对外投资，不得从事股票、期货、基金、企业债券等投资，国家另有规定的除外。

（二）长期投资的确认与计量

1. 长期投资的确认

长期债券投资在实际取得债券凭据证明时确认，实际支付价款中包含的已到付息期但尚未领取的债券利息，应当单独确认为应收利息，不计入长期债券投资初始投资成本；长期股权投资在取得股权认购协议或合同文件时确认。

2. 长期投资的计量

（1）长期股权投资入账价值的确认。

①长期股权投资在取得时，应当按照其实际成本作为初始投资成本。

以支付现金取得的长期股权投资，按照实际支付的全部价款（包括购买价款和相关税费）作为实际成本。实际支付价款中包含的已宣告但尚未发放的现金股利，应当单独确认为应收股利，不计入长期股权投资初始投资成本。

以现金以外的其他资产置换取得的长期股权投资，其成本按照换出资产的评估价值加上支付的补价或减去收到的补价，加上换入长期股权投资发生的其他相关支出确定。

接受捐赠的长期股权投资，其成本按照有关凭据注明的金额加上相关税费确定；没有相关凭据可供取得，但按规定经过资产评估的，其成本按照评估价值加上相关税费确定；没有相关凭据可供取得也未经资产评估的，其成本比照同类或类似资产的市场价格加上相关税费确定。

无偿调入的长期股权投资，其成本按照调出方账面价值加上相关税费确定。

【提示】长期股权投资在持有期间，通常应当采用权益法进行核算。政府会计主体无权决定被投资单位的财务和经营政策或无权参与被投资单位的财务和经营政策决策的，应当采用成本法进行核算。成本法是指投资按照投资成本计量的方法。权益法是指投资最初以投资成本计量，以后根据政府会计主体在被投资单位所享有的所有者权益份额的变动对投资的账面余额进行调整的方法。

②按规定报经批准处置长期股权投资，应当冲减长期股权投资的账面余额，并按规定将处置价款扣除相关税费后的余额做应缴款项处理，或者按规定将处置价款扣除相关税费后的余额与长期股权投资账面余额的差额计入当期投资损益。采用权益法核算的长期股权投资，因被投资单位除净损益和利润分配以外的所有者权益变动而将应享有的份额计入净资产的，处置该项投资时，还应当将原计入净资产的相应部分转入当期投资损益。

（2）长期债券投资入账价值的确认。

长期债券投资在取得时，应当按照其实际成本作为投资成本。

①以货币资金购入的长期债券投资，按照实际支付的全部价款（包括购买价款以及税金、手续费等相关税费）作为投资成本确定其价值。

长期债券投资持有期间，应当按期以票面金额与票面利率计算确认利息收入。对于分期付息、一次还本的长期债券投资，应当将计算确定的应收未收利息确认为应收利息，计入投资收益；对于一次还本付息的长期债券投资，应当将计算确定的应收未收利息计入投资收益，并增加长期债券投资的账面余额。

②对外转让或到期收回长期债券投资时，按照收回长期投资的成本确定其价值。将实际收到的价款扣除长期债券投资账面余额和相关税费后的差额计入投资损益。

（三）长期投资的科目设置

为了核算事业单位按照规定取得的，持有时间超过1年（不含1年）的股权和债权性质的投资，在资产要素类分别设置“长期股权投资”和“长期债券投资”总账科目。借方登记取得的长期股权或债券投资增加数；贷方登记长期股权或债券投资的收回、核销等减少数。本科目期末借方余额，反映事业单位持有的长期股权或债券投资的价值。

“长期股权投资”应当按照被投资单位和长期股权投资取得方式等进行明细核算。长期股权投资采用权益法核算的，还应当按照“成本”“损益调整”“其他权益变动”设置明细科目，进行明细核算。

“长期债券投资”应当设置“成本”和“应计利息”明细科目，并按照债券投资的种类进行明细核算。

（四）长期股权投资的主要账务处理

1.取得长期股权投资的账务处理

（1）以现金取得的长期股权投资，按照确定的投资成本，借记本科目或本科目（成本），按照支付的价款中包含的已宣告但尚未发放的现金股利，借记“应收股利”科目，按照实际支付的全部价款，贷记“银行存款”等科目。

实际收到取得投资时所支付价款中包含的已宣告但尚未发放的现金股利时，借记“银行存款”科目，贷记“应收股利”科目。

【做中学5-92】2021年12月22日，某事业单位向甲企业投资2 000 000元，取得股权，发生相关税费15 000元。根据投资协议、银行转账支票存根等，编制财务会计分录如下：

借：长期股权投资	2 015 000	
贷：银行存款		2 015 000

（2）以现金以外的其他资产置换取得的长期股权投资，参照“库存物品”科目中置换取得库存物品的相关规定进行账务处理。按照确定的成本，借记本科目，按照换出资产的账面余额，贷记相关资产科目（换出资产为固定资产、无形资产的，还应当借记“固定资产累计折旧”“无形资产累计摊销”科目），按照置换过程中发生的其他相关支出，贷记“银行存款”等科目，按照借贷方差额，借记“资产处置费用”科目或贷记“其他收入”科目。涉及补价的，分别以下情况处理：

① 支付补价的，按照确定的成本，借记本科目，按照换出资产的账面余额，贷记相关资产科目（换出资产为固定资产、无形资产的，还应当借记“固定资产累计折旧”“无形资产累计摊销”科目），按照支付的补价和置换过程中发生的其他相关支出，贷记“银行存款”等科目，按照借贷方差额，借记“资产处置费用”科目或贷记“其他收

入”科目。

② 收到补价的，按照确定的成本，借记本科目，按照收到的补价，借记“银行存款”等科目，按照换出资产的账面余额，贷记相关资产科目（换出资产为固定资产、无形资产的，还应当借记“固定资产累计折旧”“无形资产累计摊销”科目），按照置换过程中发生的其他相关支出，贷记“银行存款”等科目，按照补价扣减其他相关支出后的净收入，贷记“应缴财政款”科目，按照借贷方差额，借记“资产处置费用”科目或贷记“其他收入”科目。

【做中学5-93】2021年10月22日，某事业单位按协议规定，以房屋一座对甲企业进行投资，取得其股权，房屋原价为8 000 000元，已提折旧600 000元，评估价为9 000 000元，用银行存款支付相关税费20 000元。根据投资协议、评估报告、银行转账支票存根等，编制财务会计分录如下：

借：长期股权投资	9 020 000	
固定资产累计折旧	600 000	
贷：固定资产		8 000 000
银行存款		20 000
其他收入		1 600 000

【做中学5-94】2021年12月22日，某事业单位按协议规定以MY专利权向甲企业进行投资，取得其股权，该专利权账面原价为500 000元，合同确认价值为400 000元，累计摊销200 000元，用银行存款支付相关税费5 000元。根据投资协议、银行转账支票存根等，编制财务会计分录如下：

借：长期股权投资	405 000	
无形资产累计摊销	200 000	
贷：无形资产		500 000
银行存款		5 000
其他收入		100 000

（3）以未入账的无形资产取得的长期股权投资，按照评估价值加相关税费作为投资成本，借记本科目，按照发生的相关税费，贷记“银行存款”“其他应交税费”等科目，按其差额，贷记“其他收入”科目。

【做中学5-95】承【做中学5-94】，假如2021年12月22日按协议规定以MY专利权向甲企业进行投资，取得其股权，该专利权没有账面价值，合同确认价值为400 000元，用银行存款支付相关税费5 000元。根据投资协议、银行转账支票存根等，编制财务会计分录如下：

借：长期股权投资	405 000	
贷：银行存款		5 000
其他收入		400 000

（4）接受捐赠的长期股权投资，按照确定的投资成本，借记本科目或本科目（成本），按照发生的相关税费，贷记“银行存款”等科目，按照其差额，贷记“捐赠收入”科目。

（5）无偿调入的长期股权投资，按照确定的投资成本，借记本科目或本科目（成本），按照发生的相关税费，贷记“银行存款”等科目，按照其差额，贷记“无偿调拨净资产”科目。

2.持有长期股权投资期间的账务处理

持有长期股权投资期间，应当按照规定采用成本法或权益法进行核算

（1）采用成本法核算 。

① 被投资单位宣告发放现金股利或利润时，按照应收的金额，借记“应收股利”科目，贷记“投资收益”科目。

② 收到现金股利或利润时，按照实际收到的金额，借记“银行存款”等科目，贷记“应收股利”科目。

【做中学5-96】某事业单位2020年12月30日以1 000 000元的价格购入甲有限责任公司5%的股权，在购买过程中支付相关税费25 000元。该单位在取得甲公司的股权后，未以任何方式参与甲公司的财务和生产经营决策。该单位在取得股权投资后，2021年甲公司实现净利润6 000 000元，向股东分配利润3 000 000元。根据购买股权协议、银行支付单等，编制财务会计分录如下：

① 取得投资时：

借：长期股权投资——甲公司　　1 025 000

　贷：银行存款　　1 025 000

②从甲公司分得2021年利润时：

借：应收股利　　150 000

　贷：投资收益　　150 000

③ 实际收到从甲公司分得2021年利润时：

借：银行存款　　150 000

　贷：应收股利　　150 000

（2）采用权益法核算。

① 被投资单位实现净利润的，按照应享有的份额，借记本科目（损益调整），贷记“投资收益”科目。

② 被投资单位发生净亏损的，按照应分担的份额，借记“投资收益”科目，贷记本科目（损益调整），但以本科目的账面余额减记至零为限。发生亏损的被投资单位以后年度又实现净利润的，按照收益分享额弥补未确认的亏损分担额等后的金额，借记本科目（损益调整），贷记“投资收益”科目。

③ 被投资单位宣告分派现金股利或利润的，按照应享有的份额，借记“应收股利”科目，贷记本科目（损益调整）。

④ 被投资单位发生除净损益和利润分配以外的所有者权益变动的，按照应享有或应分担的份额，借记或贷记“权益法调整”科目，贷记或借记本科目（其他权益变动）。

【做中学5-97】某事业单位拥有A公司60%的股权，能够对A公司的财务和经营决策产生较大影响。2020年12月31日，其长期股权投资账面余额为12 000 000元，包括投资成本以及因A公司以前年度实现净利润而确认的投资收益。A公司2021年实现净利

润6 000 000元，向股东分配利润3 000 000元。2022年2月，收到A公司分配的2021年利润1 800 000元。根据投资协议及A公司利润表和利润分配实施方案等，编制财务会计分录如下：

① 按照2021年净利润确认长期股权投资应享有的份额时：

借：长期股权投资——损益调整　　3 600 000

　贷：投资收益　　3 600 000

②按照2021年分配的净利润确认应收股利时：

借：应收股利　　1 800 000

　贷：长期股权投资——损益调整　　1 800 000

③2022年2月收到分配的2021年利润时：

借：银行存款　　1 800 000

　贷：应收股利　　1 800 000

（3）成本法与权益法的转换。

①单位因处置部分长期股权投资等原因而对处置后的剩余股权投资由权益法改按成本法核算的，应当按照权益法下本科目账面余额作为成本法下本科目账面余额（成本）。

其后，被投资单位宣告分派现金股利或利润时，属于单位已计入投资账面余额的部分，按照应分得的现金股利或利润份额，借记“应收股利”科目，贷记本科目。

②单位因追加投资等原因对长期股权投资的核算从成本法改为权益法的，应当按照成本法下本科目账面余额与追加投资成本的合计金额，借记本科目（成本），按照成本法下本科目账面余额，贷记本科目，按照追加投资的成本，贷记“银行存款”等科目。

3.按照规定报经批准处置长期股权投资

（1）按照规定报经批准出售（转让）长期股权投资时，应当区分长期股权投资取得方式分别进行处理。

① 处置以现金取得的长期股权投资，按照实际取得的价款，借记“银行存款”等科目，按照被处置长期股权投资的账面余额，贷记本科目，按照尚未领取的现金股利或利润，贷记“应收股利”科目，按照发生的相关税费等支出，贷记“银行存款”等科目，按照借贷方差额，借记或贷记“投资收益”科目。

② 处置以现金以外的其他资产取得的长期股权投资，按照被处置长期股权投资的账面余额，借记“资产处置费用”科目，贷记本科目；同时，按照实际取得的价款，借记“银行存款”等科目，按照尚未领取的现金股利或利润，贷记“应收股利”科目，按照发生的相关税费等支出，贷记“银行存款”等科目，按照贷方差额，贷记“应缴财政款”科目。按照规定将处置时取得的投资收益纳入本单位预算管理的，应当按照所取得价款大于被处置长期股权投资账面余额、应收股利账面余额和相关税费支出合计的差额，贷记“投资收益”科目。

【做中学5-98】2021年12月22日，某事业单位报经批准转让对乙企业的部分长期股权投资（以固定资产投资），账面余额为10 000 000元，转让价为15 000 000元，款项已存入银行，并用银行存款支付转让过程中实际发生的有关费用30 000元。根据投资协议、银行进账单、银行转账支票存根等，编制财务会计分录如下：

借：资产处置费用　　10 000 000
　贷：长期股权投资　　10 000 000
借：银行存款　　15 000 000
　贷：银行存款　　30 000
　　投资收益　　4 970 000
　　应缴财政款　　10 000 000

（2）因被投资单位破产清算等原因，有确凿证据表明长期股权投资发生损失，按照规定报经批准后予以核销时，按照予以核销的长期股权投资的账面余额，借记“资产处置费用”科目，贷记本科目。

【做中学5-99】2021年12月22日，某事业单位收到乙企业破产清算的文件，其对乙企业的长期股权投资账面余额为18 000 000元，按规定报经批准后予以核销。根据企业破产清算文件、上级单位或同级财政批准核销文件等，编制财务会计分录如下：

借：资产处置费用　　18 000 000
　贷：长期股权投资　　18 000 000

（3）报经批准置换转出长期股权投资时，参照“库存物品”科目中置换换入库存物品的规定进行账务处理。

（4）采用权益法核算的长期股权投资的处置，除进行上述账务处理外，还应结转原直接计入净资产的相关金额，借记或贷记“权益法调整”科目，贷记或借记“投资收益”科目。

【做中学5-100】2021年12月6日，某事业单位以一套自制使用的专用设备和现金1 000 000元向某一创新企业投资，该套专用设备的账面余额为600 000元，已提折旧100 000元，经评估该套设备评估价格（不含税）为1 000 000元，用固定资产投资发生的应交增值税税额为30 000元。投资后该事业单位占该被投资企业的股权比例为20%，有权对其参与经营决策，并按照股权比例享有净利润和其他所有者权益。该被投资企业投资后第一年实现净利润1 000 000元；第二年实现净利润2 300 000元且其他所有者权益增加500 000元；第三年实现净利润2 500 000元并分配现金股利2 000 000元；第四年该事业单位按照上级要求全部撤出该股权投资，获得撤资款3 000 000元（处置投资资产净收入中的股权投资账面余额上缴财政，收益留归单位）。根据固定资产投资批准报告、投资协议、评估报告、上级撤资文件、税费交款凭据等，编制财务会计分录如下：

① 登记投资成本2 030 000元（1 000 000+1 000 000+30 000）和注销固定资产账面余额：

借：长期股权投资——成本　　2 030 000
　　固定资产累计折旧　　100 000
　贷：银行存款　　1 000 000
　　固定资产　　600 000
　　应交增值税　　30 000
　　其他收入　　500 000

② 交纳投资产生的增值税30 000元：

借：应交增值税	30 000	
贷：银行存款		30 000

③ 投资后第一年记账（享有净利润200 000元）：

借：长期股权投资——损益调整	200 000	
贷：投资收益		200 000

④ 投资后第二年记账（享有净利润460 000元，享有其他所有者权益100 000元）：

借：长期股权投资——损益调整	460 000	
——其他权益变动	100 000	
贷：投资收益		460 000
权益法调整		100 000

⑤ 投资后第三年记账（享有净利润500 000元，现金股利400 000元）：

借：长期股权投资——损益调整	500 000	
贷：投资收益		500 000

宣告派发现金股利：

借：应收股利	400 000	
贷：长期股权投资——损益调整		400 000

收到现金股利：

借：银行存款	400 000	
贷：应收股利		400 000

⑥ 撤资及收到撤资款3 000 000元：

投资资产账面余额=成本2 030 000元+损益调整760 000元+其他权益变动100 000元
=2 890 000（元）

借：资产处置费用	2 890 000	
贷：长期股权投资——成本		2 030 000
——损益调整		760 000
——其他权益变动		100 000
借：银行存款	3 000 000	
贷：投资收益		110 000
应缴财政款		2 890 000

⑦ 将资产处置收入上缴国库（2 890 000元）：

借：应缴财政款	2 890 000	
贷：银行存款		2 890 000

⑧ 恢复因股权投资中其他所有者权益变动产生的投资收益（100 000元）：

借：权益法调整	100 000	
贷：投资收益		100 000

（五）长期债券投资的主要账务处理

1.取得长期债券投资时的账务处理

取得长期债券投资时，按照确定的投资成本，借记本科目（成本），按照支付的价款中包含的已到付息期但尚未领取的利息，借记“应收利息”科目，按照实际支付的金额，贷记“银行存款”等科目。

实际收到取得债券时所支付价款中包含的已到付息期但尚未领取的利息时，借“银行存款”科目，贷记“应收利息”科目。

【做中学5-101】2021年12月1日，某事业单位购入发行的3年期国债20 000元，年利率为5.2%，并用银行存款支付相应的手续费60元。根据国债复印件、银行支付单等，编制财务会计分录如下：

借：长期债券投资　　　　　20 060

　贷：银行存款　　　　　　　　20 060

2.长期债券投资持有期间的账务处理

按期以债券票面金额与票面利率计算确认利息收入时，如为到期一次还本付息的债券投资，借记本科目（应计利息），贷记“投资收益”科目；如为分期付息、到期一次还本的债券投资，借记“应收利息”科目，贷记“投资收益”科目。

收到分期支付的利息时，按照实收的金额，借记“银行存款”等科目，贷记“应收利息”科目。

3.到期收回长期债券投资时的账务处理

按照实际收到的金额，借记“银行存款”科目，按照长期债券投资的账面余额，贷记本科目，按照相关应收利息金额，贷记“应收利息”科目，按照其差额，贷记“投资收益”科目。

4.对外出售长期债券投资时的账务处理

按照实际收到的金额，借记“银行存款”科目，按照长期债券投资的账面余额，贷记本科目，按照已记入“应收利息”科目但尚未收取的金额，贷记“应收利息”科目，按照其差额，贷记或借记“投资收益”科目。涉及增值税业务的，相关账务处理参见“应交增值税”科目。

【做中学5-102】承【做中学5-101】，假如该单位急用资金，将该国债于2021年12月10日出售，取得价款20 500元，款项已存入银行。根据国债出售审批文件、国债兑付及利息结算单、银行进账单等，编制财务会计分录如下：

借：银行存款　　　　　20 500

　贷：长期债券投资　　　　　20 060

　　　投资收益　　　　　　　　440

【做中学5-103】某事业单位12月1日用银行存款600 000元购买了600 000元面值的3年期国债，年利率为5%，到期一次还本付息，另外用银行存款支付了手续费等2 000元；3年后国债到期兑付全部收回本息。根据国债复印件、银行支付单、国债兑付及利息结算单、银行进账单等，编制财务会计分录如下：

① 购买国债（成本=600 000+2 000=602 000（元））：

借：长期债券投资——成本 602 000

贷：银行存款 602 000

② 月末计息（600 000×0.05÷12=2 500（元））：

借：长期债券投资——应计利息 2 500

贷：投资收益 2 500

③ 到期收回本息（600 000+90 000=690 000（元））

借：银行存款 690 000

投资收益 2 000

贷：长期债券投资——成本 602 000

应收利息 90 000

七、政府储备物资

（一）政府储备物资的概念

政府储备物资是指政府会计主体为满足实施国家安全与发展战略、进行抗灾救灾、应对公共突发事件等特定公共需求而控制的，同时具有下列特征的有形资产：①在应对可能发生的特定事件或情形时动用；②其购入、存储保管、更新（轮换）、动用等由政府及相关部门发布的专门管理制度规范。

政府储备物资包括战略及能源物资、抢险抗灾救灾物资、农产品、医药物资和其他重要商品物资，通常情况下由政府会计主体委托承储单位存储。

（二）政府储备物资的确认与计量

1. 政府储备物资的确认

政府储备物资应当在其到达存放地点并验收时确认。政府储备物资同时满足下列条件的，应当予以确认：

（1）与该政府储备物资相关的服务潜力很可能实现或者经济利益很可能流入政府会计主体。

（2）该政府储备物资的成本或者价值能够可靠地计量。

2. 政府储备物资的计量

（1）取得政府储备物资时，应当按照其成本入账。

① 购入的政府储备物资，其成本包括购买价款和政府会计主体承担的相关税费、运输费、装卸费、保险费、检测费以及使政府储备物资到达目前场所和达到目前状态所发生的归属于政府储备物资成本的其他支出。

② 委托加工的政府储备物资，其成本包括委托加工前物料成本、委托加工的成本（如委托加工费以及按规定应计入委托加工政府储备物资成本的相关税费等）以及政府会计主体承担的使政府储备物资到达目前场所和达到目前状态所发生的归属于政府储备物资成本的其他支出。

③ 接受捐赠的政府储备物资，其成本按照有关凭据注明的金额加上政府会计主体承担的相关税费、运输费等确定；没有相关凭据可供取得，但按规定经过资产评估的，其成本按照评估价值加上政府会计主体承担的相关税费、运输费等确定；没有相关凭据

可供取得也未经资产评估的，其成本比照同类或类似资产的市场价格加上政府会计主体承担的相关税费、运输费等确定。

④ 接受无偿调入的政府储备物资，其成本按照调出方账面价值加上归属于政府会计主体的相关税费、运输费等确定。

（2）政府储备物资发出时，应当根据实际情况采用先进先出法、加权平均法或者个别计价法确定政府储备物资发出的成本。计价方法一经确定，不得随意变更。

对于性质和用途相似的政府储备物资，政府会计主体应当采用相同的成本计价方法确定发出物资的成本。对于不能替代使用的政府储备物资、为特定项目专门购入或加工的政府储备物资，政府会计主体通常应采用个别计价法确定发出物资的成本。

（3）盘盈的政府储备物资，其成本按照有关凭据注明的金额确定；没有相关凭据，但按规定经过资产评估的，其成本按照评估价值确定；没有相关凭据也未经资产评估的，其成本按照重置成本确定。

（三）政府储备物资的科目设置

为了核算单位控制的政府储备物资的成本，在资产要素类设置“政府储备物资”总账科目。本科目借方登记购入或取得政府储备物资的实际成本；贷方登记政府储备物资发出的实际成本。本科目期末借方余额，反映单位管理的政府储备物资的成本。

本科目应当按照政府储备物资的种类、品种、存放地点等进行明细核算。单位根据需要，可在本科目下设置“在库”“发出”等明细科目进行明细核算。

【提示】对政府储备物资不负有行政管理职责但接受委托具体负责执行其存储保管等工作的单位，其受托代储的政府储备物资应当通过“受托代理资产”科目核算，不通过“政府储备物资”科目核算。

（四）政府储备物资的主要账务处理

1. 取得政府储备物资的账务处理

（1）购入的政府储备物资验收入库，按照确定的成本，借记本科目，贷记“财政拨款收入”“零余额账户用款额度”“银行存款”等科目。

【做中学5-104】2021年12月22日，某单位通过零余额账户购入一批抗震救灾政府储备物资，其含税价款共计135 680元，物资已验收入库。根据购货发票、入库单、零余额账户支付凭证等，编制财务会计分录如下：

借：政府储备物资　　135 680

　贷：零余额账户用款额度　　135 680

（2）涉及委托加工政府储备物资业务的，相关账务处理参照“加工物品”科目。

（3）接受捐赠的政府储备物资验收入库，按照确定的成本，借记本科目，按照单位承担的相关税费、运输费等，贷记“零余额账户用款额度”“银行存款”等科目，按照其差额，贷记“捐赠收入”科目。

（4）接受无偿调入的政府储备物资验收入库，按照确定的成本，借记本科目，按照单位承担的相关税费、运输费等，贷记“零余额账户用款额度”“银行存款”等科目，按照其差额，贷记“无偿调拨净资产”科目。

【做中学5-105】2021年12月22日，某行政单位收到无偿调入的一批抗击新冠肺炎疫情的医用物资已入库，调出方账面价值为135 680元，通过零余额账户支付运输费1 320元，物资已验收入库。根据医用物资调拨单、入库单、零余额账户支付凭证等，编制财务会计分录如下：

借：政府储备物资 137 000

　贷：零余额账户用款额度 1 320

　　无偿调拨净资产 135 680

2.政府储备物资发出时的账务处理

（1）因动用而发出无须收回的政府储备物资的，按照发出物资的账面余额，借记“业务活动费用”科目，贷记本科目。

【做中学5-106】承【做中学5-105】，该单位将管理的抗击新冠肺炎疫情的医用物资从本单位仓库发往医院，发出后不需收回。用个别计价法计算出该批医用物资成本为130 000元。根据医用物资出库单等，编制财务会计分录如下：

借：业务活动费用 130 000

　贷：政府储备物资 130 000

（2）因动用而发出需要收回或者预期可能收回的政府储备物资的，在发出物资时，按照发出物资的账面余额，借记本科目（发出），贷记本科目（在库）；按照规定的质量验收标准收回物资时，按照收回物资原账面余额，借记本科目（在库），按照未收回物资的原账面余额，借记“业务活动费用”科目，按照物资发出时登记在本科目所属“发出”明细科目中的余额，贷记本科目（发出）。

（3）因行政管理主体变动等原因而将政府储备物资调拨给其他主体的，按照无偿调出政府储备物资的账面余额，借记“无偿调拨净资产”科目，贷记本科目。

（4）对外销售政府储备物资并将销售收入纳入单位预算统一管理的，发出物资时，按照发出物资的账面余额，借记“业务活动费用”科目，贷记本科目；实现销售收入时，按照确认的收入金额，借记“银行存款”“应收账款”等科目，贷记“事业收入”等科目。

对外销售政府储备物资并按照规定将销售净收入上缴财政的，发出物资时，按照发出物资的账面余额，借记“资产处置费用”科目，贷记本科目；取得销售价款时，按照实际收到的款项金额，借记“银行存款”等科目，按照发生的相关税费，贷记“银行存款”等科目，按照销售价款大于所承担的相关税费后的差额，贷记“应缴财政款”科目。

3.政府储备物资清查盘点的账务处理

单位应当定期对政府储备物资进行清查盘点，每年至少盘点一次。对于发生的政府储备物资盘盈、盘亏或者报废、毁损，应当先记入“待处理财产损溢”科目，按照规定报经批准后及时进行后续账务处理。

（1）盘盈的政府储备物资，按照确定的入账成本，借记本科目，贷记“待处理财产损溢”科目。

（2）盘亏或者毁损、报废的政府储备物资，按照待处理政府储备物资的账面余额，借记“待处理财产损溢”科目，贷记本科目。

八、公共基础设施

（一）公共基础设施概述

1.公共基础设施的概念

公共基础设施是指政府会计主体为满足社会公共需求而控制的，同时具有以下特征的有形资产：①是一个有形资产系统或网络的组成部分；②具有特定用途；③一般不可移动。

2.公共基础设施的内容

公共基础设施主要包括市政基础设施（如城市道路、桥梁、隧道、公交场站、路灯、广场、公园绿地、室外公共健身器材，以及环卫、排水、供水、供电、供气、供热、污水处理、垃圾处理系统等）、交通基础设施（如公路、航道、港口等）、水利基础设施（如大坝、堤防、水闸、泵站、渠道等）和其他公共基础设施。

（二）公共基础设施的确认与计量

1.公共基础设施的确认

公共基础设施同时满足下列条件的，应当予以确认：①与该公共基础设施相关的服务潜力很可能实现或者经济利益很可能流入政府会计主体；②该公共基础设施的成本或者价值能够可靠地计量。

【提示】多个政府会计主体共同管理维护的公共基础设施，应当由对该资产负有主要管理维护职责或者承担后续主要支出责任的政府会计主体予以确认。

分为多个组成部分由不同政府会计主体分别管理维护的公共基础设施，应当由各个政府会计主体分别对其负责管理维护的公共基础设施的相应部分予以确认。

负有管理维护公共基础设施职责的政府会计主体通过政府购买服务方式委托企业或其他会计主体代为管理维护公共基础设施的，该公共基础设施应当由委托方予以确认。

2.公共基础设施的计量

（1）自行建造的公共基础设施，其成本包括完成批准的建设内容所发生的全部必要支出，包括建筑安装工程投资支出、设备投资支出、待摊投资支出和其他投资支出。

（2）在原有公共基础设施基础上进行改建、扩建等建造活动后的公共基础设施，其成本按照原公共基础设施账面价值加上改建、扩建等建造活动发生的支出，再扣除公共基础设施被替换部分的账面价值后的金额确定。

【提示】为建造公共基础设施借入的专门借款的利息，属于建设期间发生的，计入该公共基础设施在建工程成本；不属于建设期间发生的，计入当期费用。

已交付使用但尚未办理竣工决算手续的公共基础设施，应当按照估计价值入账，待办理竣工决算后再按照实际成本调整原来的暂估价值。

（3）无偿调入的公共基础设施，其成本按照该项公共基础设施在调出方的账面价值加上归属于调入方的相关费用确定。

（4）接受捐赠的公共基础设施，其成本按照有关凭据注明的金额加上相关费用确定；没有相关凭据可供取得，但按规定经过资产评估的，其成本按照评估价值加上相关费用确定；没有相关凭据可供取得也未经资产评估的，其成本比照同类或类似资产的市场价格加上相关费用确定。

如受赠的系旧的公共基础设施，在确定其初始入账成本时应当考虑该项资产的新旧程度。

（5）外购的公共基础设施，其成本包括购买价款、相关税费以及公共基础设施交付使用前所发生的可归属于该项资产的运输费、装卸费、安装费和专业人员服务费等。

（三）公共基础设施的科目设置

为了核算由单位控制的公共基础设施的原值，在资产要素类设置“公共基础设施”总账科目。本科目借方登记公共基础设施的增加数；贷方登记公共基础设施的减少数。本科目期末借方余额，反映公共基础设施的原值。

本科目应当按照公共基础设施的类别和项目进行明细核算。

【提示】与公共基础设施配套使用的修理设备、工具器具、车辆等动产，作为管理公共基础设施的单位的固定资产核算，不通过本科目核算。

独立于公共基础设施、不构成公共基础设施使用不可缺少组成部分的管理维护用房屋建筑物、设备、车辆等，作为单位的固定资产核算，不通过本科目核算。

在购建公共基础设施时，能够分清购建成本中的构筑物部分与土地使用权部分的，应当将其中的构筑物部分和土地使用权部分分别确认为公共基础设施；不能分清购建成本中的构筑物部分与土地使用权部分的，应当整体确认为公共基础设施。

（四）公共基础设施的主要账务处理

1.取得公共基础设施时的账务处理

（1）自行建造的公共基础设施完工交付使用时，按照在建工程的成本，借记本科目，贷记“在建工程”科目。

已交付使用但尚未办理竣工决算手续的公共基础设施，按照估计价值入账，待办理竣工决算后再按照实际成本调整原来的暂估价值。

（2）接受其他单位无偿调入的公共基础设施，按照确定的成本，借记本科目，按照发生的归属于调入方的相关费用，贷记“财政拨款收入”“零余额账户用款额度”“银行存款”等科目，按照其差额，贷记“无偿调拨净资产”科目。

无偿调入的公共基础设施成本无法可靠取得的，按照发生的相关税费、运输费等金额，借记“其他费用”科目，贷记“财政拨款收入”“零余额账户用款额度”“银行存款”等科目。

（3）接受捐赠的公共基础设施，按照确定的成本，借记本科目，按照发生的相关费用，贷记“财政拨款收入”“零余额账户用款额度”“银行存款”等科目，按照其差额，贷记“捐赠收入”科目。

接受捐赠的公共基础设施成本无法可靠取得的，按照发生的相关税费等金额，借记“其他费用”科目，贷记“财政拨款收入”“零余额账户用款额度”“银行存款”等科目。

（4）外购的公共基础设施，按照确定的成本，借记本科目，贷记“财政拨款收入”“零余额账户用款额度”“银行存款”等科目。

（5）对于成本无法可靠取得的公共基础设施，单位应当设置备查簿进行登记，待成本能够可靠确定后按照规定及时入账。

2.公共基础设施后续支出的账务处理

（1）将公共基础设施转入改建、扩建时，按照公共基础设施的账面价值，借记“在建工程”科目，按照公共基础设施已计提折旧，借记“公共基础设施累计折旧（摊销）”科目，按照公共基础设施的账面余额，贷记本科目。

为增加公共基础设施使用效能或延长其使用年限而发生的改建、扩建等后续支出，借记“在建工程”科目，贷记“财政拨款收入”“零余额账户用款额度”“银行存款”等科目。

公共基础设施改建、扩建完成，竣工验收交付使用时，按照在建工程成本，借记本科目，贷记“在建工程”科目。

（2）为保证公共基础设施正常使用发生的日常维修等支出，借记“业务活动费用”“单位管理费用”等科目，贷记“财政拨款收入”“零余额账户用款额度”“银行存款”等科目。

3.处置公共基础设施的账务处理

（1）报经批准对外捐赠公共基础设施，按照公共基础设施已计提的折旧或摊销，借记“公共基础设施累计折旧（摊销）”科目，按照被处置公共基础设施账面余额，贷记本科目，按照捐赠过程中发生的归属于捐出方的相关费用，贷记“银行存款”等科目，按照其差额，借记“资产处置费用”科目。

（2）报经批准无偿调出公共基础设施，按照公共基础设施已计提的折旧或摊销，借记“公共基础设施累计折旧（摊销）”科目，按照被处置公共基础设施账面余额，贷记本科目，按照其差额，借记“无偿调拨净资产”科目；同时，按照无偿调出过程中发生的归属于调出方的相关费用，借记“资产处置费用”科目，贷记“银行存款”等科目。

4.清查盘点公共基础设施的账务处理

单位应当定期对公共基础设施进行清查盘点。对于发生的公共基础设施盘盈、盘亏、毁损或报废，应当先记入“待处理财产损溢”科目，按照规定报经批准后及时进行后续账务处理。

（1）盘盈的公共基础设施，其成本按照有关凭据注明的金额确定；没有相关凭据，但按照规定经过资产评估的，其成本按照评估价值确定；没有相关凭据也未经过评估的，其成本按照重置成本确定。盘盈的公共基础设施成本无法可靠取得的，单位应当设置备查簿进行登记，待成本确定后按照规定及时入账。

盘盈的公共基础设施，按照确定的入账成本，借记本科目，贷记“待处理财产损溢”科目。

（2）盘亏、毁损或报废的公共基础设施，按照待处置公共基础设施的账面价值，借记“待处理财产损溢”科目，按照已计提折旧或摊销，借记“公共基础设施累计折旧（摊销）”科目，按照公共基础设施的账面余额，贷记本科目。

（五）公共基础设施累计折旧（摊销）

为了核算单位公共基础设施计提的累计折旧，在资产要素类设置“公共基础设施累计折旧（摊销）”总账科目，属于备抵调整账户。贷方登记应计提折旧（摊销）数；借方登记已计提折旧（摊销）数或冲销转出数。本科目期末贷方余额，反映单位计提的公共基础设施折旧（摊销）累计数。

“公共基础设施累计折旧（摊销）”科目应当按照所对应公共基础设施的明细分类进行明细核算。

1.公共基础设施折旧（摊销）的范围

单位应当对公共基础设施计提折旧产（摊销），但单位持续进行良好的维护使得其性能得到永久维持的公共基础设施和确认为公共基础设施的单独计价入账的土地使用权除外。对于确认为公共基础设施的单独计价入账的土地使用权，单位应当按照《政府会计准则第4号——无形资产》的相关规定进行摊销。

【提示】公共基础设施折旧（摊销）计提方法、折旧（摊销）年限的确定、计提时点等按照固定资产累计折旧处理。

2.公共基础设施折旧（摊销）的账务处理

（1）按月计提公共基础设施折旧时，按照应计提的折旧额，借记“业务活动费用”科目，贷记本科目。

（2）按月对确认为公共基础设施的单独计价入账的土地使用权进行摊销时，按照应计提的摊销额，借记“业务活动费用”科目，贷记本科目。

（3）处置公共基础设施时，按照所处置公共基础设施的账面价值，借记“资产处置费用”“无偿调拨净资产”“待处理财产损溢”等科目，按照已提取的折旧（摊销），借记本科目，按照公共基础设施账面余额，贷记“公共基础设施”科目。

【做中学5-107】某单位2021年12月，对管理的一座桥梁进行扩建，该桥梁的原价为2 000万元，已经计提折旧1 350万元。有关该桥梁的扩建事项如下：

①12月10日，开始对桥梁进行扩建，通过财政直接支付向施工单位预付工程款500万元；

②12月10日拆除部分桥梁构件，拆除的构件原净值200万元，出售拆除构件残料取得收入5 000元，存入银行，经批准拆除构件的残料收入通过待摊投资冲减工程成本，原净值列入处置费用；

③12月15日工程施工结束，进行工程结算并通过财政直接支付向施工企业支付剩余工程款2 400万元，并收到70万元施工单位交付的质量保证金（保质期两年）；

④结转工程待摊投资（残料收入5 000元）；

⑤12月20日桥梁扩建工程验收合格投入使用（全部工程成本为3 349.5万元）。

根据改扩建的批准文件、桥梁账面余额、“财政直接支付入账通知书”、预付工程款收据、残料收款收据、工程款结算单、桥梁验收合格交付使用单等，编制财务会计分录如下：

①将原桥梁账面价值转入在建工程：

借：公共基础设施累计折旧	13 500 000	
在建工程——建筑安装工程投资——建筑工程	6 500 000	
贷：公共基础设施——桥梁		20 000 000

②向施工单位预付工程款500万元：

借：预付账款——预付工程款	5 000 000	
贷：财政拨款收入		5 000 000

③收到变卖原桥梁构件残料收入5 000元，将拆除桥梁构件原净值（200万元）列入处置费用：

借：银行存款	5 000	
贷：在建工程——待摊投资		5 000
借：待处理财产损溢	2 000 000	
贷：在建工程——建筑安装工程投资——建筑工程		2 000 000
借：资产处置费用	2 000 000	
贷：待处理财产损溢		2 000 000

④结算并向施工企业支付剩余工程款2 400万元：

借：在建工程——建筑安装工程投资——建筑工程	29 000 000	
贷：财政拨款收入		24 000 000
预付账款——预付工程款		5 000 000

⑤收到70万元施工单位交付的质量保证金：

借：银行存款	700 000	
贷：长期应付款		700 000

⑥结转待摊投资5 000元：

借：在建工程——待摊投资	5 000	
贷：在建工程——建筑安装工程投资——建筑工程		5 000

⑦工程交付使用，将在建工程成本3 349.5万元转为公共基础设施成本：

借：公共基础设施——桥梁	33 495 000	
贷：在建工程——建筑安装工程投资——建筑工程		33 495 000

九、文物文化资产

（一）文物文化资产的概念

文物文化资产是指单位为满足社会公共需求而控制的用于展览、教育或研究等的历史文物、艺术品以及其他具有文化或历史价值并做长期或永久保存的典藏等。

（二）文物文化资产的计量

文物文化资产在取得时，应当按照其成本入账。

（1）外购的文物文化资产，其成本包括购买价款、相关税费以及可归属于该项资产达到预定用途前所发生的其他支出（如运输费、安装费、装卸费等）。

（2）接受其他单位无偿调入的文物文化资产，其成本按照该项资产在调出方的账面价值加上归属于调入方的相关费用确定。

（3）接受捐赠的文物文化资产，其成本按照有关凭据注明的金额加上相关费用确定；没有相关凭据可供取得，但按照规定经过资产评估的，其成本按照评估价值加上相关费用确定；没有相关凭据可供取得也未经评估的，其成本比照同类或类似资产的市场价格加上相关费用确定。

对于成本无法可靠取得的文物文化资产，单位应当设置备查簿进行登记，待成本能够可靠确定后按照规定及时入账。

（三）文物文化资产的科目设置

为了核算单位为满足社会公共需求而控制的文物文化资产的成本，在资产要素类设置“文物文化资产”总账科目。本科目借方登记文物文化资产的增加额；贷方登记文物文化资产的减少额。本科目期末借方余额，反映文物文化资产的成本。

本科目应当按照文物文化资产的类别、项目等进行明细核算。

【提示】单位为满足自身开展业务活动或其他活动需要而控制的文物和陈列品，应当通过“固定资产”科目核算，不通过本科目核算。

（四）文物文化资产的主要账务处理

1.取得文物文化资产时的账务处理

（1）外购的文物文化资产，按照确定的成本，借记本科目，贷记“财政拨款收入”“零余额账户用款额度”“银行存款”等科目。

（2）调入的文物文化资产，按照确定的成本，借记本科目，按照发生的归属于调入方的相关费用，贷记“零余额账户用款额度”“银行存款”等科目，按照其差额，贷记“无偿调拨净资产”科目。

无偿调入的文物文化资产成本无法可靠取得的，按照发生的归属于调入方的相关费用，借记“其他费用”科目，贷记“零余额账户用款额度”“银行存款”等科目。

（3）接受捐赠的文物文化资产，按照确定的成本，借记本科目，按照发生的相关税费、运输费等金额，贷记“零余额账户用款额度”“银行存款”等科目，按照其差额，贷记“捐赠收入”科目。

接受捐赠的文物文化资产成本无法可靠取得的，按照发生的相关税费、运输费等金额，借记“其他费用”科目，贷记“零余额账户用款额度”“银行存款”等科目。

（4）对于成本无法可靠取得的文物文化资产，单位应当设置备查簿进行登记，待成本能够可靠确定后按照规定及时入账。

2.与文物文化资产有关的后续支出

与文物文化资产有关的后续支出，参照“公共基础设施”科目相关规定进行处理。

3.文物文化资产的处置

按照规定报经批准处置文物文化资产，应当分别以下情况处理：

（1）报经批准对外捐赠文物文化资产，按照被处置文物文化资产账面余额和捐赠过程中发生的归属于捐出方的相关费用合计数，借记“资产处置费用”科目，按照被处置文物文化资产账面余额，贷记本科目，按照捐赠过程中发生的归属于捐出方的相关费用，贷记“银行存款”等科目。

（2）报经批准无偿调出文物文化资产，按照被处置文物文化资产账面余额，借记“无偿调拨净资产”科目，贷记本科目；同时，按照无偿调出过程中发生的归属于调出方的相关费用，借记“资产处置费用”科目，贷记“银行存款”等科目。

4.文物文化资产的清查盘点

单位应当定期对文物文化资产进行清查盘点，每年至少盘点一次。对于发生的文物文化资产盘盈、盘亏、毁损或报废等，参照“公共基础设施”科目相关规定进行账务处理。

十、保障性住房

（一）保障性住房的概念

保障性住房是指单位为中低收入住房困难家庭所提供的限定标准、限定价格或租金的住房，一般由廉租住房、经济适用住房、政策性租赁住房、定向安置房等构成。

（二）保障性住房的计量

保障性住房在取得时，应当按其成本入账。

（1）外购的保障性住房，其成本包括购买价款、相关税费以及可归属于该项资产达到预定用途前所发生的其他支出。

（2）自行建造的保障性住房，其成本包括交付使用前所发生的全部支出。

已交付使用但尚未办理竣工决算手续的保障性住房，按照估计价值入账，待办理竣工决算后再按照实际成本调整原来的暂估价值。

（3）接受其他单位无偿调入的保障性住房，其成本按照该项资产在调出方的账面价值加上归属于调入方的相关费用确定。

【注意】由于保障性住房的政府会计准则还在研究中，所以单位核算的保障性住房的概念、内容以及确认条件尚无法确定。

（三）保障性住房的科目设置

为了核算行政事业单位为满足社会公共需求而控制的保障性住房的原值，在资产要素类设置“保障性住房”总账科目。本科目借方登记成本的增加数；贷方登记成本的减少数。本科目期末借方余额，反映保障性住房的原值。

本科目应当按照保障性住房的类别、项目等进行明细核算。

（四）保障性住房的主要账务处理

1.取得保障性住房的账务处理

（1）外购的保障性住房，按照确定的成本，借记本科目，贷记“财政拨款收入”“零余额账户用款额度”“银行存款”等科目。

（2）自行建造的保障性住房交付使用时，按照在建工程成本，借记本科目，贷记“在建工程”科目。

（3）无偿调入的保障性住房，按照确定的成本，借记本科目，按照发生的归属于调入方的相关费用，贷记“零余额账户用款额度”“银行存款”等科目，按照其差额，贷记“无偿调拨净资产”科目。

（4）接受捐赠、融资租赁取得的保障性住房，参照“固定资产”科目相关规定进行处理。

2.保障性住房有关的后续支出账务处理

与保障性住房有关的后续支出，参照“固定资产”科目相关规定进行处理。

3.保障性住房出租的账务处理

按照规定出租保障性住房并将出租收入上缴同级财政，按照收取的租金金额，借“银行存款”等科目，贷记“应缴财政款”科目。

4.保障性住房出置的账务处理

按照规定报经批准处置保障性住房，应当分别以下情况处理：

（1）报经批准无偿调出保障性住房，按照保障性住房已计提的折旧，借记“保障性住房累计折旧”科目，按照被处置保障性住房账面余额，贷记本科目，按照其差额，借记“无偿调拨净资产”科目；同时，按照无偿调出过程中发生的归属于调出方的相关费用，借记“资产处置费用”科目，贷记“银行存款”等科目。

（2）报经批准出售保障性住房，按照被出售保障性住房的账面价值，借记“资产处置费用”科目，按照保障性住房已计提的折旧，借记“保障性住房累计折旧”科目，按照保障性住房账面余额，贷记本科目；同时，按照收到的价款，借记“银行存款”等科目，按照出售过程中发生的相关费用，贷记“银行存款”等科目，按照其差额，贷记“应缴财政款”科目。

5.保障性住房的盘点

单位应当定期对保障性住房进行清查盘点。对于发生的保障性住房盘盈、盘亏、毁损或报废等，参照“固定资产”科目相关规定进行账务处理。

（五）保障性住房累计折旧的核算

为了核算单位保障性住房计提的累计折旧，在资产要素类设置“保障性住房累计折旧”总账科目，属于备抵调整账户。本科目贷方登记应计提折旧数；借方登记已计提折旧数或冲销转出数。本科目期末贷方余额，反映单位计提的保障性住房折旧累计数。

本科目应当按照所对应保障性住房的类别进行明细核算。

保障性住房累计折旧的账务处理，参照“公共基础设施折旧（摊销）”科目相关规定进行账务处理。

任务4　其他资产的核算

一、待摊费用

（一）待摊费用的核算

1.待摊费用的概述

待摊费用是指单位已经支付，但应当由本期和以后各期分别负担的分摊期在1年以内（含1年）的各项费用，如预付航空保险费、预付租金等。

【提示】摊销期限在1年以上的以经营租赁方式租入的固定资产改良支出和其他费用，应当通过“长期待摊费用”科目核算，不通过本科目核算。

待摊费用应当在其受益期限内分期平均摊销，如预付航空保险费应在保险期的有效期内、预付租金应在租赁期内分期平均摊销，计入当期费用。

2.待摊费用的科目设置

为了核算单位已经支付，但应当由本期和以后各期分别负担的分摊期在1年以内

（含1年）的各项费用，在资产要素类设置“待摊费用”总账科目。本科目借方登记发生的待摊费用；贷方登记摊销的各项费用。本科目期末借方余额，反映单位各种已支付但尚未摊销的分摊期在1年以内（含1年）的费用。

本科目应当按照待摊费用种类进行明细核算。

3.待摊费用的主要账务处理

（1）发生待摊费用时，按照实际预付的金额，借记本科目，贷记“财政拨款收入”“零余额账户用款额度”“银行存款”等科目。

【做中学5-108】2021年12月15日，某事业单位预付2022年一年行政办公用房租金24 000元，款项以银行存款支付，根据租赁合同和银行支付单等，编制财务会计分录如下：

借：待摊费用　24 000

　贷：银行存款　24 000

（2）按照受益期限分期平均摊销时，按照摊销金额，借记“业务活动费用”“单位管理费用”“经营费用”等科目，贷记本科目。

【做中学5-109】承【做中学5-108】，2022年每月平均摊销时，编制财务会计分录如下：

借：单位管理费用　2 000

　贷：待摊费用　2 000

（3）如果某项待摊费用已经不能使单位受益，应当将其摊余金额一次全部转入当期费用。按照摊销金额，借记“业务活动费用”“单位管理费用”“经营费用”等科目，贷记本科目。

（二）长期待摊费用的核算

1.长期待摊费用的概念

长期待摊费用是指单位已经支出，但应由本期和以后各期负担的分摊期限在1年以上（不含1年）的各项费用，如以经营租赁方式租入的固定资产发生的改良支出等。

2.长期待摊费用的科目设置

为了核算单位已经支出，但应由本期和以后各期负担的分摊期限在1年以上（不含1年）的各项费用，在资产要素类设置“长期待摊费用”总账科目。本科目借方登记发生数；贷方登记摊销数。本科目期末借方余额，反映单位尚未摊销完毕的长期待摊费用。

本科目应当按照费用项目进行明细核算。

3.长期待摊费用的主要账务处理

（1）发生长期待摊费用时，按照支出金额，借记本科目，贷记“财政拨款收入”“零余额账户用款额度”“银行存款”等科目。

（2）按照受益期间摊销长期待摊费用时，按照摊销金额，借记“业务活动费用”“单位管理费用”“经营费用”等科目，贷记本科目。

【做中学5-110】2021年12月5日，某事业单位因开展后勤服务活动租入办公用房，按协议规定租期2年，租赁费50 000元，并规定租期内对该办公用房只有使用权。该单位签完协议后对办公用房进行了装修，共计支出22 000元。租赁费和装修费均通过单位零余额账户支付。根据租赁合同、装修支付明细、零余额账户支付凭证等，编制财务会计分录如下：

①发生租赁费和装修费用时：

借：长期待摊费用　　72 000

　贷：零余额账户用款额度　　72 000

②2年内每月平均分摊租赁费和装修费时：

借：单位管理费用　　3 000

　贷：长期待摊费用　　3 000

（3）如果某项长期待摊费用已经不能使单位受益，应当将其摊余金额一次全部转入当期费用。按照摊销金额，借记“业务活动费用”“单位管理费用”“经营费用”等科目，贷记本科目。

二、受托代理资产

（一）受托代理资产的概念

受托代理资产是单位接受委托方委托管理的各项资产，包括受托指定转赠的物资、受托储存保管的物资等的成本。

（二）受托代理资产的确认与计量

1.受托代理资产的确认

受托代理资产应当在收到时确认。

2.受托代理资产的计量

（1）单位收到的受托代理资金，按照实际收到的金额确认。

（2）单位接受委托人委托需要转赠给受赠人的物资，其成本按照有关凭据注明的金额确定；没有相关凭据可供取得的，其成本比照同类或类似物资的市场价格确定。

（3）单位接受委托人委托储存保管的物资，其成本按照有关凭据注明的金额确定。

（4）单位向受托人交回或转赠受托管理的物资，其成本可以比照发出存货的计量方法，采用先进先出法、加权平均法和个别计价法计算取得。

（三）受托代理资产的科目设置

为了核算单位接受委托方委托管理的各项资产，在资产要素类设置“受托代理资产”总账科目。本科目借方登记受托代理资产的增加数；贷方登记受托代理资产的减少数。本科目期末借方余额，反映单位受托代理资产中实物资产的成本。

本科目应当按照资产的种类和委托人进行明细核算；属于转赠资产的，还应当按照受赠人进行明细核算。

【提示】单位管理的罚没物资也应当通过本科目核算。单位收到的受托代理资产为现金和银行存款的，不通过本科目核算，应当通过“库存现金”“银行存款”科目进行核算。

（四）受托代理资产的主要账务处理

1.受托转赠物资的账务处理

（1）接受委托转赠的物资验收入库，按照确定的成本，借记本科目，贷记“受托代理负债”科目。受托协议约定由受托方承担相关税费、运输费等的，还应当按照实际支付的相关税费、运输费等金额，借记“其他费用”科目，贷记“银行存款”等科目。

【做中学5-111】2021年12月1日，某单位按照受托协议的约定，接受某公司委托将一套实验设备转赠给某中学。该套设备价值为32 000元，已验收入库。根据转赠协议、设备验收单、设备价值证明等，编制财务会计分录如下：

借：受托代理资产　32 000

　贷：受托代理负债　32 000

（2）将受托转赠物资交付受赠人时，按照转赠物资的成本，借记“受托代理负债”科目，贷记本科目。

【做中学5-112】承【做中学5-111】，该单位将受托转赠某中学的实验设备交付某中学。根据转赠协议和交付单等，编制财务会计分录如下：

借：受托代理负债　32 000

　贷：受托代理资产　32 000

（3）转赠物资的委托人取消了对捐赠物资的转赠要求，且不再收回捐赠物资的，应当将转赠物资转为单位的存货、固定资产等。按照转赠物资的成本，借记“受托代理负债”科目，贷记本科目；同时，借记“库存物品”“固定资产”等科目，贷记“其他收入”科目。

【做中学5-113】承【做中学5-111】，假设该单位接到通知，委托人取消了对某中学的转赠要求，且不再收回捐赠的实验设备。根据固定资产转赠取消通知单等，编制财务会计分录如下：

借：受托代理负债　32 000

　贷：受托代理资产　32 000

借：固定资产　32 000

　贷：其他收入　32 000

2.受托存储保管物资的账务处理

（1）接受委托人委托存储保管的物资，其成本按照有关凭据注明的金额确定。接受委托储存的物资验收入库，按照确定的成本，借记本科目，贷记“受托代理负债”科目。

（2）发生由受托单位承担的与受托存储保管的物资相关的运输费、保管费等费用时，按照实际发生的费用金额，借记“其他费用”等科目，贷记“银行存款”等科目。

（3）根据委托人要求交付或发出受托存储保管的物资时，按照发出物资的成本，借记“受托代理负债”科目，贷记本科目。

3.罚没物资的账务处理

（1）取得罚没物资时，其成本按照有关凭据注明的金额确定。罚没物资验收（入库），按照确定的成本，借记本科目，贷记“受托代理负债”科目。罚没物资成本无法可靠确定的，单位应当设置备查簿进行登记。

（2）按照规定处置或移交罚没物资时，按照罚没物资的成本，借记“受托代理负债”科目，贷记本科目。处置时取得款项的，按照实际取得的款项金额，借记“银行存款”等科目，贷记“应缴财政款”等科目。

单位受托代理的其他实物资产，参照本科目有关受托转赠物资、受托存储保管物资的规定进行账务处理。

三、财产处理

单位资产报废、报损的范围和条件

（一）待处理财产损溢的概念

财产处理是指单位对其占有或使用的现金、实务资产和无形资产进行盘点后所发生的盘盈、盘亏、毁损、报废的处置行为。

待处理财产损溢是指单位在资产清查过程中查明的各种资产盘盈、盘亏和报废、毁损的价值。

（二）待处理财产损溢的科目设置

为了核算单位在资产清查过程中查明的各种资产盘盈、盘亏和报废、毁损的价值，在资产要素类设置“待处理财产损溢”总账科目。本科目借方登记转入等待处理的各种资产数额；贷方登记已批准予以处理的各种资产数额。本科目期末如为借方余额，反映尚未处理完毕的各种资产的净损失；期末如为贷方余额，反映尚未处理完毕的各种资产的净溢余。年度终了，报经批准处理后，本科目一般应无余额。

本科目应当按照待处理的资产项目进行明细核算；对于在资产处理过程中取得收入或发生相关费用的项目，还应当设置“待处理财产价值”“处理净收入”明细科目，进行明细核算。

（三）待处理财产损溢的主要账务处理

1.账款核对时发现的库存现金短缺或溢余的账务处理

（1）每日账款核对中发现现金短缺或溢余，属于现金短缺，按照实际短缺的金额，借记本科目，贷记“库存现金”科目；属于现金溢余，按照实际溢余的金额，借记“库存现金”科目，贷记本科目。

（2）如为现金短缺，属于应由责任人赔偿或向有关人员追回的，借记“其他应收款”科目，贷记本科目；属于无法查明原因的，报经批准核销时，借记“资产处置费用”科目，贷记本科目。

（3）如为现金溢余，属于应支付给有关人员或单位的，借记本科目，贷记“其他应付款”科目；属于无法查明原因的，报经批准后，借记本科目，贷记“其他收入”科目。

2.资产清查时发现的各种资产盘盈、盘亏或报废、毁损的账务处理

各种资产包括存货、固定资产、无形资产、公共基础设施、政府储备物资、文物文

化资产、保障性住房等。

（1）盘盈的各类资产。

① 转入待处理资产时，按照确定的成本，借记“库存物品”“固定资产”“无形资产”“公共基础设施”“政府储备物资”“文物文化资产”“保障性住房”等科目，贷记本科目。

② 按照规定报经批准后处理时，对于盘盈的流动资产，借记本科目，贷记“单位管理费用”［事业单位］或“业务活动费用”［行政单位］科目。对于盘盈的非流动资产，如属于本年度取得的，按照当年新取得相关资产进行账务处理；如属于以前年度取得的，按照前期差错处理，借记本科目，贷记“以前年度盈余调整”科目。

（2）盘亏或者毁损、报废的各类资产。

①转入待处理资产时，借记本科目（待处理财产价值）［盘亏、毁损、报废固定资产、无形资产、公共基础设施、保障性住房的，还应借记“固定资产累计折旧”“无形资产累计摊销”“公共基础设施累计折旧（摊销）”“保障性住房累计折旧”科目］，贷记“库存物品”“固定资产”“无形资产”“公共基础设施”“政府储备物资”“文物文化资产”“保障性住房”“在建工程”等科目。涉及增值税业务的，相关账务处理参见“应交增值税”科目。

报经批准处理时，借记“资产处置费用”科目，贷记本科目（待处理财产价值）。

②处理毁损、报废实物资产过程中取得的残值或残值变价收入、保险理赔和过失人赔偿等，借记“库存现金”“银行存款”“库存物品”“其他应收款”等科目，贷记本科目（处理净收入）；处理毁损、报废实物资产过程中发生的相关费用，借记本科目（处理净收入），贷记“库存现金”“银行存款”等科目。

处理收支结清，如果处理收入大于相关费用的，按照处理收入减去相关费用后的净收入，借记本科目（处理净收入），贷记“应缴财政款”等科目；如果处理收入小于相关费用的，按照相关费用减去处理收入后的净支出，借记“资产处置费用”科目，贷记本科目（处理净收入）。

【做中学5-114】某事业单位年末对资产清查情况如下：

①盘盈行政用库存低值易耗品10件，其重置成本为3 000元，盘盈以前年度取得的电动工具（属于以前年度取得）两件，其重置成本为2 500元/件；查出损毁的通用设备一台，其账面余额为15万元，已提累计折旧12.5万元，盘亏库存材料500千克，其同类品购进价格为3元/千克。

②出售损毁的设备残料获得现金500元，开出支票支付该设备拆除费用1 000元。

③经批准，盘盈盘亏物资价值冲减和记入费用。

根据资产盘盈盘亏报告单、处置批示文件、费用支付单等，编制财务会计分录如下：

①将清查资产价值转入待处理财产损溢：

借：库存物品——低值易耗品	3 000	
固定资产——工具	5 000	
贷：待处理财产损溢——待处理财产价值		8 000

借：待处理财产损溢——待处理财产价值 26 500
　　固定资产累计折旧 125 000
　贷：固定资产——通用设备 150 000
　　　库存物品——材料 1 500

②收到设备拆除收入：

借：库存现金 500
　贷：待处理财产损溢——处理净收入 500

支付设备拆除费用：

借：待处理财产损溢——处理净收入 1 000
　贷：银行存款 1 000

③结转盘盈资产价值：

借：待处理财产损溢——待处理财产价值 8 000
　贷：单位管理费用 3 000
　　　以前年度盈余调整 5 000

④结转盘亏、损毁资产价值：

借：资产处置费用 26 500
　贷：待处理财产损溢——待处理财产价值 26 500

⑤结转处理净收入：

借：资产处置费用 500
　贷：待处理财产损溢——处理净收入 500

【提示】待处理财产损溢账务处理可参考【做中学5-60】【做中学5-61】【做中学5-71】等案例。

项目小结

本项目主要介绍行政事业单位资产的内容、资产的确认与计量、资产科目设置及主要账务处理。

行政事业单位在“资产要素类”设置了“库存现金”“银行存款”“零余额账户用款额度”“其他货币资金”“财政应返还额度”“应收票据”“应收账款”“预付账款”“其他应收款”“库存物品”“固定资产”“固定资产累计折旧”“在建工程”“无形资产”“无形资产累计摊销”“政府储备物资”“公共基础设施”“受托代理资产”“待处理财产损溢”等35个科目对各项资产的增减变化及结存情况进行核算。

重点与难点：零余额账户用款额度、财政应返还额度、存货、固定资产的确认与计量及主要账务处理，资产处置的主要账务处理。

本项目主要知识点归纳总结见表5-6。

表5-6　**主要知识点归纳总结**

<table>
<tr><th rowspan="2">主要知识点</th><th rowspan="2">业务内容</th><th colspan="2">账务处理</th></tr>
<tr><th>财务会计</th><th>预算会计</th></tr>
<tr><td rowspan="3">零余额账户用款额度的核算</td><td>收到时</td><td>借：零余额账户用款额度
贷：财政拨款收入</td><td>借：资金结存——零余额账户用款额度
贷：财政拨款预算收入</td></tr>
<tr><td>提现时</td><td>借：库存现金
贷：零余额账户用款额度</td><td>借：资金结存——货币资金
贷：资金结存——零余额账户用款额度</td></tr>
<tr><td>支付时</td><td>借：业务活动费用/单位管理费用/库存物品/固定资产等
贷：零余额账户用款额度</td><td>借：行政支出/事业支出等
贷：资金结存——零余额账户用款额度</td></tr>
<tr><td rowspan="2">库存物品的核算</td><td>购入验收入库时</td><td>借：库存物品
贷：银行存款/零余额账户用款额度/财政拨款收入等</td><td>借：行政支出/事业支出/经营支出等
贷：财政拨款预算收入/资金结存</td></tr>
<tr><td>领用时</td><td>借：业务活动费用/单位管理费用/经营费用等
贷：库存物品</td><td>—</td></tr>
<tr><td rowspan="4">固定资产的核算</td><td>购入时</td><td>借：固定资产/在建工程
贷：银行存款/零余额账户用款额度/财政拨款收入</td><td>借：行政支出/事业支出/经营支出等
贷：财政拨款预算收入/资金结存</td></tr>
<tr><td>出售、转让时</td><td>借：资产处置费用
固定资产累计折旧
贷：固定资产
借：银行存款［处置收到的价款］
贷：应缴财政款
银行存款等［发生的相关费用］</td><td>—</td></tr>
<tr><td>对外捐赠、无偿调出时</td><td>借：资产处置费用/无偿调拨净资产
固定资产累计折旧
贷：固定资产/银行存款等</td><td>［相关费用］
借：其他支出
贷：资金结存</td></tr>
<tr><td>盘盈、盘亏、报废时</td><td>盘盈：
借：固定资产
贷：待处理财产损溢
盘亏：
借：待处理财产损溢
固定资产累计折旧
贷：固定资产</td><td>—</td></tr>
</table>

项目六

行政事业单位负债的核算

学习目标

知识目标

1. 理解负债的概念、构成。

2. 掌握各项负债要素科目的核算内容。

技能目标

1. 能正确处理各项债务经济业务。

2. 能够准确对各类负债进行确认与计量。

3. 根据有关债务经济业务，能准确确认其真实性、合法合规性、完整性，并准确填制相应会计凭证。

素养目标

1. 树立风险意识，建立健全财务风险控制机制，正确规避债务风险，减少资金损失。

2. 树立诚信意识，及时清理结算各项负债，保证各项负债在规定期限内归还。

3. 树立敬业意识，做好每一笔负债的账务处理。

工作情境与工作任务

2021年12月，审计机关对某部门及其所属单位2020年度和本年度预算执行情况进行审计，在审计过程中，发现下列情况：该部门基于所属单位较多，为方便年终结算工作，在制定的内部财务管理制度中，对所属单位预算拨款的截止日期和年终决算的结账日规定为每年12月25日；2020年年终结账时，为了全面反映当年预算收支情况，该部门将当年收到的财政预拨给下年度的经费6 000 000元转入结转结余。

假如你是一名会计人员，你认为：该部门上述做法或会计处理是否正确？如不正确，简要说明理由和正确的会计处理。

根据《政府会计制度——行政事业单位会计制度》，单位负债应设置哪些科目，其核算内容是什么？

单位取得应上缴财政款项时，你知道此时应通过哪些科目进行核算吗？

单位按照税法规定应当缴纳哪些税费？会计核算时应通过哪些科目？

单位发生的应付款项有哪些？你知道此时应通过哪些科目进行核算吗？

如何提高学生的安全意识、风险防范意识和守法意识？

思政引航

本项目以党的二十大报告为指引，将“坚持国家利益为重”等思政元素融入教学知识点的教学设计见表6-1。

表6-1 思政元素融入教学知识点的教学设计

知识点	思政元素	教学设计
负债	培养学生具有责任、义务、奉献、感恩之心	互动引用：通过新冠肺炎疫情期间医护逆行者的事迹，强调在人生的负债端，是我们对党和国家的责任与义务，常怀感恩，勇于奉献，永远保持对人民的赤子之心，埋头苦干，锲而不舍
应付票据	培养学生诚信意识；弘扬中华悠久历史，增强民族自豪感	课堂讨论：以党的二十大报告为指引，通过对山西平遥日升昌票号的创办、发展的讨论，认识商业汇票的起源、发展和使用，认识晋商以“和平而忍耐、忠义而尚气、质直而淳厚、勤劳而守素”为原则，使其在中国商界称雄明清两代500年之久
应付账款	培养学生诚信、友善的品格	课后思考：通过案例（视频资源）展示国家对“老赖”的治理措施，“老赖”最后会有怎样的结局，为什么？
应付职工薪酬	培养学生责任感、幸福感、忠诚度和敬业奉献精神，不要一切向“钱”看	知识点播：应付职工薪酬一方面是单位对职工工作的肯定，也是职工从工作中获得的心理收入，即对工作的成就感、胜任感、责任感等积极的心理感受；另一方面，君子爱财，取之有道，高绩效才能有高收入，让同学感受到付出和回报是呈正相关的，幸福生活是需要奋斗的，要有积极的工作态度、敬业奉献的精神品质 互动引用：通过业务案例使学生知道工作的价值回报呈现多样化趋势，精神财富与物质财富同等重要，要多视角看待报酬问题，不能一切向“钱”看，从工作中体现人的价值
短期借款、长期借款	培养学生谨慎、务实的品格，强调做事未雨绸缪，提高人生抗风险能力	课前引导：引入《最高人民法院关于审理民间借贷案件适用法律若干问题的规定》，要求学生在掌握业务处理的同时，明确法律的规定，做到诚实、守信、知法、守法，并在未来工作中引导单位财务和管理人员知法、守法 课堂讨论：在业务核算阶段，通过对各种现金贷案例危害的讨论分析，提高学生的安全意识、防范意识，在未来工作中提高单位的风险防范意识和守法意识 课后思考：在短期借款和长期借款业务中怎样做才不违背法律、不违背职业道德？
借款利息计算	培养学生的精打细算、节约成本、风险意识	实践启发：利息作为筹资成本，在债务决策时应提前做好预判，精确计算债务的资金成本，明确单位的偿债风险及应对方式，提升学生的风险意识
应交税费	培养学生社会责任	教师导语：税收是财政收入的主要来源，理解单位作为纳税义务人的社会责任，单位不能为了自身的经济利益做出损害国家利益的事情；对于偷税漏税等违法行为，一定要有制止的责任感，增强其社会责任感

任务1　负债概述

一、负债的含义

负债是指政府会计主体过去的经济业务或者事项形成的，预期会导致经济资源流出政府会计主体的现时义务。

【提示】现时义务是指政府会计主体在现行条件下已承担的义务。

二、负债的分类

（一）负债按照流动性进行分类

政府会计主体的负债按照流动性分为流动负债和非流动负债。

1.流动负债

流动负债是指预计在1年内（含1年）偿还的负债，包括短期借款、应付及预收款项、应付职工薪酬、应缴款项等。

【注意】应付政府补贴款属于行政单位特有的负债，短期借款、应付及预收款项中的应付票据、应付利息和预收账款属于事业单位特有的流动负债，其他均属于行政单位和事业单位共有的流动负债。

短期借款是指事业单位经批准向银行或其他金融机构等借入的期限在1年内（含1年）的各种借款。

应付及预收款项是指单位在运营活动中形成的应当支付而尚未支付的款项及预先收到但尚未实现收入的款项，包括应付职工薪酬、应付账款、预收账款、应交税费和其他应付未付款项。

应付职工薪酬是指单位为获得职工（含长期聘用人员）提供的服务而给予各种形式的报酬或因辞退等原因而给予职工补偿所形成的负债。职工薪酬包括工资、津贴补贴、奖金、社会保险费等。

应缴款项是指单位按照规定取得的应当上缴政府的各种款项，包括应缴财政款、应缴税费以及其他按照国家有关规定应当上缴的款项。

2.非流动负债

非流动负债是指流动负债以外的负债，包括长期借款、长期应付款和预计负债等。

【注意】除长期借款属于事业单位特有的非流动负债外，长期应付款和预计负债等均属于行政单位和事业单位共有的非流动负债。

长期借款是指事业单位经批准向银行或其他金融机构等借入的期限超过1年（不含1年）的各种借款本息。

长期应付款是指单位发生的偿还期限超过1年（不含1年）的应付款项，如以融资租赁方式取得固定资产应付的租赁费等。

【提示】如果某项负债应当在1年内偿还，但因故在1年内没有偿还，只要没有改变要求偿还的期限，那这项负债仍属于流动负债。随着时间推移，如果非流动负债中有部分或全部将于1年内到期，那么这些将于1年内到期的非流动负债在报告日应当报告为流动负债。

（二）负债按照偿还时间和金额是否确定进行分类

负债按照偿还时间和金额是否确定分为偿还时间与金额基本确定的负债和由或有事项形成的预计负债。

偿还时间与金额基本确定的负债按单位的业务性质及风险程度，分为融资活动形成的举借债务及其应付利息、运营活动形成的应付及预收款项和暂收性负债。

举借债务是指政府会计主体通过融资活动借入的债务，包括政府举借的债务以及其他政府会计主体借入的款项。

暂收性负债是指政府会计主体暂时收取，随后应做上缴、退回、转拨等处理的款项。暂收性负债主要包括应缴财政款和其他暂收款项。

三、负债的确认与计量

（一）负债的确认

对符合负债定义的债务，应当在同时满足以下条件时，确认为负债：

（1）履行该义务很可能导致含有服务潜力或者经济利益的经济资源流出政府会计主体。

（2）该义务的金额能够可靠地计量。

【提示】未来发生的经济业务或者事项形成的义务不属于现时义务，不应当确认为负债。

符合负债定义和负债确认条件的项目，应当列入资产负债表。单位承担的或有负债，不列入资产负债表，但应当在报表附注中披露。如果单位承担了将来要履行支付的义务，但未能确定需要支付的金额，就不能确认为负债。

（二）负债的计量

负债的计量属性主要包括历史成本、现值和公允价值。

在历史成本计量下，负债按照因承担现时义务而实际收到的款项或者资产的金额，或者承担现时义务的合同金额，或者按照为偿还负债预期需要支付的现金计量。

在现值计量下，负债按照预计期限内需要偿还的未来净现金流出量的折现金额计量。

在公允价值计量下，负债按照市场参与者在计量日发生的有序交易中，转移负债所需支付的价格计量。

【提示】政府会计主体在对负债进行计量时，一般应当采用历史成本。采用现值、公允价值计量的，应当保证所确定的负债金额能够持续、可靠计量。

四、负债管理

单位应当对不同性质的负债分类管理，及时清理并按照规定办理结算，保证各项负债在规定期限内偿还。

单位应当建立健全财务风险预警和控制机制，规范和加强借入款项管理，如实反映依法举借债务情况，严格执行审批程序，不得违反规定融资或者提供担保。

任务2　流动负债的核算

一、短期借款

借入款项是事业单位经批准向银行或其他金融机构等借入的有偿使用的各种款项。按偿还期限的长短它分为短期借款和长期借款。事业单位应当建立健全财务风险控制机制，规范和加强借入款项管理，严格执行审批程序，不得违反规定举借债务和提供担保。

（一）短期借款的概念

短期借款是指事业单位经批准向银行或其他金融机构等借入的期限在1年内（含1年）的各种借款。短期借款属于流动负债，主要有临时借款、结算借款、票据贴现借款等。

（二）短期借款的确认与计量

短期借款应当在与债权人签订借款合同或协议并取得举借资金时进行确认，以实际发生的借款金额计量入账。

【提示】对于借入款项，初始确认为负债时应当按照借款本金计量；借款本金与取得的借款资金的差额应当计入当期费用。

（三）短期借款的科目设置

为了核算事业单位经批准向银行或其他金融机构等借入的期限在1年内（含1年）的各种借款，在负债要素类设置“短期借款”总账科目。本科目的贷方登记取得的借款本金；借方登记借款本金的偿还；期末贷方余额，反映事业单位尚未偿还的短期借款本金。

本科目应当按照债权人和借款种类进行明细核算。

（四）短期借款的主要账务处理

1. 借入短期借款的账务处理

借入各种短期借款时，按照实际借入的金额，借记“银行存款”科目，贷记本科目。

【做中学6-1】2021年1月1日，某事业单位向银行借入80万元，期限为9个月，年利率为4.5%，10月1日到期还本付息。根据借款单、银行进账单等，编制财务会计分录如下：

借入款项时：

借：银行存款	800 000	
贷：短期借款		800 000

2.无力支付到期银行承兑汇票的账务处理

银行承兑汇票到期，本单位无力支付票款的，按照应付票据的账面余额，借记“应付票据”科目，贷记本科目。

【做中学6-2】2021年9月5日，某事业单位收到风华文化传播公司的影视作品著作权，价款为150 000元，向对方开具3个月的银行承兑汇票1张支付货款；12月5日，票据到期，银行资金发生困难，本单位无力支付票款。根据发票、银行承兑汇票复印件、企业托收凭证等，编制财务会计分录如下：

（1）9月5日，开出商业汇票时：

借：无形资产——著作权 150 000

　贷：应付票据——风华文化传播公司 150 000

（2）12月5日，银行承兑汇票到期：

借：应付票据 150 000

　贷：短期借款 150 000

3.归还短期借款的账务处理

归还短期借款时，借记本科目，贷记“银行存款”科目。

【做中学6-3】承【做中学6-1】，借款到期，该事业单位偿还2021年1月1日借款本金80万元。根据借款合同、银行转账支票存根等，编制财务会计分录如下：

借：短期借款 800 000

　贷：银行存款 800 000

【提示】短期借款的核算主要包括两个方面的内容：第一，取得借款的核算；第二，归还借款的核算。短期借款一般期限不长，通常在取得借款日，按取得的金额入账。

二、应交增值税

（一）应交增值税的确认与计量

单位对交纳的增值税应当在按照国家税法等规定产生缴纳增值税义务时确认，按照税法等规定计算出的应缴金额计量入账。

（二）应交增值税的科目设置

1.总账科目设置

为了核算单位按照税法规定计算应交纳的增值税，在负债要素类设置“应交增值税”总账科目。本科目贷方登记按规定计算应交的增值税；借方登记实际交纳的增值税；期末如为借方余额，反映单位尚未抵扣或多交的增值税。

2.明细科目设置

属于增值税一般纳税人的单位，应当在本科目下设置“应交税金”“未交税金”“预交税金”“待抵扣进项税额”“待认证进项税额”“待转销项税额”“简易计税”“转让金融商品应交增值税”“代扣代交增值税”等明细科目。

（1）“应交税金”明细账内应当设置“进项税额”“已交税金”“转出未交增值税”

“减免税款”“销项税额”“进项税额转出”“转出多交增值税”等专栏，其中：

①“进项税额”专栏，记录单位购进货物、加工修理修配劳务、服务、无形资产或不动产而支付或负担的、准予从当期销项税额中抵扣的增值税额；

②“已交税金”专栏，记录单位当月已交纳的应交增值税额；

③“转出未交增值税”和“转出多交增值税”专栏，分别记录一般纳税人月度终了转出当月应交未交或多交的增值税额；

④“减免税款”专栏，记录单位按照现行增值税制度规定准予减免的增值税额；

⑤“销项税额”专栏，记录单位销售货物、加工修理修配劳务、服务、无形资产或不动产应收取的增值税额；

⑥“进项税额转出”专栏，记录单位购进货物、加工修理修配劳务、服务、无形资产或不动产等发生非正常损失以及其他原因而不应从销项税额中抵扣、按照规定转出的进项税额。

（2）“未交税金”明细科目，核算单位月度终了从“应交税金”或“预交税金”明细科目转入当月应交未交、多交或预缴的增值税额，以及当月交纳以前期间未交的增值税额。

（3）“预交税金”明细科目，核算单位转让不动产、提供不动产经营租赁服务等，以及其他按照现行增值税制度规定应预缴的增值税额。

（4）“待抵扣进项税额”明细科目，核算单位已取得增值税扣税凭证并经税务机关认证，按照现行增值税制度规定准予以后期间从销项税额中抵扣的进项税额。

（5）“待认证进项税额”明细科目，核算单位由于未经税务机关认证而不得从当期销项税额中抵扣的进项税额，包括：一般纳税人已取得增值税扣税凭证并按规定准予从销项税额中抵扣，但尚未经税务机关认证的进项税额；一般纳税人已申请稽核但尚未取得稽核相符结果的海关缴款书进项税额。

（6）“待转销项税额”明细科目，核算单位销售货物、加工修理修配劳务、服务、无形资产或不动产，已确认相关收入（或利得）但尚未发生增值税纳税义务而需于以后期间确认为销项税额的增值税额。

（7）“简易计税”明细科目，核算单位采用简易计税方法发生的增值税计提、扣减、预缴、缴纳等业务。

（8）“转让金融商品应交增值税”明细科目，核算单位转让金融商品发生的增值税额。

（9）“代扣代交增值税”明细科目，核算单位购进在境内未设经营机构的境外单位或个人在境内的应税行为代扣代缴的增值税。

【提示】属于增值税小规模纳税人的单位只需在本科目下设置“转让金融商品应交增值税”“代扣代交增值税”明细科目。

（三）应交增值税的主要账务处理

1.单位取得资产或接受劳务等的账务处理

（注：如不特别说明，本部分内容中的“单位”指增值税一般纳税人）

（1）采购等业务进项税额允许抵扣。单位购买用于增值税应税项目的资产或服务等时，按照应计入相关成本费用或资产的金额，借记“业务活动费用”“在途物品”“库存物品”“工程物资”“在建工程”“固定资产”“无形资产”等科目，按照当月已认证的可抵扣增值税额，借记本科目（应交税金——进项税额），按照当月未认证的可抵扣增值税额，借记本科目（待认证进项税额），按照应付或实际支付的金额，贷记“应付账款”“应付票据”“银行存款”“零余额账户用款额度”等科目。发生退货的，如原增值税专用发票已做认证，应根据税务机关开具的红字增值税专用发票做相反的会计分录；如原增值税专用发票未做认证，应将发票退回并做相反的会计分录。

小规模纳税人购买资产或服务等时不能抵扣增值税，发生的增值税计入资产成本或相关成本费用。

（2）采购等业务进项税额不得抵扣。单位购进资产或服务等，用于简易计税方法计税项目、免征增值税项目、集体福利或个人消费等，其进项税额按照现行增值税制度规定不得从销项税额中抵扣的，取得增值税专用发票时，应按照增值税发票注明的金额，借记相关成本费用或资产科目，按照待认证的增值税进项税额，借记本科目（待认证进项税额），按照实际支付或应付的金额，贷记“银行存款”“应付账款”“零余额账户用款额度”等科目。经税务机关认证为不可抵扣进项税时，借记本科目（应交税金——进项税额）科目，贷记本科目（待认证进项税额），同时，将进项税额转出，借记相关成本费用科目，贷记本科目（应交税金——进项税额转出）。

（3）购进不动产或不动产在建工程按照规定进项税额分年抵扣。单位取得应税项目为不动产或者不动产在建工程，其进项税额按照现行增值税制度规定自取得之日起分2年从销项税额中抵扣的，应当按照取得成本，借记“固定资产”“在建工程”等科目，按照当期可抵扣的增值税额，借记本科目（应交税金——进项税额），按照以后期间可抵扣的增值税额，借记本科目（待抵扣进项税额），按照应付或实际支付的金额，贷记“应付账款”“应付票据”“银行存款”“零余额账户用款额度”等科目。尚未抵扣的进项税额待以后期间允许抵扣时，按照允许抵扣的金额，借记本科目（应交税金——进项税额），贷记本科目（待抵扣进项税额）。

（4）进项税额抵扣情况发生改变。单位因发生非正常损失或改变用途等，原已计入进项税额、待抵扣进项税额或待认证进项税额，但按照现行增值税制度规定不得从销项税额中抵扣的，借记“待处理财产损溢”“固定资产”“无形资产”等科目，贷记本科目（应交税金——进项税额转出）、本科目（待抵扣进项税额）或本科目（待认证进项税额）；原不得抵扣且未抵扣进项税额的固定资产、无形资产等，因改变用途等用于允许抵扣进项税额的应税项目的，应按照允许抵扣的进项税额，借记本科目（应交税金——进项税额），贷记“固定资产”“无形资产”等科目。固定资产、无形资产等经上述调整后，应按照调整后的账面价值在剩余尚可使用年限内计提折旧或摊销。

单位购进时已全额计入进项税额的货物或服务等转用于不动产在建工程的，对于结转以后期间的进项税额，应借记本科目（待抵扣进项税额），贷记本科目（应交税金——进项税额转出）。

（5）购买方作为扣缴义务人。按照现行增值税制度规定，境外单位或个人在境内发生应税行为，在境内未设有经营机构的，以购买方为增值税扣缴义务人。境内一般纳税人购进服务或资产时，按照应计入相关成本费用或资产的金额，借记“业务活动费用”“在途物品”“库存物品”“工程物资”“在建工程”“固定资产”“无形资产”等科目，按照可抵扣的增值税额，借记本科目（应交税金——进项税额）[小规模纳税人应借记相关成本费用或资产科目]，按照应付或实际支付的金额，贷记“银行存款”“应付账款”等科目，按照应代扣代缴的增值税额，贷记本科目（代扣代交增值税）。实际缴纳代扣代缴增值税时，按照代扣代缴的增值税额，借记本科目（代扣代交增值税），贷记“银行存款”“零余额账户用款额度”等科目。

2. 单位销售资产或提供服务等的账务处理

（1）销售资产或提供服务业务。单位销售货物或提供服务，应当按照应收或已收的金额，借记“应收账款”“应收票据”“银行存款”等科目，按照确认的收入金额，贷记“经营收入”“事业收入”等科目，按照现行增值税制度规定计算的销项税额（或采用简易计税方法计算的应纳增值税额），贷记本科目（应交税金——销项税额）或本科目（简易计税）[小规模纳税人应贷记本科目]。发生销售退回的，应根据按照规定开具的红字增值税专用发票做相反的会计分录。

按照《政府会计制度——行政事业单位会计科目和报表》及相关政府会计准则确认收入的时点早于按照增值税制度确认增值税纳税义务发生时点的，应将相关销项税额计入本科目（待转销项税额），待实际发生纳税义务时再转入本科目（应交税金——销项税额）或本科目（简易计税）。

按照增值税制度确认增值税纳税义务发生时点早于按照《政府会计制度——行政事业单位会计科目和报表》及相关政府会计准则确认收入的时点的，应按照应纳增值税额，借记“应收账款”科目，贷记本科目（应交税金——销项税额）或本科目（简易计税）。

（2）金融商品转让按照规定以盈亏相抵后的余额作为销售额。金融商品实际转让月末，如产生转让收益，则按照应纳税额，借记“投资收益”科目，贷记本科目（转让金融商品应交增值税）；如产生转让损失，则按照可结转下月抵扣税额，借记本科目（转让金融商品应交增值税），贷记“投资收益”科目。交纳增值税时，应借记本科目（转让金融商品应交增值税），贷记“银行存款”等科目。年末，本科目（转让金融商品应交增值税）如有借方余额，则借记“投资收益”科目，贷记本科目（转让金融商品应交增值税）。

3. 月末转出多交增值税和未交增值税的账务处理

月度终了，单位应当将当月应交未交或多交的增值税自“应交税金”明细科目转入“未交税金”明细科目。对于当月应交未交的增值税，借记本科目（应交税金——转出未交增值税），贷记本科目（未交税金）；对于当月多交的增值税，借记本科目（未交税金），贷记本科目（应交税金——转出多交增值税）。

4.交纳增值税的账务处理

（1）交纳当月应交增值税。单位交纳当月应交的增值税，借记本科目（应交税金——已交税金）[小规模纳税人借记本科目]，贷记“银行存款”等科目。

（2）交纳以前期间未交增值税。单位交纳以前期间未交的增值税，借记本科目（未交税金）[小规模纳税人借记本科目]，贷记“银行存款”等科目。

（3）预交增值税。单位预交增值税时，借记本科目（预交税金），贷记“银行存款”等科目。月末，单位应将“预交税金”明细科目余额转入“未交税金”明细科目，借记本科目（未交税金），贷记本科目（预交税金）。

（4）减免增值税。对于当期直接减免的增值税，借记本科目（应交税金——减免税款），贷记“业务活动费用”“经营费用”等科目。按照现行增值税制度规定，单位初次购买增值税税控系统专用设备支付的费用以及缴纳的技术维护费允许在增值税应纳税额中全额抵减的，按照规定抵减的增值税应纳税额，借记本科目（应交税金——减免税款）[小规模纳税人借记本科目]，贷记“业务活动费用”“经营费用”等科目。

【做中学6-4】某事业单位（为一般纳税人），2021年12月份发生下列增值税有关业务：

（1）5日，非独立核算部门购入生产产品用的材料，增值税专用发票上注明的材料价款为20 000元，增值税税额为2 600元，货款已经支付，材料已经到达并已验收入库。根据增值税专用发票、材料入库单、银行转账支票存根等，编制财务会计分录如下：

借：库存物品　　20 000
　　应交增值税——应交税金——进项税额　　2 600
　贷：银行存款　　22 600

（2）8日，该单位销售产品取得经营收入32 000元，增值税税额为4 160元，货款尚未收到。根据产品销售合同、税费计算单等，编制财务会计分录如下：

销售商品时：

借：应收账款　　36 160
　贷：经营收入　　32 000
　　　应交增值税——应交税金——销项税额　　4 160

（3）25日，确认计算缴纳增值税1 560元。根据缴税单、银行转账支票存根等，编制财务会计分录如下：

借：应交增值税——应交税金——已交税金　　1 560
　贷：银行存款　　1 560

（4）28日，盘点非自用材料，发现遗失A种材料，账面原价15 000元，根据存货盘亏报告单、处置批示文件、税费计算单等，编制财务会计分录如下：

①将所购进的非自用材料转入待处置资产时：

借：待处理财产损溢　　16 950

贷：库存物品　　15 000

　　应交增值税——应交税金——进项税额转出　　1 950

②实际处置时：

借：资产处置费用　　15 000

　贷：待处理财产损溢　　15 000

【做中学6-5】假如该事业单位属于小规模纳税人，编制财务会计分录如下：(和上述发生的业务会计核算将会有所不同)。

(1) 5日，购入非自用的材料，发票上注明的材料价款为20 000元，增值税税额为2 600元，货款已经支付，材料已经到达并已验收入库。根据发票、材料入库单、银行转账支票存根等，编制财务会计分录如下：

借：库存物品　　22 600

　贷：银行存款　　22 600

(2) 8日，该单位销售产品取得经营收入32 000元，增值税税额为960元，货款尚未收到。根据产品销售合同、税费计算单等，编制财务会计分录如下：

销售商品时：

借：应收账款　　32 960

　贷：经营收入　　32 000

　　应交增值税　　960

(3) 25日，计算缴纳增值税960元。根据缴税单、银行转账支票存根等，编制财务会计分录如下：

借：应交增值税　　960

　贷：银行存款　　960

(4) 28日，盘点非自用材料，发现遗失A种材料，账面原价15 000元，根据存货盘亏报告单、处置批示文件、税费计算单等，编制财务会计分录如下：

①将所购进的非自用材料转入待处置资产时：

借：待处理财产损溢　　15 000

　贷：库存物品　　15 000

②实际处置时：

借：资产处置费用　　15 000

　贷：待处理财产损溢　　15 000

三、其他应交税费

其他应交税费是指按照税法等规定计算应交纳的除增值税以外的各种税费，包括城市维护建设税、教育费附加、地方教育费附加、车船税、房产税、城镇土地使用税和企业所得税等。

(一) 其他应交税费的确认与计量

对于其他应交税费，单位应当在发生应税事项导致承担纳税义务时予以确认，按照税法等规定计算的应交税费金额计量。

（二）其他应交税费的科目设置

为了核算单位按照税法等规定计算应交纳的除增值税以外的各种税费（包括城市维护建设税、教育费附加、地方教育费附加、车船税、房产税、城镇土地使用税和企业所得税等），在负债要素类设置"其他应交税费"总账科目。本科目借方登记实际交纳的除增值税以外的税费金额；贷方登记按规定计算出的除增值税以外的应交税费金额。本科目期末贷方余额，反映单位应交未交的除增值税以外的税费金额；期末如为借方余额，反映单位多交纳的除增值税以外的税费金额。

【提示】单位代扣代缴的个人所得税，也通过本科目核算。单位应交纳的印花税不需要预提应交税费，直接通过"业务活动费用""单位管理费用""经营费用"等科目核算，不通过本科目核算。

本科目应当按照应交纳的税费种类进行明细核算。

（三）其他应交税费的主要账务处理

1. 发生其他应交税费时的账务处理

发生城市维护建设税、教育费附加、地方教育费附加、车船税、房产税、城镇土地使用税等纳税义务的，按照税法规定计算的应缴税费金额，借记"业务活动费用""单位管理费用""经营费用"等科目，贷记本科目（应交城市维护建设税、应交教育费附加、应交地方教育费附加、应交车船税、应交房产税、应交城镇土地使用税等）。

【做中学6-6】2021年12月22日，某事业单位（为小规模纳税人）转让一项专利权（未入账，经批准转让收入留归单位），取得转让收入800 000元，款项已存入银行。该事业单位适用的增值税征收率为3%。假定按税额的7%和3%分别征收城市维护建设税和教育费附加。根据无形资产转让审批报告、税费计算单、完税凭证、银行进账单、银行转账支票存根等，编制财务会计分录如下：

（1）取得收入：

应交增值税$=\dfrac{800\,000}{1+3\%}\times3\%=23\,300.97$（元）

借：银行存款	800 000	
贷：其他收入		776 699.03
应交增值税		23 300.97

（2）计算应缴纳的城市维护建设税以及教育费附加：

应交城市维护建设税$=23\,300.97\times7\%=1\,631.07$（元）

应交教育费附加$=23\,300.97\times3\%=699.03$（元）

借：单位管理费用	2 330.10	
贷：其他应交税费——应交城市维护建设税		1 631.07
——应交教育费附加		699.03

（3）实际缴纳税金时：

借：应交增值税	23 300.97	
其他应交税费——应交城市维护建设税	1 631.07	
——应交教育费附加	699.03	

贷：银行存款 25 631.07

【做中学6-7】某事业单位（为小规模纳税人）转让一项著作权（转让收入上缴财政），账面原价为120 000元，已提摊销100 000元，取得转让收入80 000元，款项已存入银行。该事业单位适用的增值税征收率为3%。假定按税额的7%和3%分别征收城市维护建设税和教育费附加。根据无形资产转让审批报告、税费计算单、完税凭证、银行进账单、国库缴款书、银行转账支票存根等，编制财务会计分录如下：

（1）资产处置时：

借：资产处置费用 20 000

无形资产累计摊销 100 000

贷：无形资产 120 000

（2）取得转让款项时：

$$应交增值税=\frac{80\,000}{1+3\%}\times 3\%=2\,330.10（元）$$

借：银行存款 80 000

贷：应缴财政款 77 669.90

应交增值税 2 330.10

（3）计算应负担的城市维护建设税和教育费附加：

应交城市维护建设税=2 330.10×7%=163.11（元）

应交教育费附加=2 330.10×3%=69.90（元）

借：应缴财政款 233.01

贷：其他应交税费——应交城市维护建设税 163.11

——应交教育费附加 69.90

（4）实际缴纳税金及教育费附加时：

借：应交增值税 2 330.10

其他应交税费——应交城市维护建设税 163.11

——应交教育费附加 69.90

贷：银行存款 2 563.11

（5）结转应缴财政款

借：应缴财政款 77 436.89

贷：银行存款 77 436.89

【思考】假如上例某事业单位为一般纳税人，如何计算增值税，应如何做账务处理？

2. 代扣代缴个人所得税时的账务处理

按照税法规定计算应代扣代缴职工（含长期聘用人员）的个人所得税，借记“应付职工薪酬”科目，贷记本科目（应交个人所得税）。

按照税法规定计算应代扣代缴支付给职工（含长期聘用人员）以外人员劳务费的个人所得税，借记“业务活动费用”“单位管理费用”等科目，贷记本科目（应交个人所得税）。

【做中学6-8】2021年12月22日，某事业单位计算从事经营活动的职工薪酬发生代扣代缴个人所得税39 800元。根据完税凭证、工资发放明细表、银行支付单等，编制财务会计分录如下：

借：应付职工薪酬　　39 800
　贷：其他应交税费——应交个人所得税　　39 800
借：其他应交税费——应交个人所得税　　39 800
　贷：银行存款　　39 800

3.发生企业所得税纳税义务时的账务处理

发生企业所得税纳税义务的，按照税法规定计算的应交所得税额，借记“所得税费用”科目，贷记本科目（单位应交所得税）。

【做中学6-9】某事业单位经营业务收入属于应税收入，根据税法规定，应缴纳企业所得税（税率为25%），12月末经营收入为500 000元。根据收支余额计算单、税费计算单、完税凭证、银行转账支票存根等，编制财务会计分录如下：

（1）按税法规定计算的应缴税金数额为：

应纳企业所得税税额=500 000×25%=125 000（元）

借：所得税费用　　125 000
　贷：其他应交税费——单位应交所得税　　125 000

（2）实际缴纳时：

借：其他应交税费——单位应交所得税　　125 000
　贷：银行存款　　125 000

4.单位实际交纳其他应交税费时的账务处理

单位实际交纳上述各种税费时，借记本科目（应交城市维护建设税、应交教育费附加、应交地方教育费附加、应交车船税、应交房产税、应交城镇土地使用税、应交个人所得税、单位应交所得税等），贷记“财政拨款收入”“零余额账户用款额度”“银行存款”等科目。

【提示】做中学案例参见【做中学6-6】【做中学6-7】【做中学6-8】【做中学6-9】。

四、应缴财政款

（一）应缴财政款的含义

应缴财政款是指单位取得或应收的按照规定应当上缴财政的款项，包括应缴国库的款项和应缴财政专户的款项。

1.应缴国库款

应缴国库款是指单位按规定应缴入国库的款项（应缴税费除外）。应缴国库款属于非税收入，主要有单位代收的纳入预算管理的政府性基金、行政事业性收费收入、罚没收入、没收财物变价款、无主财务变价收入、赃款和赃物变价款、国有资产处置和出租收入以及其他应缴财政的资金等。

2.应缴财政专户款

应缴财政专户款是指单位按规定应缴入财政专户的款项。它主要包括教育收费等。

所谓财政专户，是为管理核算部分具有专门用途的资金，由政府财政部门在商业银行及其他金融机构开设的银行账户。我国于20世纪80年代开始设立财政专户。

对教育收费、彩票发行费等按规定纳入财政专户管理的资金实行收支两条线管理，收取时上缴财政专户，支出时，从财政专户拨付给预算单位。

（二）应缴财政款的管理

（1）单位取得的按照规定上缴国库或者财政专户的资金如罚没收入、行政事业性收费、政府性基金、国有资产处置和出租出借收入等，应当按照国库集中收缴的有关规定及时足额上缴，不得隐瞒、滞留、截留、占用、挪用、拖欠或坐支。

（2）单位的应缴财政款项应当按照同级政府财政部门规定的缴款方式、缴款期限及其他缴款要求及时办理缴库。

（3）每月月末无论是否达到缴款额度，均应清理结缴。

（4）年终必须将当年的应缴财政款项全部清缴入库。

（三）应缴财政款的确认与计量

对于应缴财政款，单位通常应当在实际收到相关款项时予以确认，按照相关规定计算确定的上缴金额计量入账。

国库集中收缴方式

（四）应缴财政款的科目设置

为了核算单位取得或应收的按照规定应当上缴财政的款项（包括应缴国库的款项和应缴财政专户的款项），在负债要素类设置“应缴财政款”总账科目。本科目借方登记已缴数；贷方登记应缴数。本科目期末贷方余额，反映单位应当上缴财政但尚未缴纳的款项。年终清缴后，本科目一般应无余额。

【提示】单位按照国家税法等有关规定应当缴纳的各种税费，通过“应交增值税”“其他应交税费”科目核算，不通过本科目核算。

本科目应按应缴财政款项的类别设置明细科目。

（五）应缴财政款的主要账务处理

1. 单位取得或应收按照规定应缴财政款的账务处理

单位取得或应收按照规定应缴财政的款项时，借记“银行存款”“应收账款”等科目，贷记本科目。

【做中学6-10】2021年12月10日，某单位按规定取得行政事业性收费10 300元、罚没收入2 100元，共计12 400元，已存入银行。根据收款收据、银行进账单等，编制财务会计分录如下：

借：银行存款　　12 400

　贷：应缴财政款——行政事业性收费收入　　10 300

　　　　　　　　——罚没收入　　2 100

【做中学6-11】2021年12月6日，某单位收到教育收费1 500元，存入银行。根据收款收据、银行进账单等，编制财务会计分录如下：

借：银行存款　　1 500

　贷：应缴财政款——教育收费　　1 500

2. 单位处置资产取得应缴财政款的账务处理

单位处置资产取得的应上缴财政的处置净收入的账务处理，参见“待处理财产损溢”等科目。

3. 单位上缴应缴财政款的账务处理

单位上缴应缴财政的款项时，按照实际上缴的金额，借记本科目，贷记“银行存款”科目。

【做中学6-12】2021年12月15日，某单位将应缴国库款12 400元（行政事业性收费收入为10 300元，罚没收入为2 100元）上缴国库。根据国库缴款书、银行转账支票存根等，编制财务会计分录如下：

借：应缴财政款——行政事业性收费收入　　10 300

　　　　　　　——罚没收入　　2 100

　贷：银行存款　　12 400

【做中学6-13】2021年12月20日，某单位将应缴财政款（教育收费）1 500元上缴财政专户。根据财政专户缴款书、银行转账支票存根等，编制财务会计分录如下：

借：应缴财政款——教育收费　　1 500

　贷：银行存款　　1 500

【提示】单位执收的行政事业性收费、罚没款项等已实行国库集中收缴的，采取直接缴库方式的，缴交的款项由缴款人直接缴给财政部门。在此情况下，单位不必进行应缴国库款的账务处理，只需要进行台账。

五、应付职工薪酬

（一）应付职工薪酬的内容

应付职工薪酬是指单位为获得职工（含长期聘用人员）提供的服务而给予各种形式的报酬或因辞退等原因而给予职工补偿所形成的负债。职工薪酬包括工资、津贴补贴、奖金、社会保险费等。

非税收入纳入预算管理规定

（二）应付职工薪酬的确认与计量

1. 工资薪金的确认与计量

除因辞退等原因给予职工的补偿外单位应当在职工为其提供服务的会计期间，将应支付的职工薪酬确认为负债，除下列规定外，计入当期费用。

单位应当根据职工提供服务的受益对象，将下列职工薪酬分情况处理：

（1）应由自制物品负担的职工薪酬，计入自制物品成本。

（2）应由工程项目负担的职工薪酬，比照有关借款费用的处理原则计入工程成本或当期费用。

（3）应由自行研发项目负担的职工薪酬，在研究阶段发生的，计入当期费用；在开发阶段发生并且最终形成无形资产的，计入无形资产成本。

2. 社会保险费和住房公积金等的确认与计量

单位按照有关规定为职工缴纳的基本医疗保险费、基本养老保险费等社会保险费和住房公积金，应当在职工为其提供服务的会计期间，根据有关规定加以计算并确认为负债，具体按照上述1的规定处理。

3. 辞退职工薪酬的确认与计量

单位因辞退等原因给予职工的补偿，应当于相关补偿金额报经批准时确认为负债，并计入当期费用。

（三）应付职工薪酬的科目设置

1. 总账科目设置

为了核算单位按照有关规定应付给职工（含长期聘用人员）及为职工支付的各种薪酬，包括基本工资、国家统一规定的津贴补贴、规范津贴补贴（绩效工资）、改革性补贴、社会保险费（如职工基本养老保险费、基本医疗保险费等）、住房公积金等，在负债要素类设置“应付职工薪酬”总账科目。本科目贷方登记按规定计算的应发放职工薪酬数；借方登记实际发放职工薪酬数。本科目期末贷方余额，反映单位应付未付的职工薪酬。

2. 明细科目设置

本科目应当根据国家有关规定按照“基本工资”（含离退休费）、“国家统一规定的津贴补贴”“规范津贴补贴（绩效工资）”“改革性补贴”“社会保险费”“住房公积金”“其他个人收入”等进行明细核算。其中，“社会保险费”“住房公积金”明细科目核算内容包括单位从职工工资中代扣代缴的社会保险费、住房公积金，以及单位为职工计算缴纳的社会保险费、住房公积金。

（四）应付职工薪酬的主要账务处理

1. 计算确认当期应付职工薪酬时的账务处理

当期应付职工薪酬包含单位为职工计算缴纳的社会保险费、住房公积金。

（1）计提从事专业及其辅助活动人员的职工薪酬，借记“业务活动费用”“单位管理费用”科目，贷记本科目。

（2）计提应由在建工程、加工物品、自行研发无形资产负担的职工薪酬，借记“在建工程”“加工物品”“研发支出”等科目，贷记本科目。

（3）计提从事专业及其辅助活动之外的经营活动人员的职工薪酬，借记“经营费用”科目，贷记本科目。

（4）因解除与职工的劳动关系而给予的补偿，借记“单位管理费用”等科目，贷记本科目。

2. 向职工支付工资、津贴补贴等薪酬时的账务处理

按照实际支付的金额，借记本科目，贷记“财政拨款收入”“零余额账户用款额度”“银行存款”等科目。

3. 代扣职工个人所得税时的账务处理

按照税法规定代扣职工个人所得税时，借记本科目（基本工资），贷记“其他应交税费——应交个人所得税”科目。

从应付职工薪酬中代扣为职工垫付的水电费、房租等费用时，按照实际扣除的金额，借记本科目（基本工资），贷记“其他应收款”等科目。

从应付职工薪酬中代扣社会保险费和住房公积金，按照代扣的金额，借记本科目（基本工资），贷记本科目（社会保险费、住房公积金）。

4.缴纳职工社会保险费和住房公积金时的账务处理

按照国家有关规定缴纳职工社会保险费和住房公积金时，按照实际支付的金额，借记本科目（社会保险费、住房公积金），贷记“财政拨款收入”“零余额账户用款额度”“银行存款”等科目。

5.从应付职工薪酬中支付其他款项时的账务处理

从应付职工薪酬中支付其他款项时，借记本科目，贷记“零余额账户用款额度”“银行存款”等科目。

【做中学6-14】某行政单位对工资支出采用国库集中支付制度。2021年12月1日，人事部门提供本月工资发放明细表：应发工资238 000元，其中基本工资180 000元、津贴48 000元、其他个人收入10 000元。单位代扣由个人承担的住房公积金21 600元、个人所得税5 000元，单位为职工承担的住房公积金为21 600元。8日该单位通过财政直接支付方式将应付职工薪酬分别转入个人工资账户、公积金账户和国库单一账户。根据财政直接支付申请书、“财政直接支付入账通知书”、工资发放明细表、税费计算单等，编制财务会计分录如下：

（1）计算工资时：

借：业务活动费用——工资福利费用　259 600
　贷：应付职工薪酬——基本工资　180 000
　　　　　　　　——津贴　48 000
　　　　　　　　——其他个人收入　10 000
　　　　　　　　——住房公积金（单位）　21 600

（2）代扣款项时：

借：应付职工薪酬——基本工资　26 600
　贷：应付职工薪酬——住房公积金（个人）　21 600
　　　其他应交税费——应交个人所得税　5 000

（3）实际发放时：

借：应付职工薪酬——基本工资　153 400
　　　　　　　——津贴　48 000
　　　　　　　——其他个人收入　10 000
　贷：财政拨款收入——财政直接支付（基本支出）　211 400

（4）实际缴纳住房公积金和个人所得税时：

借：应付职工薪酬——住房公积金（单位和个人）　43 200
　　其他应交税费——应交个人所得税　5 000
　贷：财政拨款收入——财政直接支付（基本支出）　48 200

微课：应付职工薪酬的核算

【提示】实际发工资预算会计处理业务参见项目三任务2【做中学3-1】案例；如果会计主体是事业单位，其计提从事专业业务活动人员的薪酬和上述会计账务处理相同；如果计提的是从事行政及后勤人员的薪酬和经营活动人员薪酬，则将“业务活动费用”换为“单位管理费用”“经营费用”科目，其他不变。

【提示】单位代扣代缴的社会保险费和住房公积金（个人承担部分）、个人所得税，虽然没有发到职工个人，但实际上属于职工个人工资的一部分，属于应付职工薪酬。单位按照规定为职工缴纳的社会保险费和住房公积金（单位承担部分），虽然直接支付到社会保险机构和住房公积金管理机构，但这些资金实际属于职工个人的，所以也纳入应付职工薪酬范围进行核算。

六、应付及预收款项

应付及预收款项是指政府会计主体在运营活动中形成的应当支付而尚未支付的款项及预先收到但尚未实现收入的款项。应付及预收款项包括应付票据、应付账款、应付政府补贴款、应付利息、预收账款、其他应付款等核算。

（一）应付票据的核算

1.应付票据的概念

应付票据是指事业单位因购买材料、物资等而开出、承兑的商业汇票，包括银行承兑汇票和商业承兑汇票。

2.应付票据的确认与计量

应付票据按实际签发商业汇票或实际收到商业汇票时确认，按票据签发时的票面金额计量入账。

3.应付票据的科目设置

为了核算事业单位因购买材料、物资等而开出、承兑的商业汇票，在负债要素类设置“应付票据”总账科目。本科目贷方登记单位因购买材料、物资等而开出、承兑的商业汇票票面金额；借方登记已到期或已兑付的商业汇票票面金额。本科目期末贷方余额，反映事业单位开出、承兑的尚未到期的应付票据金额。

本科目应当按照债权人进行明细核算。

事业单位应当设置“应付票据备查簿”，详细登记每一应付票据的种类、号数、出票日期、到期日、票面金额、交易合同号、收款人姓名或单位名称，以及付款日期和金额等。应付票据到期结清票款后，应当在备查簿内逐笔注销。

4.应付票据的主要账务处理

（1）开出、承兑商业汇票时，借记“库存物品”“固定资产”等科目，贷记本科目。涉及增值税业务的，相关账务处理参见“应交增值税”科目。

以商业汇票抵付应付账款时，借记“应付账款”科目，贷记本科目。

【做中学6-15】2021年12月10日，某事业单位向华联材料厂购入乙种材料一批用于专业业务活动，增值税专用发票上注明的含税价款为40 000元。该单位出具一张期限为3个月的商业承兑汇票，材料已验收入库。根据增值税专用发票、材料入库单、商业承兑汇票复印件等，编制财务会计分录如下：

借：库存物品——乙种材料	40 000	
贷：应付票据		40 000

（2）支付银行承兑汇票的手续费时，借记“业务活动费用”“经营费用”等科目，贷记“银行存款”“零余额账户用款额度”等科目。

（3）商业汇票到期时，应当分别以下情况处理：

①收到银行支付到期票据的付款通知时，借记本科目，贷记“银行存款”科目。

【做中学6–16】承【做中学6–15】，假如该票据到期，收到开户银行支付华联材料厂款40 000元。根据商业承兑汇票复印件、银行转账支票存根等，编制财务会计分录如下：

借：应付票据　　40 000

　贷：银行存款　　40 000

②银行承兑汇票到期，单位无力支付票款的，按照应付票据账面余额，借记本科目，贷记“短期借款”科目。

【做中学6–17】2021年12月2日，某事业单位开出一张3个月的140 400元银行承兑汇票向A单位购买开展专业业务活动的设备一台，并以银行存款支付手续费800元。如3个月后，单位无力支付票款。根据商业承兑汇票复印件、企业托收凭证等，编制财务会计分录如下：

①支付货款和银行手续费时：

借：固定资产　　140 400

　贷：应付票据——A单位　　140 400

借：业务活动费用　　800

　贷：银行存款　　800

②票据到期，无力支付票款：

借：应付票据　　140 400

　贷：短期借款　　140 400

③商业承兑汇票到期，单位无力支付票款的，按照应付票据账面余额，借记本科目，贷记“应付账款”科目。

【做中学6–18】承【做中学6–16】，假如该票据到期，本单位无力付款，根据商业承兑汇票复印件、企业托收凭证等，编制财务会计分录为：

借：应付票据　　40 000

　贷：应付账款　　40 000

（二）应付账款的核算

1.应付账款的概念

应付账款是指单位因取得资产、接受劳务、开展工程建设等而形成的偿还期限在1年以内（含1年）的负债。

应付账款主要是由于取得货物的时间与结算付款的时间不一致而产生的。

2.应付账款的确认与计量

对于应付账款，政府会计主体应当在取得资产、接受劳务，或外包工程完成规定进度时确认，按照应付未付款项的金额计量入账。

3.应付账款的科目设置

为了核算单位因购买物资、接受服务、开展工程建设等而应付的偿还期限在1年以内（含1年）的款项，在负债要素类设置“应付账款”总账科目。本科目贷方登记单位因购买物资、接受服务等而应付给供应单位的款项；借方登记已偿付的应付款项。本科目期末贷方余额，反映单位尚未支付的应付账款金额。

本科目应当按照债权人进行明细核算。对于建设项目，还应设置“应付器材款”“应付工程款”等明细科目，并按照具体项目进行明细核算。

4.应付账款的主要账务处理

（1）收到所购材料、物资、设备或服务以及确认完成工程进度但尚未付款时，根据发票及账单等有关凭证，按照应付未付款项的金额，借记“库存物品”“固定资产”“在建工程”等科目，贷记本科目。涉及增值税业务的，相关账务处理参见“应交增值税”科目。

【做中学6-19】2021年12月10日，某事业单位（为小规模纳税人）从M材料厂购入甲材料一批用于专业业务活动，价款为70 000元，增值税税额为9 100元，材料已验收入库，价税款尚未支付。根据购物合同、发票、材料入库单等，编制财务会计分录如下：

材料验收入库时：

借：库存物品——甲材料　79 100

　贷：应付账款——M材料厂　79 100

【做中学6-20】2021年12月3日，某事业单位为加工海报（经营活动，单位为一般纳税人），向A纸厂购入纸张一批，价款为120 000元，增值税税额为15 600元，纸张已验收入库，价税款尚未支付。根据购货合同、增值税专用发票及入库单等，编制财务会计分录如下：

借：库存物品——纸张　120 000

　　应交增值税——应交税金——进项税额　15 600

　贷：应付账款——A纸厂　135 600

（2）偿付应付账款时，按照实际支付的金额，借记本科目，贷记“财政拨款收入”“零余额账户用款额度”“银行存款”等科目。

【做中学6-21】承【做中学6-19】，假如该事业单位通过银行转账支付该甲材料及税款时，根据银行转账支票存根等，编制财务会计分录如下：

借：应付账款——M材料厂　81 200

　贷：银行存款　81 200

（3）开出、承兑商业汇票抵付应付账款时，借记本科目，贷记“应付票据”科目。

【做中学6-22】承【做中学6-20】，假如该事业单位开出3个月的银行承兑汇票一张，支付上述纸张款及税款。根据银行承兑汇票复印件等，编制财务会计分录如下：

借：应付账款——A纸厂　135 600

　贷：应付票据　135 600

（4）无法偿付或债权人豁免偿还的应付账款，应当按照规定报经批准后进行账务处理。经批准核销时，借记本科目，贷记“其他收入”科目。核销的应付账款应在备查簿中保留登记。

（三）应付政府补贴款的核算

应付政府补贴款是指负责发放政府补贴的行政单位，按照规定应当支付给政府补贴接受者的各种政府补贴款。

1.应付政府补贴款的确认与计量

应付政府补贴款的确认应同时满足以下两个条件：其一，政府补贴的发放对象及金额已经确认；其二，达到政策规定发放政府补贴的时间。应当按照规定的补贴标准计算，按照计算出的实际金额入账。

2.应付政府补贴款的科目设置

为了核算负责发放政府补贴的行政单位，按照规定应当支付给政府补贴接受者的各种政府补贴款，在负债要素类设置“应付政府补贴款”总账科目。本科目贷方登记发生应付政府补贴的款项；借方登记已支付的政府补贴款项。本科目期末贷方余额，反映行政单位应付未付的政府补贴金额。

本科目应当按照应支付的政府补贴种类进行明细核算。单位还应当根据需要按照补贴接受者进行明细核算，或者建立备查簿对补贴接受者予以登记。

3.应付政府补贴款的主要账务处理

（1）发生应付政府补贴时，按照依规定计算确定的应付政府补贴金额，借记“业务活动费用”科目，贷记本科目。

【做中学6-23】2021年12月5日，某行政单位按照规定，应向贫困人员支付救济费6 500元。根据救济费发放明细表等，编制财务会计分录如下：

借：业务活动费用——基本支出（财政拨款支出）——救济费　　6 500

　贷：应付政府补贴款——贫困救济　　6 500

（2）支付应付政府补贴款时，按照支付金额，借记本科目，贷记“零余额账户用款额度”“银行存款”等科目。

【做中学6-24】承【做中学6-23】，该行政单位通过零余额账户支付上述贫困人员救济费。根据零余额账户支付凭证、救济费发放明细表等，编制财务会计分录如下：

借：应付政府补贴款——贫困救济　　6 500

　贷：零余额账户用款额度　　6 500

（四）应付利息的核算

应付利息是指事业单位按照合同约定应支付借款利息，包括短期借款、分期付息到期还本的长期借款等应支付的利息。

1.应付利息的确认与计量

事业单位应当在按照合同约定应支付的利息时确认，按照合同约定的金额计量入账。

2.应付利息的科目设置

为了核算事业单位按照合同约定应支付的借款利息（短期借款、分期付息到期还本的长期借款等应支付的利息），在负债要素类设置“应付利息”总账科目。本科目贷方登记按合同约定的应付利息数额；借方登记实际支付的利息数额。本科目期末贷方余额，反映事业单位应付未付的利息金额。

本科目应当按照债权人等进行明细核算。

3.应付利息的主要账务处理

（1）为建造固定资产、公共基础设施等借入的专门借款的利息，属于建设期间发生的，按期计提利息费用时，按照计算确定的金额，借记“在建工程”科目，贷记本科目；不属于建设期间发生的，按期计提利息费用时，按照计算确定的金额，借记“其他费用”科目，贷记本科目。

（2）对于其他借款，按期计提利息费用时，按照计算确定的金额，借记“其他费用”科目，贷记本科目。

（3）实际支付应付利息时，按照支付的金额，借记本科目，贷记“银行存款”等科目。

【做中学6-25】某事业单位2021年12月1日从银行借入为期3年的贷款1 000万元用于工程建设，贷款年利息率为6%；每年12月1日用银行存款支付已完贷款年度利息；3年后该单位用银行存款支付偿还贷款本金和第三贷款年度的利息。根据贷款合同、银行进账单、利息结算单、银行支付单等，编制财务会计分录如下：

（1）借入贷款1 000万元：

借：银行存款	10 000 000	
贷：长期借款——本金		10 000 000

（2）期末计息：

利息=1 000×0.06÷12=5（万元）

借：在建工程	50 000	
贷：应付利息		50 000

（3）第一、二次支付贷款利息：

利息=5×12=60（万元）

借：应付利息	600 000	
贷：银行存款		600 000

（4）归还贷款本金（1 000万元）和第三次利息（60万元）：

借：长期借款——本金	10 000 000	
应付利息	600 000	
贷：银行存款		10 600 000

（五）预收账款

1.预收账款的概念

预收账款是指事业单位按照货物、服务合同或协议或者相关规定，向接受货物或服务的主体预先收款而形成的负债。

2.预收账款的确认与计量

事业单位应当在按照合同或协议收到预收款项时确认，按照实际收到款项的金额计量入账。

3.预收账款的科目设置

为了核算事业单位预先收取但尚未结算的款项，在负债要素类设置“预收账款”总账科目。本科目贷方登记预收的款项；借方登记款项的实际结算数和退回的多余款数。

本科目期末贷方余额，反映事业单位预收但尚未结算的款项金额。

本科目应当按照债权人进行明细核算。

4.预收账款的主要账务处理

（1）从付款方预收款项时，按照实际预收的金额，借记“银行存款”等科目，贷记本科目。

【做中学6-26】2021年12月16日，某事业单位开展经营活动，接受A公司一项服务合同，合同规定的服务款总额为100 000元，预计3个月完成，合同规定定货方A公司预付货款的50%，另外50%待业务完成后再支付。根据服务合同、收款凭证、银行进账单等，编制财务会计分录如下：

借：银行存款	50 000	
贷：预收账款——A公司		50 000

（2）确认有关收入时，按照预收账款账面余额，借记本科目，按照应确认的收入金额，贷记“事业收入”“经营收入”等科目，按照付款方补付或退回付款方的金额，借记或贷记“银行存款”等科目。涉及增值税业务的，相关账务处理参见“应交增值税”科目。

【做中学6-27】承【做中学6-26】，如该事业单位（为一般纳税人）按合同规定提供的业务服务（适用6%的增值税税率）如期完成，经对方验收后，收到余款50 000元。根据收款凭证、银行进账单等，编制财务会计分录如下：

应交增值税税额=$\frac{100\ 000}{1+6\%}\times 6\%=5\ 660$（元）

借：预收账款——A公司	50 000	
银行存款	50 000	
贷：经营收入		94 340
应交增值税		5 660

（3）无法偿付或债权人豁免偿还的预收账款，应当按照规定报经批准后进行账务处理。经批准核销时，借记本科目，贷记“其他收入”科目。核销的预收账款应在备查簿中保留登记。

（六）其他应付款

1.其他应付款的概念

其他应付款是指单位除应交增值税、其他应交税费、应缴财政款、应付职工薪酬、应付票据、应付账款、应付政府补贴款、应付利息、预收账款以外，其他各项偿还期限在1年内（含1年）的应付及暂收款项，如收取的押金、存入保证金、已经报销但尚未偿还银行的本单位公务卡欠款等。

2.其他应付款的确认与计量

其他应付款应当在发生其他应付义务或收到属于其他应付款的款项时确认，按照实际发生的金额计量入账。

3.其他应付款的科目设置

为了核算单位除应交增值税、其他应交税费、应缴财政款、应付职工薪酬、应付票据、应付账款、应付政府补贴款、应付利息、预收账款以外，其他各项偿还期限在1年内（含1年）的应付及暂收款项，在负债要素类设置“其他应付款”总账科目。本科目贷方登记各种应付和暂收的款项；借方登记应付和暂收款的结算减少数。本科目期末贷方余额，反映单位尚未支付的其他应付款金额。

【提示】同级政府财政部门预拨的下期预算款和没有纳入预算的暂付款项，以及采用实拨资金方式通过本单位转拨给下属单位的财政拨款，也通过本科目核算。

本科目应当按照其他应付款的类别以及债权人等进行明细核算。

4.其他应付款的主要账务处理

（1）发生其他应付款时的账务处理。发生其他应付及暂收款项时，借记“银行存款”等科目，贷记本科目。支付（或退回）其他应付及暂收款项时，借记本科目，贷记“银行存款”等科目。将暂收款项转为收入时，借记本科目，贷记“事业收入”等科目。

【做中学6-28】2021年12月10日，某单位收到出租包装物的押金600元现金。根据出租合同、收款收据等，编制财务会计分录如下：

借：库存现金　　600

　贷：其他应付款——出租包装物押金　　600

【做中学6-29】承【做中学6-28】，如该单位收回包装物，退还押金600元，用现金支付。根据收款收据等，编制财务会计分录如下：

借：其他应付款——出租包装物押金　　600

　贷：库存现金　　600

（2）收到同级政府财政部门预拨的下期预算款和没有纳入预算的暂付款项时的账务处理。按照实际收到的金额，借记“银行存款”等科目，贷记本科目；待到下一预算期或批准纳入预算时，借记本科目，贷记“财政拨款收入”科目。采用实拨资金方式通过本单位转拨给下属单位的财政拨款，按照实际收到的金额，借记“银行存款”科目，贷记本科目；向下属单位转拨财政拨款时，按照转拨的金额，借记本科目，贷记“银行存款”科目。

【做中学6-30】某单位2021年12月收到同级政府财政部门预拨的下年度1月份预算款100 000元，款项已存入银行。根据银行进账单等，编制财务会计分录如下：

① 2021年12月收到预拨款：

借：银行存款　　100 000

　贷：其他应付款——同级财政部门　　100 000

② 2022年1月到预算期：

借：其他应付款——同级财政部门　　100 000

　贷：财政拨款收入　　100 000

【做中学6-31】某单位属于主管会计单位，财政资金支付采用实拨资金方式，2021年12月15日收到同级政府财政部门拨给其下属单位款项100 000元，12月16日将款项转拨给所属单位。根据银行进账单等，编制财务会计分录如下：

①2021年12月15日收到拨款：

借：银行存款　　100 000

贷：其他应付款——同级财政部门 100 000

② 2021年12月16日转拨款项：

借：其他应付款——同级财政部门 100 000

贷：银行存款 100 000

（3）本单位公务卡持卡人报销时的账务处理。

按照审核报销的金额，借记“业务活动费用”“单位管理费用”等科目，贷记本科目；偿还公务卡欠款时，借记本科目，贷记“零余额账户用款额度”等科目。

（4）涉及质保金形成其他应付款的账务处理。

相关账务处理参见“固定资产”科目。

（5）无法偿付或债权人豁免偿还的其他应付款的账务处理。

应当按照规定报经批准后进行账务处理。经批准核销时，借记本科目，贷记“其他收入”科目。

【做中学6-32】2021年12月5日，某单位扣留的固定资产维护保证金，因对方无法承诺，豁免了保证金1 000元。根据合同等，编制财务会计分录如下：

借：其他应付款 1 000

贷：其他收入 1 000

【提示】政府会计主体应当在支付应付款项或将预收款项确认为收入时，冲减相关负债的账面余额。

七、预提费用

（一）预提费用的概念

预提费用是指单位预先提取的已经发生但尚未支付的费用，如预提租金费用等。

（二）预提费用的确认与计量

预提费用应当按照规定提取时确认，按照实际提取的金额计量入账。

（三）预提费用的科目设置

为了核算单位预先提取的已经发生但尚未支付的费用，在负债要素类设置“预提费用”总账科目。本科目贷方登记预提的费用；借方登记实际使用数额。本科目期末贷方余额，反映单位已预提但尚未支付的各项费用。

【提示】事业单位按规定从科研项目收入中提取的项目间接费用或管理费，通过本科目核算。

事业单位计提的借款利息费用，通过“应付利息”“长期借款”科目核算，不通过本科目核算。

本科目应当按照预提费用的种类进行明细核算。对于提取的项目间接费用或管理费，应当在本科目下设置“项目间接费用或管理费”明细科目，并按项目进行明细核算。

（四）预提费用的主要账务处理

1.提取项目间接费用或管理费的账务处理

按规定从科研项目收入中提取项目间接费用或管理费时，按照提取的金额，借记“单位管理费用”科目，贷记本科目（项目间接费用或管理费）。

实际使用计提的项目间接费用或管理费时，按照实际支付的金额，借本科目（项目间接费用或管理费），贷记“银行存款”“库存现金”等科目。

2.其他预提费用的账务处理

按期预提租金等费用时，按照预提的金额，借记“业务活动费用”“单位管理费用”“经营费用”等科目，贷记本科目。

实际支付款项时，按照支付金额，借记本科目，贷记“零余额账户用款额度”“银行存款”等科目。

【做中学6-33】某事业单位2021年年末发生有关项目资金的业务：按照规定标准对横向A科研项目提取管理费50 000元；使用提取的项目管理费用于科研管理开支150 000元（银行转账结算）。根据学校有关科研项目管理费提取规定、费用支付单据等，编制财务会计分录如下：

（1）提取科研项目管理费：

借：单位管理费用　　50 000

　贷：预提费用——项目间接费用或管理费　　50 000

（2）使用科研项目管理费：

借：预提费用——项目间接费用或管理费　　150 000

　贷：银行存款　　150 000

八、受托代理负债的核算

（一）受托代理负债的概念

受托代理负债是指单位接受委托，取得受托代理资产时形成的负债，如受托管理物资、固定资产、无形资产、政府储备物资、公共基础设施等形成的负债。

（二）受托代理负债的确认与计量

受托代理负债应当在单位收到受托代理资产并产生受托代理义务时确认，按照单位取得受托代理资产的金额计量入账。

（三）受托代理负债的科目设置

为了核算单位接受委托，取得受托代理资产时形成的债务，在负债要素类设置“受托代理负债”总账科目。本科目贷方登记发生的受托代理负债的款项；借方登记偿付的款项。本科目期末贷方余额，反映单位尚未交付或发出受托代理资产形成的受托代理负债金额。

本科目应当按照委托人等进行明细核算；属于指定转赠物资和资金的，还应当按照指定受赠人进行明细核算。

（四）受托代理负债的主要账务处理

“受托代理负债”科目的账务处理参见“库存现金”“银行存款”“受托代理资产”等科目。

【做中学6-34】2021年12月8日，某单位收到某民营企业家捐赠的银行存款100 000元和200 000元的医疗设备，指定捐赠给受灾地区的××卫生院；12月12日，将转赠的银行存款100 000元和医疗设备交付××卫生院。根据捐赠协议、委托书、银行转账支票存根等，编制财务会计分录如下：

（1）收到指定捐赠的资金和设备：

借：银行存款——受托代理资产	100 000	
受托代理资产——转赠物资	200 000	
贷：受托代理负债——××卫生院		300 000

（2）转赠资金和设备：

借：受托代理负债——××卫生院	300 000	
贷：银行存款——受托代理资产		100 000
受托代理资产——转赠物资		200 000

任务3 非流动负债的核算

一、长期借款

（一）长期借款的概念

长期借款是指事业单位经批准向银行或其他金融机构等借入的期限超过1年（不含1年）的各种借款本息。长期借款一般用于固定资产购置、改建、扩建及基建项目等借款。

长期借款的偿还方式：分期付息到期还本、到期一次还本付息、分期还本付息。

（二）长期借款的确认与计量

长期借款应在与债权人签订借款合同或协议并取得举借资金时进行确认，以实际发生的借款金额计量入账。

（三）长期借款的科目设置

为了核算事业单位经批准向银行或其他金融机构等借入的期限超过1年（不含1年）的各种借款本息，在负债要素类设置“长期借款”总账科目。本科目贷方登记长期借款本息的增加数额；借方登记长期借款本息的减少数额。本科目期末贷方余额，反映事业单位尚未偿还的长期借款本息金额。

本科目应当设置“本金”和“应计利息”明细科目，并按照贷款单位和贷款种类进行明细核算。对于建设项目借款，还应按照具体项目进行明细核算。

（四）长期借款的主要账务处理

1. 借入各项长期借款时的账务处理

按照实际借入的金额，借记“银行存款”科目，贷记本科目（本金）。

2. 支付专门借款利息时的账务处理

为建造固定资产、公共基础设施等应支付的专门借款利息，按期计提利息时，分别以下情况处理：

（1）属于工程项目建设期间发生的利息，计入工程成本，按照计算确定的应支付的利息金额，借记“在建工程”科目，贷记“应付利息”科目。

（2）属于工程项目完工交付使用后发生的利息，计入当期费用，按照计算确定的应支付的利息金额，借记“其他费用”科目，贷记“应付利息”科目。

3. 按期计提其他长期借款利息时的账务处理

按照计算确定的应支付的利息金额，借记“其他费用”科目，贷记“应付利息”科目［分期付息、到期还本借款的利息］或本科目（应计利息）［到期一次还本付息借款的利息］。

4. 到期归还长期借款本金、利息时的账务处理

到期归还长期借款本金、利息时，借记本科目（本金、应计利息），贷记“银行存款”科目。

【提示】事业单位在进行借款时，一是要根据实际需要和偿还能力控制借款规模；二是要坚持有偿使用、到期偿还。

【做中学6-35】某事业单位为改造办公条件，对办公楼进行改扩建。2020年12月10日，向银行借入款项1 000 000元，期限为两年，借款年利率为5%，每年年末付息一次，期满后一次还清本金。该办公楼于2021年5月20日完工交付使用。2022年12月10日借款到期，并向银行归还借款本金。根据借款合同、银行进账单、银行利息结算单、银行转账支票存根等，编制财务会计分录如下：

（1）2020年12月10日取得借款时：

借：银行存款	1 000 000	
贷：长期借款——本金		1 000 000

（2）2020年12月至2021年5月，每月计提利息4 166.67元（1 000 000×5%÷12）：

借：在建工程	4 166.67	
贷：应付利息——在建工程		4 166.67

（3）支付第一年利息时：

利息=1 000 000×5%=50 000（元）

借：应付利息	50 000	
贷：银行存款		50 000

（4）2021年5月以后至借款到期每月计提利息时：

借：其他费用	4 166.67	
贷：应付利息		4 166.67

（5）支付第二年利息时：

借：应付利息	50 000	
贷：银行存款		50 000

（6）2022年12月10日归还本金时：

借：长期借款	1 000 000	
贷：银行存款		1 000 000

二、长期应付款

（一）长期应付款的概念

长期应付款是指单位发生的偿还期限超过1年（不含1年）的应付款项，主要指

事业单位融资租入固定资产发生的应付租赁费，跨年度分期付款购入固定资产的价款等。

（二）长期应付款的确认与计量

1. 长期应付款的确认

长期应付款的入账时间，应以所购买物资的所有权转移或接受劳务已发生为标志；应当在单位收到所购物资或服务，完成工程承担相应支付义务时确认。

2. 长期应付款的计量

长期应付款应当按照购买物资或服务应付未付的金额计量入账。

（三）长期应付款的科目设置

为了核算单位发生的偿还期限超过1年（不含1年）的应付款项，如以融资租赁方式取得固定资产应付的租赁费等，在负债要素类设置“长期应付款”总账科目。本科目贷方登记发生的长期应付款数；借方登记归还的长期应付款数。本科目期末贷方余额，反映单位尚未支付的长期应付款金额。

本科目应当按照长期应付款的类别以及债权人进行明细核算。

（四）长期应付款的主要账务处理

1. 发生长期应付款时的账务处理

发生长期应付款时，借记“固定资产”“在建工程”等科目，贷记本科目。

【做中学6-36】2021年12月8日，某事业单位融资租入5年期一台不需要安装的设备，该设备价款为500 000元，运杂费为20 000元。根据融资租赁合同、设备验收单、银行转账支票存根等，编制财务会计分录如下：

借：固定资产——融资租入	520 000	
贷：长期应付款		500 000
银行存款		20 000

2. 支付长期应付款时的账务处理

支付长期应付款时，按照实际支付的金额，借记本科目，贷记“财政拨款收入”“零余额账户用款额度”“银行存款”等科目。涉及增值税业务的，相关账务处理参见“应交增值税”科目。

【做中学6-37】承【做中学6-36】，每年用银行存款支付租赁费100 000元时，根据融资租赁合同、银行转账支票存根等，编制财务会计分录如下：

借：长期应付款	100 000	
贷：银行存款		100 000

3. 核销长期应付款时的账务处理

无法偿付或债权人豁免偿还的长期应付款，应当按照规定报经批准后进行账务处理。经批准核销时，借记本科目，贷记“其他收入”科目。

【提示】核销的长期应付款应在备查簿中保留登记。

4. 涉及质保金形成长期应付款的账务处理

涉及质保金形成长期应付款的，相关账务处理参见“固定资产”科目。

三、预计负债

（一）预计负债的概念

预计负债是指单位对因或有事项所产生的现时义务而确认的负债，如对未决诉讼等确认的负债。

（二）预计负债的确认与计量

预计负债应当以与或有事项相关且满足负债条件的现时义务而确认，按照履行相关现时义务所需支出的最佳估计数进行初始计量。

所需支出存在一个连续范围，且该范围内各种结果发生的可能性是相同的，最佳估计数应当按照该范围内的中间值确定。

在其他情形下，最佳估计数应当分别下列情况确定：

（1）或有事项涉及单个项目的，按照最可能发生金额确定。

（2）或有事项涉及多个项目的，按照各种可能结果及相关概率计算确定。

【注意】政府会计主体在确定最佳估计数时，一般应当综合考虑与或有事项有关的风险、不确定性等因素。

政府会计主体清偿预计负债所需支出预期全部或部分由第三方补偿的，补偿金额只有在基本确定能够收到时才能作为资产单独确认。确认的补偿金额不应当超过预计负债的账面余额。

（三）预计负债的科目设置

为了核算单位对因或有事项所产生的现时义务而确认的负债，在负债要素类设置“预计负债”总账科目。本科目贷方登记确认的预计负债数；借方登记实际偿付的预计负债数。本科目期末贷方余额，反映单位已确认但尚未支付的预计负债金额。

本科目应当按照预计负债的项目进行明细核算。

（四）预计负债的主要账务处理

1. 确认预计负债时的账务处理

按照预计的金额，借记“业务活动费用”“经营费用”“其他费用”等科目，贷记本科目。

2. 实际偿付预计负债时的账务处理

按照偿付的金额，借记本科目，贷记“银行存款”“零余额账户用款额度”等科目。

3. 调整预计负债时的账务处理

根据确凿证据需要对已确认的预计负债账面余额进行调整的，按照调整增加的金额，借记有关科目，贷记本科目；按照调整减少的金额，借记本科目，贷记有关科目。

【做中学6-38】2021年8月10日，某事业单位在向A单位提供专业服务中，因没有执行合同规定的时限，影响A单位业务进展，A单位向法院起诉，2021年12月31日，法院尚未做出判决。根据单位法律顾问的职业判断，单位违约需要赔偿100 000元，编制财务会计分录如下：

借：业务活动费用　　　　100 000

贷：预计负债 100 000

如2022年2月1日法院做出判决，单位败诉，赔偿A单位100 000元，以银行存款付讫，编制财务会计分录如下：

借：预计负债 100 000

贷：银行存款 100 000

项目小结

本项目主要介绍行政事业单位负债要素的内容、负债的确认与计量、负债要素类科目的设置及主要账务处理。

行政事业单位在负债要素类设置了“应交增值税”“应缴财政款”“应付职工薪酬”“受托代理负债”等16个科目对各项负债的发生、结算减少等变化及尚未结清和偿还的负债情况进行核算。

重点与难点：“长期借款”和“短期借款”科目核算内容及主要账务处理，应缴财政款、应交税金、应付职工薪酬的核算。

本项目主要知识点归纳总结见表6-2。

表6-2 主要知识点归纳总结

主要知识点	业务内容	账务处理	
		财务会计	预算会计
短期借款	借入各种短期借款	借：银行存款 贷：短期借款	借：资金结存——货币资金 贷：债务预算收入
	银行承兑汇票到期，本单位无力支付票款	借：应付票据 贷：短期借款	借：经营支出等 贷：债务预算收入
	归还短期借款	借：短期借款 贷：银行存款	借：债务还本支出 贷：资金结存——货币资金
应缴财政款	取得或应收按照规定应缴财政的款项时	借：银行存款/应收账款等 贷：应缴财政款	
	处置资产取得应上缴财政的处置净收入	参照“待处理财产损溢”科目的相关账务处理	
	上缴财政款项时	借：应缴财政款 贷：银行存款等	
应付职工薪酬	计算确认当期专业及其辅助活动人员的应付职工薪酬	借：业务活动费用/单位管理费用等 贷：应付职工薪酬	

续表

<table>
<tr><th rowspan="2">主要知识点</th><th rowspan="2" colspan="2">业务内容</th><th colspan="2">账务处理</th></tr>
<tr><th>财务会计</th><th>预算会计</th></tr>
<tr><td rowspan="4">应付职工薪酬</td><td colspan="2">向职工支付工资、津贴补贴等薪酬</td><td>借：应付职工薪酬
贷：财政拨款收入/零余额账户用款额度/银行存款等</td><td>借：行政支出/事业支出/经营支出等
贷：财政拨款预算收入/资金结存</td></tr>
<tr><td rowspan="2">从职工薪酬中代扣各种款项</td><td>代扣代缴个人所得税</td><td>借：应付职工薪酬——基本工资
贷：其他应交税费——应交个人所得税</td><td></td></tr>
<tr><td>代扣社会保险费和住房公积金</td><td>借：应付职工薪酬——基本工资
贷：应付职工薪酬——社会保险费/住房公积金</td><td></td></tr>
<tr><td colspan="2">按照规定缴纳职工社会保险费和住房公积金</td><td>借：应付职工薪酬——社会保险费/住房公积金
贷：财政拨款收入/零余额账户用款额度/银行存款等</td><td>借：行政支出/事业支出/经营支出等
贷：财政拨款预算收入/资金结存</td></tr>
</table>

项目七

行政事业单位收入的核算

学习目标

知识目标

1. 理解收入的含义和内容。

2. 掌握收入要素类各科目的核算内容。

3. 掌握各项收入期末结转的账务处理。

技能目标

1. 能正确处理各项收入经济业务。

2. 能够准确对各项收入进行确认与计量。

3. 根据相关收入经济业务，能准确确认单据的真实性、合法合规性、完整性，并准确填制相应会计凭证。

素养目标

1. 树立法律意识，依法组织各项收入，保证收入的合法性和合理性。

2. 树立诚信意识，划清各项收入界限，准确把握各项收入的来源渠道。

3. 树立敬业意识，做好每一笔收入的账务处理。

4. 树立绩效意识，积极组织各项收入。

工作情境与工作任务

2021年12月，某单位收到代理银行转来的“财政授权支付额度到账通知书”，通知书中注明的本月授权额度为600 000元。该单位将授权额度600 000元计入银行存款，同时确认财政拨款收入600 000元。

假如你是一名会计人员，你认为：该预算单位的会计处理是否正确？并说明理由。

根据《政府会计制度——行政事业单位会计科目和报表》，行政事业单位收入应设置哪些科目，其核算内容是什么？

行政事业单位收到财政拨款资金时，你知道此时应通过哪些科目进行核算吗？

行政事业单位取得非财政资金时，应通过哪些科目核算？

在取得事业收入和经营收入时应遵循哪些要求进行核算？

思政引航

本项目以党的二十大报告为指引，将“坚持自信自主、坚持系统观念”等思政元素融入教学知识点的教学设计见表7-1。

表7-1 思政元素融入教学知识点的教学设计

知识点	思政元素	教学设计
收入	君子爱财，取之有道	课堂讨论：单位如何在合理合法前提下多渠道多途径取得收入
收入核算	诚实守信、不做假账	教师导语：对发生的每笔经济业务，应当树立严谨细致、客观公正的职业态度，合理合规记录，不做假账
财政拨款收入	树立民族自信	课前引导：以党的二十大报告为指引，通过“一带一路”倡议，引导学生知悉我国作为社会主义国家，政府能够站在战略的高度统筹规划各单位发展及资金需求，因地施政，因地拨款，具有更强的宏观协调能力
事业收入	帮助学生建立重长期利益、社会利益，轻短期利益和经济利益思想	教师导语：事业单位与营利企业追求经济效益最大化目标截然不同，追求社会效益最大化目标，引领学生关注社会公益、福利事业 互动引用：通过业务案例提升学生关注社会公益、百姓民生的思维境界，培养其为社会服务的主动意愿，从而使其获得专业知识与人生理想的良性互动 知识点播：事业单位应当在国家政策允许的范围内，依法组织事业收入，并坚持把社会效益放在首位
经营收入	增强学生服务意识、法律意识	课后思考：通过经营收入业务核算案例，事业单位应如何合理合规合法创造经营收入？会计人员作为事业单位经济秩序的守护者之一，应如何遵守职业道德？
上级补助收入	培养学生创新与开拓精神，防止“不劳而获”	实践启发：事业单位要积极组织收入，自力更生，不能等靠要，减轻财政和上级单位负担，省出更多的资金支持国家基础设施建设

任务1 收入概述

一、行政事业单位收入的概念

收入是指报告期内引起政府会计主体净资产增加的、含有服务潜力或者经济利益的经济资源的流入。

【提示】行政事业单位依法取得的应当上缴财政的罚没收入、行政事业性收费、政府性基金、国有资产处置出租出借收入，不属于行政事业单位收入。

二、行政事业单位收入的内容

行政单位收入包括财政拨款收入、非同级财政拨款收入、捐赠收入、利息收入、租金收入和其他收入6项内容。

事业单位收入包括财政拨款收入、非同级财政拨款收入、事业收入、上级补助收入、附属单位上缴收入、经营收入、投资收益、捐赠收入、利息收入、租金收入和其他收入11项内容。

【注意】事业单位应当将各项收入全部纳入单位预算，统一核算，统一管理，未纳入预算的收入不得安排支出。

三、行政事业单位收入的确认与计量

（一）行政事业单位收入的确认

行政事业单位收入的确认应当同时满足以下条件：

（1）与收入相关的含有服务潜力或者经济利益的经济资源很可能流入政府会计主体；

（2）含有服务潜力或者经济利益的经济资源流入会引起政府会计主体资产增加或者负债减少；

（3）流入金额能够可靠地计量。

【思考】下列事项可以确认为当期收入，是否可以确认为预算收入：

（1）发生应收款项、应收利息等确认的收入；

（2）接受非货币性资产捐赠确认的收入，如接受捐赠的存货、固定资产、无形资产等。

【注意】不能确认为当期收入但可以确认为预算收入的事项：

（1）收到预收账款确认的预算收入；

（2）取得借款确认的预算收入；

（3）（事业单位）收回已核销的其他应收款的预算收入；

（4）预收租金时确认的预算收入等。

（二）行政事业单位收入的计量

行政事业单位的收入应按照应收或实际收到的金额计量。收入来源渠道不同，计量的方式方法有所不同。

【提示】符合收入定义和收入确认条件的项目，应当列入收入费用表。

任务2　财政拨款收入和非同级财政拨款收入的核算

一、财政拨款收入

（一）财政拨款收入的含义

财政拨款收入是指单位从同级政府财政部门取得的各类财政拨款。它主要包括两层含义：第一，“从同级政府财政部门取得”是指行政事业单位直接或者按照部门预算隶属关系从同一级次财政部门取得的财政拨款；第二，“各类财政拨款”包括行政事业单位从同级政府财政部门取得的所有财政拨款。

【提示】财政拨款收入的领拨原则与财政拨款预算收入领拨的原则相同。

（二）财政拨款收入的确认与计量

财政资金的支付方式影响行政事业单位财政拨款收入的取得方式。财政资金的支付方式包括财政直接支付方式、财政授权支付方式和其他支付方式，因此行政事业单位财政拨款收入的取得方式也有财政直接支付方式、财政授权支付方式和其他支付方式。因为财政资金的支付方式的业务流程有差异，所以财政拨款收入的确认与计量也存在一定的差异。

1.财政直接支付方式下财政拨款收入的确认与计量

行政事业单位收到财政国库支付执行机构委托代理银行转来的“财政直接支付入账通知书”及相关原始凭证时，确认财政拨款收入。在财政直接支付方式下，行政事业单位在确认财政拨款收入时，实际上已经使用了财政拨款预算资金。

2.财政授权支付方式下财政拨款收入的确认与计量

行政事业单位收到单位零余额账户代理银行转来的“财政授权支付额度到账通知书”时，确认财政拨款收入。在财政授权支付方式下，行政事业单位在确认财政拨款收入时，还没有实际使用财政拨款预算资金。行政事业单位收到的是一个用款额度，而不是实际的货币资金。

3.其他支付方式下财政拨款收入的确认与计量

在其他支付方式下，行政事业单位应当在收到财政资金时确认财政拨款收入。在其他支付方式中最具有代表性的支付方式为财政实拨资金方式。

【提示】实行国库集中支付制度的单位通过财政直接支付方式和财政授权支付方式取得财政拨款收入；尚未实行国库集中支付制度的单位，通过其他支付方式取得财政拨款收入。

（三）财政拨款收入的科目设置

为了核算行政事业单位从同级政府财政部门取得的各类财政拨款，在收入要素类设置“财政拨款收入”总账科目。本科目贷方登记财政拨款的增加数；借方登记财政拨款的减少数或结转数；平时贷方余额反映了财政拨款的累计数。期末结转后，本科目应无余额。

本科目可按照一般公共预算财政拨款、政府性基金预算财政拨款等拨款种类进行明细核算。

【提示】同级政府财政部门预拨的下期预算款和没有纳入预算的暂付款项，以及采用实拨资金方式通过本单位转拨给下属单位的财政拨款，通过“其他应付款”科目核算，不通过本科目核算。

（四）财政拨款收入的主要账务处理

1.财政直接支付方式下的账务处理

财政直接支付方式下，根据收到的“财政直接支付入账通知书”及相关原始凭证，按照通知书中的直接支付入账金额，借记“库存物品”“固定资产”“业务活动费用”“单位管理费用”“应付职工薪酬”等科目，贷记本科目。涉及增值税业务的，相关账务处理参见“应交增值税”科目。

年末，根据本年度财政直接支付预算指标数与当年财政直接支付实际支付数的差额，借记“财政应返还额度——财政直接支付”科目，贷记本科目。

【做中学7-1】2021年12月2日，某单位（实行国库集中收付）收到“财政直接支付入账通知书”，支付本月工资150 000元。根据“财政直接支付入账通知书”、工资发放明细表等，编制财务会计分录如下：

借：应付职工薪酬　　150 000

　贷：财政拨款收入——一般公共预算财政拨款　　150 000

【做中学7-2】2021年12月2日，某单位（实行国库集中收付）通过政府采购完成单位内部局域网的改扩建工程，工程完工，验收合格，支出总计180 000元，款项由财政直接支付。根据政府采购协议、“财政直接支付入账通知书”、工程完工验收单等，编制财务会计分录如下：

借：固定资产　　180 000

　贷：财政拨款收入——一般公共预算财政拨款　　180 000

2.财政授权支付方式下的账务处理

财政授权支付方式下，根据收到的“财政授权支付额度到账通知书”，按照通知书中的授权支付额度，借记“零余额账户用款额度”科目，贷记本科目。

年末，本年度财政授权支付预算指标数大于零余额账户用款额度下达数的，根据未下达的用款额度，借记“财政应返还额度——财政授权支付”科目，贷记本科目。

【做中学7-3】2021年12月2日，某单位（实行国库集中收付）收到同级政府财政部门委托银行转来的“财政授权支付额度到账通知书”，本月财政授权支付额度为300 000元。根据“财政授权支付额度到账通知书”，编制财务会计分录如下：

借：零余额账户用款额度　　300 000

　贷：财政拨款收入——一般公共预算财政拨款　　300 000

3.其他支付方式下的账务处理

其他支付方式下收到财政拨款收入时，按照实际收到的金额，借记“银行存款”等科目，贷记本科目。

【做中学7-4】2021年12月3日，某单位（未实行国库集中收付制），收到同级政府财政部门拨来本月预算经费67 000元。根据预算拨款凭证、银行进账单等，编制财务会计分录如下：

借：银行存款　　67 000

　贷：财政拨款收入——一般公共预算财政拨款　　67 000

4.财政直接支付款项退回的账务处理

因差错更正或购货退回等发生财政直接支付款项退回的，属于以前年度支付的款项，按照退回金额，借记“财政应返还额度——财政直接支付”科目，贷记“以前年度盈余调整”“库存物品”等科目；属于本年度支付的款项，按照退回金额，借记本科目，贷记“业务活动费用”“库存物品”等科目。

5.期末账务处理

将本科目本期发生额转入本期盈余，借记本科目，贷记“本期盈余”科目。

【做中学7-5】2021年12月末，某单位将“财政拨款收入”科目贷方余额630 000元进行年终转账，编制财务会计分录如下：

借：财政拨款收入——一般公共预算财政拨款　　630 000
　贷：本期盈余　　630 000

二、非同级财政拨款收入

（一）非同级财政拨款收入概述

微课：财政拨款收入的账务处理

1.非同级财政拨款收入的概念

非同级财政拨款收入是指单位从非同级政府财政部门取得的经费拨款，包括从同级政府其他部门取得的横向转拨财政款、从上级或下级政府财政部门取得的经费拨款等。

【提示】事业单位因开展科研及其辅助活动从非同级政府财政部门取得的经费拨款，应当通过“事业收入——非同级财政拨款”科目核算，不通过本科目核算。

2.非同级财政拨款收入的确认与计量

单位应当在确认非同级财政拨款收入时，按照应收或实际收到的金额计量入账。

（二）非同级财政拨款收入的科目设置

为了核算单位从非同级政府财政部门取得的经费拨款，在收入要素类设置“非同级财政拨款收入”总账科目。本科目贷方登记收入的增加数；借方登记收入的冲销结转数。期末，将本科目余额转入本期盈余，期末转账后，本科目应无余额。

本科目应当按照本级横向转拨财政款和非本级财政拨款进行明细核算，并按照收入来源进行明细核算。

（三）非同级财政拨款收入的主要账务处理

1.确认非同级财政拨款收入时的账务处理

按照应收或实际收到的金额，借记“其他应收款”“银行存款”等科目，贷记本科目。

【做中学7-6】2021年12月15日，某省级单位收到上级政府财政部门拨来的财政拨款收入150 000元，款项已存入银行。根据收款收据、银行进账单等，编制财务会计分录如下：

借：银行存款　　150 000
　贷：非同级财政拨款收入　　150 000

2.期末账务处理

将本科目本期发生额转入本期盈余，借记本科目，贷记“本期盈余”科目。

【做中学7-7】2021年12月末，某单位将“非同级财政拨款收入”科目的贷方余额150 000元转入本期盈余，编制财务会计分录如下：

借：非同级财政拨款收入　　150 000
　贷：本期盈余　　150 000

任务3　事业收入与经营收入的核算

一、事业收入

（一）事业收入概述

1. 事业收入的含义

事业收入是指事业单位开展专业业务活动及其辅助活动实现的收入，不包括从同级政府财政部门取得的各类财政拨款。其中：按照国家有关规定应当上缴国库或者财政专户的资金，不计入事业收入；从财政专户核拨给事业单位的资金和经核准不上缴国库或者财政专户的资金，计入事业收入。事业收入包含以下三层含义：

（1）专业业务活动取得的收入，即事业单位根据单位专业特点所从事或开展的主要业务活动所取得的收入，如教育事业单位的教学活动、科研事业单位的科研活动、医院的医疗活动等。

（2）辅助活动取得的收入，即与专业业务活动相关，直接为专业业务活动服务的单位行政管理活动、后勤服务活动等取得的收入。

（3）从财政专户核拨给事业单位的资金和经核准不上缴国库或者财政专户的资金列入事业收入。

【思考】某设计院完成一项建筑设计项目，委托单位交来设计费15万元，这项收入是否列入该单位的事业收入？

2. 事业收入的管理要求

（1）正确划分事业收入和经营收入以及其他收入的界限。由于事业单位类型多，不同行业有各自的特点，如某个事业单位的专业业务活动可能在另一个事业单位却是经营活动，所以事业单位应按本单位特点准确区分事业收入和经营收入，分别核算。同时，个别单位的事业活动和经营活动的性质与内容可能相互交叉，难以准确划分清楚，在这种情况下，应由主管部门和财政部门根据实际情况予以认定。事业单位应当在国家政策允许的范围内，依法组织事业收入，并坚持把社会效益放在首位，同时注重经济效益。

（2）认真执行国家物价政策，严格执行收费标准，并使用符合国家规定的合法票据。各单位应该建立健全各项收费管理制度，加强收费管理，充分挖掘潜力，积极合理组织收入。

（3）应按国家规定缴纳税款。事业单位就其事业收入缴纳的税款主要有增值税。在确定事业收入金额时，应扣除代缴的增值税。对于属于一般纳税人的单位取得事业收入款项时，按计算出的应缴增值税的销项税额，计入应交增值税，实际收到的价款扣除增值税销项税额的金额计入事业收入。

（4）事业单位必须使用财政部门和税务部门统一印制的发票，并建立健全各种费用专用收款收据、门票等票据的管理制度。事业单位必须严格按照经国家批准的收费项目和收费标准收费，不得违反国家规定擅自设立收费项目，自定收费标准。事业单位应当按照规定加强对账户的统一管理，取得的事业收入应当及时入账，防止流失。事业单位的各项事业收入，必须全部纳入单位预算，统一核算，统一管理。

3.事业收入的确认与计量

（1）事业收入的确认。不实行成本核算的事业单位，事业收入的确认应当在发生应收或实际收到款项时确认。实行成本核算的事业单位，其事业收入的确认应以单位在提供劳务或发出商品等，同时收讫价款或者取得索取价款的凭据时确认，即凡应属于本期的收入，不论是否实际收到，均应作为本期的收入。

【提示】事业单位为取得事业收入而发生的折让和折扣，应当相应冲减事业收入。

（2）事业收入的计量。

① 对于以财政专户返还方式管理的事业收入应按实际收到或应收的金额进行计量。

② 对于采用预收款方式确认的事业收入应按实际收到的预收款进行计量。

③ 对于采用应收款方式确认的事业收入应按实际应收的金额进行计量。

（二）事业收入的核算

1.事业收入的科目设置

为了核算事业单位开展专业业务活动及其辅助活动实现的收入，在收入要素类设置“事业收入”总账科目。本科目贷方登记事业单位开展专业业务活动及其辅助活动取得的收入及从财政专户核拨的资金和经核准不上缴国库或者财政专户的资金；借方登记事业收入减少数。期末，将本科目余额转入本期盈余，期末结转后，本科目应无余额。

本科目应当按照事业收入的类别、来源等进行明细核算。

对于因开展科研及其辅助活动从非同级政府财政部门取得的经费拨款，应当在本科目下单设“非同级财政拨款”明细科目进行核算。

2.事业收入的主要账务处理

（1）采用财政专户返还方式管理的事业收入。

①实现应上缴财政专户的事业收入时，按照实际收到或应收的金额，借记“银行存款”“应收账款”等科目，贷记“应缴财政款”科目。

【做中学7-8】2021年12月6日，某事业单位收到应上缴财政专户的培训费380 000元，款项已存入银行。根据收款收据、银行进账单等，编制财务会计分录如下：

借：银行存款　　380 000

　贷：应缴财政款——应缴专户款　　380 000

②向财政专户上缴款项时，按照实际上缴的款项金额，借记“应缴财政款”科目，贷记“银行存款”等科目。

【做中学7-9】承【做中学7-8】，该事业单位于当日将款项上缴财政专户。

借：应缴财政款——应缴专户款　　380 000

　贷：银行存款　　380 000

③收到从财政专户返还的事业收入时，按照实际收到的返还金额，借记“银行存款”等科目，贷记本科目。

【做中学7-10】2021年12月8日，某事业单位收到财政部门通过财政专户核拨的资金1 200 000元，用于房屋的大修。根据财政专户拨款单、银行进账单等，编制财务会计分录如下：

借：银行存款　　1 200 000

　贷：事业收入　　1 200 000

（2）采用预收款方式确认的事业收入。

① 实际收到预收款项时，按照收到的款项金额，借记“银行存款”等科目，贷记“预收账款”科目。

② 以合同完成进度确认事业收入时，按照基于合同完成进度计算的金额，借记“预收账款”科目，贷记本科目。

【做中学7-11】2021年12月8日，某事业单位（假如该单位属于一般纳税人）接到A单位购买文化产品（适用9%的增值税税率）订单，并签订合同预收货款80 000元。根据产品销售合同、银行进账单等，编制财务会计分录如下：

借：银行存款　　80 000

　贷：预收账款——A单位　　80 000

假如该事业单位于2021年12月18日完成订单规定任务，并将产品发往A单位。根据产品销售合同、发货单等，编制财务会计分录如下：

应交增值税税额=$\frac{80\,000}{1+9\%}\times 9\%=6\,606$（元）

借：预收账款——A单位　　80 000

　贷：事业收入——销售收入　　73 394

　　　应交增值税——应交税金——销项税额　　6 606

（3）采用应收款方式确认的事业收入。

① 根据合同完成进度计算本期应收的款项，借记“应收账款”科目，贷记本科目。

【做中学7-12】2021年12月8日，某事业单位（假如该单位属于一般纳税人）销售文化产品一批，价款为100 000元，增值税销项税额为9 000元，款项尚未收到。根据产品销售合同、税费计算单等，编制财务会计分录如下：

借：应收账款　　109 000

　贷：事业收入——销售收入　　100 000

　　　应交增值税——应交税金——销项税额　　9 000

② 实际收到款项时，借记“银行存款”等科目，贷记“应收账款”科目。

（4）其他方式下确认的事业收入，按照实际收到的金额，借记“银行存款”“库存现金”等科目，贷记本科目。

上述（2）至（4）中涉及增值税业务的，相关账务处理参见“应交增值税”科目。

（5）期末，将本科目本期发生额转入本期盈余，借记本科目，贷记“本期盈余”科目。

【做中学7-13】2021年12月末，某事业单位计算出全年实现事业收入3 500 000元，将“事业收入”科目的贷方余额结转，编制财务会计分录如下：

借：事业收入 3 500 000
　贷：本期盈余 3 500 000

二、经营收入

（一）经营收入概述

1. 经营收入的概念

经营收入是事业单位在专业业务活动及其辅助活动之外开展非独立核算经营活动取得的收入。

2. 经营收入的特征

经营收入具有以下两个基本特征：

（1）经营收入是事业单位开展经营活动取得的收入。事业单位开展专业业务活动取得的收入只能作为事业收入，不能作为经营收入。如事业单位向社会提供餐饮、住宿和交通运输等经营服务活动取得的收入，事业单位通过销售定型、批量产品（不包括试制产品）和经销商品取得的产品（商品）销售收入，事业单位承包建筑、安装、维修等工程取得的工程承包收入等，这些一般都属于经营收入。医院销售药品的收入应纳入事业收入中的药品收入，不属于经营收入。

（2）经营收入是事业单位开展非独立核算经营活动取得的收入。经营收入是事业单位利用闲置资源开展非独立核算经营活动，向社会服务取得的。由独立核算的附属单位取得的收入不纳入本单位经营收入。

3. 经营收入的管理要求

事业单位应按本单位特点准确区分事业收入和经营收入，分别核算。同时，个别单位的事业活动和经营活动的性质与内容可能相互交叉，难以准确划分清楚，在这种情况下，应由主管部门和财政部门根据实际情况予以认定。

事业单位应在不影响自身专业活动正常进行的前提下，合理组织经营活动，遵守有关部门的定价标准，并使用符合国家规定的合法票据。按国家规定缴纳有关税费后，经营业务的利润应与其他收入一起进行事业单位的结余分配。经营收入也须纳入单位的预算，统一管理，统一核算。

4. 经营收入的确认与计量

（1）经营收入的确认。经营收入应当在提供服务或发出存货，同时收讫价款或者取得索取价款的凭据时，按照实际收到或应收的金额确认。

（2）经营收入的计量。事业单位取得的经营收入应按应收或实际收到的金额计量入账。

（二）经营收入的核算

1. 经营收入的科目设置

为了核算事业单位在专业业务活动及其辅助活动之外开展非独立核算经营活动取得的收入，在收入要素类设置“经营收入”总账科目。本科目贷方登记取得的经营收入；借方登记经营收入的冲销结转数。期末，将本科目余额转入本期盈余，期末转账后，本科目应无余额。

本科目应当按照经营活动类别、项目和收入来源等进行明细核算。

【思考】如何划分经营收入和附属单位上缴收入?

2.经营收入的主要账务处理

(1)实现经营收入时，按照确定的收入金额，借记“银行存款”“应收账款”“应收票据”等科目，贷记本科目。涉及增值税业务的，相关账务处理参见“应交增值税”科目。

【做中学7-14】2021年12月12日，某事业单位收到非独立核算的招待所上缴的住宿、餐饮等收入共20 000元，款项已存入银行。根据收款收据、银行进账单等，编制财务会计分录如下：

借：银行存款 20 000

贷：经营收入——住宿、餐饮收入 20 000

【做中学7-15】2021年10月15日，某事业单位（为小规模纳税人）开展经营活动向某企业销售文化产品取得收入40 000元，增值税税额为1 200元，款项收到已存入银行。根据发票、销货合同、银行进账单等，编制财务会计分录如下：

借：银行存款 41 200

贷：经营收入——文化产品 40 000

应交增值税 1 200

(2)期末，将本科目本期发生额转入本期盈余，借记本科目，贷记“本期盈余”科目。

【做中学7-16】2021年12月末，某事业单位结转“经营收入”科目的贷方余额47 000元，编制财务会计分录如下：

借：经营收入 47 000

贷：本期盈余 47 000

任务4 上级补助收入和附属单位上缴收入的核算

一、上级补助收入

(一)上级补助收入概述

1.上级补助收入的概念

上级补助收入是指事业单位从主管部门和上级单位取得的非财政拨款收入。它是主管部门或上级单位用财政拨款收入之外的收入（如自身组织的收入、集中附属单位的收入等非财政资金）拨入的非财政资金，是主管部门或上级单位用于调剂附属单位资金收支余缺的机动财力。

2.上级补助收入的确认与计量

事业单位根据应收金额或实际收到的款项即银行进账单中标明的上级补助收入到账金额，确认为上级补助收入，并按应收或实际收到的金额计量入账。

（二）上级补助收入的核算

1. 上级补助收入的科目设置

为了核算事业单位从主管部门和上级单位取得的非财政拨款收入，在收入要素类设置“上级补助收入”总账科目。本科目贷方登记应收或实际收到的非财政拨款收入数；借方登记非财政拨款收入的减少数。期末结转后，本科目应无余额。

本科目应当按照发放补助单位、补助项目等进行明细核算。

2. 上级补助收入的主要账务处理

（1）确认上级补助收入时，按照应收或实际收到的金额，借记“其他应收款”“银行存款”等科目，贷记本科目。实际收到应收的上级补助款时，按照实际收到的金额，借记“银行存款”等科目，贷记“其他应收款”科目。

【做中学7-17】2021年12月8日，某事业单位收到上级单位拨入的非财政性补助资金150 000元，款项已存入银行。根据上级拨款单、银行进账单等，编制财务会计分录如下：

借：银行存款　　150 000

　贷：上级补助收入　　150 000

（2）期末，将本科目本期发生额转入本期盈余，借记本科目，贷记“本期盈余”科目。

【做中学7-18】2021年12月末，某事业单位将“上级补助收入”科目的贷方余额350 000元结转，编制财务会计分录如下：

借：上级补助收入　　350 000

　贷：本期盈余　　350 000

【思考】财政拨款收入和上级补助收入的区别：

事业单位从同级政府财政部门取得的各类财政拨款属于财政拨款收入。

事业单位从主管部门和上级单位取得的非财政拨款收入属于上级补助收入，是上级单位自身组织的收入（事业收入、经营收入）和集中下级单位的收入（附属单位上缴收入）拨给事业单位的资金。属于事业单位的正常业务资金，弥补支大于收的事业单位资金的不足。

财政部门通过主管部门或上级单位转拨的财政资金，应作为财政拨款收入处理，不能作为上级补助收入。

二、附属单位上缴收入

（一）附属单位上缴收入概述

1. 附属单位上缴收入的概念

附属单位上缴收入是指事业单位取得的附属独立核算单位按照有关规定上缴的收入，包括附属事业单位上缴的收入和附属企业上缴的利润分成、管理费等。附属单位补偿本单位在支出中垫付的各种费用，应当冲减相应的费用，而不能作为附属单位上缴收入处理。

【提示】在核算中应注意附属单位上缴收入和经营收入的区别。

2. 附属单位上缴收入的确认与计量

事业单位根据附属单位应收或实际上缴的款项即银行进账单中标明的附属单位上缴收入到账金额，确认为附属单位上缴收入，并按应收或实际收到的金额计量入账。

(二) 附属单位上缴收入的核算

1. 附属单位上缴收入的科目设置

为了核算事业单位取得的附属独立核算单位按照有关规定上缴的收入，在收入要素类设置“附属单位上缴收入”总账科目。本科目贷方登记应收或收到附属独立核算单位实际上缴的款项；借方登记退回数和结转数。期末结转后，本科目应无余额。

本科目应当按照附属单位、缴款项目等进行明细核算。

2. 附属单位上缴收入的主要账务处理

(1) 确认附属单位上缴收入时，按照应收或收到的金额，借记“其他应收款”“银行存款”等科目，贷记本科目。实际收到应收附属单位上缴款时，按照实际收到的金额，借记“银行存款”等科目，贷记“其他应收款”科目。

【做中学7-19】2021年12月10日，某事业单位收到所属独立核算的研究所缴来A项目的分成收入250 000元，款项已存入银行。根据收款收据、银行进账单等，编制财务会计分录如下：

借：银行存款　250 000

　贷：附属单位上缴收入——A项目的分成收入　250 000

(2) 期末，将本科目本期发生额转入本期盈余，借记本科目，贷记“本期盈余”科目。

【做中学7-20】2021年12月末，某事业单位将“附属单位上缴收入”科目的贷方余额350 000元结转，编制财务会计分录如下：

借：附属单位上缴收入　350 000

　贷：本期盈余　350 000

任务5　投资收益、捐赠收入、利息收入、租金收入和其他收入的核算

一、投资收益

(一) 投资收益概述

1. 投资收益的概念

投资收益是指事业单位股权投资和债券投资所实现的收益或发生的损失。

2. 投资收益的内容

投资收益包括事业单位股权投资取得的股利或利润，以及债券投资取得的利息收入等。

3. 投资收益的确认与计量

（1）投资收益的确认。事业单位应当在取得长短期债券投资或到期收回长短期债券投资本息时确认投资收益；采用成本法核算的长期股权投资持有期间，被投资单位宣告分派现金股利或利润时确认投资收益；采用权益法核算的长期股权投资持有期间，按照应享有或应分担的被投资单位实现的净损益的份额确认投资收益。

（2）投资收益的计量。事业单位应当按照实际收到的金额计量入账。

（二）投资收益的核算

1. 投资收益的科目设置

为了核算事业单位股权投资和债券投资所实现的收益或发生的损失，在收入要素类设置"投资收益"总账科目。本科目贷方登记投资收益的增加数；借方登记投资收益的冲销结转数。期末，将本科目余额转入本期盈余，期末结转后，本科目应无余额。

本科目应当按照投资的种类等进行明细核算。

2. 投资收益的主要账务处理

（1）收到短期投资持有期间的利息，按照实际收到的金额，借记"银行存款"科目，贷记"投资收益"科目。

【做中学7-21】2021年12月3日，某事业单位分得所投资的联营单位利润120 000元，款项已存入银行。根据合同协议、收款收据、银行进账单等，编制财务会计分录如下：

借：银行存款	120 000	
贷：投资收益		120 000

（2）出售或到期收回短期债券本息，按照实际收到的金额，借记"银行存款"科目，按照出售或收回短期投资的成本，贷记"短期投资"科目，按照其差额，贷记或借记本科目。涉及增值税业务的，相关账务处理参见"应交增值税"科目。

【做中学7-22】2021年12月5日，某事业单位购买的1年期的国库券到期，实际收到本息105 000元，款项已存入银行。该国库券的账面成本为100 000元。根据国库券兑付及利息结算单、银行进账单等，编制财务会计分录如下：

借：银行存款	105 000	
贷：短期投资		100 000
投资收益		5 000

（3）持有的分期付息、一次还本的长期债券投资，按期确认利息收入时，按照计算确定的应收未收利息，借记"应收利息"科目，贷记本科目；持有的到期一次还本付息的债券投资，按期确认利息收入时，按照计算确定的应收未收利息，借记"长期债券投资——应计利息"科目，贷记本科目。

（4）出售长期债券投资或到期收回长期债券投资本息，按照实际收到的金额，借记"银行存款"等科目，按照债券初始投资成本和已计未收利息金额，贷记"长期债券投资——成本、应计利息"科目［到期一次还本付息债券］或"长期债券投资""应收利息"科目［分期付息债券］，按照其差额，贷记或借记本科目。涉及增值税业务的，相关账务处理参见"应交增值税"科目。

（5）采用成本法核算的长期股权投资持有期间，被投资单位宣告分派现金股利或利润时，按照宣告分派的现金股利或利润中属于单位应享有的份额，借记“应收股利”科目，贷记本科目。采用权益法核算的长期股权投资持有期间，按照应享有或应分担的被投资单位实现的净损益的份额，借记或贷记“长期股权投资——损益调整”科目，贷记或借记本科目；被投资单位发生净亏损，但以后年度又实现净利润的，单位在其收益分享额弥补未确认的亏损分担额等后，恢复确认投资收益，借记“长期股权投资——损益调整”科目，贷记本科目。

（6）按照规定处置长期股权投资时有关投资收益的账务处理，参见“长期股权投资”科目。

（7）期末，将本科目本期发生额转入本期盈余，借记或贷记本科目，贷记或借记“本期盈余”科目。

【做中学7-23】2021年12月末，某事业单位结转“投资收益”科目的贷方余额25 000元，编制财务会计分录如下：

借：投资收益　　25 000

　贷：本期盈余　　25 000

二、捐赠收入

（一）捐赠收入的概念

捐赠收入是指单位接受其他单位或者个人捐赠取得的收入。

（二）捐赠收入的核算

1.捐赠收入的科目设置

为了核算单位接受其他单位或者个人捐赠取得的收入，在收入要素类设置“捐赠收入”总账科目。本科目贷方登记捐赠收入的增加数；借方登记捐赠收入的冲销结转数。期末，将本科目余额转入本期盈余，期末结转后，本科目应无余额。

本科目应当按照捐赠资产的用途和捐赠单位等进行明细核算。

2.捐赠收入的主要账务处理

（1）接受捐赠的货币资金，按照实际收到的金额，借记“银行存款”“库存现金”等科目，贷记本科目。

【做中学7-24】2021年12月8日，某单位收到外单位捐赠款项250 000元，用于希望工程图书印刷支出，款项已存入银行。根据捐赠合同、收款收据、银行进账单等，编制财务会计分录如下：

借：银行存款　　250 000

　贷：捐赠收入——图书印刷　　250 000

（2）接受捐赠的存货、固定资产等非现金资产，按照确定的成本，借记“库存物品”“固定资产”等科目，按照发生的相关税费、运输费等，贷记“银行存款”等科目，按照其差额，贷记本科目。

【提示】做中学案例参照存货【做中学5-55】、固定资产【做中学5-67】【做中学5-69】、无形资产【做中学5-88】等科目账务处理。

（3）接受捐赠的资产按照名义金额入账的，按照名义金额，借记“库存物品”“固定资产”等科目，贷记本科目；同时，按照发生的相关税费、运输费等，借记“其他费用”科目，贷记“银行存款”等科目。

（4）期末，将本科目本期发生额转入本期盈余，借记本科目，贷记“本期盈余”科目。

【做中学7-25】2021年12月末，某事业单位将“捐赠收入”科目的贷方余额250 000元结转，编制财务会计分录如下：

借：捐赠收入	250 000	
贷：本期盈余		250 000

三、利息收入

（一）利息收入的概念

利息收入是指单位取得的银行存款利息收入。

（二）利息收入的核算

1. 利息收入的科目设置

为了核算单位取得的银行存款利息收入，在收入要素类设置“利息收入”总账科目。本科目贷方登记利息收入的增加数；借方登记利息收入的冲销结转数。期末，将本科目余额转入本期盈余，期末结转后，本科目应无余额。

2. 利息收入的主要账务处理

（1）取得银行存款利息时，按照实际收到的金额，借记“银行存款”科目，贷记本科目。

【做中学7-26】2021年12月8日，某单位收到银行存款的利息收入4 500元。根据银行进账单、银行存款利息结算单等，编制财务会计分录如下：

借：银行存款	4 500	
贷：利息收入		4 500

（2）期末，将本科目本期发生额转入本期盈余，借记本科目，贷记“本期盈余”科目。

【做中学7-27】2021年12月末，某事业单位将“利息收入”科目的贷方余额4 500元结转，编制财务会计分录如下：

借：利息收入	4 500	
贷：本期盈余		4 500

四、租金收入

（一）租金收入的概念

租金收入是指单位经批准利用国有资产出租取得并按照规定纳入本单位预算管理的租金收入。

（二）租金收入的核算

1. 租金收入的科目设置

为了核算单位经批准利用国有资产出租取得并按照规定纳入本单位预算管理的租金收入，在收入要素类设置“租金收入”总账科目。本科目贷方登记租金收入的增加数；借方登记租金收入的冲销结转数。期末，将本科目余额转入本期盈余，期末结转后，本科目应无余额。

本科目应当按照出租国有资产类别和收入来源等进行明细核算。

2. 租金收入的主要账务处理

（1）国有资产出租收入，应当在租赁期内各个期间按照直线法予以确认。

采用预收租金方式的，预收租金时，按照收到的金额，借记“银行存款”等科目，贷记“预收账款”科目；分期确认租金收入时，按照各期租金金额，借记“预收账款”科目，贷记本科目。

采用后付租金方式的，每期确认租金收入时，按照各期租金金额，借记“应收账款”科目，贷记本科目；收到租金时，按照实际收到的金额，借记“银行存款”等科目，贷记“应收账款”科目。

采用分期收取租金方式的，每期收取租金时，按照租金金额，借记“银行存款”等科目，贷记本科目。

涉及增值税业务的，相关账务处理参见“应交增值税”科目。

【做中学7-28】2021年12月18日，某单位出租闲置的门面房取得租金收入30 000元，款项已存入银行。根据出租合同、收款收据、银行进账单等，编制财务会计分录如下：

借：银行存款	30 000	
贷：租金收入		30 000

（2）期末，将本科目本期发生额转入本期盈余，借记本科目，贷记“本期盈余”科目。

【做中学7-29】2021年12月末，某事业单位将“租金收入”科目的贷方余额30 000元结转，编制财务会计分录如下：

借：租金收入	30 000	
贷：本期盈余		30 000

五、其他收入

（一）其他收入概述

1. 其他收入的概念

行政事业单位的其他收入是指单位取得的除财政拨款收入、事业收入、上级补助收入、附属单位上缴收入、经营收入、非同级财政拨款收入、投资收益、捐赠收入、利息收入、租金收入以外的各项收入。

2. 其他收入的内容

其他收入包括现金盘盈收入、按照规定纳入单位预算管理的科技成果转化收入、行政单位收回已核销的其他应收款、无法偿付的应付及预收款项、置换换出资产评估增值等。

3. 其他收入的确认与计量

（1）其他收入的确认。行政事业单位的其他收入一般在实际收到时进行确认。因库存现金溢余或其他应付款项核销等产生的其他收入，在按照有关规定批准时确认。

（2）其他收入的计量。

① 取得的其他收入为库存现金或银行存款时，按照实际收到的金额计量入账。

② 取得的其他收入为实物时，应根据有关凭据确认其价值；没有凭据可供确认其价值的，根据取得时的市场价格确定。

③ 收回已核销的其他应收款和无法偿付的应付及预收款项产生的其他收入，按照其核销金额计量入账。

（二）其他收入的核算

1. 其他收入的科目设置

为了核算单位取得的除财政拨款收入、事业收入、上级补助收入、附属单位上缴收入、经营收入、非同级财政拨款收入、投资收益、捐赠收入、利息收入、租金收入以外的各项收入，在收入要素类设置“其他收入”总账科目。本科目贷方登记其他收入的增加数；借方登记其他收入的减少数。期末，将本科目余额转入本期盈余，期末结转后，本科目应无余额。

本科目应当按照其他收入的类别、来源等进行明细核算。

2. 其他收入的主要账务处理

（1）现金盘盈收入。每日现金账款核对中发现的现金溢余，属于无法查明原因的部分，报经批准后，借记“待处理财产损溢”科目，贷记本科目。

（2）科技成果转化收入。单位科技成果转化所取得的收入，按照规定留归本单位的，按照所取得收入扣除相关费用之后的净收益，借记“银行存款”等科目，贷记本科目。

（3）收回已核销的其他应收款。行政单位已核销的其他应收款在以后期间收回的，按照实际收回的金额，借记“银行存款”等科目，贷记本科目。

（4）无法偿付的应付及预收款项。无法偿付或债权人豁免偿还的应付账款、预收账款、其他应付款及长期应付款，借记“应付账款”“预收账款”“其他应付款”“长期应付款”等科目，贷记本科目。

（5）置换换出资产评估增值。资产置换过程中，换出资产评估增值的，按照评估价值高于资产账面价值或账面余额的金额，借记有关科目，贷记本科目。具体账务处理参见“库存物品”等科目。

以未入账的无形资产取得的长期股权投资，按照评估价值加相关税费作为投资成本，借记“长期股权投资”科目，按照发生的相关税费，贷记“银行存款”“其他应交税费”等科目，按其差额，贷记本科目。

（6）确认上述（1）至（5）以外的其他收入时，按照应收或实际收到的金额，借记“其他应收款”“银行存款”“库存现金”等科目，贷记本科目。涉及增值税业务的，相关账务处理参见“应交增值税”科目。

【做中学 7-30】2021 年 12 月 20 日，某单位出售废品，获得废品变价收入 300 元。

根据收款收据，编制财务会计分录如下：

借：库存现金　　300

　贷：其他收入——零星杂项收入　　300

（7）期末，将本科目本期发生额转入本期盈余，借记本科目，贷记“本期盈余”科目。

【做中学7-31】2021年12月末，某单位将“其他收入”科目的贷方余额450 000元结转，编制财务会计分录如下：

借：其他收入　　450 000

　贷：本期盈余　　450 000

项目小结

本项目主要介绍行政事业单位收入的内容、收入的确认与计量、收入要素类科目的设置及主要账务处理。

行政事业单位在收入要素类设置了“财政拨款收入”“上级补助收入”“附属单位上缴收入”“事业收入”“经营收入”“非同级财政拨款收入”“投资收益”“捐赠收入”“利息收入”“租金收入”“其他收入”等科目对各项收入的增减变化及结余情况进行核算，并根据核算需要设立明细科目，期末结转后，没有余额。

重点与难点：财政拨款收入、非同级财政拨款收入、事业收入、经营收入的确认与计量、总账科目核算内容及主要账务处理。

本项目主要知识点归纳总结见表7-2。

表7-2　主要知识点归纳总结

主要知识点	业务内容	账务处理	
		财务会计	预算会计
财政拨款收入的核算	财政直接支付方式	借：库存物品/固定资产/业务活动费用/单位管理费用/应付职工薪酬等 贷：财政拨款收入	借：行政支出/事业支出等 贷：财政拨款预算收入
	财政授权支付方式	借：零余额账户用款额度 贷：财政拨款收入	借：资金结存——零余额账户用款额度 贷：财政拨款预算收入
	其他支付方式	借：银行存款等 贷：财政拨款收入	借：资金结存——货币资金 贷：财政拨款预算收入
	期末结转时	借：财政拨款收入 贷：本期盈余	借：财政拨款预算收入 贷：财政拨款结转——本年收支结转

续表

<table>
<tr><th rowspan="2">主要知识点</th><th rowspan="2">业务内容</th><th colspan="2">账务处理</th></tr>
<tr><th>财务会计</th><th>预算会计</th></tr>
<tr><td rowspan="2">事业收入的核算</td><td>确认为收入时</td><td>借：银行存款/库存现金/预收账款/应收账款等
贷：事业收入</td><td>借：资金结存——货币资金
贷：事业预算收入
[预收账款和应收账款时不做预算会计分录]</td></tr>
<tr><td>期末结转时</td><td>借：事业收入
贷：本期盈余</td><td>借：事业预算收入
贷：非财政拨款结转——本年收支结转/其他结余</td></tr>
<tr><td rowspan="3">非同级财政拨款收入的核算</td><td>确认收入时</td><td>借：其他应收款/银行存款等
贷：非同级财政拨款收入</td><td rowspan="2">借：资金结存——货币资金
贷：非同级财政拨款预算收入</td></tr>
<tr><td>收到时</td><td>借：银行存款
贷：其他应收款</td></tr>
<tr><td>期末结转时</td><td>借：非同级财政拨款收入
贷：本期盈余</td><td>借：非同级财政拨款预算收入
贷：非财政拨款结转——本年收支结转/其他结余</td></tr>
</table>

项目八

行政事业单位费用的核算

学习目标

知识目标

1.理解费用的概念及内容。

2.掌握各类费用的核算内容。

3.熟悉业务活动费用、单位管理费用明细科目的设置要求。

技能目标

1.能够正确划清各项费用界限，并能准确对各类费用进行确认与计量。

2.能正确处理各项费用经济业务。

3.根据相关费用经济业务，能准确确认单据的真实性、合法合规性、完整性，并准确填制相应会计凭证。

素养目标

1.树立法律意识，明确费用的标准和范围，严格遵守财务制度的规定。

2.树立绩效意识，精打细算，控制各项费用，加强经济核算。

3.树立敬业意识，做好每一笔费用的账务处理。

工作情境与工作任务

某事业单位2021年12月发生下列会计事项：用现金购买价值800元的办公用品；收到银行转来的委托收款凭证，通过零余额账户支付上月水费8 000元、电费15 000元、电话费6 500元，支付临时出国人员置装费、差旅费、国外生活补助326 200元；经批准，购买轿车一辆，支付价款280 000元，增值税税率36 400元，车辆购置费28 000元，款项已通过财政直接支付；以银行存款支付上年借款利息3 000元。

假如你是一名会计人员，根据以上事项如何对上述会计业务进行账务处理、填制会计凭证？

根据《政府会计制度——行政事业单位会计科目和报表》，行政事业单位费用有哪些？如何进行会计确认与计量？为了对行政事业单位各项费用进行核算需要设立哪些科目？

行政事业单位随购随用的办公用品是否直接列作费用，如何进行会计核算？

行政事业单位在开展专业业务活动时对支付的各项费用，在财政直接支付和授权支付方式下如何进行会计核算，如何设置明细科目？

事业单位在支付利息时，应设置哪个科目进行核算，如何进行账务处理？

事业单位的应收及预付款项发生坏账，即收不回或不能全部收回，你知道对发生的这种坏账损失应如何进行核算吗？

单位在履职和开展业务活动中如何控制各项费用，加强经济核算，提高资金使用效益？

思政引航

本项目以党的二十大报告为指引，将“坚持胸怀天下”等思政元素融入教学知识点的教学设计见表8-1。

表8-1　思政元素融入教学知识点的教学设计

知识点	思政元素	教学设计
费用	静以修身、俭以养德，防止铺张浪费的不良作风	教师导语：行政事业单位发生的各项费用，既要保证本单位业务活动发展的需要，又要遵守国家有关财务规章制度的规定，控制不合理的费用发生，精打细算，厉行节约，提高资金的使用效益
商品和服务费用	引导学生以诚信为本，增强节约意识	课后思考：通过业务案例，单位应如何控制费用，降低行政成本，提高资金使用效益？
业务活动费用、单位管理费用、经营费用	遵纪守法，不踩红线	课堂讨论：通过业务案例，讨论每一笔费用发生的业务如何合理合规记录，树立严谨细致、客观公正的职业态度。在面对不合理的费用、不齐全的原始凭证时如何处理？如何做一名遵纪守法的会计人员？
对附属单位补助费用和上缴上级费用	爱心和责任心	实践启发：通过上缴下拨业务案例，启发学生，对于弱势群体要有关爱之心，给予帮助，不能袖手旁观；对单位对上级对国家要有责任之心、感恩之心
所得税费用	义务和奉献	课前引导：以党的二十大报告为指引，通过企业上缴所得税案例，引导学生对国家、对人民的义务和奉献，吃水不忘打井人

任务1　费用概述

一、费用的概念

费用是指报告期内导致政府会计主体净资产减少的、含有服务潜力或者经济利益的经济资源的流出。

二、费用的分类

行政单位的费用主要包括业务活动费用、资产处置费用、其他费用3项内容。

事业单位的费用主要包括业务活动费用、单位管理费用、经营费用、对附属单位补助费用、上缴上级费用、资产处置费用、所得税费用、其他费用等8项内容。

【提示】行政事业单位应当将各项费用全部纳入单位预算，建立健全费用支付管理制度。

三、费用管理的要求

行政事业单位在管理各项费用时，应做到以下几个方面：

（一）严格遵守国家有关财务规章制度的规定

行政事业单位支出应当严格执行国家有关财务规章制度规定的费用开支范围及开支标准；国家有关财务规章制度没有统一规定的，由行政事业单位自行规定，报主管部门和财政部门备案。对规定违反法律和国家政策的，主管部门和财政部门应当责令改正。

（二）加强经济核算，提高资金的使用效益

行政事业单位要精打细算，厉行节约，既要考虑完成事业计划的资金需要，又要合理节约地使用资金，加强经济核算，提高资金的使用效益。

事业单位可以根据开展业务活动及其他活动的实际需要，实行成本核算。成本核算的具体办法按照国务院财政部门相关规定执行。

（三）要对费用实行分类管理，保持合理的结构

行政事业单位的各项费用应当按规定的渠道分类管理，按收入的情况统筹安排，同时要保持一个合理的费用结构，尤其是人员经费和公用经费应保持一个合理的比例。

（四）要划清各项费用的界限

第一，划清由单位承担的费用和由个人承担的费用的界限。应由个人负担的费用，不得由单位负担。

第二，划清业务活动费用、单位管理费用与经营费用的界限。应当列入业务活动费用、单位管理费用的项目，不得列入经营费用；同样，应当列入经营费用的项目，也不得列入业务活动费用、单位管理费用。单位从事各项业务活动发生的费用，应当正确予以归集；无法直接归集的，应当按标准和规定的比例在各项费用中进行合理分摊。

第三，划清业务活动费用、单位管理费用与对附属单位补助费用和上缴上级费用的界限。对附属单位补助费用和上缴上级费用，属于本系统内部调剂性质的费用，这部分费用最终将体现在本系统内部其他单位，不能计入本单位的业务活动费用、单位管理费用，以免虚增业务活动费用、单位管理费用。

四、费用的确认与计量

（一）费用的确认

费用的确认应当同时满足以下条件：

（1）与费用相关的含有服务潜力或者经济利益的经济资源很可能流出政府会计主体。

（2）含有服务潜力或者经济利益的经济资源流出会导致政府会计主体资产减少或者负债增加。

（3）流出金额能够可靠地计量。

【提示】费用的计量一般以权责发生制为基础，单位以发生支付款项的义务为标志来确定本期费用。凡是当期已经发生的或应当负担的费用，不论款项是否已付，都应当

作为当期的费用；凡是不属于当期费用的，即使款项已在当期支付，也不应当作为当期的费用。

【注意】当期确认为费用但不能确认为预算支出的事项：

（1）发出存货、政府储备物资等确认的费用；

（2）计提的折旧费用和摊销费用；

（3）确认的资产处置费用（处置资产价值）；

（4）应付款项（购买货物接受劳务供应付没付款）、预付账款确认的费用；

（5）计提的利息费用等。

当期不能确认为费用但确认为预算支出的事项：

（1）支付应付款项、预付账款的支出；

（2）为取得存货、政府储备物资等计入物资成本的支出（购入）；

（3）为购建固定资产等的资本性支出；

（4）偿还借款本息支出；

（5）缴纳增值税、支付职工薪酬等。

（二）费用的计量

费用的计量以当期已经发生的或应当负担的费用数额计量入账。

【提示】符合费用定义和费用确认条件的项目，应当列入收入费用表。

任务2　业务活动费用和单位管理费用的核算

一、业务活动费用

（一）业务活动费用的含义

业务活动费用是指单位为实现其职能目标，依法履职或开展专业业务活动及其辅助活动所发生的各项费用。它主要包括工资福利费用、商品和服务费用、对个人和家庭的补助费用、对企业补助费用、固定资产折旧费、无形资产摊销费、公共基础设施折旧（摊销）费、保障性住房折旧费和计提专用基金等。

（二）业务活动费用的确认与计量

业务活动费用一般根据有关规定在发生款项支付时或发生款项支付的义务时进行确认，并按承担的费用金额计量入账，具体如下：

（1）对于发给个人的工资、津贴、补贴等职工薪酬，在计提时确认，按照计算确定的应付金额计量入账。

（2）购入的随买随用的零星办公用品可根据购货发票金额直接列作费用；购入的库存物品可在领用时确认，按照规定的方法计算出领用库存物品的金额计量入账。

（3）社会保障费、职工福利费和管理部门支付的工会经费，按照规定标准和实有人数每月在计算提取时确认费用，按照实际提取的金额计量入账。

（4）固定资产、无形资产以及公共基础设施、保障性住房计提的折旧、摊销，按照规定计提时确认，按计提金额计量入账。

（5）按照规定从收入中提取专用基金并计入费用的，按照预算会计下基于预算收入计算提取时确认，按提取的金额计量入账。

（6）对发生的其他税费，按照计算确定应交纳的金额确认、计量入账。

（三）业务活动费用的科目设置

1.总账科目设置

为了核算单位为实现其职能目标，依法履职或开展专业业务活动及其辅助活动所发生的各项费用，在费用要素类设置“业务活动费用”总账科目。本科目借方登记各项费用的实际发生数；贷方登记当年费用收回数及期末结转数；借方余额反映实际发生的费用累计数，期末结转后，本科目应无余额。

2.明细科目设置

本科目应当按照项目、服务或者业务类别、支付对象等进行明细核算。

为了满足成本核算需要，本科目下还可按照“工资福利费用”“商品和服务费用”“对个人和家庭的补助费用”“对企业补助费用”“固定资产折旧费”“无形资产摊销费”“公共基础设施折旧（摊销）费”“保障性住房折旧费”“计提专用基金”等成本项目设置明细科目，归集能够直接计入业务活动或采用一定方法计算后计入业务活动的费用。

（四）业务活动费用的主要账务处理

1.计提应付职工薪酬的账务处理

为履职或开展业务活动人员计提的薪酬，按照计算确定的金额，借记本科目，贷记“应付职工薪酬”科目。

【做中学8-1】2021年12月6日，某行政单位根据工资标准计算本月应付工资总额864 000元（如为事业单位，则为业务部门人员工资）。其中，基本工资600 000元，津贴140 000元，其他个人收入124 000元。单位为职工承担的住房公积金为115 000元。

12月8日，该单位使用零余额账户发放本月份工资，实发工资596 000元，本单位从职工工资中代扣水电费65 000元、住房公积金115 000元、个人所得税88 000元，并将各项扣款通过零余额账户转账支付。根据工资发放明细表、零余额账户支付凭证等有关凭证，编制财务会计分录如下：

（1）计算12月份应付工资：

借：业务活动费用——工资福利费用	979 000	
贷：应付职工薪酬——基本工资		600 000
——津贴		140 000
——其他个人收入		124 000
——住房公积金（单位）		115 000

（2）发放工资、代扣水电费、住房公积金、个人所得税：

借：应付职工薪酬——基本工资	600 000	
——津贴	140 000	
——其他个人收入	124 000	

贷：零余额账户用款额度　596 000
　　其他应付款——代扣水电费　65 000
　　应付职工薪酬——住房公积金（个人）　115 000
　　其他应交税费——应交个人所得税　88 000

（3）交水电费、住房公积金和个人所得税时：

借：其他应付款——代扣水电费　65 000
　　应付职工薪酬——住房公积金（单位和个人）　230 000
　　其他应交税费——应交个人所得税　88 000
　贷：零余额账户用款额度　383 000

【提示】相关账务处理参见项目六任务2【做中学6-14】。

2.外部人员劳务费的账务处理

为履职或开展业务活动发生的外部人员劳务费，按照计算确定的金额，借记本科目，按照代扣代缴个人所得税的金额，贷记“其他应交税费——应交个人所得税”科目，按照扣税后应付或实际支付的金额，贷记“其他应付款”“财政拨款收入”“零余额账户用款额度”“银行存款”等科目。

【做中学8-2】2021年12月6日，某单位计提当月依法履职或从事专业活动的外部人员劳务费30 000元，并代扣个人所得税6 000元。根据外部人员劳务费计提表等有关凭证，编制财务会计分录如下：

借：业务活动费用——工资福利费用　30 000
　贷：其他应付款——外部人员劳务费　24 000
　　　其他应交税费——应交个人所得税　6 000

3.领用库存物品和动用发出相关政府储备物资的账务处理

为履职或开展业务活动领用库存物品，以及动用发出相关政府储备物资，按照领用库存物品或发出相关政府储备物资的账面余额，借记本科目，贷记“库存物品”“政府储备物资”科目。

【做中学8-3】2021年12月1日，某单位履职或开展专业业务活动领用5 000元的办公用品，发出政府储备物资的抗疫物品10 000元。根据出库单等，编制财务会计分录如下：

借：业务活动费用　15 000
　贷：库存物品　5 000
　　　政府储备物资　10 000

4.计提折旧和摊销的账务处理

为履职或开展业务活动所使用的固定资产、无形资产以及为所控制的公共基础设施、保障性住房计提的折旧、摊销，按照计提金额，借记本科目，贷记“固定资产累计折旧”“无形资产累计摊销”“公共基础设施累计折旧（摊销）”“保障性住房累计折旧”科目。

【做中学8-4】2021年12月1日，某行政单位计提本月固定资产折旧15 000元、无形资产摊销20 000元、公共基础设施折旧（摊销）3 000 000元。根据固定资产、无形资产、公共基础设施计提明细表等，编制财务会计分录如下：

借：业务活动费用——固定资产折旧费 15 000

——无形资产摊销费 20 000

——公共基础设施折旧（摊销）费 3 000 000

贷：固定资产累计折旧 15 000

无形资产累计摊销 20 000

公共基础设施累计折旧（摊销） 3 000 000

5.发生其他应交税费时的账务处理

为履职或开展业务活动发生的城市维护建设税、教育费附加、地方教育费附加、车船税、房产税、城镇土地使用税等，按照计算确定应交纳的金额，借记本科目，贷记“其他应交税费”等科目。

6.发生其他各项费用时的账务处理

为履职或开展业务活动发生其他各项费用时，按照费用确认金额，借记本科目，贷记“财政拨款收入”“零余额账户用款额度”“银行存款”“应付账款”“其他应付款”“其他应收款”等科目。

【做中学8-5】2021年12月15日，某行政单位收到银行转来的委托收款凭证，支付上月水费8 000元、电费15 000元、电话费6 500元，以银行存款支付。根据水费、电费、电话费结算单，委托收款凭证，银行支付单等，编制财务会计分录如下：

借：业务活动费用——商品和服务费用——水费 8 000

——电费 15 000

——电话费 6 500

贷：银行存款 29 500

【提示】差旅费报销的账务处理参见项目五任务2【做中学5-2】。

7.提取专用基金并计入费用的账务处理

按照规定从收入中提取专用基金并计入费用的，一般按照预算会计下基于预算收入计算提取的金额，借记本科目，贷记“专用基金”科目。国家另有规定的，从其规定。

8.发生当年购货退回的账务处理

发生当年购货退回等业务，对于已计入本年业务活动费用的，按照收回或应收的金额，借记“财政拨款收入”“零余额账户用款额度”“银行存款”“其他应收款”等科目，贷记本科目。

【做中学8-6】某单位依法履职或开展专业活动购买的复印纸因质量不合格发生当年退货，退货金额为80 000元，购买时款项通过单位零余额账户支付，该款项已经计入本年业务活动费用。退货金额退回单位零余额账户。根据退货协议、代理银行收款通知等，编制财务会计分录如下：

借：零余额账户用款额度 80 000

贷：业务活动费用——商品和服务费用 80 000

9.期末账务处理

期末，将本科目本期发生额转入本期盈余，借记“本期盈余”科目，贷记本科目。

【做中学8-7】期末，某单位结转“业务活动费用”科目借方余额4 039 000元，结转本期费用。有关明细账户的借方余额为工资福利费用894 000元、商品和服务费用110 000元、固定资产折旧费15 000元、无形资产摊销费20 000元、公共基础设施折旧（摊销）费3 000 000元。根据期末结转有关凭证，编制财务会计分录如下：

借：本期盈余	4 039 000	
贷：业务活动费用——工资福利费用		894 000
——商品和服务费用		110 000
——固定资产折旧费		15 000
——无形资产摊销费		20 000
——公共基础设施折旧（摊销）费		3 000 000

二、单位管理费用

（一）单位管理费用的含义

单位管理费用是指事业单位本级行政及后勤管理部门开展管理活动发生的各项费用，包括单位行政及后勤管理部门发生的人员经费、公用经费、资产折旧（摊销）等费用，以及由单位统一负担的离退休人员经费、工会经费、诉讼费、中介费等。

（二）单位管理费用的科目设置

1.总账科目设置

为了核算事业单位本级行政及后勤管理部门开展管理活动发生的各项费用，在费用要素类设置“单位管理费用”总账科目。本科目借方登记费用的实际发生数；贷方登记费用收回数及期末结转数；借方余额反映实际发生的费用累计数，期末结转后，本科目应无余额。

2.明细科目设置

本科目应当按照项目、费用类别、支付对象等进行明细核算。

为了满足成本核算需要，本科目下还可按照“工资福利费用”“商品和服务费用”“对个人和家庭的补助费用”“固定资产折旧费”“无形资产摊销费”等成本项目设置明细科目，归集能够直接计入单位管理活动或采用一定方法计算后计入单位管理活动的费用。

（三）单位管理费用的主要账务处理

1.计提管理活动人员薪酬的账务处理

为管理活动人员计提的薪酬，按照计算确定的金额，借记本科目，贷记“应付职工薪酬”科目。

【做中学8-8】2021年12月13日，某事业单位行政及后勤部门人员计算应发放的工资如下：工资总额4 050 000元，其中，基本工资2 310 000元，国家统一规定的津贴补贴150 000元，绩效工资1 200 000元，单位为职工承担的基本养老保险费为240 000元、基本医疗保险费为60 000元、住房公积金为90 000元。根据工资计算表等，编制财务会计分录如下：

借：单位管理费用——工资福利费用　　4 050 000

贷：应付职工薪酬——基本工资　　2 310 000
——国家统一规定的津贴补贴　　150 000
——绩效工资　　1 200 000
——住房公积金（单位）　　90 000
——社会保险费——基本养老保险（单位）　　240 000
——基本医疗保险（单位）　　60 000

2. 发生外部人员劳务费的账务处理

为开展管理活动发生的外部人员劳务费，按照计算确定的费用金额，借记本科目，按照代扣代缴个人所得税的金额，贷记"其他应交税费——应交个人所得税"科目，按照扣税后应付或实际支付的金额，贷记"其他应付款""财政拨款收入""零余额账户用款额度""银行存款"等科目。

3. 内部领用库存物品的账务处理

开展管理活动内部领用库存物品，按照领用物品实际成本，借记本科目，贷记"库存物品"科目。

4. 计提折旧、摊销的账务处理

为管理活动所使用固定资产、无形资产计提的折旧、摊销，按照应提折旧、摊销额，借记本科目，贷记"固定资产累计折旧""无形资产累计摊销"科目。

5. 发生其他应交税费的账务处理

为开展管理活动发生城市维护建设税、教育费附加、地方教育费附加、车船税、房产税、城镇土地使用税等，按照计算确定应交纳的金额，借记本科目，贷记"其他应交税费"等科目。

6. 其他各项费用的账务处理

为开展管理活动发生的其他各项费用，按照费用确认金额，借记本科目，贷记"财政拨款收入""零余额账户用款额度""银行存款""其他应付款""其他应收款"等科目。

【做中学8-9】2021年12月16日，某事业单位为开展行政管理活动支付临时出国人员置装费、差旅费、国外生活补助36 200元，款项已支付。根据置装费、差旅费报销单及银行支付单等，编制财务会计分录如下：

借：单位管理费用——商品和服务费用——差旅费　　36 200
　贷：银行存款　　36 200

【做中学8-10】2021年12月18日，某事业单位为开展行政管理活动支付车船保养修理费24 000元、机动车船燃料费31 000元、保险费和养路费45 000元。根据支付车船保养修理费、燃料费、保险费、养路费等结算单及银行支付单等，编制财务会计分录如下：

借：单位管理费用——商品和服务费用——交通费　　100 000
　贷：银行存款　　100 000

7. 发生当年购货退回的账务处理

发生当年购货退回等业务，对于已计入本年单位管理费用的，按照收回或应收的金额，借记"财政拨款收入""零余额账户用款额度""银行存款""其他应收款"等科目，贷记本科目。

8.期末账务处理

期末，将本科目本期发生额转入本期盈余，借记“本期盈余”科目，贷记本科目。

【做中学8-11】2021年12月末，某事业单位结转“单位管理费用”科目借方余额7 331 200元，有关明细账户的借方余额为工资福利费用4 050 000元、商品和服务费用136 200元、固定资产折旧费25 000元、无形资产摊销费120 000元、公共基础设施折旧（摊销）费3 000 000元，编制财务会计分录如下：

借：本期盈余 7 331 200

　贷：单位管理费用——工资福利费用 4 050 000

　　　　　　　　——商品和服务费用 136 200

　　　　　　　　——固定资产折旧费 25 000

　　　　　　　　——无形资产摊销费 120 000

　　　　　　　　——公共基础设施折旧（摊销）费 3 000 000

【提示】业务活动费用属于行政事业单位费用，单位管理费用属于事业单位费用。

任务3　上缴上级费用和对附属单位补助费用的核算

一、上缴上级费用

（一）上缴上级费用含义

上缴上级费用是指事业单位按照财政部门和主管部门的规定上缴上级单位款项发生的费用。它主要是附属于上级单位的有经营活动的独立核算的事业单位，按规定的标准或比例上缴上级的费用。

（二）上缴上级费用的确认与计量

上缴上级费用应当在事业单位按照有关规定计算出或实际上缴上级单位款项时确认，按照确定的上缴金额计量入账。

（三）上缴上级费用的科目设置

为了核算事业单位按照财政部门和主管部门的规定上缴上级单位款项发生的费用，在费用要素类设置“上缴上级费用”总账科目。本科目借方登记上缴上级单位费用的发生数；贷方登记上缴资金的退还数和期末结转数。本科目的借方余额反映上缴上级费用的累计数。期末结转后，本科目应无余额。

本科目应当按照收缴款项单位、缴款项目等进行明细核算。

（四）上缴上级费用的主要账务处理

1.发生上缴上级支出的账务处理

单位发生上缴上级支出的，按照实际上缴的金额或者按照规定计算出应当上缴上级单位的金额，借记本科目，贷记“银行存款”“其他应付款”等科目。

【做中学8-12】2021年12月3日，某事业单位开出转账支票，按规定向上级单位上缴管理费100 000元。根据上交管理费的文件、银行转账支票存根等，编制财务会计分录如下：

借：上缴上级费用　　100 000

　贷：银行存款　　100 000

2.期末账务处理

期末，将本科目本期发生额转入本期盈余，借记“本期盈余”科目，贷记本科目。

【做中学8-13】2021年12月末，某事业单位将“上缴上级费用”科目借方余额100 000元转入“本期盈余”科目，编制财务会计分录如下：

借：本期盈余　　100 000

　贷：上缴上级费用　　100 000

二、对附属单位补助费用

（一）对附属单位补助费用的含义

对附属单位补助费用是指事业单位用财政拨款收入之外的收入对附属单位补助发生的费用。

（二）对附属单位补助费用的确认与计量

对附属单位补助费用应当在事业单位按照有关规定计算出或实际对下级单位进行款项补助时确认，按照对附属单位实际补助款项的金额计量入账。

（三）对附属单位补助费用的科目设置

为了核算事业单位用财政拨款收入之外的收入对附属单位补助发生的费用，在费用要素类设置“对附属单位补助费用”总账科目。本科目借方登记事业单位对附属单位发生的补助数；贷方登记对附属单位补助的收回数和期末结转数；平时借方余额反映对附属单位补助的累计数，期末结转后，本科目应无余额。

本科目应当按照接受补助单位、补助项目等进行明细核算。

（四）对附属单位补助费用的主要账务处理

1.发生对附属单位补助费用的账务处理

单位发生对附属单位补助费用的，按照实际补助的金额或者按照规定计算出应当对附属单位补助的金额，借记本科目，贷记“银行存款”“其他应付款”等科目。

【做中学8-14】2021年12月5日，某事业单位用自有资金拨给附属甲单位一次性补助64 000元。根据拨款凭证、银行支付单等，编制财务会计分录如下：

借：对附属单位补助费用——甲单位　　64 000

　贷：银行存款　　64 000

2.期末账务处理

期末，将本科目本期发生额转入本期盈余，借记“本期盈余”科目，贷记本科目。

【做中学8-15】2021年12月末，某事业单位将“对附属单位补助费用”科目的借方余额64 000元转入“本期盈余”科目，编制财务会计分录如下：

借：本期盈余　　64 000
　贷：对附属单位补助费用　　64 000

任务4　经营费用和所得税费用的核算

一、经营费用

（一）经营费用的含义

经营费用是指事业单位在专业业务活动及其辅助活动之外开展非独立核算经营活动发生的各项费用。

事业单位开展非独立核算经营活动的，应当正确归集开展经营活动发生的各项费用数；无法直接归集的，应当按照规定的标准或比例合理分摊。

（二）经营费用的确认与计量

经营费用应在经济业务行为发生时具有支付的义务和责任时确认，并根据实际和应付的款项数计量入账。

（三）经营费用的科目设置

1.总账科目设置

为了核算事业单位在专业业务活动及其辅助活动之外开展非独立核算经营活动发生的各项费用，在费用要素类设置“经营费用”总账科目。本科目借方登记经营费用的发生数；贷方登记经营费用的收回数及期末结转数；借方余额反映经营费用的累计数，期末结转后，本科目应无余额。

2.明细科目设置

本科目应当按照经营活动类别、项目、支付对象等进行明细核算。

为了满足成本核算需要，本科目下还可按照“工资福利费用”“商品和服务费用”“对个人和家庭的补助费用”“固定资产折旧费”“无形资产摊销费”等成本项目设置明细科目，归集能够直接计入单位经营活动或采用一定方法计算后计入单位经营活动的费用。

（四）经营费用的主要账务处理

1.计提经营活动人员薪酬的账务处理

为经营活动人员计提的薪酬，按照计算确定的金额，借记本科目，贷记“应付职工薪酬”科目。

【做中学8-16】2021年12月5日，某事业单位计算上月开展经营活动的职工工资153 000元，其中，基本工资110 000元，补助工资23 000元，其他工资20 000元。根据工资发放明细表，编制财务会计分录如下：

借：经营费用——工资福利费——基本工资　　110 000
　　　　　　　　　　　　——补助工资　　23 000
　　　　　　　　　　　　——其他工资　　20 000

贷：应付职工薪酬　153 000

2.领用或发出库存物品的账务处理

开展经营活动领用或发出库存物品，按照物品实际成本，借记本科目，贷记“库存物品”科目。

【做中学8-17】2021年12月22日，某事业单位为开展经营活动领用一批材料，该批材料的实际成本为60 000元。根据材料出库单、成本计算单等，编制财务会计分录如下：

借：经营费用——商品和服务费用　60 000

　贷：库存物品　60 000

3.计提折旧、摊销的账务处理

为经营活动所使用固定资产、无形资产计提的折旧、摊销，按照应提折旧、摊销额，借记本科目，贷记“固定资产累计折旧”“无形资产累计摊销”科目。

4.发生其他应交税费的账务处理

开展经营活动发生城市维护建设税、教育费附加、地方教育费附加、车船税、房产税、城镇土地使用税等，按照计算确定应交纳的金额，借记本科目，贷记“其他应交税费”等科目。

5.发生其他各项费用的账务处理

发生与经营活动相关的其他各项费用时，按照费用确认金额，借记本科目，贷记“银行存款”“其他应付款”“其他应收款”等科目。涉及增值税业务的，相关账务处理参见“应交增值税”科目。

【做中学8-18】2021年12月20日，某事业单位以银行存款1 200元购买经营活动用日常用品。根据购货发票、银行支付单等，编制财务会计分录如下：

借：经营费用——商品和服务费用　1 200

　贷：银行存款　1 200

6.发生当年购货退回的账务处理

发生当年购货退回等业务，对于已计入本年经营费用的，按照收回或应收的金额，借记“银行存款”“其他应收款”等科目，贷记本科目。

7.期末账务处理

期末，将本科目本期发生额转入本期盈余，借记“本期盈余”科目，贷记本科目。

【做中学8-19】2021年12月末，某事业单位将“经营费用”科目的借方余额230 000元转入“本期盈余”科目，有关明细科目的借方余额为工资福利费用153 000元、商品和服务费用61 200元、固定资产累计折旧费15 800元，编制财务会计分录如下：

借：本期盈余　230 000

　贷：经营费用——工资福利费用　153 000

　　　　　　——商品和服务费用　61 200

　　　　　　——固定资产折旧费　15 800

二、所得税费用

（一）所得税费用的含义

所得税费用是指有企业所得税缴纳义务的事业单位按规定缴纳企业所得税所形成的费用。

（二）所得税费用的确认与计量

所得税费用应按税法规定计算的应交企业所得税数额进行确认与计量入账。

（三）所得税费用的科目设置

为了核算有企业所得税缴纳义务的事业单位按规定缴纳企业所得税所形成的费用，在费用要素类设置“所得税费用”总账科目。本科目借方登记事业单位按规定计算的应交所得税数；贷方登记期末结转数；平时借方余额反映了应交企业所得税累计数，期末结转后，本科目应无余额。

（四）所得税费用的主要账务处理

1. 发生所得税费用时的账务处理

发生企业所得税纳税义务的，按照税法规定计算的应交税金数额，借记本科目，贷记“其他应交税费——单位应交所得税”科目。

实际缴纳时，按照缴纳金额，借记“其他应交税费——单位应交所得税”科目，贷记“银行存款”科目。

【做中学8-20】某事业单位经营业务收入属于应税收入，根据税法规定，应缴纳企业所得税（税率为25%），12月末经营收入为1 000 000元。根据税费计算单等，编制财务会计分录如下：

应纳企业所得税税额=1 000 000×25%=250 000（元）

借：所得税费用	250 000	
贷：其他应交税费——单位应交所得税		250 000

【思考】上述企业所得税上交时如何做账务处理？

2. 年末账务处理

年末，将本科目本年发生额转入本期盈余，借记“本期盈余”科目，贷记本科目。

【做中学8-21】2021年12月末，某事业单位将“所得税费用”科目借方余额250 000元转入本期盈余，编制财务会计分录如下：

借：本期盈余	250 000	
贷：所得税费用		250 000

任务5 资产处置费用和其他费用的核算

一、资产处置费用

（一）资产处置费用的含义

资产处置费用是指单位经批准处置资产时发生的费用，包括转销的被处置资产价值，以及在处置过程中发生的相关费用或者处置收入小于相关费用形成的净支出。

资产处置的形式按照规定包括无偿调拨、出售、出让、转让、置换、对外捐赠、报废、毁损以及货币性资产损失核销等。

（二）资产处置费用的确认与计量

应按照规定对资产报经批准处置时发生的费用确认为资产处置费用，按照处置资产的账面价值、发生的处置费用或处置资产的收入小于处置费用的差额等计量入账。

（三）资产处置费用的科目设置

为了核算单位经批准处置资产时发生的费用，在费用要素类设置“资产处置费用”总账科目。本科目借方登记处置费用的发生数；贷方登记结转数；借方余额反映本期资产处置费用发生额的累计数，期末结转后，本科目应无余额。

单位在资产清查中查明的资产盘亏、毁损以及资产报废等，应当先通过“待处理财产损溢”科目进行核算，再将处理资产价值和处理净支出记入本科目。

本科目应当按照处置资产的类别、资产处置的形式等进行明细核算。

短期投资、长期股权投资、长期债券投资的处置，按照相关资产科目的规定进行账务处理。

（四）资产处置费用的主要账务处理

1.不通过“待处理财产损溢”科目核算的账务处理

（1）按照规定报经批准处置资产时，按照处置资产的账面价值，借记本科目［处置固定资产、无形资产、公共基础设施、保障性住房的，还应借记“固定资产累计折旧”“无形资产累计摊销”“公共基础设施累计折旧（摊销）”“保障性住房累计折旧”科目］，按照处置资产的账面余额，贷记“库存物品”“固定资产”“无形资产”“公共基础设施”“政府储备物资”“文物文化资产”“保障性住房”“其他应收款”“在建工程”等科目。

（2）处置资产过程中仅发生相关费用的，按照实际发生金额，借记本科目，贷记“银行存款”“库存现金”等科目。

（3）处置资产过程中取得收入的，按照取得的价款，借记“库存现金”“银行存款”等科目，按照处置资产过程中发生的相关费用，贷记“银行存款”“库存现金”等科目，按照其差额，借记本科目或贷记“应缴财政款”等科目。涉及增值税业务的，相关账务处理参见“应交增值税”科目。

2.通过“待处理财产损溢”科目核算的账务处理

（1）单位账款核对中发现的现金短缺，属于无法查明原因的，报经批准核销时，借记本科目，贷记“待处理财产损溢”科目。

（2）单位资产清查过程中盘亏或者毁损、报废的存货、固定资产、无形资产、公共基础设施、政府储备物资、文物文化资产、保障性住房等，报经批准处理时，按照处理资产价值，借记本科目，贷记“待处理财产损溢——待处理财产价值”科目。处理收支结清时，处理过程中所取得收入小于所发生相关费用的，按照相关费用减去处理收入后的净支出，借记本科目，贷记“待处理财产损溢——处理净收入”科目。

【提示】资产处置费用做中学案例参见存货、固定资产、无形资产、公共基础设施等资产处置的账务处理。

3.期末账务处理

期末，将本科目本期发生额转入本期盈余，借记“本期盈余”科目，贷记本科目。

【做中学 8-22】期末，某单位将“资产处置费用”科目借方余额 125 000 元转入“本期盈余”科目，有关明细科目的借方余额为存货处置费用 15 000 元、固定资产处置费用 110 000 元，编制财务会计分录如下：

借：本期盈余　125 000
　贷：资产处置费用——存货处置费用　15 000
　　　　　　　　　——固定资产处置费用　110 000

二、其他费用

（一）其他费用的概念

其他费用是指单位发生的除业务活动费用、单位管理费用、经营费用、资产处置费用、上缴上级费用、对附属单位补助费用、所得税费用以外的各项费用，包括利息费用、坏账损失、罚没支出、现金资产捐赠支出以及相关税费、运输费等。

微课：资产处置费用的账务处理

（二）其他费用的确认与计量

其他费用一般在发生时确认，并按实际计算、计提或实际支付的金额计量入账。

事业单位的货币性资金损失及核销其他应收款的损失，按照实际损失金额计量入账。

（三）其他费用的科目设置

为了核算单位发生的除业务活动费用、单位管理费用、经营费用、资产处置费用、上缴上级费用、对附属单位补助费用、所得税费用以外的各项费用，在费用要素类设置“其他费用”总账科目。本科目借方登记其他费用的实际发生数；贷方登记其他费用冲销结转数；平时借方余额反映其他费用的累计数，期末结转后，本科目应无余额。

本科目应当按照其他费用的类别等进行明细核算。

【提示】单位发生的利息费用较多的，可以单独设置“5701 利息费用”科目。

（四）其他费用的主要账务处理

1.利息费用的账务处理（适用于事业单位）

按期计算确认借款利息费用时，按照计算确定的金额，借记“在建工程”科目或本科目，贷记“应付利息”“长期借款——应计利息”科目。

【做中学 8-23】2021 年 12 月 5 日，某事业单位计算出本期应付短期借款利息 9 000 元。根据利息计算单，编制财务会计分录如下：

借：其他费用——利息　9 000
　贷：应付利息　9 000

2.坏账损失的账务处理（适用于事业单位）

年末，事业单位按照规定对收回后不需上缴财政的应收账款和其他应收款计提坏账准备时，按照计提金额，借记本科目，贷记“坏账准备”科目；冲减多提的坏账准备时，按照冲减金额，借记“坏账准备”科目，贷记本科目。

【做中学8-24】2021年12月25日，某事业单位对本期应收账款按照账龄分析法计算提取坏账损失10 000元。根据坏账损失计算单，编制财务会计分录如下：

借：其他费用——坏账损失　10 000

　贷：坏账准备　10 000

3. 罚没支出的账务处理

单位发生罚没支出的，按照实际缴纳或应当缴纳的金额，借记本科目，贷记“银行存款”“库存现金”“其他应付款”等科目。

【做中学8-25】某单位车辆因违章，被交通执法机关处以200元罚款。罚款已通过银行转账支付。根据处罚单、银行支付单等，编制财务会计分录如下：

借：其他费用——罚没支出　200

　贷：银行存款　200

4. 现金资产捐赠的账务处理

单位对外捐赠现金资产的，按照实际捐赠的金额，借记本科目，贷记“银行存款”“库存现金”等科目。

【做中学8-26】2021年12月15日，某单位通过银行向红十字会捐赠抗新冠肺炎病毒爱心奉献款，转账200 000元。根据银行支付单等，编制财务会计分录如下：

借：其他费用——现金资产捐赠支出　200 000

　贷：银行存款　200 000

【提示】对外捐赠存货及固定资产、无形资产等非流动资产时，不通过本科目核算。

5. 其他相关费用的账务处理

单位接受捐赠（或无偿调入）以名义金额计量的存货、固定资产、无形资产，以及成本无法可靠取得的公共基础设施、文物文化资产等发生的相关税费、运输费等，按照实际支付的金额，借记本科目，贷记“财政拨款收入”“零余额账户用款额度”“银行存款”“库存现金”等科目。

单位发生的与受托代理资产相关的税费、运输费、保管费等，按照实际支付或应付的金额，借记本科目，贷记“零余额账户用款额度”“银行存款”“库存现金”“其他应付款”等科目。

6. 期末账务处理

期末，将本科目本期发生额转入本期盈余，借记“本期盈余”科目，贷记本科目。

【做中学8-27】2021年12月末，某单位将“其他费用”科目借方余额219 200元结转入本期盈余，有关明细科目的借方余额为利息费用9 000元、坏账损失10 000元、现金资产捐赠支出200 000元、罚没支出200元，编制财务会计分录如下：

借：本期盈余　219 200

　贷：其他费用——利息费用　9 000

　　　　　　——坏账损失　10 000

　　　　　　——现金资产捐赠支出　200 000

　　　　　　——罚没支出　200

项目小结

本项目主要介绍行政事业单位费用的内容、确认与计量、科目设置及主要账务处理。

行政事业单位在费用要素类设置了“业务活动费用”“单位管理费用”“资产处置费用”“所得税费用”“其他费用”等8个科目对各项费用的增减变化情况进行核算。

重点与难点：业务活动费用、单位管理费用、经营费用三者的区别、科目设置及主要账务处理。

本项目主要知识点归纳总结见表8-2。

表8-2　主要知识点归纳总结

主要知识点	业务内容		账务处理	
			财务会计	预算会计
业务活动费用	为履职或开展业务活动人员计提并支付职工薪酬	计提时，按照计算的金额	借：业务活动费用 贷：应付职工薪酬	
		实际支付给职工并代扣个人所得税时	借：应付职工薪酬 贷：财政拨款收入/零余额账户用款额度/银行存款等 其他应交税费——应交个人所得税	借：行政支出/事业支出［按照支付给个人部分］ 贷：财政拨款预算收入/资金结存
		实际缴纳税款时	借：其他应交税费——应交个人所得税 贷：银行存款/零余额账户用款额度等	借：行政支出/事业支出［按照实际缴纳额］ 贷：资金结存等
	为履职或开展业务活动领用库存物品	按照领用库存物品的成本	借：业务活动费用 贷：库存物品	
	为履职或开展业务活动计提的固定资产、无形资产、公共基础设施、保障性住房的折旧（摊销）	按照计提的折旧、摊销额	借：业务活动费用 贷：固定资产累计折旧/无形资产累计摊销/公共基础设施累计折旧（摊销）/保障性住房累计折旧	
	期末/年末结转		借：本期盈余 贷：业务活动费用	借：财政拨款结转——本年收支结转［财政拨款支出］ 非财政拨款结转——本年收支结转［非同级财政专项资金支出］ 其他结余［非同级财政非专项资金支出］ 贷：行政支出/事业支出

续表

<table>
<tr><td rowspan="2">主要知识点</td><td rowspan="2" colspan="2">业务内容</td><td colspan="2">账务处理</td></tr>
<tr><td>财务会计</td><td>预算会计</td></tr>
<tr><td rowspan="6">单位管理费用</td><td rowspan="3">管理活动人员职工薪酬</td><td>计提时，按照计算的金额</td><td>借：单位管理费用
贷：应付职工薪酬</td><td></td></tr>
<tr><td>实际支付给职工并代扣个人所得税时</td><td>借：应付职工薪酬
贷：财政拨款收入/零余额账户用款额度/银行存款等
其他应交税费——应交个人所得税</td><td>借：事业支出［按照支付给个人部分］
贷：财政拨款预算收入/资金结存</td></tr>
<tr><td>实际缴纳税款时</td><td>借：其他应交税费——应交个人所得税
贷：银行存款/零余额账户用款额度等</td><td>借：事业支出［按照实际缴纳额］
贷：资金结存等</td></tr>
<tr><td>管理活动所用固定资产、无形资产计提</td><td>按照计提的折旧、摊销额</td><td>借：单位管理费用
贷：固定资产累计折旧/无形资产累计摊销</td><td></td></tr>
<tr><td>开展管理活动内部领用库存物品</td><td>按照库存物品的成本</td><td>借：单位管理费用
贷：库存物品</td><td></td></tr>
<tr><td colspan="2">期末/年末结转</td><td>借：本期盈余
贷：单位管理费用</td><td>借：财政拨款结转——本年收支结转［财政拨款支出］
非财政拨款结转——本年收支结转［非财政专项资金支出］
其他结余［非财政非专项资金支出］
贷：事业支出</td></tr>
</table>

项目九

净资产的核算

学习目标

知识目标

1. 理解单位净资产的含义和内容。
2. 掌握净资产要素类设置的科目及核算内容。
3. 掌握累计盈余、本期盈余的内涵。
4. 理解专用基金的内容及管理要求。
5. 熟悉本年盈余分配的内容。

技能目标

1. 会计提各项专用基金，并进行账务处理。
2. 能够正确计算本期盈余，并进行账务处理。
3. 能熟练对本年盈余进行分配，并进行账务处理。
4. 能熟练完成单位期末结转的账务处理，并根据期末结转的原始凭证正确编制记账凭证，登记明细账和总账。

思政目标

1. 树立诚信意识，按规定计算本期盈余，并进行分配。
2. 树立客观公正意识，正确计提专用基金。
3. 树立敬业意识，做好每一笔净资产的账务处理。

工作情境与工作任务

某事业单位属三类公益事业单位，在保证完成事业发展目标和计划下，依法积极组织收入，节约支出。2021年12月31日，该单位收入类和费用类科目的期末余额，见表9-1。

表9-1 收入类和费用类科目期末余额

收入类科目		费用类科目	
科目名称	金额	科目名称	金额
财政拨款收入	5 600 000	业务活动费用	5 580 000
事业收入	1 200 000	单位管理费用	1 320 000
上级补助收入	160 000	上缴上级费用	350 000
附属单位上缴收入	220 000	对附属单位补助费用	180 000
其他收入	800 000	其他费用	455 000
经营收入	2 400 000	经营费用	1 815 000
投资收益	1 600 000	所得税费用	860 000
		资产处置费用	739 000

假如你是一名会计人员，根据以上业务事项如何填制会计凭证，如何对上述会计业务进行账务处理？

根据《政府会计制度——行政事业单位会计科目和报表》，单位净资产包括的内容有哪些？为了对单位净资产进行核算需要设置哪些会计科目？其核算内容是什么？如何区分累计盈余和本期盈余？本年盈余如何进行分配？

“累计盈余”科目核算内容是什么？如何进行会计核算？

本期盈余包括的内容有哪些？如何进行会计核算？

专用基金包括哪些内容？如何提取和设置？如何进行会计核算？

期末，各类收入和费用结转通过哪个科目进行核算？

年末，将“无偿调拨净资产”科目余额转入哪个科目进行核算？

单位本年盈余在年末如何进行分配？如何采用公平公正的态度兼顾国家、单位和个人的利益？

如何理解权益法调整，提升国有资产保值增值？

思政引航

本项目思政元素融入教学知识点的教学设计见表9–2。

表9–2　思政元素融入教学知识点的教学设计

知识点	思政元素	教学设计
累计盈余	聪明出于勤奋，天才在于积累，幸福是奋斗出来的	课前引导：引入杂交水稻之父——袁隆平的故事，说明成功没有捷径，成功的人往往都是在艰难困苦中凭着一股锲而不舍的韧性，从一点一滴的小事中累积经验
本年盈余分配	权责共担	教师导语：盈余分配关系着职工、单位及国家等多方面利益，直接关联着单位的近期利益与长期的发展，更关系着单位局部利益与整体利益是否相协调。因此，对于盈余分配应当对各方面的利益进行兼顾，做到公平、公正与公开。若单位盈余分配出现问题，单位的和谐健康发展必然受到直接的影响 课堂讨论：以党的二十大报告为指引，结合盈余分配业务案例进行讨论，让学生理解做人应当正直，对于各种经济事项能够真正做到公平合理处置才能够真正成为人生的赢家 课后思考：财务成果分配与单位可持续性发展
本期盈余	诚信、公正、敬业、不做假账	互动引用：引用山东墨龙石油机械股份有限公司为了完成业绩承诺而进行财务造假，受到中国证券监督管理委员会的调查的案例，说明作为会计人员遵守职业道德的重要性
权益法调整	理性投资，不投机取巧	课堂讨论：对新形势下，事业单位如何合理投资进行讨论，引导学生不妄想一夜暴富
专用基金	增强认同感和幸福感	实践启发：引用专用基金提取使用业务案例，说明劳动创造美好生活

任务1 净资产概述

一、净资产的含义及特点

净资产是指政府会计主体资产扣除负债后的净额，是单位所拥有的资产净值。在数量上看，净资产等于单位全部资产与全部负债的差额；从内容上看，单位净资产来源于一定期间收入与支出相抵后的结余。其特征有：

第一，净资产是由单位掌管支配的，能在一定程度上代表单位的经济实力。

第二，单位净资产能够用货币计量。

第三，净资产不能单独计价，净资产金额取决于资产和负债的计量，当净资产增加时，必定是资产增加或负债减少；当净资产减少时，必定是资产减少或负债增加。

二、净资产的构成

净资产包括累计盈余、专用基金、权益法调整、本期盈余、无偿调拨净资产、以前年度盈余调整等。

累计盈余是指单位历年实现的盈余扣除盈余分配后滚存的金额，以及因无偿调入调出资产产生的净资产变动额。

专用基金是指事业单位按规定提取或者设置的具有专门用途的净资产。它主要包括职工福利基金、其他专用基金如科技成果转换基金等。

权益法调整是指事业单位持有的长期股权投资采用权益法核算时，按照被投资单位除净损益和利润分配以外的所有者权益变动份额调整长期股权投资账面余额而计入净资产的金额。

本期盈余是指单位本期各项收入、费用相抵后的余额。

无偿调拨净资产是指单位无偿调入或调出非现金资产所引起的净资产变动金额。

【提示】专用基金和权益法调整属于事业单位特有的净资产，其他均属于行政单位和事业单位共有的净资产。

三、净资产的确认与计量

净资产应当按规定在转入、计提、设置时进行确认，并按转入、计提、设置的金额计量入账。

【注意】净资产金额取决于资产和负债的计量。

【提示】净资产项目中的累计盈余、专用基金、权益法调整、本期盈余、无偿调拨净资产应当列入资产负债表。

任务2 盈余的核算

盈余是单位收入和费用相抵后的余额，主要包括累计盈余和本期盈余。

一、以前年度盈余调整

（一）以前年度盈余调整的含义

以前年度盈余调整是指单位本年度发生的调整以前年度盈余的事项，包括本年度发生的重要前期差错更正涉及调整以前年度盈余的事项。

（二）以前年度盈余调整的科目设置

为了核算单位本年度发生的调整以前年度盈余的事项，在净资产要素类设置“以前年度盈余调整”总账科目。本科目贷方登记以前年度盈余调整的增加数和借方余额结转数；借方登记以前年度盈余调整的减少数和贷方余额结转数。本科目结转后应无余额。

（三）以前年度盈余调整的主要账务处理

1. 调整增加和减少以前年度收入时的账务处理

按照调整增加的金额，借记有关科目，贷记本科目。调整减少的，做相反会计分录。

2. 调整增加和减少以前年度费用时的账务处理

按照调整增加的金额，借记本科目，贷记有关科目。调整减少的，做相反会计分录。

3. 盘盈各种非流动资产的账务处理

盘盈的各种非流动资产，报经批准后处理时，借记“待处理财产损溢”科目，贷记本科目。

【提示】做中学案例参见项目五盘盈非流动资产的账务处理。

4. 结转以前年度盈余调整的账务处理

经上述调整后，应将本科目的余额转入累计盈余，借记或贷记“累计盈余”科目，贷记或借记本科目。

【做中学9-1】2021年12月8日，上级主管部门在对A单位进行日常检查时，发现该单位2020年10月5日购入的一批达到固定资产标准的办公桌（预计使用年限为10年）记入“业务活动费用”科目，金额为96 000元。另外，2020年12月有一笔预收账款80 000元，付款方已经收到商品，并达到收入确认条件，当年并没有确认为收入。根据检查报告及有关原始单据等，编制A单位财务会计分录为：

（1）调整2020年10月固定资产账：

借：固定资产——办公设备	96 000	
贷：以前年度盈余调整		96 000

（2）补提2020年10月5日至2021年12月8日14个月固定资产折旧11 200元（按直线法计提，月折旧费为800元）：

借：以前年度盈余调整	11 200	
贷：固定资产累计折旧		11 200

（3）调整2020年12月收入：

借：预收账款	80 000	
贷：以前年度盈余调整		80 000

（4）结转损益调整：

借：以前年度盈余调整	164 800	
贷：累计盈余		164 800

二、本期盈余

（一）本期盈余的含义

本期盈余是指单位本期各项收入、费用相抵后的余额。其计算公式如下：

本期盈余=本期收入−本期费用

本期收入=财政拨款收入+事业收入+上级补助收入+附属单位上缴收入+经营收入+非同级财政拨款收入+投资收益+捐赠收入+利息收入+租金收入+其他收入

本期费用=业务活动费用+单位管理费用+经营费用+所得税费用+资产处置费用+上缴上级费用+对附属单位补助费用+其他费用

（二）本期盈余的科目设置

为了核算单位本期各项收入、费用相抵后的余额，在净资产要素类设置“本期盈余”总账科目。本科目贷方登记各类收入的转入数和借方余额结转数；借方登记各项费用转入数和贷方余额结转数。本科目期末如为贷方余额，反映单位自年初至当期期末累计实现的盈余；如为借方余额，反映单位自年初至当期期末累计发生的亏损。年末结账后，本科目应无余额。

（三）本期盈余的主要账务处理

1.期末账务处理

期末，将各类收入科目的本期发生额转入本期盈余，借记“财政拨款收入”“事业收入”“上级补助收入”“附属单位上缴收入”“经营收入”“非同级财政拨款收入”“投资收益”“捐赠收入”“利息收入”“租金收入”“其他收入”科目，贷记本科目；将各类费用科目本期发生额转入本期盈余，借记本科目，贷记“业务活动费用”“单位管理费用”“经营费用”“所得税费用”“资产处置费用”“上缴上级费用”“对附属单位补助费用”“其他费用”科目。

【做中学9-2】2021年12月31日，某事业单位收入类和费用类科目期末的余额见表9-1。根据表9-1，做年终结转账务处理，编制财务会计分录如下：

借：财政拨款收入	5 600 000
事业收入	1 200 000
上级补助收入	160 000
附属单位上缴收入	220 000
其他收入	800 000
经营收入	2 400 000
投资收益	1 600 000

贷：本期盈余　　11 980 000

借：本期盈余　　11 299 000

贷：业务活动费用　　5 580 000

单位管理费用　　1 320 000

上缴上级费用　　350 000

对附属单位补助费用　　180 000

其他费用　　455 000

经营费用　　1 815 000

所得税费用　　860 000

资产处置费用　　739 000

2. 年末账务处理

年末，完成上述结转后，将本科目余额转入“本年盈余分配”科目，借记或贷记本科目，贷记或借记“本年盈余分配”科目。

【做中学9-3】承【做中学9-2】，2021年12月31日，该事业单位各类收入和费用结转后，将“本期盈余”科目贷方余额681 000元转入“本年盈余分配”科目，编制财务会计分录如下：

借：本期盈余　　681 000

贷：本年盈余分配　　681 000

三、本年盈余分配

（一）本年盈余分配的含义

本年盈余分配是指单位本年度盈余分配的情况和结果。

（二）本年盈余分配的科目设置

为了核算单位本年度盈余分配的情况和结果，在净资产要素类设置“本年盈余分配”总账科目。本科目贷方登记“本期盈余”科目借方余额转入数和年末本科目借方余额结转数；借方登记“本期盈余”科目贷方余额转入数、计提的专用基金数及年末本科目贷方余额结转数。年末结账后，本科目应无余额。

（三）本年盈余分配的主要账务处理

（1）年末，将“本期盈余”科目余额转入本科目，借记或贷记“本期盈余”科目，贷记或借记本科目。

（2）年末，根据有关规定从本年度非财政拨款结余或经营结余中提取专用基金的，按照预算会计下计算的提取金额，借记本科目，贷记“专用基金”科目。

（3）年末，按照规定完成上述（1）、（2）处理后，将本科目余额转入累计盈余，借记或贷记本科目，贷记或借记“累计盈余”科目。

【做中学9-4】承【做中学9-3】，2021年年末，该事业单位按照规定，从非财政拨款结余中提取职工福利基金180 000元。按照基金提取规定等，编制财务会计分录如下：

借：本年盈余分配　　180 000

贷：专用基金——职工福利基金　　180 000

四、累计盈余

（一）累计盈余的含义

累计盈余是指单位历年实现的盈余扣除盈余分配后滚存的金额，以及因无偿调入调出资产产生的净资产变动额。它包括按照规定上缴、缴回、单位间调剂结转结余资金产生的净资产变动额，以及对以前年度盈余的调整金额。

（二）累计盈余的科目设置

为了核算单位历年实现的盈余扣除盈余分配后滚存的金额，以及因无偿调入调出资产产生的净资产变动额，在净资产要素类设置“累计盈余”总账科目。本科目贷方登记累计盈余的增加数；借方登记累计盈余的减少数。

本科目期末余额，反映单位未分配盈余（或未弥补亏损）的累计数以及截至上年年末无偿调拨净资产变动的累计数。

本科目年末余额，反映单位未分配盈余（或未弥补亏损）以及无偿调拨净资产变动的累计数。

【提示】按照规定上缴、缴回、单位间调剂结转结余资金产生的净资产变动额，以及对以前年度盈余的调整金额，也通过本科目核算。

（三）累计盈余的主要账务处理

（1）年末，将“本年盈余分配”科目的余额转入累计盈余，借记或贷记“本年盈余分配”科目，贷记或借记本科目。

【做中学9-5】承【做中学9-4】，2021年年末，结转“本年盈余分配”科目贷方余额501 000元（681 000–180 000），编制财务会计分录如下：

借：本年盈余分配　　501 000

　贷：累计盈余　　501 000

（2）年末，将“无偿调拨净资产”科目的余额转入累计盈余，借记或贷记“无偿调拨净资产”科目，贷记或借记本科目。

（3）按照规定上缴财政拨款结转结余、缴回非财政拨款结转资金、向其他单位调出财政拨款结转资金时，按照实际上缴、缴回、调出金额，借记本科目，贷记“财政应返还额度”“零余额账户用款额度”“银行存款”等科目。

按照规定从其他单位调入财政拨款结转资金时，按照实际调入金额，借记“零余额账户用款额度”“银行存款”等科目，贷记本科目。

【做中学9-6】2021年年末，某单位按照规定，从当年财政应返还额度中向上级主管部门上缴财政拨款结转资金30 000元。根据年终财政结转结余调整相关文件，编制财务会计分录如下：

借：累计盈余　　30 000

　贷：财政应返还额度　　30 000

【做中学9-7】2021年年末，某单位收到“财政授权支付额度到账通知书”，按照规定从其他单位调入财政拨款结余资金50 000元。根据年终财政结转结余调整相关文件、“财政授权支付额度到账通知书”等，编制财务会计分录如下：

借：零余额账户用款额度　　50 000

　贷：累计盈余　　50 000

（4）将“以前年度盈余调整”科目的余额转入本科目，借记或贷记“以前年度盈余调整”科目，贷记或借记本科目。

（5）按照规定使用专用基金购置固定资产、无形资产的，按照固定资产、无形资产成本金额，借记“固定资产”“无形资产”科目，贷记“银行存款”等科目；同时，按照专用基金使用金额，借记“专用基金”科目，贷记本科目。

【提示】做中学案例参见【做中学9-9】【做中学9-10】。

任务3 专用基金、权益法调整和无偿调拨净资产的核算

一、专用基金

（一）专用基金概述

1.专用基金的含义及特点

专用基金是指事业单位按规定提取或者设置的具有专门用途的净资产。它主要包括职工福利基金、其他专用基金如科技成果转换基金等。其特点有：

（1）专用基金的提取均有专门规定，即根据一定的比例或数额提取。

（2）专用基金规定有专门的用途和使用范围，除财务制度规定可以允许合并使用外，一般不得互相占用、挪用。

（3）专用基金的使用属一次性消耗，没有循环周转，不可能通过专用基金支出直接取得补偿。

2.专用基金的内容

事业单位专用基金主要包括职工福利基金和其他专用基金如科技成果转换基金（见表9-3）。

表9-3　专用基金内容

职工福利基金	按照非财政拨款结余的一定比例提取以及按照其他规定提取转入，用于单位职工的集体福利设施、集体福利待遇等的资金。提取比例，在单位年度非财政拨款结余的40%以内确定。国家另有规定的，从其规定
其他专用基金	指除职工福利基金外，按照有关规定提取或者设置的专用基金
科技成果转换基金	按照科技成果转换收入的一定比例提取或者设置的专用基金

3.专用基金管理要求

专用基金管理应当遵循先提后用、专款专用的原则，支出不得超出基金规模。各项基金的提取比例和管理办法，国家有统一规定的，按照统一规定执行；没有统一规定的，由主管部门会同同级政府财政部门确定。

事业单位应当将专用基金纳入预算管理，结合实际需要按照规定提取，保持合理规模，提高使用效益。专用基金余额较多的，应当降低提取比例或者暂停提取；确需调整

用途的，由主管部门会同本级财政部门确定。

（二）专用基金的科目设置

为了核算事业单位按照规定提取或设置的具有专门用途的净资产，在净资产要素类设置“专用基金”总账科目。本科目贷方登记从各种来源取得专用基金的增加数；借方登记专用基金的减少数。本科目期末贷方余额，反映事业单位累计提取或设置的尚未使用的专用基金。

本科目应当按照专用基金的类别进行明细核算。

（三）专用基金的主要账务处理

1.年末账务处理

年末，根据有关规定从本年度非财政拨款结余或经营结余中提取专用基金的，按照预算会计下计算的提取金额，借记“本年盈余分配”科目，贷记本科目。

【提示】做中学案例参见【做中学9-4】。

2.提取专用基金并计入费用的账务处理

根据有关规定从收入中提取专用基金并计入费用的，一般按照预算会计下基于预算收入计算提取的金额，借记“业务活动费用”等科目，贷记本科目。国家另有规定的，从其规定。

【做中学9-8】2021年12月20日，某事业单位按照规定标准，从本年度事业预算收入中提取列入当期费用的科技成果转换基金420 000元，根据基金提取规定、计提单据等，编制财务会计分录如下：

借：业务活动费用——计提专用基金　　420 000

　贷：专用基金——科技成果转换基金　　420 000

3.设置其他专用基金的账务处理

根据有关规定设置的其他专用基金，按照实际收到的基金金额，借记“银行存款”等科目，贷记本科目。

4.使用提取的专用基金时的账务处理

按照规定使用提取的专用基金时，借记本科目，贷记“银行存款”等科目。

使用提取的专用基金购置固定资产、无形资产的，按照固定资产、无形资产成本金额，借记“固定资产”“无形资产”科目，贷记“银行存款”等科目；同时，按照专用基金使用金额，借记本科目，贷记“累计盈余”科目。

【做中学9-9】2021年12月6日，某事业单位按照规定使用科技成果转换基金购买了10台专用设备，支出1 000 000元。根据科技成果转换基金使用办法和批准文件、购货发票、设备验收单等，编制财务会计分录如下：

借：固定资产　　1 000 000

　贷：银行存款　　1 000 000

借：专用基金——科技成果转换基金　　1 000 000

　贷：累计盈余　　1 000 000

【做中学9-10】2021年12月5日，某事业单位用职工福利基金（从经营结余中提取）76 000元购置一台机器设备，款已通过银行付讫，设备已投入使用。根据购货发票、设备验收单、银行转账支票存根等，编制财务会计分录如下：

借：固定资产　　76 000

　贷：银行存款　　76 000

借：专用基金——职工福利基金　　76 000

　贷：累计盈余　　76 000

二、权益法调整

（一）权益法调整的含义

权益法调整是指事业单位持有的长期股权投资采用权益法核算时，按照被投资单位除净损益和利润分配以外的所有者权益变动份额调整长期股权投资账面余额而计入净资产的金额。

微课：专用基金的核算

（二）权益法调整的科目设置

为了核算事业单位持有的长期股权投资采用权益法核算时，按照被投资单位除净损益和利润分配以外的所有者权益变动份额调整长期股权投资账面余额而计入净资产的金额，在净资产要素类设置“权益法调整”总账科目。本科目贷方登记权益法调整计入净资产金额的增加数；借方登记权益法调整计入净资产金额的减少数。本科目期末余额，反映事业单位在被投资单位除净损益和利润分配以外的所有者权益变动中累积享有（或分担）的份额。

本科目应当按照被投资单位进行明细核算。

（三）权益法调整的主要账务处理

（1）年末，按照被投资单位除净损益和利润分配以外的所有者权益变动应享有（或应分担）的份额，借记或贷记“长期股权投资——其他权益变动”科目，贷记或借记本科目。

（2）采用权益法核算的长期股权投资，因被投资单位除净损益和利润分配以外的所有者权益变动而将应享有（或应分担）的份额计入单位净资产的，处置该项投资时，按照原计入净资产的相应部分金额，借记或贷记本科目，贷记或借记“投资收益”科目。

【提示】做中学案例参见长期股权投资【做中学5-100】。

三、无偿调拨净资产

（一）无偿调拨净资产的含义

无偿调拨净资产是指单位无偿调入或调出非现金资产所引起的净资产变动金额。

（二）无偿调拨净资产的科目设置

为了核算单位无偿调入或调出非现金资产所引起的净资产变动金额，在净资产要素类设置“无偿调拨净资产”总账科目。本科目贷方登记无偿调入非现金资产发生的净资产增加数和年末借方余额结转数；借方登记无偿调出非现金资产发生的净资产减少数和年末贷方余额结转数。年末，将本科目余额转入累计盈余，借记或贷记本科目，贷记或借记“累计盈余”科目。年末结账后，本科目应无余额。

（三）无偿调拨净资产的主要账务处理

1. 无偿调入净资产的账务处理

按照规定取得无偿调入的存货、长期股权投资、固定资产、无形资产、公共基础设施、政府储备物资、文物文化资产、保障性住房等，按照确定的成本，借记“库存物品”“长期股权投资”“固定资产”“无形资产”“公共基础设施”“政府储备物资”“文物文化资产”“保障性住房”等科目，按照调入过程中发生的归属于调入方的相关费用，贷记“零余额账户用款额度”“银行存款”等科目，按照其差额，贷记本科目。

2. 无偿调出净资产的账务处理

按照规定经批准无偿调出存货、长期股权投资、固定资产、无形资产、公共基础设施、政府储备物资、文物文化资产、保障性住房等，按照调出资产的账面余额或账面价值，借记本科目，按照固定资产累计折旧、无形资产累计摊销、公共基础设施累计折旧（摊销）、保障性住房累计折旧的金额，借记“固定资产累计折旧”“无形资产累计摊销”“公共基础设施累计折旧（摊销）”“保障性住房累计折旧”科目，按照调出资产的账面余额，贷记“库存物品”“长期股权投资”“固定资产”“无形资产”“公共基础设施”“政府储备物资”“文物文化资产”“保障性住房”等科目；同时，按照调出过程中发生的归属于调出方的相关费用，借记“资产处置费用”科目，贷记“零余额账户用款额度”“银行存款”等科目，按照其差额，贷记本科目。

【做中学9-11】某省级、市级行政单位发生以下政府储备物资相关业务：

（1）2021年12月6日，某市级行政单位接受某省级行政单位无偿调入一批价值为200 000元的防汛器材，调入的防汛器材从上级政府管理单位运达本单位管理的×××仓库并验收入库，该市级行政单位采用财政授权支付方式支付调入防汛物资的运输费10 000元；

（2）2021年12月9日，从该市级行政单位管理的×××仓库调出105 000元预期不能收回的防汛器材使用。

根据无偿调拨批准文件、出库单、入库验收单、运费结算单、零余额账户支付凭证等，编制该省级、市级行政单位财务会计分录如下：

（1）该省级行政单位：

借：无偿调拨净资产　　200 000

　贷：政府储备物资　　200 000

（2）该市级行政单位：

调入物资入账成本=200 000+10 000=210 000（元）

借：政府储备物资　　210 000

　贷：无偿调拨净资产　　200 000

　　零余额账户用款额度　　10 000

（3）该市级行政单位调出防汛器材105 000元：

借：业务活动费用　　105 000

　贷：政府储备物资　　105 000

【提示】无偿调拨净资产的核算参考【做中学5-56】【做中学5-58】【做中学5-70】等案例。

3. 年末无偿调拨净资产的账务处理

年末，将本科目余额转入累计盈余，借记或贷记本科目，贷记或借记“累计盈余”科目。

【做中学9-12】年末，某市级单位将“无偿调拨净资产”科目贷方余额200 000元结转累计盈余，编制财务会计分录如下：

借：无偿调拨净资产　　200 000

　贷：累计盈余　　200 000

项目小结

本项目主要介绍行政事业单位净资产的内容、确认与计量、科目设置及主要账务处理。

行政事业单位在净资产要素类设置了“累计盈余”“专用基金”“权益法调整”“本期盈余”“无偿调拨净资产”等7个科目对各项净资产的增减变化及结存情况进行核算。

重点与难点：“本期盈余”“累计盈余”“本年盈余分配”“专用基金”科目核算内容及主要账务处理。

本项目主要知识点归纳总结见表9-4。

表9-4 主要知识点归纳总结

主要知识点	业务内容	账务处理	
		财务会计	预算会计
累计盈余	年末，将“本年盈余分配”科目余额转入	借：本年盈余分配 　贷：累计盈余 或做相反会计分录	
	年末，将“无偿调拨净资产”科目余额转入	借：无偿调拨净资产 　贷：累计盈余 或做相反会计分录	
	按照规定上缴财政拨款结转结余、缴回非财政拨款结转资金、向其他单位调出财政拨款结转资金时	借：累计盈余 　贷：财政应返还额度/零余额账户用款额度/银行存款等	参照“财政拨款结转”“财政拨款结余”“非财政拨款结转”等科目进行账务处理
专用基金	年末，按照规定从本年度非财政拨款结余或经营结余中提取专用基金	借：本年盈余分配 　贷：专用基金［按照预算会计下计算的提取金额］	借：非财政拨款结余分配 　贷：专用结余
	根据规定从收入中提取专用基金并计入费用的	借：业务活动费用等 　贷：专用基金［一般按照预算收入计算提取的金额］	
	按照规定使用专用基金时	借：专用基金 　贷：银行存款等 如果购置固定资产、无形资产的： 借：固定资产/无形资产 　贷：银行存款等 借：专用基金 　贷：累计盈余	使用从收入中提取并列入费用的专用基金： 借：事业支出等 　贷：资金结存 使用从非财政拨款结余或经营结余中提取的专用基金： 借：专用结余 　贷：资金结存——货币资金

续表

主要知识点	业务内容		账务处理	
			财务会计	预算会计
本期盈余	期末结转	结转收入	借：财政拨款收入 　　事业收入 　　上级补助收入 　　附属单位上缴收入 　　经营收入 　　非同级财政拨款收入 　　投资收益 　　捐赠收入 　　利息收入 　　租金收入 　　其他收入 　贷：本期盈余 投资收益科目为发生额借方净额时，做相反会计分录	
本期盈余	期末结转	结转费用	借：本期盈余 　贷：业务活动费用 　　　单位管理费用 　　　经营费用 　　　资产处置费用 　　　上缴上级费用 　　　对附属单位补助费用 　　　所得税费用 　　　其他费用	
	年末结转	“本期盈余”科目为贷方余额时	借：本期盈余 　贷：本年盈余分配	
		“本期盈余”科目为借方余额时	借：本年盈余分配 　贷：本期盈余	
本年盈余分配	年末，将“本期盈余”科目余额转入	“本期盈余”科目为贷方余额时	借：本期盈余 　贷：本年盈余分配	
		“本期盈余”科目为借方余额时	借：本年盈余分配 　贷：本期盈余	

续表

<table>
<tr><th rowspan="2">主要知识点</th><th colspan="2" rowspan="2">业务内容</th><th colspan="2">账务处理</th></tr>
<tr><th>财务会计</th><th>预算会计</th></tr>
<tr><td rowspan="3">本年盈余分配</td><td>年末，按照有关规定提取专用基金</td><td>按照预算会计下计算的提取金额</td><td>借：本年盈余分配
　贷：专用基金</td><td>借：非财政拨款结余分配
　贷：专用结余</td></tr>
<tr><td rowspan="2">年末，将本科目余额转入累计盈余</td><td>本科目为贷方余额时</td><td>借：本年盈余分配
　贷：累计盈余</td><td></td></tr>
<tr><td>本科目为借方余额时</td><td>借：累计盈余
　贷：本年盈余分配</td><td></td></tr>
</table>

学习领域四

政府会计报告

项目十

政府会计报告

学习目标

知识目标

1. 了解政府会计报告的种类及内容。
2. 熟悉单位年终清理与结账的主要内容，并掌握年终结转的步骤。
3. 熟悉政府预算会计报表和财务报表编制的内容与方法。
4. 了解单位财务报表附注应当披露的内容。

技能目标

1. 能根据各账户的年末余额进行年终结转，并编制12月31日的记账凭证。
2. 会编制预算会计报表和财务报表。
3. 会调节本年盈余与预算结余的差异。
4. 会利用会计核算资料进行财务分析。

素养目标

1. 树立诚信意识，按规定进行年终结转，为编制会计报告做好准备。
2. 树立风险意识，增强风险防范能力，提高财务管理水平。
3. 树立理性意识，按规定编制各类预算会计报表，进行分析，做好年终决算编审工作。
4. 树立正确的价值观，准确编报资产负债表、收入费用表。

工作情境与工作任务

《政府会计准则——基本准则》第五条规定：政府会计主体应当编制决算报告和财务报告，政府决算报告是综合反映政府会计主体年度预算收支执行结果的文件。政府决算报告的编制主要以收付实现制为基础，以预算会计核算生成的数据为准。政府财务报告是反映政府会计主体某一特定日期的财务状况和某一会计期间的运行情况与现金流量等信息的文件。

假如你是一名会计人员，如何正确地编制单位决算报告和财务报告？在编制政府会计报告前应做好哪些工作？

月末和年末需编制哪些财务报告和决算报告？月报和年报有区别吗？政府会计报告编制的要求是什么？如何正确编制各种预算会计报表和财务报表？

思政引航

本项目以党的二十大报告为指引，将“立德树人”等思政元素融入教学知识点的教学设计见表10-1。

表10-1　思政元素融入教学知识点的教学设计

知识点	思政元素	教学设计
会计报告	树立诚信观念	教师导语：会计报告依据真实可靠的交易、事项等会计资料，经核对无误后，要正确、及时、完整编制，信息披露要充分可信 课后思考：通过安达信破产案，思考“诚信如何使安达信赢得公众信赖，失信如何使安达信破产” 互动引用：引用郭美美事件、大学生征信违约事件等，引导学生要以诚信为本，使学生了解违背职业道德等所面临的风险和引起的不良后果，警示和教育学生，在未来工作岗位上坚持正义与诚信 课堂讨论：通过康得新财务造假案例等，讨论财务造假的危害
预算收入支出表	量入为出	知识点播：《礼记·王制》：“冢宰制国用，必于岁之杪。五谷皆入，然后制国用……量入以为出……”在有限的收入范围，合理消费、理性消费、适度消费，精打细算、量入为出，要有结余，可持续发展
资产负债表	有理想、有抱负	实践启发：资产负债表是依据“资产=负债+净资产”平衡等式设置的，强调报表左右的平衡。左侧是拥有的资源，右侧是承担的责任和义务。启发学生有“先天下之忧而忧，后天下之乐而乐”的政治抱负，“苟利国家生死以，岂因祸福避趋之”的报国情怀，激发学生的家国情怀，使他们志存高远、奋发图强
财务分析	吃苦耐劳、团结协作的工匠精神	互动引入：面对复杂繁琐的财务分析工作，每一步骤的成果都是前步骤的工作总结、分析、评价，借此引入潘继勇先进事迹，引导学生明白工匠精神的内涵，通过脚踏实地的奋斗实现实干兴邦的梦想，成为一名对社会有贡献的青年

任务1　政府会计报告概述

一、政府会计报告的含义和种类

《政府会计准则——基本准则》第五条规定：政府会计主体应当编制决算报告和财务报告。由此，政府会计报告包括决算报告和财务报告。单位应当按国家有关规定向主管部门和财政部门以及其他有关的报告使用者提供财务报告、决算报告。

（一）政府决算报告的含义和种类

1.政府决算报告的含义

政府决算报告是综合反映政府会计主体年度预算收支执行结果的文件。

单位决算报告主要以收付实现制为基础编制，综合反映单位年度预算收支执行结果等信息，是政府预算执行的总结。

2.政府决算报告的种类

政府决算报告包括决算报表（预算会计报表）和其他应当在决算报告中反映的相关信息和资料。

单位决算报告由决算报表（预算会计报表）和决算分析两部分组成。决算报表主要包括预算收入支出表、财政拨款预算收入支出表等（见表10-2）。决算分析的内容主要包括收支预算执行分析、资金使用效益分析和机构人员情况等。

表10-2 预算会计报表的种类

报表的编号	按编制的内容划分	按编制的时间划分
会政预01表	预算收入支出表	年度
会政预02表	预算结转结余变动表	年度
会政预03表	财政拨款预算收入支出表	年度

预算收入支出表是指反映单位在某一会计年度内各项预算收入、预算支出和预算收支差额情况的报表。

预算结转结余变动表是指反映单位在某一会计年度内预算结转结余的变动情况报表。

财政拨款预算收入支出表是指反映单位本年财政拨款预算资金收入、支出及相关变动的具体情况报表。

（二）政府财务报告的含义及种类

1.政府财务报告的含义

政府财务报告是反映政府会计主体某一特定日期的财务状况和某一会计期间的运行情况与现金流量等信息的文件。政府财务报告是为信息需求者编制的以财务信息为主要内容、以财务报表为主要形式、全面系统地反映政府财务受托责任的综合报告。

单位财务报告主要以权责发生制为基础编制，综合反映单位特定日期财务状况和一定时期运行情况等信息。

2.政府财务报告的种类

（1）政府财务报告按编报内容包括财务报表和其他应当在财务报告中披露的相关信息和资料。政府财务报告的构成如图10-1所示，财务报表的种类见表10-3。

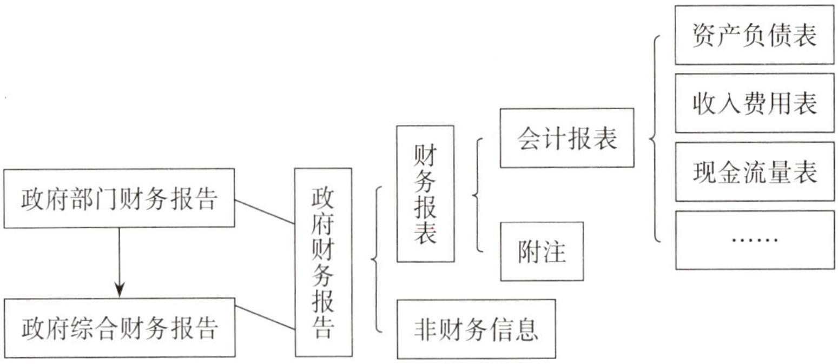

图10-1 政府财务报告的构成

表10-3　财务报表的种类

报表的编号	按编制的内容划分	按编制的时间划分
会政财01表	资产负债表	月/年度
会政财02表	收入费用表	月/年度
会政财03表	净资产变动表	年度
会政财04表	现金流量表	年度
	附注	年度

单位财务报告由财务报表和财务分析两部分组成。

财务报表是对政府会计主体财务状况、运行情况和现金流量等信息的结构性表述，包括会计报表和附注。政府会计主体应当根据相关规定编制合并财务报表。

会计报表至少应当包括资产负债表、收入费用表和现金流量表。

资产负债表是反映政府会计主体在某一特定日期全部资产、负债和净资产情况的报表。

收入费用表是反映政府会计主体在某一定会计期间内发生的收入、费用及当期盈余情况的报表。

现金流量表是反映政府会计主体在某一定会计年度内现金流入和流出情况的报表。

附注是对在资产负债表、收入费用表、现金流量表等报表中列示项目所做的进一步说明，以及对未能在这些报表中列示项目的说明。

财务分析的内容主要包括财务状况分析、运行情况分析和财务管理情况等。

（2）政府财务报告按编报范围包括政府部门财务报告和政府综合财务报告。

政府部门财务报告是指政府各部门、各单位按规定编制的财务报告。

政府综合财务报告是指由政府财政部门编制的，反映各级政府整体财务状况、运行情况和财政中长期可持续性的报告。

二、政府报告目标及使用者

（一）政府决算报告目标及使用者

1.政府决算报告目标

决算报告的目标是向决算报告使用者提供与政府预算执行情况有关的信息，综合反映政府会计主体预算收支的年度执行结果，有助于决算报告使用者进行监督和管理，并为编制后续年度预算提供参考和依据。

2.政府决算报告使用者

政府决算报告使用者包括各级人民代表大会及其常务委员会、各级政府及其有关部门、政府会计主体自身、社会公众和其他利益相关者。

（二）政府财务报告目标及使用者

1.政府财务报告目标

财务报告的目标是向财务报告使用者提供与政府的财务状况、运行情况（含运行成本，下同）和现金流量等有关信息，反映政府会计主体公共受托责任履行情况，有助于财务报告使用者做出决策或者进行监督和管理。

2.政府财务报告使用者

政府财务报告使用者包括各级人民代表大会常务委员会、债权人、各级政府及其有关部门、政府会计主体自身和其他利益相关者。

三、政府报告的编制基础

政府决算报告的编制主要以收付实现制为基础，以预算会计核算生成的数据为准。

政府财务报告的编制主要以权责发生制为基础，以财务会计核算生成的数据为准。

四、年终结账

（一）年终结账

年终结账包括年终转账、结清旧账和记入新账3个环节。

1.年终转账

账目核对无误后，首先计算出各账户借方或贷方的12月份合计数和全年累计数，结出12月末的余额。然后将应对冲结转的各个收支账户的余额按年终冲转办法，填制12月31日的记账凭证办理年终转账。

微课：年终结账的3个环节

2.结清旧账

将转账后无余额的账户结出全年总累计数，然后在下面画双红线，表示本账户全部结清；对年终有余额的账户，在“全年累计数”下行的“摘要”栏内注明“结转下年”字样，再在下面画双红线，表示年终余额转入新账，旧账结束。

3.记入新账

根据年末结转后的各科目年终余额数直接记入下年相应的各有关账户的余额栏内（不编制记账凭单），并在摘要栏注明“上年结转”字样，以区别下年度的发生数。

（二）预算会计年终转账的账务处理

政府预算会计年终转账主要通过预算结余要素类“财政拨款结转”“财政拨款结余”“非财政拨款结转”“非财政拨款结余”“经营结余”“其他结余”等科目进行。

1.财政拨款收支年终转账的账务处理

对于财政拨款收支年终转账业务，通过预算结余要素类“财政拨款结转”和“财政拨款结余”两个科目进行。财政拨款收支年终转账步骤如下：

第一步：年末，将财政拨款预算收入本年发生额转入“财政拨款结转”科目。

借：财政拨款预算收入

　贷：财政拨款结转——本年收支结转

第二步：年末，将行政支出、事业支出、其他支出（财政拨款支出部分）本年发生额转入“财政拨款结转”科目。

借：财政拨款结转——本年收支结转

　贷：行政支出/事业支出/其他支出（财政拨款支出部分）

第三步：年末，完成上述结转后，将“财政拨款结转——本年收支结转”等明细科目余额转入“财政拨款结转——累计结转”明细科目后，再将符合财政拨款结余性质的项目余额转入“财政拨款结余——结转转入”明细科目。

借：财政拨款结转——本年收支结转等

　贷：财政拨款结转——累计结转

借：财政拨款结转——累计结转

　贷：财政拨款结余——结转转入

【提示】如果财政拨款结转结余资金额度按规定上缴或注销，要做以下账务处理：

借：财政拨款结转/财政拨款结余——归集上缴

　贷：资金结存——财政应返还额度/零余额账户用款额度/货币资金

第四步：年末，完成上述结转后，将“财政拨款结余——结转转入”等明细科目余额转入“财政拨款结余——累计结余”明细科目。

借：财政拨款结余——结转转入等

　贷：财政拨款结余——累计结余

2.非财政拨款收支、非同级财政拨款收支及年终转账的账务处理

对于非财政拨款收支、非同级财政拨款收支年终转账业务，通过预算结余要素类“非财政拨款结转”“非财政拨款结余”“经营结余”“其他结余”“非财政拨款结余分配”等科目进行。

（1）非财政拨款专项资金收支及非同级财政拨款专项资金收支年终结转步骤。

第一步：年末，将事业预算收入、上级补助预算收入、附属单位上缴预算收入、债务预算收入、其他预算收入本期发生额中的非财政专项资金收入及非同级财政拨款预算收入本期发生额中的专项资金收入转入“非财政拨款结转”科目。

借：事业预算收入——非财政专项资金收入

　　上级补助预算收入——非财政专项资金收入

　　附属单位上缴预算收入——非财政专项资金收入

　　非同级财政拨款预算收入——专项资金收入

　　债务预算收入——非财政专项资金收入

　　其他预算收入——非财政专项资金收入

　贷：非财政拨款结转——本年收支结转

第二步：年末，将行政支出、事业支出、其他支出本期发生额中的非财政专项资金支出转入“非财政拨款结转”科目。

借：非财政拨款结转——本年收支结转

　贷：行政支出——项目支出（非财政专项资金支出）

　　　事业支出——项目支出（非财政专项资金支出）

　　　其他支出——项目支出（非财政专项资金支出）

第三步：年末，完成上述结转后，将“非财政拨款结转——本年收支结转”等明细科目余额转入“非财政拨款结转——累计结转”明细科目后，再将已完成项目的专项剩余资金区分以下两种情况进行账务处理：

①如果专项剩余资金按规定缴回原专项资金拨入单位，其账务处理如下：

借：非财政拨款结转——缴回资金

　贷：资金结存——货币资金

②如果专项剩余资金按规定留归本单位使用，其账务处理如下：

借：非财政拨款结转——累计结转

　贷：非财政拨款结余——结转转入

第四步：年末，完成上述结转后，将“非财政拨款结余——结转转入”等明细科目余额转入“非财政拨款结余——累计结余”明细科目。

借：非财政拨款结余——结转转入等

　贷：非财政拨款结余——累计结余

（2）非财政拨款非专项资金中非经营收支及非同级财政拨款非专项资金收支年终结转步骤。

第一步：年末，将事业预算收入、上级补助预算收入、附属单位上缴预算收入、债务预算收入、其他预算收入、投资预算收益（贷方余额）本期发生额中的非财政非专项资金收入及非同级财政拨款预算收入本期发生额中的非专项资金收入转入“其他结余”科目。

借：事业预算收入——非财政非专项资金收入

　　上级补助预算收入——非财政非专项资金收入

　　附属单位上缴预算收入——非财政非专项资金收入

　　非同级财政拨款预算收入——非专项资金收入

　　债务预算收入——非财政非专项资金收入

　　其他预算收入——非财政非专项资金收入

　　投资预算收益

　贷：其他结余

第二步：年末，将行政支出、事业支出、其他支出本期发生额中的非同级财政、非专项资金支出，以及对附属单位补助支出、上缴上级支出、投资支出、债务还本支出的本期发生额结转入“其他结余”科目。

借：其他结余

　贷：行政支出

　　　事业支出

　　　其他支出

贷：对附属单位补助支出
　　上缴上级支出
　　投资支出
　　债务还本支出

第三步：年末，完成上述第一步和第二步结转后，将行政单位的“其他结余”科目贷方余额转入“非财政拨款结余——累计结余”科目贷方；将事业单位的“其他结余”科目贷方余额转入“非财政拨款结余分配”科目贷方。

行政单位：

借：其他结余
　贷：非财政拨款结余——累计结余

事业单位：

借：其他结余
　贷：非财政拨款结余分配

【提示】如果完成上述第一步和第二步结转后“其他结余”科目为借方余额，则将“其他结余”科目借方余额转入“非财政拨款结余——累计结余”明细科目（行政单位）、“非财政拨款结余分配”科目（事业单位）借方。

行政单位：

借：非财政拨款结余——累计结余
　贷：其他结余

事业单位：

借：非财政拨款结余分配
　贷：其他结余

【提示】“其他结余”科目期末如为贷方余额，反映单位自年初至报告期末累计实现的结余；如为借方余额，反映单位自年初至报告期末累计发生的亏损。年末结账后，“其他结余”科目应无余额。

（3）经营预算收支年终转账步骤。

第一步：年末，将经营预算收入本期发生额转入“经营结余”科目。

借：经营预算收入
　贷：经营结余

第二步：年末，将经营支出本期发生额转入“经营结余”科目。

借：经营结余
　贷：经营支出

第三步：年末，完成上述第一步和第二步结转后，如“经营结余”科目为贷方余额，将“经营结余”科目贷方余额转入“非财政拨款结余分配”科目。

借：经营结余
　贷：非财政拨款结余分配

【提示】完成上述第一步和第二步结转后，如“经营结余”科目期末为贷方余额，反映事业单位自年初至报告期末累计实现的经营结余弥补以前年度经营亏损后的经营结余；如为借方余额，反映事业单位截至报告期末累计发生的经营亏损，不予结转。

【提示】年末结账后，本科目一般无余额；如为借方结余，反映事业单位累计发生的经营亏损。

（4）非财政拨款结余分配的账务处理 。

①如果年末转账后，“非财政拨款结余分配”科目为贷方余额，则按以下步骤进行年终分配的账务处理：

第一步：按照有关规定提取专用基金。

借：非财政拨款结余分配

　贷：专用结余

第二步：年末，按规定完成上述第一步账务处理后，将“非财政拨款结余分配”科目贷方余额转入“非财政拨款结余——累计结余”科目贷方。

借：非财政拨款结余分配

　贷：非财政拨款结余——累计结余

②如果年末转账后，“非财政拨款结余分配”科目为借方余额，则将“非财政拨款结余分配”科目借方余额转入“非财政拨款结余——累计结余”科目借方，进行以下年终分配的账务处理：

借：非财政拨款结余——累计结余

　贷：非财政拨款结余分配

【提示】年末结账后，“非财政拨款结余分配”科目应无余额。事业单位专用结余不参与结余分配。

预算会计年末预算收支结转如图10-2所示，预算会计年末预算结转结余如图10-3所示。

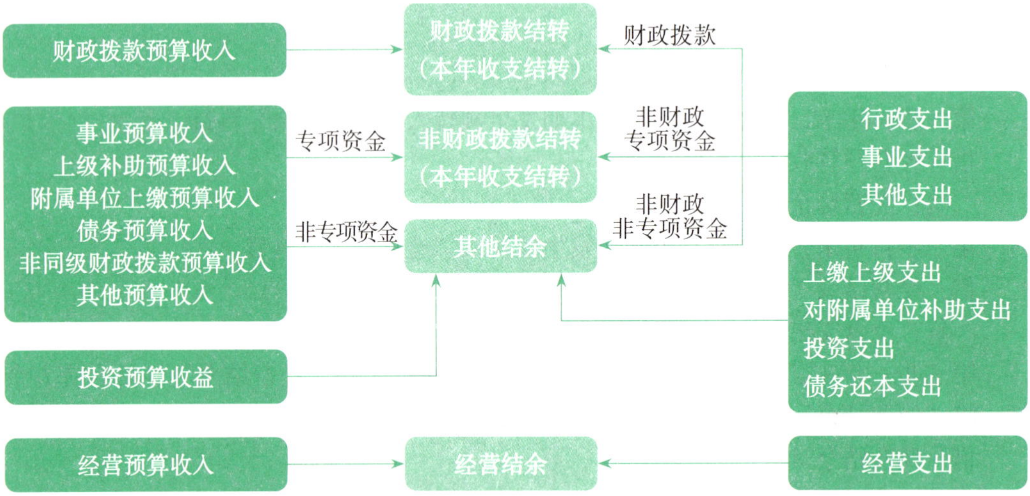

图10-2　预算会计年末预算收支结转

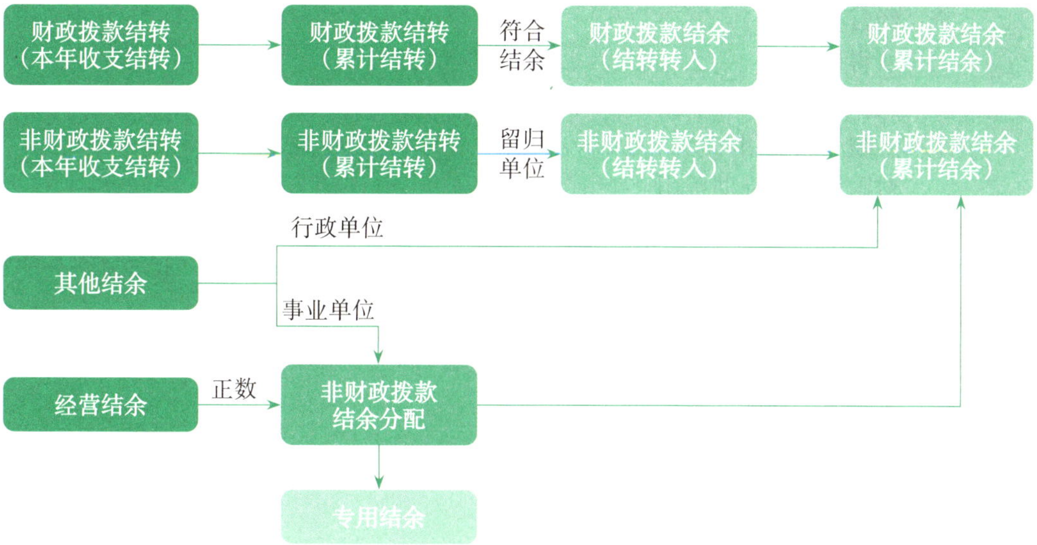

图10-3　预算会计年末预算结转结余

（三）财务会计年终转账的账务处理

财务会计年终转账主要通过净资产要素类“本期盈余”“本年盈余分配”“累计盈余”等科目进行。

1.“本期盈余”科目的账务处理

12月末，通过“本期盈余”科目将各类收入科目和费用科目本期发生额转入，主要账务处理如下：

（1）12月末，将各类收入科目的本期发生额转入“本期盈余”科目：

借：财政拨款收入
　　事业收入
　　上级补助收入
　　附属单位上缴收入
　　经营收入
　　非同级财政拨款收入
　　投资收益
　　捐赠收入
　　利息收入
　　租金收入
　　其他收入
　贷：本期盈余

（2）12月末，将各类费用科目的本期发生额转入“本期盈余”科目：

借：本期盈余
　贷：业务活动费用
　　　单位管理费用

贷：经营费用
所得税费用
资产处置费用
上缴上级费用
对附属单位补助费用
其他费用

（3）年末，完成上述结转后，将“本期盈余”科目贷方余额转入“本年盈余分配”科目的贷方：

借：本期盈余
贷：本年盈余分配

如果“本期盈余”科目为借方余额，则：

借：本年盈余分配
贷：本期盈余

2.“本年盈余分配”科目的账务处理

（1）年末，将“本期盈余”科目贷方余额转入：

借：本期盈余
贷：本年盈余分配

【提示】如果“本期盈余”科目为借方余额，则：

借：本年盈余分配
贷：本期盈余

（2）年末，根据有关规定从本年度非财政拨款结余或经营结余中提取专用基金的，按照预算会计下计算的提取金额：

借：本年盈余分配
贷：专用基金

（3）年末，按照规定完成上述两步处理后，将“本年盈余分配”科目贷方余额转入“累计盈余”科目贷方：

借：本年盈余分配
贷：累计盈余

如果，“本年盈余分配”科目为借方余额，则：

借：累计盈余
贷：本年盈余分配

3.“累计盈余”科目的账务处理

年末，将“本年盈余分配”科目的贷方余额转入“累计盈余”科目的贷方：

借：本年盈余分配
贷：累计盈余

【提示】如果“本年盈余分配”科目为借方余额，则：

借：累计盈余
贷：本年盈余分配

财务会计年终转账如图10-4所示。

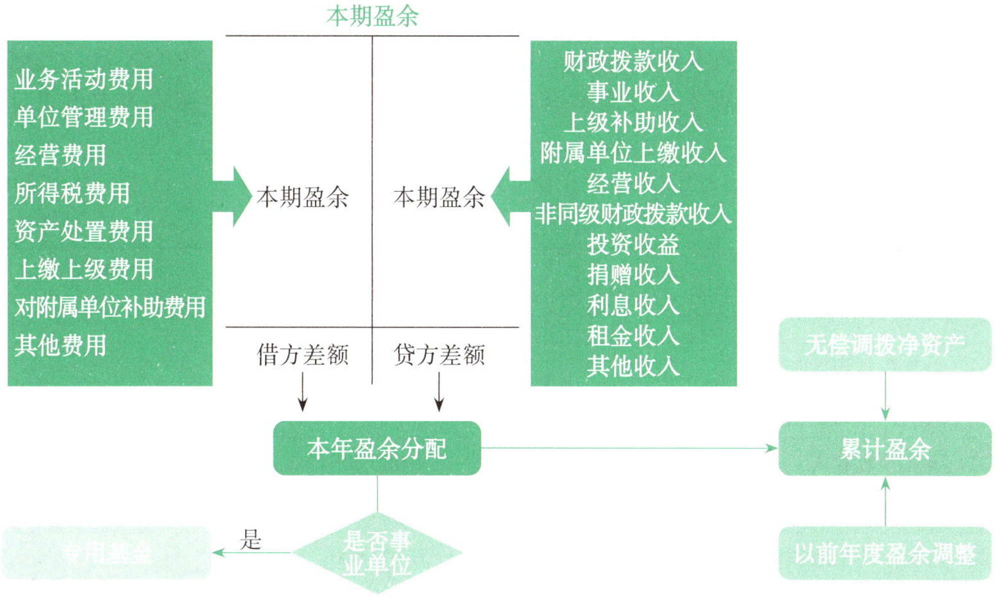

图10-4　财务会计年终转账

任务2　预算会计报表编制

一、预算收入支出表编制

（一）预算收入支出表的含义

预算收入支出表是反映单位在某一会计年度内各项预算收入、预算支出和预算收支差额情况的预算会计报表。预算收入支出表是行政事业单位预算会计报表的重要组成部分，可以提供一定时期单位预算收入总额及构成情况、预算支出总额及构成情况，以及各项预算收入实现、预算支出的耗用、预算收支差额的数额会计信息。

（二）预算收入支出表的构成及钩稽关系

1.预算收入支出表的构成

预算收入支出表由表首标题和报表主体构成。报表主体部分包括编报项目、栏目及金额。

（1）表首标题。表首标题包括报表名称、编号（会政预01表）、编制单位、编报时间和金额单位等内容。预算收入支出表属于动态报表，因此需要注明报表所属的期间，如××××年度。

（2）编报项目。预算收入支出表由本年预算收入、本年预算支出和本年预算收支差额三大项目构成，分层次列示。

（3）栏目及金额。预算收入支出表由“本年数”和“上年数”两栏组成，各栏数据应根据相关收支账户的“本年数”和“上年数”的发生额填列，或经过计算、分析填列。

预算收入支出表所列本年预算收入类的9个项目与预算支出类的8个项目，其名称与预算收入要素类和预算支出要素类会计科目的名称完全一致。预算收入支出表见表10-4（上年数略）。

表10-4 **预算收入支出表** 会政预01表

编制单位：MW研究设计院 2021年 单位：元

项　目	本年数	上年数
一、本年预算收入	46 499 320	
（一）财政拨款预算收入	39 152 800	
其中：政府性基金收入		
（二）事业预算收入	2 080 000	
（三）上级补助预算收入	2 352 000	
（四）附属单位上缴预算收入	492 000	
（五）经营预算收入	1 499 320	
（六）债务预算收入	408 960	
（七）非同级财政拨款预算收入	0	
（八）投资预算收益	91 840	
（九）其他预算收入	422 400	
其中：利息预算收入	212 400	
捐赠预算收入	210 000	
租金预算收入	0	
二、本年预算支出	42 513 920	
（一）行政支出		
（二）事业支出	38 773 900	
（三）经营支出	753 020	
（四）上缴上级支出	1 227 600	
（五）对附属单位补助支出	984 000	
（六）投资支出	560 000	
（七）债务还本支出	108 000	
（八）其他支出	107 400	
其中：利息支出		
捐赠支出		
三、本年预算收支差额	3 985 400	

2.预算收入支出表的钩稽关系

预算收入支出表的钩稽关系如下：

本年预算收入–本年预算支出=本年预算收支差额

【提示】“本年预算收支差额”即“本年预算结余”可为正数也可为负数。

（三）预算收入支出表的编制

1.“上年数”栏编制依据

本表“上年数”栏反映各项目上年度的实际发生数，应当根据上年度预算收入支出表中“本年数”栏内所列数字填列。如果本年度预算收入支出表规定的项目的名称和内容同上年度不一致，应当对上年度预算收入支出表项目的名称和数字按照本年度的规定进行调整，将调整后金额填入本年度预算收入支出表的“上年数”栏。

2.“本年数”栏编制依据

本表“本年数”栏反映各项目的本年实际发生数，各项目的内容和填列方法具体如下：

（1）“本年预算收入”部分的编制。

①“本年预算收入”项目，反映单位本年预算收入总额。本项目应当根据本表中“财政拨款预算收入”“事业预算收入”“上级补助预算收入”“附属单位上缴预算收入”“经营预算收入”“债务预算收入”“非同级财政拨款预算收入”“投资预算收益”“其他预算收入”项目金额的合计数填列。

②“财政拨款预算收入”项目，反映单位本年从同级政府财政部门取得的各类财政拨款。本项目应当根据“财政拨款预算收入”科目的本年发生额填列。“政府性基金收入”项目，反映单位本年取得的财政拨款收入中属于政府性基金预算拨款的金额。本项目应当根据“财政拨款预算收入”相关明细科目的本年发生额填列。

③“事业预算收入”项目，反映事业单位本年开展专业业务活动及其辅助活动取得的预算收入。本项目应当根据“事业预算收入”科目的本年发生额填列。

④“上级补助预算收入”项目，反映事业单位本年从主管部门和上级单位取得的非财政补助预算收入。本项目应当根据“上级补助预算收入”科目的本年发生额填列。

⑤“附属单位上缴预算收入”项目，反映事业单位本年收到的独立核算的附属单位按照有关规定上缴的预算收入。本项目应当根据“附属单位上缴预算收入”科目的本年发生额填列。

⑥“经营预算收入”项目，反映事业单位本年在专业业务活动及其辅助活动之外开展非独立核算经营活动取得的预算收入。本项目应当根据“经营预算收入”科目的本年发生额填列。

⑦“债务预算收入”项目，反映事业单位本年按照规定从金融机构等借入的、纳入部门预算管理的债务预算收入。本项目应当根据“债务预算收入”的本年发生额填列。

⑧“非同级财政拨款预算收入”项目，反映单位本年从非同级政府财政部门取得的财政拨款。本项目应当根据“非同级财政拨款预算收入”科目的本年发生额填列。

⑨“投资预算收益”项目，反映事业单位本年取得的按规定纳入单位预算管理的

投资收益。本项目应当根据“投资预算收益”科目的本年发生额填列。

⑩ “其他预算收入”项目，反映单位本年取得的除上述收入以外的纳入单位预算管理的各项预算收入。本项目应当根据“其他预算收入”科目的本年发生额填列。

⑪ “利息预算收入”项目，反映单位本年取得的利息预算收入。本项目应当根据“其他预算收入”科目的明细记录分析填列。单位单设“利息预算收入”科目的，应当根据“利息预算收入”科目的本年发生额填列。

⑫ “捐赠预算收入”项目，反映单位本年取得的捐赠预算收入。本项目应当根据“其他预算收入”科目明细账记录分析填列。单位单设“捐赠预算收入”科目的，应当根据“捐赠预算收入”科目的本年发生额填列。

⑬ “租金预算收入”项目，反映单位本年取得的租金预算收入。本项目应当根据“其他预算收入”科目明细账记录分析填列。单位单设“租金预算收入”科目的，应当根据“租金预算收入”科目的本年发生额填列。

（2）“本年预算支出”部分的编制。

① “本年预算支出”项目，反映单位本年预算支出总额。本项目应当根据本表中“行政支出”“事业支出”“经营支出”“上缴上级支出”“对附属单位补助支出”“投资支出”“债务还本支出”“其他支出”项目金额的合计数填列。

② “行政支出”项目，反映行政单位本年履行职责实际发生的支出。本项目应当根据“行政支出”科目的本年发生额填列。

③ “事业支出”项目，反映事业单位本年开展专业业务活动及其辅助活动发生的支出。本项目应当根据“事业支出”科目的本年发生额填列。

④ “经营支出”项目，反映事业单位本年在专业业务活动及其辅助活动之外开展非独立核算经营活动发生的支出。本项目应当根据“经营支出”科目的本年发生额填列。

⑤ “上缴上级支出”项目，反映事业单位本年按照财政部门和主管部门的规定上缴上级单位的支出。本项目应当根据“上缴上级支出”科目的本年发生额填列。

⑥ “对附属单位补助支出”项目，反映事业单位本年用财政拨款收入之外的收入对附属单位补助发生的支出。本项目应当根据“对附属单位补助支出”科目的本年发生额填列。

⑦ “投资支出”项目，反映事业单位本年以货币资金对外投资发生的支出。本项目应当根据“投资支出”科目的本年发生额填列。

⑧ “债务还本支出”项目，反映事业单位本年偿还自身承担的纳入预算管理的从金融机构举借的债务本金的支出。本项目应当根据“债务还本支出”科目的本年发生额填列。

⑨ “其他支出”项目，反映单位本年除以上支出以外的各项支出。本项目应当根据“其他支出”科目的本年发生额填列。

⑩ “利息支出”项目，反映单位本年发生的利息支出。本项目应当根据“其他支出”科目明细账记录分析填列。单位单设“利息支出”科目的，应当根据“利息支出”科目的本年发生额填列。

⑪“捐赠支出”项目，反映单位本年发生的捐赠支出。本项目应当根据“其他支出”科目明细账记录分析填列。单位单设“捐赠支出”科目的，应当根据“捐赠支出”科目的本年发生额填列。

（3）“本年预算收支差额”部分的编制。

“本年预算收支差额”项目，反映单位本年各项预算收支相抵后的差额。本项目应当根据“本年预算收入”项目金额减去“本年期预算支出”项目金额后的金额填列；如相减后金额为负数，以“-”号填列。

二、预算结转结余变动表的编制

（一）预算结转结余变动表的含义

预算结转结余变动表是反映单位在某一会计年度内预算结转结余变动情况的预算会计报表。它是行政事业单位预算会计报表的重要组成部分，可以提供一定时期行政事业单位预算结转结余各个组成项目金额的变动情况，属于动态报表，因此应于年末编制，披露单位在一定会计期间的预算结转结余变动情况。

（二）预算结转结余变动表的构成及钩稽关系

1.预算结转结余变动表的构成

预算结转结余变动表由表首标题和报表主体构成。报表主体包括编报项目、栏目和金额。

（1）表首标题。表首标题包括报表名称、编号（会政预02表）、编制单位、编报时间和金额单位等内容。本表属于动态报表，因此需注明报表所属的期间，如××××年度。

（2）编报项目。本表由“年初预算结转结余”“年初余额调整”“本年变动金额”“年末预算结转结余”四大项目构成，分层次列示。

（3）栏目及金额。本表包括“本年数”和“上年数”两栏，金额应根据相关账户的“本年数”和“上年数”的发生额填列，或经过计算、分析后填列。

预算结转结余变动表见表10-5（上年数略）。

表10-5　　预算结转结余变动表　　会政预02表

编制单位：MW研究设计院　　2021年　　单位：元

项　目	本年数	上年数
一、年初预算结转结余	7 266 060	
（一）财政拨款结转结余	1 242 000	
（二）其他资金结转结余	6 024 060	
二、年初余额调整（减少以“-”号填列）	0	
（一）财政拨款结转结余	0	
（二）其他资金结转结余	0	

续表

项　目	本年数	上年数
三、本年变动金额（减少以“-”号填列）	3 915 400	
（一）财政拨款结转结余	2 661 100	
1.本年收支差额	2 661 100	
2.归集调入	0	
3.归集上缴或调出	0	
（二）其他资金结转结余	1 254 300	
1.本年收支差额	1 324 300	
2.缴回资金	0	
3.使用专用结余	-70 000	
4.支付所得税		
四、年末预算结转结余	11 181 460	
（一）财政拨款结转结余	3 903 100	
1.财政拨款结转	3 669 100	
2.财政拨款结余	234 000	
（二）其他资金结转结余	7 278 360	
1.非财政拨款结转	0	
2.非财政拨款结余	5 646 360	
3.专用结余	1 632 000	
4.经营结余（如有余额，以“-”号填列）	0	

2.预算结转结余变动表的钩稽关系

预算结转结余变动表的构稽关系如下：

年初预算结转结余+年初余额调整+本年变动额=年末预算结转结余

（三）预算结转结余变动表编制说明

1.“上年数”栏编制依据

本表“上年数”栏反映各项目的上年实际发生数，根据上年度预算结转结余变动表中“本年数”栏内所列数字填列。如果本年度预算结转结余变动表规定的项目的名称和内容同上年度不一致，应当对上年度预算结转结余变动表项目的名称和数字按照本年度的规定进行调整，将调整后金额填入本年度预算结转结余变动表的“上年数”栏。

2.“本年数”栏编制依据

本表“本年数”栏反映各项目的本年实际发生数。各项目的内容和填列方法具体如下：

（1）“年初预算结转结余”部分的编制。

“年初预算结转结余”项目，反映单位本年预算结转结余的年初余额。本项目应当根据本项目下“财政拨款结转结余”“其他资金结转结余”项目金额的合计数填列。

①“财政拨款结转结余”项目，反映单位本年财政拨款结转结余资金的年初余额。本项目应当根据“财政拨款结转”“财政拨款结余”科目本年年初余额合计数填列。

②“其他资金结转结余”项目，反映单位本年其他资金结转结余的年初余额。本项目应当根据“非财政拨款结转”“非财政拨款结余”“专用结余”“经营结余”科目本年年初余额的合计数填列。

（2）“年初余额调整”部分的编制。

“年初余额调整”项目，反映单位本年预算结转结余年初余额调整的金额。本项目应当根据本项目下“财政拨款结转结余”“其他资金结转结余”项目金额的合计数填列。

①“财政拨款结转结余”项目，反映单位本年财政拨款结转结余资金的年初余额调整金额。本项目应当根据“财政拨款结转”“财政拨款结余”科目下“年初余额调整”明细科目的本年发生额的合计数填列；如调整减少年初财政拨款结转结余，以“-”号填列。

②“其他资金结转结余”项目，反映单位本年其他资金结转结余的年初余额调整金额。本项目应当根据“非财政拨款结转”“非财政拨款结余”科目下“年初余额调整”明细科目的本年发生额的合计数填列；如调整减少年初其他资金结转结余，以“-”号填列。

（3）“本年变动金额”部分的编制。

“本年变动金额”项目，反映单位本年预算结转结余变动的金额。本项目应当根据本项目下“财政拨款结转结余”“其他资金结转结余”项目金额的合计数填列。

①“财政拨款结转结余”项目，反映单位本年财政拨款结转结余资金的变动。本项目应当根据本项目下“本年收支差额”“归集调入”“归集上缴或调出”项目金额的合计数填列。

其中：“本年收支差额”项目，反映单位本年财政拨款资金收支相抵后的差额。本项目应当根据“财政拨款结转”科目下“本年收支结转”明细科目本年转入的预算收入与预算支出的差额填列；差额为负数的，以“-”号填列。

“归集调入”项目，反映单位本年按照规定从其他单位归集调入的财政拨款结转资金。本项目应当根据“财政拨款结转”科目下“归集调入”明细科目的本年发生额填列。

“归集上缴或调出”项目，反映单位本年按照规定上缴的财政拨款结转结余资金及按照规定向其他单位调出的财政拨款结转资金。本项目应当根据“财政拨款结转”“财政拨款结余”科目下“归集上缴”明细科目，以及“财政拨款结转”科目下“归集调出”明细科目本年发生额的合计数填列，以“-”号填列。

②“其他资金结转结余”项目，反映单位本年其他资金结转结余的变动。本项目应当根据本项目下“本年收支差额”“缴回资金”“使用专用结余”“支付所得税”项目金额的合计数填列。

其中：“本年收支差额”项目，反映单位本年除财政拨款外的其他资金收支相抵后的差额。本项目应当根据“非财政拨款结转”科目下“本年收支结转”明细科目、“其他结余”科目、“经营结余”科目本年转入的预算收入与预算支出的差额的合计数填列；如为负数，以“-”号填列。

“缴回资金”项目，反映单位本年按照规定缴回的非财政拨款结转资金。本项目应当根据“非财政拨款结转”科目下“缴回资金”明细科目本年发生额的合计数填列，以“-”号填列。

“使用专用结余”项目，反映本年事业单位根据规定使用从非财政拨款结余或经营结余中提取的专用基金的金额。本项目应当根据“专用结余”科目明细账中本年使用专用结余业务的发生额填列，以“-”号填列。

“支付所得税”项目，反映有企业所得税缴纳义务的事业单位本年实际缴纳的企业所得税金额。本项目应当根据“非财政拨款结余”明细账中本年实际缴纳企业所得税业务的发生额填列，以“-”号填列。

（4）“年末预算结转结余”部分的编制。

“年末预算结转结余”项目，反映单位本年预算结转结余的年末余额。本项目应当根据本项目下“财政拨款结转结余”“其他资金结转结余”项目金额的合计数填列。

①“财政拨款结转结余”项目，反映单位本年财政拨款结转结余的年末余额。本项目应当根据本项目下“财政拨款结转”“财政拨款结余”项目金额的合计数填列。

本项目下“财政拨款结转”“财政拨款结余”项目，应当分别根据“财政拨款结转”“财政拨款结余”科目的本年年末余额填列。

②“其他资金结转结余”项目，反映单位本年其他资金结转结余的年末余额。本项目应当根据本项目下“非财政拨款结转”“非财政拨款结余”“专用结余”“经营结余”项目金额的合计数填列。

本项目下“非财政拨款结转”“非财政拨款结余”“专用结余”“经营结余”项目，应当分别根据“非财政拨款结转”“非财政拨款结余”“专用结余”“经营结余”科目的本年年末余额填列。

三、财政拨款预算收入支出表

（一）财政拨款预算收入支出表的含义

财政拨款预算收入支出表是反映单位本年财政拨款预算资金收入、支出及相关变动的具体情况的预算会计报表。财政拨款预算收入支出表是单位主要预算会计报表之一，属于动态报表，只在年末编写年度报表。

（二）财政拨款预算收入支出表的构成及钩稽关系

1. 财政拨款预算收入支出表的构成

（1）表首标题。表首标题包括报表名称、编号（会政预03表）、编制单位、编报时间和金额单位等内容。本表属于动态报表，因此需要注明报表所属的期间，如××××年度。

（2）编报项目。本表应当根据单位取得的财政拨款种类分项设置。其中“项目支出”项目下，根据每个项目设置；单位取得除一般公共预算财政拨款和政府性基金预算财政拨款以外的其他财政拨款的，应当按照财政拨款种类增加相应的资金项目及其明细项目。

（3）栏目及金额。本表包括“年初财政拨款结转结余”“调整年初财政拨款结转结余”“本年归集调入”“本年归集上缴或调出”“单位内部调剂”“本年财政拨款收入”“本年财政拨款支出”“年末财政拨款结转结余”等栏，各栏数额根据本期各账户的发生额直接填列，或经过计算、分析后填列。

财政拨款预算收入支出表见表10-6。

2.财政拨款预算收入支出表的钩稽关系

财政拨款预算收入支出表的钩稽关系如下：

$$\text{年末财政拨款结转结余}=\text{年初财政拨款结转结余}\pm\text{调整年初财政拨款结转结余}+\text{本年归集调入}-\text{本年归集上缴或调出}\pm\text{单位内部调剂}+\text{本年财政拨款收入}-\text{本年财政拨款支出}$$

（三）财政拨款预算收入支出表编制说明

1.本表“项目”栏内各项目，应当根据单位取得的财政拨款种类分项设置

其中“项目支出”项目下，根据每个项目设置；单位取得除一般公共预算财政拨款和政府性基金预算拨款以外的其他财政拨款的，应当按照财政拨款种类增加相应的资金项目及其明细项目。

2.本表其他各栏及其对应项目的内容和填列方法

（1）“年初财政拨款结转结余”栏中各项目，反映单位年初各项财政拨款结转结余的金额。各项目应当根据“财政拨款结转”“财政拨款结余”及其明细科目的年初余额填列。本栏中各项目的数额应当与上年度财政拨款预算收入支出表中“年末财政拨款结转结余”栏中各项目的数额相等。

（2）“调整年初财政拨款结转结余”栏中各项目，反映单位对年初财政拨款结转结余的调整金额。各项目应当根据“财政拨款结转”“财政拨款结余”科目下“年初余额调整”明细科目及其所属明细科目的本年发生额填列；如调整减少年初财政拨款结转结余，以“-”号填列。

（3）“本年归集调入”栏中各项目，反映单位本年按规定从其他单位调入的财政拨款结转资金金额。各项目应当根据“财政拨款结转”科目下“归集调入”明细科目及其所属明细科目的本年发生额填列。

（4）“本年归集上缴或调出”栏中各项目，反映单位本年按规定实际上缴的财政拨款结转结余资金，及按照规定向其他单位调出的财政拨款结转资金金额。各项目应当根据“财政拨款结转”“财政拨款结余”科目下“归集上缴”科目和“财政拨款结转”科目下“归集调出”明细科目，及其所属明细科目的本年发生额填列，以“-”号填列。

表10-6

财政拨款预算收入支出表

会政预03表

编制单位：MW研究设计院　　2021年度　　单位：元

项目	年初财政拨款结转结余		调整年初财政拨款结转结余	本年归集调入	本年归集上缴或调出	单位内部调剂		本年财政拨款收入	本年财政拨款支出	年末财政拨款结转结余	
	结转	结余				结转	结余			结转	结余
一、一般公共预算财政拨款	1 008 000	234 000						39 152 800	36 491 700	3 669 100	234 000
（一）基本支出	1 008 000	0						28 591 000	27 104 100	2 494 900	0
1. 人员经费	360 000	0						10 000 000	9 562 600	797 400	0
2. 日常公用经费	648 000	0						18 591 000	17 541 500	1 697 500	0
（二）项目支出	0	234 000						10 561 800	9 387 600	1 174 200	234 000
1. 甲项目	0	0						10 201 800	9 180 000	1 021 800	0
2. 乙项目	0	0						0	0	0	0
3. 丙项目	0	0						200 000	95 000	105 000	0
4. 丁软件项目	0	0						160 000	112 600	47 400	0
5. 戊项目		234 000						0	0		234 000
二、政府性基金预算财政拨款											
（一）基本支出											
1. 人员经费											
2. 日常公用经费											
（二）项目支出											
1.××项目											
2.××项目											
……											
总计	1 008 000	234 000						39 152 800	36 491 700	3 669 100	234 000

（5）“单位内部调剂”栏中各项目，反映单位本年财政拨款结转结余资金在单位内部不同项目等之间的调剂金额。各项目应当根据“财政拨款结转”和“财政拨款结余”科目下的“单位内部调剂”明细科目及其所属明细科目的本年发生额填列；对单位内部调剂减少的财政拨款结余金额，以“-”号填列。

（6）“本年财政拨款收入”栏中各项目，反映单位本年从同级政府财政部门取得的各类财政预算拨款金额。各项目应当根据“财政拨款预算收入”科目及其所属明细科目的本年发生额填列。

（7）“本年财政拨款支出”栏中各项目，反映单位本年发生的财政拨款支出金额。各项目应当根据“行政支出”“事业支出”等科目及其所属明细科目本年发生额中的财政拨款支出数的合计数填列。

（8）“年末财政拨款结转结余”栏中各项目，反映单位年末财政拨款结转结余的金额。各项目应当根据“财政拨款结转”“财政拨款结余”科目及其所属明细科目的年末余额填列。

任务3　财务报表编制

一、资产负债表

（一）资产负债表的概念

资产负债表是反映单位在某一特定日期全部资产、负债和净资产情况的财务报表。它是行政事业单位财务报表的重要组成部分，反映会计期末单位占有或使用的资源、承担的债务和形成净资产情况的会计信息。单位应按月、年编制，披露单位会计期末的财务状况。

（二）资产负债表的格式、构成及钩稽关系

1. 资产负债表的格式

资产负债表采用账户结构，分为左右两部分，左方列示资产各项目，反映全部资产的构成情况，包括流动资产、固定资产、在建工程、无形资产等；右方列示负债和净资产各项目，反映全部负债和净资产的构成情况，包括流动负债和非流动负债，以及净资产各明细项目等。

资产负债表是资产负债表的项目按照资产、负债和净资产分类列示。资产和负债分别流动资产和非流动资产、流动负债和非流动负债列示。

2. 资产负债表的构成

资产负债表由表首标题和报表主体构成。报表主体部分包括编报项目、栏目及金额。

（1）表首标题。表首标题包括报表名称、编号（会政财01）、编制单位、编报时间和金额单位等内容。本表属于静态报表，因此需注明××××年××月××日的报表。

（2）编报项目。本表包括资产、负债、净资产三个会计要素类，按照资产总计等于

负债和净资产总计进行平衡。

（3）栏目及金额。本表包括“年初余额”和“期末余额”两栏。“年初余额”栏的数额根据上年年末资产负债表“期末余额”栏内的数额填列。“期末余额”栏的数额根据本期各账户的期末余额直接填列，或经过分析、计算后填列。

3. 资产负债表的钩稽关系

依据资产=负债+净资产平衡公式，本表中“资产总计”项目期末（年初）余额应当与“负债和净资产总计”项目期末（年初）余额相等。

资产负债表见表10-7（年初余额略）。

表10-7 资产负债表 会政财01

编制单位：MW研究设计院 2021年12月31日 单位：元

资　产	期末余额	年初余额	负债和净资产	期末余额	年初余额
流动资产：			**流动负债：**		
货币资金	2 177 300		短期借款	345 600	
短期投资	400 000		应交增值税	8 100	
财政应返还额度	1 670 900		其他应交税费	60 310	
应收票据	206 000		应缴财政款	111 600	
应收账款净额	254 400		应付职工薪酬	95 200	
预付账款	0		应付票据	0	
应收股利	0		应付账款	57 600	
应收利息	0		应付政府补贴款		
其他应收款净额	104 200		应付利息	0	
存货	217 000		预收账款	0	
待摊费用	0		其他应付款	14 400	
一年内到期的非流动资产	0		预提费用	0	
其他流动资产			一年内到期的非流动负债		
流动资产合计	5 029 800		其他流动负债		
非流动资产：			**流动负债合计**	692 810	
长期股权投资	360 000		**非流动负债：**		
长期债券投资	664 000		长期借款	908 900	
固定资产原值	26 212 600		长期应付款	0	
减：固定资产累计折旧	4 246 730		预计负债	0	

续表

资　产	期末余额	年初余额	负债和净资产	期末余额	年初余额
固定资产净值	21 965 870		其他非流动负债		
工程物资	120 000		**非流动负债合计**	908 900	
在建工程	8 600 000		受托代理负债	56 000	
无形资产原值	7 400 400		**负债合计**	1 657 710	
减：无形资产累计摊销	987 340				
无形资产净值	6 413 060				
研发支出	0				
公共基础设施原值	0				
减：公共基础设施累计折旧（摊销）	0				
公共基础设施净值	0				
政府储备物资	0				
文物文化资产	0				
保障性住房原值	0				
减：保障性住房累计折旧	0		净资产：		
保障性住房净值	0		累计盈余	39 963 270	
长期待摊费用	44 250		专用基金	1 632 000	
待处理资产损溢	0		权益法调整	0	
其他非流动资产			无偿调拨净资产*	0	
非流动资产合计	38 167 180		本期盈余*	0	
受托代理资产	56 000		**净资产合计**	41 595 270	
资产总计	43 252 980		**负债和净资产总计**	43 252 980	

注："*"标识项目为月报项目，年报中不需列示。

（三）资产负债表编制说明

1.本表"年初余额"栏的填列方法

本表"年初余额"栏内各项数字，应当根据上年年末资产负债表"期末余额"栏内数字填列。如果本年度资产负债表规定的项目的名称和内容同上年度不一致，应当对上年年末资产负债表项目的名称和数字按照本年度的规定进行调整，将调整后数字填入本表"年初余额"栏内。如果本年度单位发生了因前期差错更正、会计政策变更等调整以前年度盈余的事项，还应当对"年初余额"栏中的有关项目金额进行相应调整。

2.本表“期末余额”栏各项目的内容和填列方法

（1）资产类项目的内容和填列方法。

①“货币资金”项目，反映单位期末库存现金、银行存款、零余额账户用款额度、其他货币资金的合计数。本项目应当根据“库存现金”“银行存款”“零余额账户用款额度”“其他货币资金”科目的期末余额的合计数填列；若单位存在通过“库存现金”“银行存款”科目核算的受托代理资产还应当按照前述合计数扣减“库存现金”“银行存款”科目下“受托代理资产”明细科目的期末余额后的金额填列。

②“短期投资”项目，反映事业单位期末持有的短期投资账面余额。本项目应当根据“短期投资”科目的期末余额填列。

③“财政应返还额度”项目，反映单位期末财政应返还额度的金额。本项目应当根据“财政应返还额度”科目的期末余额填列。

④“应收票据”项目，反映事业单位期末持有的应收票据的票面金额。本项目应当根据“应收票据”科目的期末余额填列。

⑤“应收账款净额”项目，反映单位期末尚未收回的应收账款减去已计提的坏账准备后的净额。本项目应当根据“应收账款”科目的期末余额，减去“坏账准备”科目中对应收账款计提的坏账准备的期末余额后的金额填列。

⑥“预付账款”项目，反映单位期末预付给商品或者劳务供应单位的款项。本项目应当根据“预付账款”科目的期末余额填列。

⑦“应收股利”项目，反映事业单位期末因股权投资而应收取的现金股利或应当分得的利润。本项目应当根据“应收股利”科目的期末余额填列。

⑧“应收利息”项目，反映事业单位期末因债券投资等而应收取的利息。事业单位购入的到期一次还本付息的长期债券投资持有期间应收的利息，不包括在本项目内。本项目应当根据“应收利息”科目的期末余额填列。

⑨“其他应收款净额”项目，反映单位期末尚未收回的其他应收款减去已计提的坏账准备后的净额。本项目应当根据“其他应收款”科目的期末余额减去“坏账准备”科目中对其他应收款计提的坏账准备的期末余额后的金额填列。

⑩“存货”项目，反映单位期末存储的存货的实际成本。本项目应当根据“在途物品”“库存物品”“加工物品”科目的期末余额的合计数填列。

⑪“待摊费用”项目，反映单位期末已经支出，但应当由本期和以后各期负担的分摊期在一年以内（含一年）的各项费用。本项目应当根据“待摊费用”科目的期末余额填列。

⑫“一年内到期的非流动资产”项目，反映单位期末非流动资产项目中将在一年内（含一年）到期的金额，如事业单位将在一年内（含一年）到期的长期债券投资金额。本项目应当根据“长期债券投资”等科目的明细科目的期末余额分析填列。

⑬“其他流动资产”项目，反映单位期末除本表中上述各项之外的其他流动资产的合计金额。本项目应当根据有关科目期末余额的合计数填列。

⑭“流动资产合计”项目，反映单位期末流动资产的合计数。本项目应当根据本表中“货币资金”“短期投资”“财政应返还额度”“应收票据”“应收账款净额”“预付

账款”“应收股利”“应收利息”“其他应收款净额”“存货”“待摊费用”“一年内到期的非流动资产”“其他流动资产”项目金额的合计数填列。

⑮“长期股权投资”项目，反映事业单位期末持有的长期股权投资的账面余额。本项目应当根据“长期股权投资”科目的期末余额填列。

⑯“长期债券投资”项目，反映事业单位期末持有的长期债券投资的账面余额。本项目应当根据“长期债券投资”科目的期末余额减去其中将于一年内（含一年）到期的长期债券投资余额后的金额填列。

⑰“固定资产原值”项目，反映单位期末固定资产的原值。本项目应当根据“固定资产”科目的期末余额填列。

⑱“固定资产累计折旧”项目，反映单位期末固定资产已计提的累计折旧金额。本项目应当根据“固定资产累计折旧”科目的期末余额填列。

⑲“固定资产净值”项目，反映单位期末固定资产的账面价值。本项目应当根据“固定资产”科目期末余额减去“固定资产累计折旧”科目期末余额后的金额填列。

⑳“工程物资”项目，反映单位期末为在建工程准备的各种物资的实际成本。本项目应当根据“工程物资”科目的期末余额填列。

㉑“在建工程”项目，反映单位期末所有的建设项目工程的实际成本。本项目应当根据“在建工程”科目的期末余额填列。

㉒“无形资产原值”项目，反映单位期末无形资产的原值。本项目应当根据“无形资产”科目的期末余额填列。

㉓“无形资产累计摊销”项目，反映单位期末无形资产已计提的累计摊销金额。本项目应当根据“无形资产累计摊销”科目的期末余额填列。

㉔“无形资产净值”项目，反映单位期末无形资产的账面价值。本项目应当根据“无形资产”科目期末余额减去“无形资产累计摊销”科目期末余额后的金额填列。

㉕“研发支出”项目，反映单位期末正在进行的无形资产开发项目开发阶段发生的累计支出数。本项目应当根据“研发支出”科目的期末余额填列。

㉖“公共基础设施原值”项目，反映单位期末控制的公共基础设施的原值。本项目应当根据“公共基础设施”科目的期末余额填列。

㉗“公共基础设施累计折旧（摊销）”项目，反映单位期末控制的公共基础设施已计提的累计折旧和累计摊销金额。本项目应当根据“公共基础设施累计折旧（摊销）”科目的期末余额填列。

㉘“公共基础设施净值”项目，反映单位期末控制的公共基础设施的账面价值。本项目应当根据“公共基础设施”科目期末余额减去“公共基础设施累计折旧（摊销）”科目期末余额后的金额填列。

㉙“政府储备物资”项目，反映单位期末控制的政府储备物资的实际成本。本项目应当根据“政府储备物资”科目的期末余额填列。

㉚“文物文化资产”项目，反映单位期末控制的文物文化资产的成本。本项目应当根据“文物文化资产”科目的期末余额填列。

㉛“保障性住房原值”项目，反映单位期末控制的保障性住房的原值。本项目应当

根据“保障性住房”科目的期末余额填列。

㉜“保障性住房累计折旧”项目，反映单位期末控制的保障性住房已计提的累计折旧金额。本项目应当根据“保障性住房累计折旧”科目的期末余额填列。

㉝“保障性住房净值”项目，反映单位期末控制的保障性住房的账面价值。本项目应当根据“保障性住房”科目期末余额减去“保障性住房累计折旧”科目期末余额后的金额填列。

㉞“长期待摊费用”项目，反映单位期末已经支出，但应由本期和以后各期负担的分摊期限在一年以上（不含一年）的各项费用。本项目应当根据“长期待摊费用”科目的期末余额填列。

㉟“待处理财产损溢”项目，反映单位期末尚未处理完毕的各种资产的净损失或净溢余。本项目应当根据“待处理财产损溢”科目的期末借方余额填列；如“待处理财产损溢”科目期末为贷方余额，以“-”号填列。

㊱“其他非流动资产”项目，反映单位期末除本表中上述各项之外的其他非流动资产的合计数。本项目应当根据有关科目的期末余额合计数填列。

㊲“非流动资产合计”项目，反映单位期末非流动资产的合计数。本项目应当根据本表中“长期股权投资”“长期债券投资”“固定资产净值”“工程物资”“在建工程”“无形资产净值”“研发支出”“公共基础设施净值”“政府储备物资”“文物文化资产”“保障性住房净值”“长期待摊费用”“待处理财产损溢”“其他非流动资产”项目金额的合计数填列。

㊳“受托代理资产”项目，反映单位期末受托代理资产的价值。本项目应当根据“受托代理资产”科目的期末余额与“库存现金”“银行存款”科目下“受托代理资产”明细科目的期末余额的合计数填列。

㊴“资产总计”项目，反映单位期末资产的合计数。本项目应当根据本表中“流动资产合计”“非流动资产合计”“受托代理资产”项目金额的合计数填列。

（2）负债类项目的内容和填列方法。

①“短期借款”项目，反映事业单位期末短期借款的余额。本项目应当根据“短期借款”科目的期末余额填列。

②“应交增值税”项目，反映单位期末应缴未缴的增值税税额。本项目应当根据“应交增值税”科目的期末余额填列；如“应交增值税”科目期末为借方余额，以“-”号填列。

③“其他应交税费”项目，反映单位期末应缴未缴的除增值税以外的税费金额。本项目应当根据“其他应交税费”科目的期末余额填列；如“其他应交税费”科目期末为借方余额，以“-”号填列。

④“应缴财政款”项目，反映单位期末应当上缴财政但尚未缴纳的款项。本项目应当根据“应缴财政款”科目的期末余额填列。

⑤“应付职工薪酬”项目，反映单位期末按有关规定应付给职工及为职工支付的各种薪酬。本项目应当根据“应付职工薪酬”科目的期末余额填列。

⑥“应付票据”项目，反映事业单位期末应付票据的金额。本项目应当根据“应付

票据”科目的期末余额填列。

⑦“应付账款”项目，反映单位期末应当支付但尚未支付的偿还期限在一年以内（含一年）的应付账款的金额。本项目应当根据“应付账款”科目的期末余额填列。

⑧“应付政府补贴款”项目，反映负责发放政府补贴的行政单位期末按照规定应当支付给政府补贴接受者的各种政府补贴款余额。本项目应当根据“应付政府补贴款”科目的期末余额填列。

⑨“应付利息”项目，反映事业单位期末按照合同约定应支付的借款利息。事业单位到期一次还本付息的长期借款利息不包括在本项目内。本项目应当根据“应付利息”科目的期末余额填列。

⑩“预收账款”项目，反映事业单位期末预先收取但尚未确认收入和实际结算的款项余额。本项目应当根据“预收账款”科目的期末余额填列。

⑪“其他应付款”项目，反映单位期末其他各项偿还期限在一年内（含一年）的应付及暂收款项余额。本项目应当根据“其他应付款”科目的期末余额填列。

⑫“预提费用”项目，反映单位期末已预先提取的已经发生但尚未支付的各项费用。本项目应当根据“预提费用”科目的期末余额填列。

⑬“一年内到期的非流动负债”项目，反映单位期末将于一年内（含一年）偿还的非流动负债的余额。本项目应当根据“长期应付款”“长期借款”等科目的明细科目的期末余额分析填列。

⑭“其他流动负债”项目，反映单位期末除本表中上述各项之外的其他流动负债的合计数。本项目应当根据有关科目的期末余额的合计数填列。

⑮“流动负债合计”项目，反映单位期末流动负债合计数。本项目应当根据本表“短期借款”“应交增值税”“其他应交税费”“应缴财政款”“应付职工薪酬”“应付票据”“应付账款”“应付政府补贴款”“应付利息”“预收账款”“其他应付款”“预提费用”“一年内到期的非流动负债”“其他流动负债”项目金额的合计数填列。

⑯“长期借款”项目，反映事业单位期末长期借款的余额。本项目应当根据“长期借款”科目的期末余额减去其中将于一年内（含一年）到期的长期借款余额后的金额填列。

⑰“长期应付款”项目，反映单位期末长期应付款的余额。本项目应当根据“长期应付款”科目的期末余额减去其中将于一年内（含一年）到期的长期应付款余额后的金额填列。

⑱“预计负债”项目，反映单位期末已确认但尚未偿付的预计负债的余额。本项目应当根据“预计负债”科目的期末余额填列。

⑲“其他非流动负债”项目，反映单位期末除本表中上述各项之外的其他非流动负债的合计数。本项目应当根据有关科目的期末余额合计数填列。

⑳“非流动负债合计”项目，反映单位期末非流动负债合计数。本项目应当根据本表中“长期借款”“长期应付款”“预计负债”“其他非流动负债”项目金额的合计数填列。

㉑“受托代理负债”项目，反映单位期末受托代理负债的金额。本项目应当根据“受托代理负债”科目的期末余额填列。

㉒“负债合计”项目，反映单位期末负债的合计数。本项目应当根据本表中“流动负债合计”“非流动负债合计”“受托代理负债”项目金额的合计数填列。

（3）净资产类项目的内容和填列方法。

①“累计盈余”项目，反映单位期末未分配盈余（或未弥补亏损）以及无偿调拨净资产变动的累计数。本项目应当根据“累计盈余”科目的期末余额填列。

②“专用基金”项目，反映事业单位期末累计提取或设置但尚未使用的专用基金余额。本项目应当根据“专用基金”科目的期末余额填列。

③“权益法调整”项目，反映事业单位期末在被投资单位除净损益和利润分配以外的所有者权益变动中累积享有的份额。本项目应当根据“权益法调整”科目的期末余额填列。如“权益法调整”科目期末为借方余额，以“-”号填列。

④“无偿调拨净资产”项目，反映单位本年度截至报告期期末无偿调入的非现金资产价值扣减无偿调出的非现金资产价值后的净值。本项目仅在月度报表中列示，年度报表中不列示。月度报表中本项目应当根据“无偿调拨净资产”科目的期末余额填列；“无偿调拨净资产”科目期末为借方余额时，以“-”号填列。

⑤“本期盈余”项目，反映单位本年度截至报告期期末实现的累计盈余或亏损。本项目仅在月度报表中列示，年度报表中不列示。月度报表中本项目应当根据“本期盈余”科目的期末余额填列；“本期盈余”科目期末为借方余额时，以“-”号填列。

微课：资产负债表的编制

⑥“净资产合计”项目，反映单位期末净资产合计数。本项目应当根据本表中“累计盈余”“专用基金”“权益法调整”“无偿调拨净资产”[月度报表]、“本期盈余”[月度报表]项目金额的合计数填列。

⑦“负债和净资产总计”项目，应当按照本表中“负债合计”“净资产合计”项目金额的合计数填列。

二、收入费用表

（一）收入费用表的概念

收入费用表是反映单位在某一会计期间内发生的收入、费用及当期盈余情况的财务报表。它是行政事业单位财务报表的重要组成部分，提供一定时期行政事业单位收入总额及构成情况、费用总额及构成情况，以及盈余内容的会计信息，按月、年编报，披露单位在一定会计期间的业务活动成果。收入费用表（月报）见表10-8。

（二）收入费用表的构成及钩稽关系

1.收入费用表的构成

收入费用表由表首标题和报表主体构成。报表主体部分包括编报项目、栏目及金额。

（1）表首标题。表首标题由报表名称、编号（会政财02表）、编制单位、编报时间和金额单位等组成。本表属于动态报表，因此需注明报表的所属期间，如××××年××月，×××年度。

表10-8　**收入费用表（月报）**　会政财02表

编制单位：MW研究设计院　2021年12月　单位：元

项　目	本月数	本年累计数
一、本期收入	4 625 800	46 365 460
（一）财政拨款收入	3 512 800	39 152 800
其中：政府性基金收入		
（二）事业收入	280 000	2 080 000
（三）上级补助收入	120 000	2 352 000
（四）附属单位上缴收入	60 000	492 000
（五）经营收入	270 000	1 657 620
（六）非同级财政拨款收入		0
（七）投资收益	13 000	48 640
（八）捐赠收入	370 000	470 800
（九）利息收入		43 200
（十）租金收入		54 000
（十一）其他收入		14 400
二、本期费用	2 210 930	41 712 650
（一）业务活动费用	1 470 120	34 878 120
（二）单位管理费用	407 800	3 331 000
（三）经营费用	47 010	754 230
（四）资产处置费用	68 000	68 000
（五）上缴上级费用	18 000	1 227 600
（六）对附属单位补助费用	30 000	984 000
（七）所得税费用		170 100
（八）其他费用	170 000	299 600
三、本期盈余	2 414 870	4 652 810

（2）编报项目。本表由“本期收入”、“本期费用”和“本期盈余”三大部分构成，分层次列示。

（3）栏目及金额。本表月报由“本月数”和“本年累计数”两栏组成，年报由“本年数”和“上年数”两栏组成。

“本月数”反映各项目的本月实际发生数。编制年度收入费用表时，应当将本栏改为“本年数”，反映本年度各项目的实际发生数。

本表“本年累计数”栏反映各项目自年初至报告期期末的累计实际发生数。编制年度收入费用表时，应当将本栏改为“上年数”，反映上年度各项目的实际发生数。

【提示】“投资收益”和“本期盈余”两项可能以“-”填列。

2.收入费用表的钩稽关系

收入费用表的钩稽关系如下：

本期收入-本期费用=本期盈余

（三）收入费用表编制说明

1.“上年数”栏填列方法

“上年数”栏根据上年年度收入费用表中“本年数”栏内所列数字填列。

如果本年度收入费用表规定的项目的名称和内容同上年度不一致，应当对上年度收入费用表项目的名称和数字按照本年度的规定进行调整，将调整后的金额填入本年度收入费用表的“上年数”栏内。

如果本年度单位发生了因前期差错更正、会计政策变更等调整以前年度盈余的事项，还应当对年度收入费用表中“上年数”栏中的有关项目金额进行相应调整。

2.“本月数”（“本年数”）栏各项目的内容和填列方法

（1）“本期收入”栏各项目的内容和填列方法。

①“本期收入”项目，反映单位本期收入总额。本项目应当根据本表中“财政拨款收入”“事业收入”“上级补助收入”“附属单位上缴收入”“经营收入”“非同级财政拨款收入”“投资收益”“捐赠收入”“利息收入”“租金收入”“其他收入”项目金额的合计数填列。

②“财政拨款收入”项目，反映单位本期从同级政府财政部门取得的各类财政拨款。本项目应当根据“财政拨款收入”科目的本期发生额填列。“政府性基金收入”项目，反映单位本期取得的财政拨款收入中属于政府性基金预算拨款的金额。本项目应当根据“财政拨款收入”相关明细科目的本期发生额填列。

③“事业收入”项目，反映事业单位本期开展专业业务活动及其辅助活动实现的收入。本项目应当根据“事业收入”科目的本期发生额填列。

④“上级补助收入”项目，反映事业单位本期从主管部门和上级单位收到或应收的非财政拨款收入。本项目应当根据“上级补助收入”科目的本期发生额填列。

⑤“附属单位上缴收入”项目，反映事业单位本期收到或应收的独立核算的附属单位按照有关规定上缴的收入。本项目应当根据“附属单位上缴收入”科目的本期发生额填列。

⑥“经营收入”项目，反映事业单位本期在专业业务活动及其辅助活动之外开展非独立核算经营活动实现的收入。本项目应当根据“经营收入”科目的本期发生额填列。

⑦“非同级财政拨款收入”项目，反映单位本期从非同级政府财政部门取得的财政拨款，不包括事业单位因开展科研及其辅助活动从非同级政府财政部门取得的经费拨

款。本项目应当根据“非同级财政拨款收入”科目的本期发生额填列。

⑧“投资收益”项目，反映事业单位本期股权投资和债券投资所实现的收益或发生的损失。本项目应当根据“投资收益”科目的本期发生额填列；如为投资净损失，以“-”号填列。

⑨“捐赠收入”项目，反映单位本期接受捐赠取得的收入。本项目应当根据“捐赠收入”科目的本期发生额填列。

⑩“利息收入”项目，反映单位本期取得的银行存款利息收入。本项目应当根据“利息收入”科目的本期发生额填列。

⑪“租金收入”项目，反映单位本期经批准利用国有资产出租取得并按规定纳入本单位预算管理的租金收入。本项目应当根据“租金收入”科目的本期发生额填列。

⑫“其他收入”项目，反映单位本期取得的除以上收入项目外的其他收入的总额。本项目应当根据“其他收入”科目的本期发生额填列。

（2）“本期费用”栏各项目的内容和填列方法。

①“本期费用”项目，反映单位本期费用总额。本项目应当根据本表中“业务活动费用”“单位管理费用”“经营费用”“资产处置费用”“上缴上级费用”“对附属单位补助费用”“所得税费用”“其他费用”项目金额的合计数填列。

②“业务活动费用”项目，反映单位本期为实现其职能目标，依法履职或开展专业业务活动及其辅助活动所发生的各项费用。本项目应当根据“业务活动费用”科目本期发生额填列。

③“单位管理费用”项目，反映事业单位本期本级行政及后勤管理部门开展管理活动发生的各项费用，以及由单位统一负担的离退休人员经费、工会经费、诉讼费、中介费等。本项目应当根据“单位管理费用”科目的本期发生额填列。

④“经营费用”项目，反映事业单位本期在专业业务活动及其辅助活动之外开展非独立核算经营活动发生的各项费用。本项目应当根据“经营费用”科目的本期发生额填列。

⑤“资产处置费用”项目，反映单位本期经批准处置资产时转销的资产价值以及在处置过程中发生的相关费用或者处置收入小于处置费用形成的净支出。本项目应当根据“资产处置费用”科目的本期发生额填列。

⑥“上缴上级费用”项目，反映事业单位按照规定上缴上级单位款项发生的费用。本项目应当根据“上缴上级费用”科目的本期发生额填列。

⑦“对附属单位补助费用”项目，反映事业单位用财政拨款收入之外的收入对附属单位补助发生的费用。本项目应当根据“对附属单位补助费用”科目的本期发生额填列。

⑧“所得税费用”项目，反映有企业所得税缴纳义务的事业单位本期计算应交纳的企业所得税。本项目应当根据“所得税费用”科目的本期发生额填列。

⑨“其他费用”项目，反映单位本期发生的除以上费用项目外的其他费用的总额。本项目应当根据“其他费用”科目的本期发生额填列。

（3）“本期盈余”项目的内容和填列方法。

“本期盈余”项目，反映单位本期收入扣除本期费用后的净额。本项目应当根据本表中“本期收入”项目金额减去“本期费用”项目金额后的金额填列；如为负数，以“-”号填列。

三、净资产变动表

（一）净资产变动表的概念

净资产变动表是反映单位在某一会计年度内净资产项目的变动情况的财务报表。它是行政事业单位财务报表的重要组成部分，提供一个会计年度内行政事业单位净资产各个组成项目金额的变动情况，按年编制，披露行政事业单位在一定会计期间的净资产变动情况。净资产变动表见表10-9（上年数略）。

（二）净资产变动表的构成及钩稽关系

1. 净资产变动表的构成

净资产变动表由表首标题和报表主体构成。报表主体部分包括编报项目、栏目及金额。

（1）表首标题。表首标题包括报表名称、编号（会政财03表）、编制单位、编报时间和金额单位等内容。本表属于动态报表，因此需要注明报表所属的期间，如××××年度。

（2）编报项目。本表包括“上年年末余额”“以前年度盈余调整”“本年年初余额”“本年变动金额”“本年年末余额”五大项目，分层次列示。

（3）栏目及金额。本表由“本年数”和“上年数”两栏组成。本表“本年数”栏反映本年度各项目的实际变动数，根据相关账户“本年数”的变动额填列，或经过计算、分析后填列。本表“上年数”栏反映上年度各项目的实际变动数，应当根据上年度净资产变动表中“本年数”栏内所列数字填列。

2. 净资产变动表的钩稽关系

净资产变动表的钩稽关系如下：

本年年初余额=上年年末余额+以前年度盈余调整

本年年末余额=本年年初余额+本年变动金额

（三）净资产变动表编制说明

1. “上年数”栏的填列方法

本表“上年数”栏金额根据上年度净资产变动表中“本年数”栏内所列数字填列。如果上年度净资产变动表规定的项目的名称和内容与本年度不一致，应对上年度净资产变动表项目的名称和数字按照本年度的规定进行调整，将调整后金额填入本年度净资产变动表“上年数”栏内。

2. “本年数”栏各项目的内容和填列方法

（1）“上年年末余额”行，反映单位净资产各项目上年年末的余额。本行各项目应当根据“累计盈余”“专用基金”“权益法调整”科目上年年末余额填列。

（2）“以前年度盈余调整”行，反映单位本年度调整以前年度盈余的事项对累计盈余进行调整的金额。本行“累计盈余”项目应当根据本年度“以前年度盈余调整”科目转入“累计盈余”科目的金额填列；如调整减少累计盈余，以“-”号填列。

表10-9

净资产变动表

会政财03表

编制单位：MW研究设计院　　2021年　　单位：元

项 目	本年数				上年数			
	累计盈余	专用基金	权益法调整	净资产合计	累计盈余	专用基金	权益法调整	净资产合计
一、上年年末余额	35 778 050	1 152 000		36 930 060				
二、以前年度盈余调整（减少以“-”号填列）		—	—			—	—	
三、本年年初余额	35 778 050	1 152 000		36 930 060				
四、本年变动金额（减少以“-”号填列）								
（一）本年盈余	4 652 810	—	—	4 652 810		—	—	
（二）无偿调拨净资产	12 400	—	—	12 400		—	—	
（三）归集调整预算结转结余		—	—			—	—	
（四）提取或设置专用基金	-550 000	550 000	—				—	
其中：从预算收入中提取	—		—		—		—	
从预算结余中提取	-550 000	550 000	—				—	
设置的专用基金	—		—		—		—	
（五）使用专用基金	70 000	-70 000	—				—	
（六）权益法调整	—	—			—	—		
五、本年年末余额	39 963 270	1 632 000		41 595 270				

注：“—”标识单元格不需填列。

（3）“本年年初余额”行，反映经过以前年度盈余调整后，单位净资产各项目的本年年初余额。本行“累计盈余”“专用基金”“权益法调整”项目应当根据其各自在“上年年末余额”和“以前年度盈余调整”行对应项目金额的合计数填列。

（4）“本年变动金额”行，反映单位净资产各项目本年变动总金额。本行“累计盈余”“专用基金”“权益法调整”项目应当根据其各自在“本年盈余”“无偿调拨净资产”“归集调整预算结转结余”“提取或设置专用基金”“使用专用基金”“权益法调整”行对应项目金额的合计数填列。

（5）“本年盈余”行，反映单位本年发生的收入、费用对净资产的影响。本行“累计盈余”项目应当根据年末由“本期盈余”科目转入“本年盈余分配”科目的金额填列；如转入时借记“本年盈余分配”科目，则以“-”号填列。

（6）“无偿调拨净资产”行，反映单位本年无偿调入、调出非现金资产事项对净资产的影响。本行“累计盈余”项目应当根据年末由 “无偿调拨净资产”科目转入“累计盈余”科目的金额填列；如转入时借记“累计盈余”科目，则以“-”号填列。

（7）“归集调整预算结转结余”行，反映单位本年财政拨款结转结余资金归集调入、归集上缴或调出，以及非财政拨款结转资金缴回对净资产的影响。本行“累计盈余”项目应当根据“累计盈余”科目明细账记录分析填列；如归集调整减少预算结转结余，则以“-”号填列。

（8）“提取或设置专用基金”行，反映单位本年提取或设置专用基金对净资产的影响。本行“累计盈余”项目应当根据“从预算结余中提取”行“累计盈余”项目的金额填列。本行“专用基金”项目应当根据“从预算收入中提取”“从预算结余中提取”“设置的专用基金”行“专用基金”项目金额的合计数填列。

（9）“从预算收入中提取”行，反映单位本年从预算收入中提取专用基金对净资产的影响。本行“专用基金”项目应当通过对“专用基金”科目明细账记录的分析，根据本年按有关规定从预算收入中提取基金的金额填列。

（10）“从预算结余中提取”行，反映单位本年根据有关规定从本年度非财政拨款结余或经营结余中提取专用基金对净资产的影响。本行 “累计盈余”“专用基金”项目应当通过对“专用基金”科目明细账记录的分析，根据本年按有关规定从本年度非财政拨款结余或经营结余中提取专用基金的金额填列；本行“累计盈余”项目以“-”号填列。

（11）“设置的专用基金”行，反映单位本年根据有关规定设置的其他专用基金对净资产的影响。本行“专用基金”项目应当通过对“专用基金”科目明细账记录的分析，根据本年按有关规定设置的其他专用基金的金额填列。

（12）“使用专用基金”行，反映单位本年按规定使用专用基金对净资产的影响。本行“累计盈余”“专用基金”项目应当通过对“专用基金”科目明细账记录的分析，根据本年按规定使用专用基金的金额填列；本行“专用基金”项目以“-”号填列。

（13）“权益法调整”行，反映单位本年按照被投资单位除净损益和利润分配以外的所有者权益变动份额而调整长期股权投资账面余额对净资产的影响。本行“权益法调整”项目应当根据“权益法调整”科目本年发生额填列；若本年净发生额为借方时，以“-”号填列。

（14）“本年年末余额”行，反映单位本年各净资产项目的年末余额。本行“累计盈余”“专用基金”“权益法调整”项目应当根据其各自在“本年年初余额”“本年变动金额”行对应项目金额的合计数填列。

（15）本表各行“净资产合计”项目，应当根据所在行“累计盈余”“专用基金”“权益法调整”项目金额的合计数填列。

四、现金流量表

（一）现金流量表的概念

现金流量表是反映单位在某一会计年度内现金流入和流出信息的财务报表。它是财务报表的重要组成部分，提供一定时期单位现金流入流出情况的会计信息，按年编制，披露单位在一个会计年度的现金流入流出情况。现金流量表见表10-10。

表10-10　　现金流量表　　会政财04表

编制单位：　　______年　　单位：元

项　目	本年金额	上年金额
一、日常活动产生的现金流量：		
财政基本支出拨款收到的现金		
财政非资本性项目拨款收到的现金		
事业活动收到的除财政拨款以外的现金		
收到的其他与日常活动有关的现金		
日常活动的现金流入小计		
购买商品、接受劳务支付的现金		
支付给职工以及为职工支付的现金		
支付的各项税费		
支付的其他与日常活动有关的现金		
日常活动的现金流出小计		
日常活动产生的现金流量净额		
二、投资活动产生的现金流量：		
收回投资收到的现金		
取得投资收益收到的现金		
处置固定资产、无形资产、公共基础设施等收回的现金净额		
收到的其他与投资活动有关的现金		
投资活动的现金流入小计		

续表

项　目	本年金额	上年金额
购建固定资产、无形资产、公共基础设施等支付的现金		
对外投资支付的现金		
上缴处置固定资产、无形资产、公共基础设施等净收入支付的现金		
支付的其他与投资活动有关的现金		
投资活动的现金流出小计		
投资活动产生的现金流量净额		
三、筹资活动产生的现金流量：		
财政资本性项目拨款收到的现金		
取得借款收到的现金		
收到的其他与筹资活动有关的现金		
筹资活动的现金流入小计		
偿还借款支付的现金		
偿还利息支付的现金		
支付的其他与筹资活动有关的现金		
筹资活动的现金流出小计		
筹资活动产生的现金流量净额		
四、汇率变动对现金的影响额		
五、现金净增加额		

（二）现金流量表的构成及钩稽关系

单位的现金流量表由表首标题和报表主体构成。报表主体部分包括编报项目、栏目及金额。

【提示】现金是指单位的库存现金以及其他可以随时用于支付的款项，包括库存现金、可以随时用于支付的银行存款、其他货币资金、零余额账户用款额度、财政应返还额度，以及通过财政直接支付方式支付的款项。

1.现金流量表的构成

（1）表首标题。表首标题包括报表名称、编号（会政财04表）、编制单位、编报时间和金额单位等内容。本表属于动态报表，因此需要注明报表所属的期间，如××××年度。

（2）编报项目。本表按照日常活动、投资活动、筹资活动产生的现金流量，分层次列示。本表所指的现金流量，是指现金的流入和流出。

（3）栏目及金额。本表由“本年金额”和“上年金额”两栏组成。本表“本年金额”栏反映各项目的本年实际发生数，根据相关账户的“本年金额”的发生额填列，或经过计算、分析后填列。本表“上年金额”栏反映各项目的上年实际发生数，根据上年现金流量表中“本年金额”栏内所列数字填列。

2.现金流量表的钩稽关系

现金流量表的钩稽关系如下：

现金净增加额 = 日常活动产生的现金流量 + 投资活动产生的现金流量 + 筹资活动产生的现金流量 ± 汇率变动对现金的影响额

（三）现金流量表编制说明

1.“上年金额”栏的填列方法

本表“上年金额”栏反映各项目的上年实际发生数，根据上年现金流量表中“本年金额”栏内所列数字填列。

【提示】单位应当采用直接法编制现金流量表。

2.“本年金额”栏各项目的填列方法

（1）日常活动产生的现金流量。

①“财政基本支出拨款收到的现金”项目，反映单位本年接受财政基本支出拨款取得的现金。本项目应当根据“零余额账户用款额度”“财政拨款收入”“银行存款”等科目及其所属明细科目的记录分析填列。

②“财政非资本性项目拨款收到的现金”项目，反映单位本年接受除用于购建固定资产、无形资产、公共基础设施等资本性项目以外的财政项目拨款取得的现金。本项目应当根据“银行存款”“零余额账户用款额度”“财政拨款收入”等科目及其所属明细科目的记录分析填列。

③“事业活动收到的除财政拨款以外的现金”项目，反映事业单位本年开展专业业务活动及其辅助活动取得的除财政拨款以外的现金。本项目应当根据“库存现金”“银行存款”“其他货币资金”“应收账款”“应收票据”“预收账款”“事业收入”等科目及其所属明细科目的记录分析填列。

④“收到的其他与日常活动有关的现金”项目，反映单位本年收到的除以上项目之外的与日常活动有关的现金。本项目应当根据“库存现金”“银行存款”“其他货币资金”“上级补助收入”“附属单位上缴收入”“经营收入”“非同级财政拨款收入”“捐赠收入”“利息收入”“租金收入”“其他收入”等科目及其所属明细科目的记录分析填列。

⑤“日常活动的现金流入小计”项目，反映单位本年日常活动产生的现金流入的合计数。本项目应当根据本表中“财政基本支出拨款收到的现金”“财政非资本性项目拨款收到的现金”“事业活动收到的除财政拨款以外的现金”“收到的其他与日常活动有关的现金”项目金额的合计数填列。

⑥“购买商品、接受劳务支付的现金”项目，反映单位本年在日常活动中用于购

买商品、接受劳务支付的现金。本项目应当根据“库存现金”“银行存款”“财政拨款收入”“零余额账户用款额度”“预付账款”“在途物品”“库存物品”“应付账款”“应付票据”“业务活动费用”“单位管理费用”“经营费用”等科目及其所属明细科目的记录分析填列。

⑦“支付给职工以及为职工支付的现金”项目，反映单位本年支付给职工以及为职工支付的现金。本项目应当根据“库存现金”“银行存款”“零余额账户用款额度”“财政拨款收入”“应付职工薪酬”“业务活动费用”“单位管理费用”“经营费用”等科目及其所属明细科目的记录分析填列。

⑧“支付的各项税费”项目，反映单位本年用于缴纳日常活动相关税费而支付的现金。本项目应当根据“库存现金”“银行存款”“零余额账户用款额度”“应交增值税”“其他应交税费”“业务活动费用”“单位管理费用”“经营费用”“所得税费用”等科目及其所属明细科目的记录分析填列。

⑨“支付的其他与日常活动有关的现金”项目，反映单位本年支付的除上述项目之外与日常活动有关的现金。本项目应当根据“库存现金”“银行存款”“零余额账户用款额度”“财政拨款收入”“其他应付款”“业务活动费用”“单位管理费用”“经营费用”“其他费用”等科目及其所属明细科目的记录分析填列。

⑩“日常活动的现金流出小计”项目，反映单位本年日常活动产生的现金流出的合计数。本项目应当根据本表中“购买商品、接受劳务支付的现金”“支付给职工以及为职工支付的现金”“支付的各项税费”“支付的其他与日常活动有关的现金”项目金额的合计数填列。

⑪“日常活动产生的现金流量净额”项目，应当按照本表中“日常活动的现金流入小计”项目金额减去“日常活动的现金流出小计”项目金额后的金额填列；如为负数，以“-”号填列。

（2）投资活动产生的现金流量。

①“收回投资收到的现金”项目，反映单位本年出售、转让或者收回投资收到的现金。本项目应该根据“库存现金”“银行存款”“短期投资”“长期股权投资”“长期债券投资”等科目的记录分析填列。

②“取得投资收益收到的现金”项目，反映单位本年因对外投资而收到被投资单位分配的股利或利润，以及收到投资利息而取得的现金。本项目应当根据“库存现金”“银行存款”“应收股利”“应收利息”“投资收益”等科目的记录分析填列。

③“处置固定资产、无形资产、公共基础设施等收回的现金净额”项目，反映单位本年处置固定资产、无形资产、公共基础设施等非流动资产所取得的现金，减去为处置这些资产而支付的有关费用之后的净额。由于自然灾害所造成的固定资产等长期资产损失而收到的保险赔款收入，也在本项目反映。本项目应当根据“库存现金”“银行存款”“待处理财产损溢”等科目的记录分析填列。

④“收到的其他与投资活动有关的现金”项目，反映单位本年收到的除上述项目之外与投资活动有关的现金。对于金额较大的现金流入，应当单列项目反映。本项目应当

根据“库存现金”“银行存款”等有关科目的记录分析填列。

⑤“投资活动的现金流入小计”项目，反映单位本年投资活动产生的现金流入的合计数。本项目应当根据本表中“收回投资收到的现金”“取得投资收益收到的现金”“处置固定资产、无形资产、公共基础设施等收回的现金净额”“收到的其他与投资活动有关的现金”项目金额的合计数填列。

⑥“购建固定资产、无形资产、公共基础设施等支付的现金”项目，反映单位本年购买和建造固定资产、无形资产、公共基础设施等非流动资产所支付的现金；本项目应当根据“库存现金”“银行存款”“固定资产”“工程物资”“在建工程”“无形资产”“研发支出”“公共基础设施”“保障性住房”等科目的记录分析填列。

【提示】融资租入固定资产支付的租赁费不在本项目反映，在筹资活动的现金流量中反映。

⑦“对外投资支付的现金”项目，反映单位本年为取得短期投资、长期股权投资、长期债券投资而支付的现金。本项目应当根据“库存现金”“银行存款”“短期投资”“长期股权投资”“长期债券投资”等科目的记录分析填列。

⑧“上缴处置固定资产、无形资产、公共基础设施等净收入支付的现金”项目，反映本年单位将处置固定资产、无形资产、公共基础设施等非流动资产所收回的现金净额予以上缴财政所支付的现金。本项目应当根据“库存现金”“银行存款”“应缴财政款”等科目的记录分析填列。

⑨“支付的其他与投资活动有关的现金”项目，反映单位本年支付的除上述项目之外与投资活动有关的现金。对于金额较大的现金流出，应当单列项目反映。本项目应当根据“库存现金”“银行存款”等有关科目的记录分析填列。

⑩“投资活动的现金流出小计”项目，反映单位本年投资活动产生的现金流出的合计数。本项目应当根据本表中“购建固定资产、无形资产、公共基础设施等支付的现金”“对外投资支付的现金”“上缴处置固定资产、无形资产、公共基础设施等净收入支付的现金”“支付的其他与投资活动有关的现金”项目金额的合计数填列。

⑪“投资活动产生的现金流量净额”项目，应当按照本表中“投资活动的现金流入小计”项目金额减去“投资活动的现金流出小计”项目金额后的金额填列；如为负数，以“-”号填列。

（3）筹资活动产生的现金流量。

①“财政资本性项目拨款收到的现金”项目，反映单位本年接受用于购建固定资产、无形资产、公共基础设施等资本性项目的财政项目拨款取得的现金。本项目应当根据“银行存款”“零余额账户用款额度”“财政拨款收入”等科目及其所属明细科目的记录分析填列。

②“取得借款收到的现金”项目，反映事业单位本年举借短期、长期借款所收到的现金。本项目应当根据“库存现金”“银行存款”“短期借款”“长期借款”等科目记录分析填列。

③“收到的其他与筹资活动有关的现金”项目，反映单位本年收到的除上述项目

之外与筹资活动有关的现金。对于金额较大的现金流入，应当单列项目反映。本项目应当根据“库存现金”“银行存款”等有关科目的记录分析填列。

④“筹资活动的现金流入小计”项目，反映单位本年筹资活动产生的现金流入的合计数。本项目应当根据本表中“财政资本性项目拨款收到的现金”“取得借款收到的现金”“收到的其他与筹资活动有关的现金”项目金额的合计数填列。

⑤“偿还借款支付的现金”项目，反映事业单位本年偿还借款本金所支付的现金。本项目应当根据“库存现金”“银行存款”“短期借款”“长期借款”等科目的记录分析填列。

⑥“偿付利息支付的现金”项目，反映事业单位本年支付的借款利息等。本项目应当根据“库存现金”“银行存款”“应付利息”“长期借款”等科目的记录分析填列。

⑦“支付的其他与筹资活动有关的现金”项目，反映单位本年支付的除上述项目之外与筹资活动有关的现金，如融资租入固定资产所支付的租赁费。本项目应当根据“库存现金”“银行存款”“长期应付款”等科目的记录分析填列。

⑧“筹资活动的现金流出小计”项目，反映单位本年筹资活动产生的现金流出的合计数。本项目应当根据本表中“偿还借款支付的现金”“偿付利息支付的现金”“支付的其他与筹资活动有关的现金”项目金额的合计数填列。

⑨“筹资活动产生的现金流量净额”项目，应当按照本表中“筹资活动的现金流入小计”项目金额减去“筹资活动的现金流出小计”项目金额后的金额填列；如为负数，以“-”号填列。

（4）“汇率变动对现金的影响额”项目。“汇率变动对现金的影响额”项目反映单位本年外币现金流量折算为人民币时，所采用的现金流量发生日的汇率折算的人民币金额与外币现金流量净额按期末汇率折算的人民币金额之间的差额。

（5）“现金净增加额”项目。“现金净增加额”项目反映单位本年现金变动的净额。本项目应当根据本表中“日常活动产生的现金流量净额”、“投资活动产生的现金流量净额”、“筹资活动产生的现金流量净额”和“汇率变动对现金的影响额”项目金额的合计数填列；如为负数，以“-”号填列。

五、附注

（一）附注的概念

附注是对在会计报表中列示的项目所做的进一步说明，以及对未能在会计报表中列示项目的说明。附注是财务报表的重要组成部分。凡对报表使用者的决策有重要影响的会计信息，不论《政府会计制度——行政事业单位会计科目和报表》是否有明确规定，单位均应当充分披露。

（二）附注的内容

附注主要包括下列内容：

1.单位的基本情况

单位应当简要披露其基本情况，包括单位主要职能、主要业务活动、所在地、预算管理关系等。

2.会计报表编制基础

3.遵循政府会计准则、制度的声明

4.重要会计政策和会计估计

单位应当采用与其业务特点相适应的具体会计政策，并充分披露报告期内采用的重要会计政策和会计估计，主要包括以下内容：

（1）会计期间。

（2）记账本位币，外币折算汇率。

（3）坏账准备的计提方法。

（4）存货类别、发出存货的计价方法、存货的盘存制度，以及低值易耗品和包装物的摊销方法。

（5）长期股权投资的核算方法。

（6）固定资产分类、折旧方法、折旧年限和年折旧率；融资租入固定资产的计价和折旧方法。

（7）无形资产的计价方法；使用寿命有限的无形资产，其使用寿命估计情况；使用寿命不确定的无形资产，其使用寿命不确定的判断依据；单位内部研究开发项目划分研究阶段和开发阶段的具体标准。

（8）公共基础设施的分类、折旧（摊销）方法、折旧（摊销）年限，以及其确定依据。

（9）政府储备物资分类，以及确定其发出成本所采用的方法。

（10）保障性住房的分类、折旧方法、折旧年限。

（11）其他重要的会计政策和会计估计。

（12）本期发生重要会计政策和会计估计变更的，变更的内容和原因、受其重要影响的报表项目名称和金额、相关审批程序，以及会计估计变更开始适用的时点。

5.会计报表重要项目说明

单位应当按照资产负债表和收入费用表项目列示顺序，采用文字和数据描述相结合的方式披露重要项目的明细信息。报表重要项目的明细金额合计，应当与报表项目金额相衔接。报表重要项目说明应包括但不限于下列内容：

（1）货币资金的披露格式见表10-11。

表10-11　货币资金的披露格式

项目	期末余额	年初余额
库存现金	2 480	5 280
银行存款	2 174 820	6 018 780
其他货币资金	0	0
合计	2 177 300	6 024 060

（2）应收账款按照债务人类别披露的格式见表10-12。

表10-12 应收账款按照债务人类别披露的格式

债务人类别	期末余额	年初余额
政府会计主体：		
部门内部单位		
单位1		
……		
部门外部单位		
单位1		
……		
其他：		
单位1		
……		
合计		

注1："部门内部单位"是指纳入单位所属部门财务报告合并范围的单位（下同）。

注2：有应收票据、预付账款、其他应收款的，可比照应收账款进行披露。

（3）存货的披露格式见表10-13。

表10-13 存货的披露格式

存货种类	期末余额	年初余额
1.		
……		
合计		

（4）其他流动资产的披露格式见表10-14。

表10-14 其他流动资产的披露格式

项目	期末余额	年初余额
1.		
……		
合计		

注：有长期待摊费用、其他非流动资产的，可比照其他流动资产进行披露。

（5）长期投资。

①长期债券投资的披露格式见表10-15。

表10-15　长期债券投资的披露格式

债券发行主体	年初余额	本期增加额	本期减少额	期末余额
1.				
……				
合计				

注：有短期投资的，可比照长期债券投资进行披露。

②长期股权投资的披露格式见表10-16。

表10-16　长期股权投资的披露格式

被投资单位	核算方法	年初余额	本期增加额	本期减少额	期末余额
1.					
……					
合计					

③当期发生的重大投资净损益项目、金额及原因。

（6）固定资产。

①固定资产的披露格式见表10-17。

表10-17　固定资产的披露格式

项目	年初余额	本期增加额	本期减少额	期末余额
一、原值合计	25 920 000	660 600	368 000	26 212 600
其中：房屋及构筑物	20 000 000	140 200	0	20 140 200
通用设备	4 000 000	450 400	368 000	4 082 400
专用设备	1 800 000	70 000	0	1 870 000
文物和陈列品				
图书、档案				
家具、用具、装具及动植物	120 000	0	0	120 000
二、累计折旧合计	4 320 000	226 730	300 000	4 246 730
其中：房屋及构筑物	3 000 000	167 835	0	3 167 835
通用设备	1 000 000	34 020	300 000	734 020
专用设备	300 000	23 375	0	323 375
家具、用具、装具	20 000	1 500	0	21 500
三、账面价值合计	21 600 000	433 870	68 000	21 965 870

续表

项目	年初余额	本期增加额	本期减少额	期末余额
其中：房屋及构筑物	17 000 000	-27 635	0	16 972 365
通用设备	3 000 000	416 380	68 000	3 348 380
专用设备	1 500 000	46 625	0	1 546 625
文物和陈列品				
图书、档案				
家具、用具、装具及动植物	100 000	-1 500	0	98 500

②已提足折旧的固定资产名称、数量等情况。

③出租、出借固定资产以及固定资产对外投资等情况。

（7）在建工程的披露格式见表10-18。

表10-18　在建工程的披露格式

项　目	年初余额	本期增加额	本期减少额	期末余额
1.				
……				
合计				

（8）无形资产。

①各类无形资产的披露格式见表10-19。

表10-19　各类无形资产的披露格式

项目	年初余额	本期增加额	本期减少额	期末余额
一、原值合计	6 624 000	776 400	0	7 400 400
1.甲专利权	0	58 800	0	58 800
2.丁软件	0	717 600	0	717 600
3.土地使用权	6 624 000	0	0	6 624 000
二、累计摊销合计	864 000	123 340	0	987 340
1.甲专利权	0	980	0	980
2.丁软件	0	11 960	0	11 960
3.土地使用权	864 000	110 400	0	974 400
三、账面价值合计	5 760 000	653 060	0	6 413 060
1.甲专利权	0	57 820	0	57 820
2.丁软件	0	705 640	0	705 640
3.土地使用权	5 760 000	-110 400	0	5 649 600

②计入当期损益的研发支出金额、确认为无形资产的研发支出金额。

③无形资产出售、对外投资等处置情况。

（9）公共基础设施。

①公共基础设施的披露格式见表10-20。

表10-20　公共基础设施的披露格式

项目	年初余额	本期增加额	本期减少额	期末余额
原值合计				
市政基础设施				
1.				
……				
交通基础设施				
1.				
……				
水利基础设施				
1.				
……				
其他				
……				
累计折旧合计				
市政基础设施				
1.				
……				
交通基础设施				
1.				
……				
水利基础设施				
1.				
……				
其他				
……				
账面价值合计				

续表

项目	年初余额	本期增加额	本期减少额	期末余额
市政基础设施				
1.				
……				
交通基础设施				
1.				
……				
水利基础设施				
1.				
……				
其他				
……				

②确认为公共基础设施的单独计价入账的土地使用权的账面余额、累计摊销额及变动情况。

③已提取折旧继续使用的公共基础设施的名称、数量等。

（10）政府储备物资的披露格式见表10-21。

表10-21 政府储备物资的披露格式

物资类别	年初余额	本期增加额	本期减少额	期末余额
1.				
……				
合计				

注：如单位有因动用而发出需要收回或者预期可能收回、但期末尚未收回的政府储备物资，应当单独披露其期末账面余额。

（11）受托代理资产的披露格式见表10-22。

表10-22 受托代理资产的披露格式

资产类别	年初余额	本期增加额	本期减少额	期末余额
货币资金				
受托转赠物资				
受托存储保管物资				
罚没物资				
其他				
合计				

（12）应付账款按照债权人类别披露的格式见表10-23。

表10-23　应付账款按照债权人类别披露的格式

债权人类别	期末余额	年初余额
政府会计主体：		
部门内部单位		
单位1		
……		
部门外部单位		
单位1		
……		
其他：		
单位1		
……		
合计		

注：有应付票据、预收账款、其他应付款、长期应付款的，可比照应付账款进行披露。

（13）其他流动负债的披露格式见表10-24。

表10-24　其他流动负债的披露格式

项目	期末余额	年初余额
1.		
……		
合计		

注：有预计负债、其他非流动负债的，可比照其他流动负债进行披露。

（14）长期借款。

①长期借款按照债权人披露的格式见表10-25。

表10-25　长期借款按照债权人披露的格式

债权人	期末余额	年初余额
1.		
……		
合计		

注：有短期借款的，可比照长期借款进行披露。

②单位有基建借款的，应当分基建项目披露长期借款年初数、本年变动数、年末数及到期期限。

（15）事业收入按照收入来源的披露格式见表10-26。

表10-26　事业收入按照收入来源的披露格式

收入来源	本期发生额	上期发生额
来自财政专户管理资金		
本部门内部单位		
单位1		
……		
本部门以外同级政府单位		
单位1		
……		
其他		
单位1		
……		
合计		

（16）非同级财政拨款收入按收入来源的披露格式见表10-27。

表10-27　非同级财政拨款收入按收入来源的披露格式

收入来源	本期发生额	上期发生额
本部门以外同级政府单位		
单位1		
……		
本部门以外非同级政府单位		
单位1		
……		
合计		

（17）其他收入按照收入来源的披露格式见表10-28。

表10-28　其他收入按照收入来源的披露格式

收入来源	本期发生额	上期发生额
本部门内部单位		
单位1		
……		
本部门以外同级政府单位		
单位1		
……		
本部门以外非同级政府单位		
单位1		
……		
其他		
单位1		
……		
合计		

（18）业务活动费用。

①按经济分类的披露格式见表10-29。

表10-29　按经济分类的披露格式

项　目	本期发生额	上期发生额
工资福利费用	7 071 560	5 929 500
商品和服务费用	24 156 450	23 361 500
对个人和家庭的补助费用	2 643 000	2 470 000
对企业补助费用		
固定资产折旧费	847 530	767 500
无形资产摊销费	159 580	141 605
公共基础设施折旧（摊销）费		
保障性住房折旧费		
计提专用基金		
……		
合计	34 878 120	32 670 105

注：有单位管理费用、经营费用的，可比照（业务活动费用）此表进行披露。

②按支付对象的披露格式见表10-30。

表10-30 按支付对象的披露格式

支付对象	本期发生额	上期发生额
本部门内部单位		
单位1		
……		
本部门以外同级政府单位		
单位1		
……		
其他		
单位1		
……		
合计		

注：有单位管理费用、经营费用的，可比照（业务活动费用）此表进行披露。

（19）其他费用按照类别披露的格式见表10-31。

表10-31 其他费用按照类别披露的格式

费用类别	本期发生额	上期发生额
利息费用		
坏账损失		
罚没支出		
……		
合计		

（20）本期费用按照经济分类的披露格式见表10-32。

表10-32 本期费用按照经济分类的披露格式

项　目	本年数	上年数
工资福利费用		
商品和服务费用		
对个人和家庭的补助费用		
对企业补助费用		
固定资产折旧费		

续表

项 目	本年数	上年数
无形资产摊销费		
公共基础设施折旧（摊销）费		
保障性住房折旧费		
计提专用基金		
所得税费用		
资产处置费用		
上缴上级费用		
对附属单位补助费用		
其他费用		
本期费用合计		

注：单位在按照《政府会计制度——行政事业单位会计科目和报表》规定编制收入费用表的基础上，可以根据需要按照此表披露的内容编制收入费用表。

6. 本年盈余与预算结余的差异情况说明

为了反映单位财务会计和预算会计因核算基础和核算范围不同所产生的本年盈余数与本年预算结余数之间的差异，单位应当按照重要性原则，对本年度发生的各类影响收入（预算收入）和费用（预算支出）的业务进行适度归并和分析，披露将年度预算收入支出表中“本年预算收支差额”调节为年度收入费用表中“本期盈余”的信息。本年盈余与预算结余的差异情况说明的披露格式见表10-33。

表10-33 本年盈余与预算结余的差异情况说明的披露格式

项目	金额
一、本年预算结余（本年预算收支差额）	
二、差异调节	
（一）重要事项的差异	
加：1. 当期确认为收入但没有确认为预算收入	
（1）应收款项、预收账款确认的收入	
（2）接受非货币性资产捐赠确认的收入	
2. 当期确认为预算支出但没有确认为费用	
（1）支付应付款项、预付账款的支出	

续表

项目	金额
（2）为取得存货、政府储备物资等计入物资成本的支出	
（3）为购建固定资产等的资本性支出	
（4）偿还借款本息支出	
减：1.当期确认为预算收入但没有确认为收入	
（1）收到应收款项、预收账款确认的预算收入	
（2）取得借款确认的预算收入	
2.当期确认为费用但没有确认为预算支出	
（1）发出存货、政府储备物资等确认的费用	
（2）计提的折旧费用和摊销费用	
（3）确认的资产处置费用（处置资产价值）	
（4）应付款项、预付账款确认的费用	
（二）其他事项差异	
三、本年盈余（本年收入与费用的差额）	

任务4　行政事业单位决算分析和财务分析

一、行政事业单位决算分析和财务分析的方法和步骤

（一）行政事业单位决算分析和财务分析的方法

决算分析主要是对决算报表提供的数据进行加工、分解、比较、评价和解释，以检查各项预算收支任务的完成情况，总结经验，查明问题，并做出评价。

财务分析主要是对财务报表提供的数据进行加工、分解、比较、评价和解释，以检查单位财务状况和运行情况，总结经验，查明问题，并做出评价。通过分析，可以客观地总结单位财务管理的经验，揭示财务管理中存在的问题，改进财务工作，提高单位资金利用效率和经济效益。

决算分析和财务分析是会计记账、编制报表的继续。分析的主要方法有比较分析法、比率法和因素分析法。

1.比较分析法

比较分析法又称指标比较法，是将两个或两个以上有关的可比较的指标进行对比，来分析事物的相互联系、存在差异及原因的一种方法。它是最常用的一种分析方法，一

般有以下三种形式：

（1）将本期实际数与预算数相比较。通过对比，可以考核检查单位预算、计划完成进度，找出超、短的数字差距。

这种方法一般可按下列公式进行：

实际数较预算数增减数额=本期的实际数-本期的预算数

预算（计划）完成的百分比=本期实际数÷本期预算数×100%

实际数较计划数增减百分比=预算（计划）完成的百分比-100%

（2）将本期实际数与历史同期实际数相比较。通过对比，可以了解本期实际数比历史上同期实际数增减的数量和百分比，考核预算执行发展变化趋势。

这种方法一般可按下列公式进行：

本期实际数比历史上同期实际数增减额=本期实际数-历史上同期实际数

本期实际数比历史上同期实际数百分比=本期实际数÷历史上同期实际数×100%

本期实际数比历史上同期实际数增减百分比=本期实际数比历史上同期实际数百分比-100%

（3）将本单位实际数与其他同类单位相同指标实际数相比较。通过对比，有助于发现和了解同类单位之间的差距。

这种方法一般可按下列公式进行：

本单位实际数比其他单位实际数增减额=本单位实际数-其他单位实际数

本单位实际数比其他单位实际数百分比=本单位实际数÷其他单位实际数×100%

本单位实际数比其他单位实际数增减百分比=本单位实际数比其他单位实际数百分比-100%

运用比较分析法时，要注意经济指标的可比性，指标的计算口径、时间、计价基础等，应建立在一致的基础上才能进行比较。

2.比率法

比率法是通过计算、比较经济指标的比率，来确定相对差异的一种分析方法。通常采用的比率有相关指标比率和构成比率。

（1）相关指标比率是将两个相关的指标对比计算的比率，如支出增长率、人均开支、项目支出比率、人员支出比率、人车比例等相关指标比率。

（2）构成比率是计算某项经济指标的各个组成部分占总体的比重。通过构成比率可以了解单位资产、负债、净资产等的构成情况，以及其合理的程度。

3.因素分析法

因素分析法又称连环替代法，是在几个相互联系的因素中，以数值来测定各个因素的变动对总差异的影响程度的一种方法，是比较分析法的发展和深化。

（二）行政事业单位决算分析和财务分析的步骤

1.总体分析

首先利用比较分析法对会计报表揭示出的单位一般情况进行总体分析，了解单位的财务状况、预算执行情况、结转结余情况等。

2.具体分析

在总体分析的基础上，可采用比率法进行具体分析，以说明单位某些经济指标构成的合理性、业务活动的业绩、业务活动及资金活动的发展趋势等。

3.深入分析

对上述分析中出现的一些重大差异进行深入分析，找出形成差异的原因、改进的措施等。

二、行政事业单位决算分析和财务分析的指标

（一）行政单位决算分析和财务分析的指标

行政单位决算分析和财务分析的指标主要有支出增长率、当年预算支出完成率、人均开支、项目支出比率、人员支出比率、公用支出比率、人均办公使用面积、人车比例等。行政单位可以根据其业务特点，增加分析指标。

1.支出增长率

支出增长率是衡量行政单位支出增长水平的指标。通过计算该指标，可以分析支出增长是否与其行政职能的大小、人员编制的多少、业务规模和财务状况相适应。其计算公式为：

支出增长率=（本期支出总额÷上期支出总额-1）×100%

2.当年预算支出完成率

当年预算支出完成率是衡量行政单位当年支出总预算及分项预算完成程度的指标。其计算公式为：

当年预算支出完成率=年终执行数÷（年初预算数±年中预算调整数）×100%

式中：年终执行数不含上年结转和结余支出数。

3.人均开支

人均开支是衡量行政单位人均年消耗经费水平的指标。通过计算该指标，可以反映行政单位经费支出定额的执行情况，通过对比分析找出人均开支水平增减的原因。其计算公式为：

人均开支=本期支出数÷本期平均在职人员数×100%

4.项目支出比率

项目支出比率是衡量行政单位项目支出与总支出结构的指标。该指标可以反映行政单位的项目支出结构及项目业务活动的规模。其计算公式为：

项目支出比率=本期项目支出数÷本期支出总数×100%

5.人员支出比率、公用支出比率

人员支出比率是衡量行政单位人员支出与总支出结构的指标。通过计算该指标，可以反映行政单位人员支出结构和人员支出的规模。其计算公式为：

人员支出比率=本期人员支出数÷本期支出总数×100%

公用支出比率是衡量行政单位公用支出与总支出结构的指标。通过计算该指标，可以反映行政单位公用支出结构和公用支出的规模。其计算公式为：

公用支出比率=本期公用支出数÷本期支出总数×100%

6.人均办公使用面积

人均办公使用面积是衡量行政单位办公用房配备情况的指标。其计算公式为：

人均办公使用面积=本期末单位办公用房使用面积÷本期末在职人员数

7.人车比例

人车比例是衡量行政单位公务用车配备情况的指标。其计算公式为：

人车比例=（本期期末在职人员数÷本期期末公务用车实有数）：1

（二）事业单位决算分析和财务分析的指标

决算分析和财务分析的指标包括预算收入和支出完成率、人员支出比率、公用支出比率、人均基本支出、资产负债率等。主管部门和事业单位可以根据本单位的业务特点增加分析指标。

1.预算收入和支出完成率

预算收入和支出完成率用来衡量事业单位收入和支出总预算及分项预算完成的程度。其计算公式为：

预算收入完成率=年终执行数÷（年初预算数±年中预算调整数）×100%

式中：年终执行数不含上年结转和结余收入数。

预算支出完成率=年终执行数÷（年初预算数±年中预算调整数）×100%

式中：年终执行数不含上年结转和结余支出数。

2.人员支出比率、公用支出比率

人员支出比率、公用支出比率用来衡量事业单位事业支出结构。其计算公式为：

人员支出比率=本期人员支出数÷本期事业支出总数×100%

公用支出比率=本期公用数÷本期事业支出总数×100%

3.人均基本支出

人均基本支出用来衡量事业单位按照实际在编人数平均的基本支出水平。其计算公式为：

人均基本支出=（本期基本支出数-本期离退休人员支出数）÷本期平均实际在编人数

4.资产负债率

资产负债率用来衡量事业单位利用债权人提供资金开展业务活动的能力，以及反映债权人提供资金的安全保障程度。其计算公式为：

资产负债率=负债总额÷资产总额×100%

【提示】根据行政事业单位财务报告分析要求可以适当增加一些分析指标，如现金比率、流动比率、固定资产成新率、收入费用率、收入盈余率、经费自给率、财政拨款依存度等。

三、事业单位决算分析的内容

根据《事业单位财务规则》（财政部令第108号），事业单位决算分析的内容主要包括收支预算执行分析、资金使用效益分析和机构人员情况分析等。

（一）收支预算执行分析

1.收支预算安排情况分析

（1）分析事业单位预算与国家的方针政策和财务制度的匹配度，是否贯彻了量力而

行和尽力而为的原则。

（2）分析预算执行进度与计划进度的同步程度，与历史前期相比较，发现特殊变化，并找到变化的原因。

2.年度收支预算完成情况分析

事业单位的预算执行是否符合预算规定的内容、范围和数量指标，有无超预算的行为，分析各项预算收入、支出的完成率。

（1）预算收入支出与决算对比分析。

① 预决算差异情况。

② 决算与预算的差异及差异产生的原因（具体）分析，以便采取应对措施加以解决。分析自身组织的各项预算收入计划是否完成以及增收或者减收的主要原因；分析各项支出预算的执行情况及超支或节支的主要原因。

（2）对预算收入来源分析。分析各项预算收入的组织是否遵守国家的方针、政策和有关规定，有无乱收费、乱摊派问题，各项应缴收入款是否已足额上缴，有无截留、坐支、挪用、拖欠等问题。

（3）支出范围和标准的分析。分析各项支出是否符合国家规定的开支范围、标准、用途，有无超范围、超标准的支出，有无违反规定的开支项目，有无挪用、坐支等问题。

（4）收支结构分析。分析收入支出结构的合理性。分析各项预算收入的构成情况及占总预算收入的比重变化情况及其变化的原因，揭示各项预算收入构成变化的规律性；分析各项支出的构成情况及占总支出的比重变化情况及其变化的原因。

（5）重点支出经济分类科目分析。

（6）本年财政拨款预算收入，支出中基本支出、项目支出，一般公共预算财政拨款收入占比分析。

（7）预算收入支出与以前年度对比分析。

① 与上年预算收入支出的对比分析。

② 近5年或10年预算收入支出变动趋势分析（可列表）。

3.年末结转和结余情况分析

计算出财政拨款结转结余和非财政拨款结转结余；分析非财政拨款结余分配情况。

4.预算执行中存在的问题、原因及改进措施

对预算执行中存在的问题，要分析原因，提出切实可行的改进措施。

（二）资金使用效益分析

（1）资金是否花在刀刃上，否节约使用；有无项目闲置，资金浪费现象。

（2）有无资金支出进度缓慢情况。

（3）绩效指标完成情况。

通过分析找出支出管理中存在的问题与漏洞，提出加强管理意见建议，提高资金使用效益。

（三）机构人员情况分析

分析人员编制的合理性。

（1）人员编制是否控制在国家核定的范围之内，有无超编情况，超编的原因及对支出的影响程度。

（2）机构人员和上年比人数是否有增减变动，说明增减变动原因。

（3）人员结构是否合理，如年龄结构、性别结构、部门结构、知识结构等。

四、事业单位财务分析的内容

根据《事业单位财务规则》（财政部令第108号），事业单位财务分析的内容主要包括财务状况分析、运行情况分析和财务管理情况分析等。

（一）财务状况分析

对事业单位的财务状况分析主要依据资产负债表进行，主要分析事业单位在某一特定日期的全部资产、负债和净资产的情况。

1. 分析资产的总额及其结构

分析事业单位的资产构成的合理性。说明本年资产总额，其中流动资产总额、固定资产总额、无形资产总额及对外投资总额等各项资产总额及构成情况，在资产中的比重。

（1）事业单位资金的构成是否合理。

（2）各类往来款项是否合理，结算是否及时，按账龄分析3年以上的应收账款和其他应收款未收回原因及坏账处理办法。

（3）物资管理制度健全与否，各种存货有无超定额储备、有无积压等情况；对流动资产周转率进行分析。

（4）固定资产的保管和使用是否恰当，账实是否相符，固定资产的增减变化及来源是否正当，使用情况及利用率如何（主要对房屋建筑物以及设备等固定资产利用率进行分析），有无闲置和不合理利用等情况。

（5）待处理财产损溢的主要内容及处理情况，对资产流失统计分析等。

（6）和以前年度资产对比分析，说明资产增减变动情况及原因。

可通过现金比率、流动比率、流动资产周转率、固定资产成新率等指标进行分析，说明资产分布和构成是否合理，及时发现存在问题，有针对性地采取措施，保证资产的合理有效利用。

2. 分析负债的总额及其结构

说明本年流动负债总额、非流动负债总额等各项负债总额及构成情况，流动负债与非流动负债的比重。

（1）分析负债来源是否符合规定，负债水平、规模是否合理以及负债构成情况等。

（2）是否对往来结算中的负债及时进行清理，有无长期挂账现象。

（3）3年以上的应付账款和其他应付款金额、主要债权人及未付款原因。

（4）借款是否履行审批程序，有无逾期借款本金和未还利息情况等。

（5）和以前年度负债对比分析，说明负债增减变动情况。

通过分析，说明发生的原因，如何将负债控制在一定范围之内，减少风险。

3.资产负债对比分析（资产负债率）

通过资产负债率指标计算出本年资产负债率，分析事业单位偿还债务的能力；通过和以前年度资产负债率比较，说明事业单位承担资产负债率增减变化原因。

4.分析净资产的总额及其结构

说明事业单位拥有的盈余、专用基金等总额及构成情况。

（二）运行情况分析

对事业单位的运行情况分析主要依据收入费用表进行，分析事业单位各项收入实现、费用耗费及盈余实现情况。

1.收入分析

（1）事业单位收入来源及类型，各项收入实现情况。分析事业单位的各项收入的合规性与执行国家规定的收费标准的情况，各项收入来源是否合法、合理，有无虚增收入等情况，并与核定的收入计划进行比对。对各项应缴收入的足额上缴率及超收或短收的主客观因素进行分析。

（2）和以前年度收入对比，分析各项收入增减变动情况。

（3）通过经费自给率和财政拨款依存度等指标说明事业单位对财政拨款的依存情况。

【提示】重点分析事业收入、经营收入。

2.费用分析

（1）事业单位费用种类，各项费用耗费情况。分析各项费用的完成率及用途的合规性、结构的合理性，并找出管理中存在的问题与漏洞。

（2）和以前年度费用对比，分析各项费用增减变动情况。

（3）各项费用归集是否正确，是否按规定列报。

【提示】重点说明业务活动费用、单位管理费用、经营费用。

3.盈余分析

（1）全年实现盈余总额、盈余分配情况，是否按规定进行。

（2）和以前年度盈余对比，分析盈余增减变化情况，判断事业单位运行情况的未来发展趋势。

（三）财务管理情况分析

分析各项财务管理制度与管理措施是否符合国家的有关规定，与主要经济业务是否相适应，对措施落实情况进行总结与分析，在找出问题的同时，对进一步健全和完善各项财务规章制度和管理措施提出合理化的建议，以利于提高财务管理水平。

（1）财务管理体制是否健全。是否建立财务管理基础工作的各项制度，如原始记录管理及填报制度、定额管理制度、财产物资管理及清查盘点制度、财务预算制度和财务分析制度等；是否建立与发展目标相配合的财务计划等。

（2）各项管理措施是否符合国家有关规定以及落实情况如何。是否建立一套内部约束机制，以加强内部控制管理和会计监督。

【提示】行政单位决算分析和财务分析比照事业单位决算分析和财务分析进行。

项目小结

本项目主要介绍了行政事业单位年终清理结账的内容，介绍了会计报表的种类、格式、内容和编制方法以及财务分析指标和分析内容。

重点与难点：资产负债表、收入费用表、预算收入支出表及财政拨款预算收入支出表的编制；本年盈余与预算结余差异情况分析、会计报表的分析。

本项目主要知识点归纳总结见表10-34。

表10-34　主要知识点归纳总结

主要知识点	内　容
行政事业单位年终结账	年终转账、结清旧账、记入新账
行政事业单位预算会计报告和财务报表组成	预算会计报表包括预算收入支出表、预算结转结余变动表、财政拨款预算收入支出表 财务报表包括资产负债表、收入费用表、净资产变动表、现金流量表和附注
行政事业单位预算会计和财务报表的编制	1.资产负债表的编制说明及方法 2.收入费用表的编制说明及方法 3.财政拨款预算收入支出表的编制说明及方法
行政事业单位财务分析指标	支出增长率、当年预算支出完成率、人均开支、项目支出占总支出比率、人员支出占总支出比率、公用支出占总支出比率、人均办公使用面积、人车比例、资产负债率等
行政事业单位决算分析内容	收支预算执行分析、资金使用效益分析和机构人员情况等
行政事业单位财务分析内容	财务状况分析、运行情况分析和财务管理情况等

主要参考资料

[1] 政府会计制度编审委员会. 政府会计制度详解与实务［M］. 北京：人民邮电出版社，2018.

[2] 邢俊英. 政府会计［M］. 大连：东北大学财经大学出版社，2018.

[3]《中华人民共和国会计法》

[4]《中华人民共和国预算法》

[5]《行政事业单位内部控制规范（试行）》（财会〔2012〕21号）

[6]《政府收支分类科目》（2021年）

[7]《行政单位国有资产管理暂行办法》（财政部令第100号）

[8]《事业单位国有资产管理暂行办法》（财政部令第100号）

[9]《行政事业性国有资产管理条例》（国务院令第738号）

[10]《关于事业单位提取专用基金比例问题的通知》（财教〔2012〕32号）

[11]《中华人民共和国增值税暂行条例》及其实施细则

[12]《营业税改征增值税试点实施办法》（财税〔2016〕36号）

[13]《政府会计准则——基本准则》（财政部令第78号）

[14]《政府会计准则第1号——存货》（财会〔2016〕12号）

[15]《政府会计准则第2号——投资》（财会〔2016〕12号）

[16]《政府会计准则第3号——固定资产》（财会〔2016〕12号）

[17]《政府会计准则第4号——无形资产》（财会〔2016〕12号）

[18]《政府会计准则第5号——公共基础设施》（财会〔2017〕11号）

[19]《政府会计准则第6号——政府储备物资》（财会〔2017〕23号）

[20]《政府会计准则第7号——会计调整》（财会〔2018〕28号）

[21]《政府会计准则第8号——负债》（财会〔2018〕31号）

[22]《政府会计准则第9号——财务报表编制和列报》（财会〔2018〕37号）

[23]《政府会计准则第10号——政府和社会资本合作项目合同》（财会〔2019〕23号）

[24]《政府会计准则第3号——固定资产》应用指南（财会〔2017〕4号）

[25]《政府会计准则第10号——政府和社会资本合作项目合同》应用指南（财会〔2020〕19号）

[26]《政府会计准则制度解释第1号》（财会〔2019〕13号）

[27]《政府会计准则制度解释第2号》(财会〔2019〕24号)
[28]《政府会计准则制度解释第3号》(财会〔2020〕15号)
[29]《政府会计准则制度解释第4号》(财会〔2021〕33号)
[30]《政府会计制度——行政事业单位会计科目和报表》(财会〔2017〕25号)
[31]《事业单位财务规则》(财政部令第108号)
[32]《行政单位财务规则》(财政部令第71号)

数字化教学资源索引

本教材在相关知识点的讲解中添加了以下28个数字化教学资源，扫描对应的二维码可以直接观看。